Copyright © 2015 by Michael Farquhar
Published by arrangement with The Bent Agency,
through The Grayhawk Agency Ltd..

Bad Days
in History
另类编年史

［美］迈克尔·法夸尔 著

康怡 译

生活・讀書・新知 三联书店

Simplified Chinese Copyright © 2023 by SDX Joint Publishing Company.
All Rights Reserved.

本作品简体中文版权由生活·读书·新知三联书店所有。
未经许可，不得翻印。

图书在版编目（CIP）数据

另类编年史／（美）迈克尔·法夸尔著；康怡译. —北京：
生活·读书·新知三联书店，2023.4
ISBN 978-7-108-07499-7

Ⅰ.①另… Ⅱ.①迈…②康… Ⅲ.①世界史-史料
Ⅳ.① K106

中国版本图书馆 CIP 数据核字（2022）第 218400 号

责任编辑	曹明明	
装帧设计	康　健	
责任印制	卢　岳	
出版发行	生活·讀書·新知 三联书店	
	（北京市东城区美术馆东街 22 号　100010）	
网　　址	www.sdxjpc.com	
图　　字	01-2020-7661	
经　　销	新华书店	
印　　刷	北京隆昌伟业印刷有限公司	
版　　次	2023 年 4 月北京第 1 版	
	2023 年 4 月北京第 1 次印刷	
开　　本	889 毫米 × 1194 毫米　1/32　印张 18	
字　　数	386 千字　图 79 幅	
印　　数	0,001-8,000 册	
定　　价	88.00 元	

（印装查询：01064002715；邮购查询：01084010542）

谨以此书献给我的朋友安迪·萨利文，
这位优秀的先生证明了无论是多坏的日子，
我们都能靠勇气、信仰和强大的幽默感熬过去。

人生充满了不幸、孤独感和痛苦,而且转瞬即逝。
——伍迪·艾伦

January

1 月

1月,
钱包空空如也!
让我们勒紧裤带熬过这邪恶的月份吧,
这种焦虑的心情
仿佛戏剧制作人紧皱的眉头。

——柯莱特(Sidonie-Gabrielle Colette,法国女作家)

目 录
CONTENTS

前 言 / *1*

1月 / *3*
2月 / *53*
3月 / *97*
4月 / *145*
5月 / *191*
6月 / *241*
7月 / *285*
8月 / *333*
9月 / *379*
10月 / *425*
11月 / *471*
12月 / *519*

参考资料 / *568*
致 谢 / *571*

前　言

　　一眼看去，本书的标题十分直白，说的就是历史上那些糟糕的日子。但是仔细琢磨一下，它涵盖的范围似乎大到难以描述。人类历史上的灾难数不胜数，随便从 20 世纪挑出某一年来都能编纂出上百卷的内容。这个时候就需要副标题出场了。可是这个副标题——A Gleefully Grim Chronicle（一部又好看又可怕的编年史）也是一副说不清道不明的样子。"又好看又可怕"？到底是什么意思？以种族屠杀为例，毫无疑问，这个沉重的话题不可能具有任何娱乐性，除非是讽刺性的，比如某个罪恶滔天的刽子手某天特别不开心，就像德国纳粹时期的宣传部长戈培尔 1928 年 10 月 26 日在日记中抱怨的那样："我没有朋友了。"或者是 1994 年 6 月 10 日白宫记者招待会上某个发言人为了避免使用"种族屠杀"来为卢旺达的大规模屠杀事件定性，使出浑身解数顾左右而言他的那件事。

　　本书尽量避开历史上最不堪入目的黑暗时刻，就算提到也没有直接引用，但某些入选事件必然会比其他事件更为扎眼。比如说圣女贞德的亲密战友吉尔·德·雷（Gilles de Rais）男爵，虽然他在 1434 年 8 月 15 日慷慨捐出了斥重金建造的诸圣婴孩礼拜堂（Chapel of the Holy Innocents），但是这些表面功夫永远也抹不去他虐杀了大量儿童的罪孽。对于本书的读者来说，如此人神共愤的事情，下一天的代表事件竟然是甲壳虫乐队前代鼓手皮特·贝斯特（Pete Best）被炒，这个急转弯未免有点突兀。然而这本"365天不重样的不幸、灾难和悲剧的大事年表"就这样在时间的长河中旋转跳跃，时而庄重，时而怪诞，周身散发着不安与荒唐的气息，舞之蹈之，扑面而来。

这本书汇集了历史上各个时期、世界各地那些晦气满满的日子，旨在让读者开卷轻松，继而有所思、有所悟，在阅读中时常获得出人意料的惊喜。所以在某个超级不祥的日子里，林肯遇刺事件几乎被一笔带过，为的是让大家把注意力放到后几天，看看林肯之前的两位总统在该事件的余波中遭受的无妄之灾。"泰坦尼克号"沉没了，这么大的事大家都知道，但是某位幸存乘客的名声在同一周也被毁灭殆尽，至于为什么，书中自有分解。最后想和广大读者说一句：请大家记住，不论你今天过得有多丧，历史上的此时此刻，总有人比你倒霉多了。

法夸尔，于华盛顿特区

2014年11月

1月1日

一元复始

啊，元旦——充满希望扬帆起航的日子，才怪。对于历史上某些不幸的人来说，1月1日代表着死路一条，而且那最后一程人生路走得尤为艰辛。比如说公元5世纪的殉道僧侣忒勒玛科斯（Telemachus），奋不顾身地冲进角斗场，想要阻止厮杀，却被毫不领情的嗜血观众乱石砸死。再来看看纳瓦拉国王查理二世，他也是在新年这一天被活活烧死在床上。他为了治病从头到脚都裹着浸泡过白兰地的绷带，而侍从失手把火星引了上去。

还有法国的路易十二，他在1514年拖着行将就木的身子骨，迎娶年轻的英格兰公主——亨利八世的妹妹玛丽。可惜的是，对于这位被痛风折磨的暮年国王来说，传宗接代的任务过于消耗体力，新婚三个月之后他就在"耕耘"的过程中驾崩了。和其他那些在元旦走向人生终点的倒霉蛋不同，老路易起码还算个开心赴死的快活鬼。

1月2日，1811年

说真话的牛虻也得拍

在早期的美国，蒂莫西·皮克林（Timothy Pickering）*算是一个国家害虫，他像个自命不凡的蚊子一样令人不堪其扰，曾极力推进新英格兰地区脱离联邦的进程，并且孜孜不倦地努力削弱美国最初四任总统的影响力。在他的口中，乔治·华盛顿只是个"名不副实的半吊子，大字不识几个"。由于皮克林对政府的极度不忠，约翰·亚当斯（John Adams，美国第二任总统）不得不免去了皮克林的国务卿职务，但皮克林强硬地拒绝辞职。皮克林的性格如此恶劣，连给他写传的人都觉得无从下笔。即便品行不端，但他好歹也算是开国元勋之一，他真正出名却是因为别的原因：在美国史上只有9位参议员受到过正式训诫，皮克林就是其中之一，原因竟然是敢于揭露真相。

1810年10月27日，美国总统詹姆斯·麦迪逊（James Madison，美国第四任总统）发表声明，宣布原归西班牙所有的西佛罗里达地区包含在《路易斯安那购地案》†之中，遂划入美国版图。对于这种独断专权的行为，皮克林强烈反对。他继续发扬着死缠烂打的吸血牛虻的精神，向参议院提交了一份当时

---

* 蒂莫西·皮克林（1745—1829），美国政治家，联邦党人，曾先后担任美国邮政部长、战争部长、国务卿、参议员和众议员。——译者注

† 美国于1803年向法国购买了超过5亿英亩（约合200万平方公里）的土地，价格为每英亩3美分，最终购得土地面积约占今日美国总面积的22.3%，远远大于现在的路易斯安那州。——译者注

法国外交大臣夏尔·莫里斯·德·塔吕让（Charles Maurice de Talleyrand）签署的早期文书，里面强调西佛罗里达不包含在《路易斯安那购地案》的范围里。这件事本身没有错，问题在于那份文件虽然成书于美国第三任总统托马斯·杰斐逊执政的年代，但是在1810年仍然属于保密文件。公开保密文件算不上重大过失，但是皮克林遭到了众多政敌借机出击的重拳。

针对此事，来自肯塔基州的激进扩张主义参议员亨利·克雷（Henry Clay）提议对皮克林进行训诫。皮克林说对方"小题大做"，事实也确实如此。如果不是皮克林，而是没有那么招同僚记恨的其他人，也许就会不了了之。但犯规的毕竟是人人喊打的皮克林，于是在1811年1月2日，他成了被参议员载入训诫名册的第一人。

1月3日，1977年

谁动了他的苹果派

苹果电脑公司在1977年1月3日正式成立，那天，罗纳德·韦恩（Ronald Wayne）打心眼里觉得自己撞了大运。高兴的原因不是日后滚滚而来的财运，而是在几个月前，他已经成功地退出了与史蒂夫·乔布斯（Steve Jobs）和史蒂夫·沃兹尼亚克（Steve Wozniak）的合伙关系，因为在韦恩看来这个项目前途未卜，风险极高。作为三个人中最成熟、经验最丰富的老伙计，韦恩曾被苹果电脑公司委以重任，当时的管理层让他把公司当孩子去养，同时给乔布斯和沃兹尼亚克两个怪才立立规矩，为此许给他的报酬则是公司股权的 10%。回忆起这个任务，韦恩的看法是："难度巨大，恐骑虎难下。"作为当时唯一拥有可被冻结的资产的合伙人，韦恩觉得骑在两只老虎身上当掌舵人风险过大，一不小心就会得不偿失。于是他拿着 800 美元的遣散金支票，头也不回地奔向了自由。要知道苹果公司为了规避法律问题另起炉灶的时候才付给老东家 400 美元！作为苹果电脑的创始人之一，韦恩觉得自己赚得巨款，但是他并未想到，当时放弃的那块"苹果派"的市值在后来四舍五入超过了 300 亿美元。尽管如此，韦恩说他并不眼红。在接受英国《每日邮报》2013 年的采访时，韦恩说："如果我留在苹果电脑，而且一直委曲求全的话，很可能早就躺在墓地里数钱了。"也许正是因为抽身及时，他直到现在仍然身体健康，目前居住在内华达州的一辆房车里，靠贩卖邮票和纪念币等糊口。哦，还得领社会保障金。

1月4日，1903年

电击大象

在以科学技术日新月异、发明创新层出不穷而闻名的 19 世纪晚期，托马斯·爱迪生（Thomas Edison）发起了著名的"电流之战"。"电流之战"是爱迪生针对交流电（AC）开展的猛烈抨击。作为一种供电方式，交流电技术在爱迪生的前雇员尼科拉·特斯拉（Nikola Tesla）手中日臻完美，同时也受到乔治·威斯汀豪斯（George Westinghouse）[*]的大力推崇。爱迪生自家的直流供电系统（DC）当时已经投入美国的家庭与工业供电运营，交流电对它而言是个巨大的威胁，极有可能取而代之。面对名利双失的可能，"门洛帕克奇才"[†]岂能坐以待毙。

别看爱迪生面相淳朴和善，为了给交流电抹黑，他不择手段地让人们觉得交流电和雷电一样危险致命。为了达到目的，爱迪生的手下甚至多次残忍地公开用"恐怖的"交流电处死狗和其他动物。

"电流之战"在1890年达到荒谬且骇人的巅峰：爱迪生运用自己的人脉和影响力，送"斧头杀人魔"威廉·凯姆勒（William Kemmler）[‡]坐上才被发明出来的电椅，当然通的一定是交流电，以展示其惊悚本质。爱迪生还用威斯汀豪斯的姓氏生造出"威斯汀豪斯式处决法"这个词语来代表电刑，并希望它能混入人们的日常词汇，但是这次并没有成功。

到了1903年初，爱迪生的直流电系统在"电流之战"中节节败退，几乎被交流电的光芒掩盖。但是发明天才爱迪生仍然负隅顽抗地用行动最后一次向公众展示交流电总有一天会成为人类的天敌。一只名叫托普西的马戏团大象，因为不服管教陆续造成

---

* 乔治·威斯汀豪斯（1846—1914），出身于宾夕法尼亚州的发明家与实业家，美国电力工业的先驱之一，西屋电气的创始人。——译者注
† 包括电灯在内的主要发明都诞生于爱迪生位于新泽西州门洛帕克的实验室，故人称爱迪生为门洛帕克奇才。——译者注
‡ 威廉·凯姆勒，因用斧头杀害自己的情妇入狱，美国史上第一个被电椅处决的犯人。——译者注

了三名驯兽员的死亡，其中一人是在把点燃的香烟扔进托普西的嘴里之后，被它杀死的（感觉并不是大象的错）。大象托普西的叛逆行为已经不能为马戏团方面容忍，于是他们决定把它处死。最初计划在科尼岛公开吊死托普西，但遭到了美国反虐待动物协会的强烈反对。爱迪生借机建议让托普西接受"威斯汀豪斯式处决法"的制裁。到了约定好的1903年1月4日，在众目睽睽之下，6600伏特的交流电贯通托普西的身体，杀人大象轰然倒下。在《纽约时报》中，这被描写成一场丢人的闹剧。爱迪生则在现场，饶有兴致地用自己最伟大的发明之一——电影摄像机——记录下了冷血处决的每分每秒。

1月5日，1895年

极尽侮辱之能事：德雷福斯事件

颠倒黑白且危害巨大的反犹太风潮由来已久，德雷福斯事件在其中相当不起眼，但是对于当事人德雷福斯来说，足以让他痛不欲生。1895年1月5日清晨，任职于法国陆军参谋部的犹太裔炮兵上尉阿尔弗雷德·德雷福斯（Alfred Dreyfus）遭受了极具侮辱意味的公开宣判，之后他被发配到令人生畏的殖民地魔鬼岛*

---

* 该岛位于法属圭亚那的外海地区，上面盖有监狱，曾于1852年至1938年作为流放地接收法国的重刑犯。该监狱于1952年正式关闭。——译者注

（Devil's Island）服无期徒刑。此前，军事法庭已经以人为捏造出来的伪证对德雷福斯进行了秘密审判，并认定他犯下了叛国罪。

当天早上9点，德雷福斯被押解到巴黎军事学校（École Militaire）的操场上，周围全是法国三军代表和各界高官，被德雷福斯称为"恐怖折磨"的审判即将开始。"我受到了极大的屈辱，但是我腰杆挺得笔直，"德雷福斯回忆道，"我靠着对妻子和儿女的思念咬牙撑了下来。"

主审人员首先大声宣读了对德雷福斯的免职处分，德雷福斯听罢忽然对着周围的将士高呼："战友们！……我是无辜的！我发誓我是被冤枉的啊！我仍然可以报效祖国。法兰西万岁！军威永在！"接下来，在场的卫兵不顾德雷福斯的抗议，上前扯掉了他军服上的纽扣、饰绳和肩章等装饰物。然后，德雷福斯遭受了在观众的眼中"比直接拉去砍头还精彩"的最终羞辱：他的佩剑被拦腰撅断。审判仪式的最后一个节目是德雷福斯被押解着绕场游街，旨在让他颜面扫地。"我被迫绕着操场走了一周，"德雷福斯继续回忆道，"耳边传来被蒙蔽的围观者的欢呼，我感觉到充斥全场的兴奋，因为他们确信从面前走过的是法兰西的叛徒；而我则很难向他们的内心传递'我是清白的'这种同样鼓舞人心却与他们的信仰背道而驰的信息。"

德雷福斯在魔鬼岛上服了5年的苦役，花费了许多年为自己正名，终于洗脱了身上的冤屈，而德雷福斯事件也在很大程度上在法国内部引起了不同意识形态的对立。用子虚乌有的伪证陷害德雷福斯的法国军方却从未爽快地认错。1985年，一尊德雷福斯手握断剑的雕像本该在当初蒙冤的巴黎军事学校操场上落成，但是由于军方的阻挠只得另寻他地。这尊塑像目前孤零零地矗立在巴黎某个交通环岛上，并在2002年不知被谁画上了"肮脏的犹太人"字样的涂鸦。

1月6日，1540年

做媒欠水准，脑袋地上滚

托马斯·克伦威尔（Thomas Cromwell）曾是亨利八世手下最得力的干将。他毫不留情地协助亨利八世做了几件大事：斩断了与第一任王后阿拉贡公主凯瑟琳（Katherine of Aragon）之间的姻缘，促使英国与罗马教廷分道扬镳，处死了第二任王后安妮·博林（Anne Boleyn）。如此能力超群的重臣在给君王做媒方面却不是很在行，这个短板最终让克伦威尔掉了脑袋。

亨利八世之前的三次婚姻都是以真爱为前提的，但是当第三任王后简·塞穆（Jane Seymour）去世以后，权倾朝野的克伦威尔认为国王的下一次婚姻应该是一场政治联姻，以拉拢在日耳曼地区和英格兰一样信奉新教的同盟势力。选来选去，克伦威尔相中了出身克里维斯公国（The Duchy of Cleves）的公主安妮（Anne）。虽然亨利八世从未见过安妮公主的真容，但是包括克伦威尔在内的众多要臣都对安妮的美貌与品德赞美有加，再加上经宫廷画师小汉斯·荷尔拜因（Hans Holbein）多多少少美化过的公主肖像，亨利八世同意了这门婚事。

克里维斯公主安妮：美颜过度？

克伦威尔与克里维斯公国建立了友好邦交，之后便迫不及待地想看看亨利八世对他牵线搭桥的成果是否会做出爱的回应。安妮抵达英格兰的那天，亨利八世急不可耐地赶到和亲船队停靠的海岸迎亲，用他自己的话说就是"滋养爱情"。但是他看到安妮的那一刻，脸色瞬间由晴转阴。"我不喜欢她！"亨利八世咬牙切齿地说道，克伦威尔在一旁吓得大气不敢出。

倒霉的克里维斯公主安妮身上到底哪些地方让亨利八世如此厌恶，至今仍是个谜。也许只是单纯"没感觉""不来电"，这种虚无缥缈的事情克伦威尔既无法感受，也不能传达。总之亨利八世非常不快。"从这个女子身上我看不到你们说的任何品质，"国王嗔怒道，"你们这些聪明人竟然能做出如此不实的报告，可真是让我吃惊！"对克伦威尔，亨利八世更加严厉地呵斥道："要是我以前知道真相，绝对不会让她过来。现在怎么才能抽身？"

可惜，如果亨利八世提出退婚，英格兰与克里维斯公国之间的盟约必将破裂。作为一国之君，几乎从未碰过钉子的亨利八世此刻感到进退两难："若不是看在她远道而来的份儿上，若不是我国人民如此热情，若不是为了扰乱世界秩序，以免把她的哥哥推入法兰西国王的阵营，我是绝对不会娶她的。但是现在整个事件已经发展到了无法挽回的地步，令我追悔莫及。"

亨利八世为此埋怨克伦威尔，说他"把枷锁套在脖子上"。克伦威尔只能低声下气地对着"不甚满意"的国王不断地表达着歉意。

1540年1月6日是亨利八世与安妮大婚的日子，直到那一天，亨利八世仍然无法对安妮动心。在格林威治宫的教堂里，"各位，"亨利八世面对出席婚礼的来宾沉吟片刻，继续说道，"如果不是为了世界秩序和国家利益，我绝不会为了任何人或任何原因在今天做这件不得不做的事情。"如果说克伦威尔盼着二人圆房之后亨利八世的心情能有所好转的话，那么第二天一大早他的愿望会再度落空。

"我以前就不喜欢她，"亨利八世对克伦威尔说道，"现在更讨厌她了。"在亨利八世口中，新婚之夜毫无浪漫可言。"我摸了摸她的肚子、胸脯和其他地方，据我所知，她应该已经不是处女了，这让我深受打击，所以就没有继续下去。总之她之前什么样，现在还是什么样，原封未动。"

值得庆幸的是，面对冷漠的夫君，安妮从来没觉得自己受了委屈，因为她一直是养在深闺的淑女，对于新婚之夜应该发生什么也一无所知。亨利八世没打算对她进行教学指导，当然，此时他已经是个过度肥胖的暴君，不指导也许更好。安妮认为自己的婚姻算是完成了，这不免让她显得有点迟钝。

安妮曾对自己的贴身侍女们倾诉道："怎么啦，我的夫君上床以后会吻我，然后牵着我的手对我说'晚安，甜心'；第二天早上他还会吻我，再和我说'再见，亲爱的'……这些还不够吗？"

后来一位侍女不得不向王后解释说这些远远不够："夫人，还有其他的事情可做，不然这个国家一直盼望着的约克公爵（亨利八世的第二个儿子）可要好一阵子才能降生了。"

这桩荒唐的婚事持续了6个月以后，亨利八世以二人之间无事实婚姻，以及安妮的家族曾经把她许配给别人的传言为理由，宣布婚姻无效。作为亨利八世的第四任王后，安妮明智地欣然接受，并从感激不尽的亨利八世手中得到了包括"御妹"头衔在内的丰厚补偿。

克伦威尔可就没有这么幸运了。虽然亨利八世把出身卑微的啤酒厂主之子克伦威尔一路提拔为宫廷权臣，而且在和克里维斯公国的联姻失败后还让他受封为伯爵，但这一切不过是日后痛下狠手的前奏而已（也可能是把他故意捧高以让他摔得更狠）。当时英格兰的权贵们早就把在政坛上迅速蹿红的克伦威尔视为眼中钉，现在他们便可以借机群起而攻之。

曾经不可一世的要臣克伦威尔由于被诬陷为异端分子遭到逮捕。即便身陷囹圄，他在伦敦塔的高墙之内仍然为亨利八世提供了解除与第四任王后之间婚姻的重要证据。对于自己倾尽所有辅佐的君王来说，克伦威尔也算是鞠躬尽瘁了。1540年7月28日，亨利八世与克里维斯公主安妮的婚姻才解除了不到三个星期，克伦威尔就被砍了头。任凭他如何哀号"刀下留人",也没人理会。

昔日政坛巨星陨落,他的头颅静静地戳在伦敦桥的铁栏杆尖上。虽然后来亨利八世对处死他的决定追悔莫及并哀思连连,但克伦威尔也无法感到任何欣慰了。就像当时的法国大使记载的那样:"他(亨利八世)亲手除掉了自己最忠诚的仆人。"

1月7日,1945年

吹牛的元帅

"二战"末期,希特勒的第三帝国苟延残喘,败局已定,但是仍然在比利时南部对薄弱的盟军防线开展了一番猝不及防的猛烈袭击,史称突出部战役(The Battle of the Bulge)*。美军浴血奋战,这场战役堪称他们在"二战"中经历的最残酷的一战,然而跑到媒体面前邀功的却是自高自傲的英国陆军元帅蒙哥马利(Bernard Law Montgomery)。

蒙哥马利曾经暂时接手盟军在北部战区的指挥工作,可是在主动出击方面他表现得十分保守。"蒙哥马利就是个疲惫的尿包,"巴顿将军在日记里毫不留情地写道,"打仗就是要承担风险的,但是他没那个担当。"尽管这场战役中流血牺牲的是美军,

---

* 爆发于1944年12月16日,1945年1月25日停火。主战场在比利时南部的阿登地区,当时的盟军媒体称之为阿登战役或第二次阿登战役,德军方面则把它称为莱茵河保卫战。——译者注

几乎没有参战的蒙哥马利元帅仍然面不改色地在1945年1月7日举行的记者招待会上高调亮相。

在当时在场的一名记者眼中,蒙哥马利头戴佩双帽徽的深红色贝雷帽,身上套着一副降落伞背带,"活像一个小丑"。面对一众媒体记者,他大言不惭地开始了演讲:"[从第一天战况中]我分析了战局,并开展行动,确保把德军堵在默兹河(Meuse)对岸……我是有备而来的……[突出部战役]可以说是我指挥过的最耐人寻味也最棘手的战役……在这种势均力敌的苦战中,必须运筹帷幄,不能拖泥带水……只有当机立断才能赢得胜利。"

蒙哥马利元帅还拐弯抹角地指出把美军从绝境中解救出来的是英军,在公众面前,他还做出一番恩赐的姿态,对战场上卖命的美国士兵进行了无足轻重的嘉许。接下来,根据历史学家史蒂芬·安布罗斯(Stephen Ambrose)的记载,大元帅说出了一句"险些破坏了盟军团结"的话:"蒙哥马利说,美国大兵们只要领导得当,还是挺能打的。"

"一个在军事指挥方面登上巅峰且才智超群的人居然能如此自傲且愚蠢,哪怕是在60年后的今天我们还是觉得不可思议。"历史学家麦克斯·黑斯廷斯(Max Hastings)发表了如此看法,"上到艾森豪威尔,下至平民百姓,美国人民对蒙哥马利的这番言论深恶痛绝。"

的确,在当时的盟军最高指挥部里,气氛早已十分紧张,很大一部分原因正是蒙哥马利不断和同僚争抢指挥权的霸道行为,现在更是到了即将分崩离析的地步。当时在欧洲战场上的盟军最高指挥官艾森豪威尔(Dwight D. Eisenhower)曾写下这样的文字:"此事件给我带来的不安与忧虑超过了任何一场战争对我造成的影响。"

为了让盟军内部起码恢复表面上的和气,还得温斯顿·丘吉尔亲自出马。在蒙哥马利发表那番得意忘形的演说之后的第11天,首相丘吉尔在英国下议院施展浑身解数,向公众阐明了谁才是突出部战役的真正英雄。

"我看到有人说这场大捷……是英美联合取得的战果。但是几乎所有的战斗都是美军参与的,损失也几乎都是他们扛下的……美军在该战役中投入的兵力是我方的30到40倍,牺牲的战士更是达到了我方的60到80倍之多。"

接下来的话,丘吉尔仿佛是说给企图窃取胜利果实的蒙哥马利听的:"我们英军在为自己骄傲的同时切不可把美军在此次战役中立下的功勋算在自己头上,我认为后人会把这次胜利看作美国的胜利。"

1月8日,1992年

没有口福的老布什

那天傍晚,日本首相在私邸举行的国宴菜品赏心悦目:冷切三文鱼配鱼子酱、菌菇清汤、胡椒牛里脊,外加百香果冰淇淋。不巧的是,出席宴会的美国总统老布什(George H. W. Bush)不久前染上了流感,在宴会期间急性发作,那些珍馐美味刚吃下去没多久就被他一股脑儿地还给了餐桌。桌子没有接住的呕吐物落在了东道主的裤子上。老布什身子一歪差点儿失去意识，日本首相赶紧捧住了他的脑袋。普通人在家呕吐并不要紧，但是总统先生的喷射状呕吐窘态被现场摄像设备全程记录了下来，并在电视上滚动播放。各路深夜访谈节目的主持人在这个恶心的主题上大做文章，日语中甚至多了一个形容呕吐的词语：ブッシュする（Bushu-suru），意思就是"做布什所做之事"。不过老布什用自己的幽默解决了这起令人尴尬无比的外交事故，据说他当时躺在地上对日本首相说道："您为什么不把我轱辘到桌子底下呢？我睡一觉就没事了，您正好把饭吃完。"

1月9日，1980年

先砍再缝：沙特阿拉伯特典

1980年1月9日那天，沙特阿拉伯全国上下忙着同一件事：砍头。那一天，63名极端恐怖分子由于在1979年11月制造了麦加禁寺（The Grand Mosque of Mecca，又叫麦加大清真寺）围困事件被集体执行死刑。作为复仇式惩罚，也为了表达以儆效尤的态度，沙特政府在国内8个城市同时砍掉了63名涉案人员的头颅。哎，虽然63个脑袋依次被装饰华丽的利剑砍掉了，但事儿还远远没有结束：那些脑袋还得一个一个被缝合回尸身上才能按照当地的习俗入土。您没看错，这的确是1980年发生的事情。

1月10日,2000年

AOL+时代华纳=注定失败的合体

这是一场规模史无前例的商业兼并,在商界媒体的报道中,它令人瞩目的程度不亚于一场皇室婚礼。2000年1月10日,美国互联网行业龙头老大AOL宣布将与通信巨头时代华纳联手打造一个完美融合新老媒体的电子通信帝国,未来可期。

时代华纳的高层之一泰德·特纳(Ted Turner)豪情万丈地说过这样的话:"昨天晚上快到9点的时候,我签署了一份文件,为了这次兼并,我用手中10亿份股权投出了永久性的一票。签字时,我胸中澎湃的亢奋与激情仿佛让我回到了42年前第一次做爱的那个夜晚。"

然而,接下来发生的事情就好像从宿醉中醒来的一夜情男女在晨光中的懊恼一样令人难受。时代华纳集团当时的老板唐·罗根(Don Logan)事后接受《纽约时报》采访时说:"那是我听到过的最蠢的主意。"罗根直到兼并之前的最后时刻才知晓这个计划,同时被蒙在鼓里的还包括时代华纳集团政府公关部的负责人蒂莫西·博格斯(Timothy A. Boggs),他也对《纽约时报》表示,在听到兼并消息的时候感到"无可挽回与恐惧","对于这个交易我持保守态度"。

随着事态日趋明朗,AOL的确不是良配。当然,在兼并初期,AOL的股票价格借势一路飙升,但它内部的许多龌龊事情也渐渐暴露了出来,《华盛顿邮报》(*The Washington Post*)爆料的它夸大自家广告收入的事情只是冰山一角。经过一番调查，美国证券交易委员会和司法部对 AOL 处以巨额罚款。除此之外，AOL 表面上说是兼并，其实心里打的是吞并时代华纳的算盘，却迎头撞上了科技泡沫破碎的霉运，而且 AOL 主打的拨号上网服务眼看就要被时代所淘汰。2010 年，《纽约时报》的记者蒂姆·阿兰戈（Tim Arango）在相关文章中写道："两家公司之间还横亘着一个问题，那就是双方之间的恨意。"

在阿兰戈笔下，"兼并之后的几年里日子非常难熬"，企业市值不断下跌，员工不是失业就是退休金严重缩水，彼此剑拔弩张的高层主管像走马灯一样换个不停。这样的日子确实过不下去了，就像大部分失败的婚姻一样，两大巨头的"离婚"是一场腥风血雨。

"这件事我还是忘了吧。"泰德·特纳后来对《纽约时报》如此说。作为兼并后公司的最大股东，特纳在这次堪比初尝禁果的经历中损失重大，他眼看着 80% 的身家付诸东流，差不多是 80 亿美元。"时代华纳和 AOL 的兼并应该和越战、伊拉克战争，还有阿富汗战争同样被载入史册，"特纳说，"它是国难之一。"

1月11日，1877年

富贵险中求

雄伟的布鲁克林大桥曾经在它落成的那个年代被人誉为"世

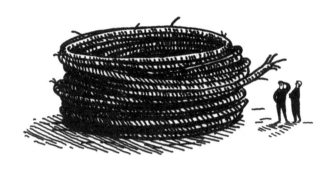

界第八大奇迹",作为19世纪建筑与工程技术的先进代表,时至今日它仍然历久弥新,坚如磐石。虽然有个利欲熏心的蛀虫参与了建设,但所幸大桥本身没有受到严重的影响。

1877年1月11日,大桥建筑托管委员会和一个叫J. 洛伊德·黑格(J. Lloyd Haigh)的人签署了授权合同,让他成为大桥斜拉钢丝绳的供货商。施工总监华盛顿·罗布林(Washington Roebling)曾经多次就黑格极低的诚信度警告托管委员会,但是委员会的成员和未来的纽约市长埃伯拉姆·休伊特(Abram S. Hewitt)对此置若罔闻。在罗布林的报告中,黑格的形象是这样的:"今天他的成功会给我们带来无穷的后患。"后来人们才知道,休伊特实际上是黑格炼钢厂的债权人,黑格签下油水巨大的钢丝绳合同之后,休伊特就能每个月稳稳地收回贷款的月供。

合同到手的黑格立刻开始猖獗地徇私舞弊,他的行径很可能让布鲁克林大桥毁于一旦。要知道该桥是当时预计建成的史上最长的斜拉桥,在那个年代比它短许多的同类型桥都曾屡屡出现坍塌事故。此外,施工总监罗布林先期在纽约东河进行水下作业时患上了潜水减压病＊，无法继续在现场指挥工作，遂未能及时制止黑格的丑行。

"那个骗局简单明了，"历史学家大卫·麦克库罗（David McCullough）记载道，"黑格的炼钢厂里预备着一批高质量的钢丝绳用于应付各种质检。一旦它们通过了检验被发往旁边的造桥工地时，黑格就半路调包，实际送过去的钢丝绳都是劣质品。而那些合格品则原路返回，准备迎接下一轮检验。罪恶的循环周而复始。"

有惊无险的是，大桥在设计的时候对钢丝绳数量的要求远远超过实际承重所需，所以黑格提供的劣质钢丝绳倒也不用被换掉，当然，那么大的工程就算想换也不可能。"布鲁克林大桥里居然盘根错节地藏着如此规模的腐败黑洞，"麦克库罗继续写道，"不管别人怎么想，至少对于罗布林来说这应该算是没齿难忘的事件。"

1月12日，1915年

女士们，不让你们投票是为了你们好

1915年1月12日，美国众议院里针对女性进行打压和歧视的言论此起彼伏，不绝于耳。以三K党为荣的亚拉巴马州众议

＊ 在潜水过程中由于上升过快，导致身边压力骤减，潜水人员的身体和内部器官受到的损伤。——译者注

员詹姆斯·托马斯·"棉花汤姆"·赫夫林*（James Thomas "Cotton Tom" Heflin）起身发表了自己的看法。当时他们讨论的主题是有关女性选举权的修宪内容，对于全是男性的法律制定者阶层来说，这样的前景不堪设想。一向冠冕堂皇的赫夫林对同僚和满堂旁听者说道："前两天，我把一名妇女参政支持者的脸臊得通红，我对她说，如果你们女性也能投票的话，就相当于一个家庭拥有两个投票权，这就太贪心了。"

当时大部分议员在讨论过程中都保持绅士风度，纷纷表示自己的出发点是保护女性不被邪恶的投票权所污染，并捍卫她们在家庭中的神圣地位。从 13 世纪的时代标准来看，他们还真是极具骑士风度呢。但是同月，《新共和党人》刊登了包含下列内容的文章："在众议院发言的各位对于美国目前至少有数百万在职女性的事实视而不见。因为这个实际情况会撼动他们死守的圣坛。"文章作者继续剖析道："面对广大神圣的母亲、忠诚的妻子以及所有伟大的女性，像鲍德尔先生那样的人恐怕连 10 分钟的正常对话都进行不下去，很快就会露出马脚，暴露出他们贪婪好色的本性。"

文章中提到的鲍德尔先生，是指来自俄亥俄州的众议员斯坦利·鲍德尔（Stanley E. Bowdle）。对妇女投票权的问题，信心十足的他在同僚的赞许声中发表了颇具情色意味的看法（当时在场的所谓护花使者们居然没有一个人站出来反驳）："咱们伟大首都的女性太美好了。她们美得让人分神，她们长着秀气的脚丫和精

---

* 若想知道赫夫林对种族政策发表了什么"高见"，请移步 3 月 27 日。

致的脚踝，说到这儿我先打住，因为她们对治理国家根本不感兴趣。"

鲍德尔滔滔不绝地说个不停，以至于大大超过了分配给他的发言时间。"男性和女性是不同的，"他说，"二者身上每一个原子都存在着根本差异。现在女性对此颇有微词，很多女性甚至憎恨性别之间的不同。但是为什么要和拥有最终决定权的上帝争论呢？我还不具备生孩子的能力呢，是不是还得为此抹眼泪？"

那一天，关于妇女投票权的修宪法案没有通过，赞成174票，反对204票。

1月13日，1920年

燕雀焉知鸿鹄之志哉

"众所周知，天才的天职就是给20年以后的傻瓜们提供灵感。"法国诗人、作家路易·阿拉贡（Louis Aragon）曾如此写道。他说得很有道理。历史上，许多杰出的人物在有生之年从未受到世人的青睐。梵高一生四处碰壁，穷困潦倒，在1890年自杀之前没卖出几张画。人们曾被巴赫的管风琴演奏技巧所折服，却一度忽视了他的作曲才华。埃德加·爱伦·坡光靠写恐怖小说也无法养家糊口。

更有甚者，很多天才都遭受过世人的诟病。1920年，物理学家、发明家罗伯特·戈达德（Robert H. Goddard）所提出的极具前瞻性的可操作性航天理念就遭遇了十分典型的无端质疑。《纽约时报》尤为不留情面。在1月13日刊登的题为《宁可信其无》的社论中，文章作者声称戈达德"唯一缺乏的是我们在高中就学过的基础科学知识"。面对毫无依据的指责，戈达德在数日后接受采访时回击道："每一个梦想在被人实现之前都挺可笑的，但是变成现实之后，它们就会成为再正常不过的事情。"

1969年，在戈达德去世的第24个年头里，人类第一次登上了月球，而把宇航员送上去的正是以戈达德当年不被看好的理论为基础研制出来的火箭。成功登月的第二天，《纽约时报》"适时地"跨越近半个世纪为当年无礼的社论刊登了一篇勘误："经过进一步的调查与实验，我们证实了牛顿在17世纪得出的结论，也就是说火箭既能在大气中飞行，也能在真空中保持运转。本报对当年的不恰当言论深表歉意。"

1月14日，1963年

从兼容并包到种族歧视：
乔治·华莱士的退行性调头

在这片曾经孕育出美利坚联盟国的土地上，在这个充满盎格鲁-撒克逊之魂的伟大南国，我们将和前辈一样再度敲响自由的战鼓。渴望自由的鲜血在我们体内发出召唤，让我们共同粉碎禁锢着广大南方的暴政铁链。我谨代表曾在这片土地上立足的所有伟大祖先向暴政宣战。我呼吁从今天开始实行种族隔离，明天也是，直到永远。

——摘自乔治·华莱士在 1963 年 1 月 14 日宣誓就任亚拉巴马州州长时的就职演说

乔治·华莱士（George Wallace）蜕变成激进的种族隔离主义者之前其实是个很普通的人，他在 1958 年参加亚拉巴马州州长竞选时的发言是这样的："如果我不能对所有肤色的人一视同仁，说明我不具备在本州当州长的资格。"然而他以悬殊的差距败给了以三K党为后台的狂徒约翰·帕特森（John Patterson）。对于从 14 岁起就把成为州长作为奋斗目标的华莱士来说，失败的滋味苦涩异常。

不久以后，华莱士东山再起，在 1958 年的竞选中接受了来自全美有色人种协进会（NAACP）的全力支持，这次他摇身一变，把自己包装成坚定的种族隔离主义者。"你们也看到了，"他说道，"之前我大力宣传道路建设和学校教育等方面的重要性，可是没人听我的。现在我开始谈黑鬼的问题了，人们立刻跳着脚地拥护我。"

经过这次高调且恶俗的转型，华莱士如愿以偿地搬进了州长的官邸。为他作传的埃默里大学教授丹·卡特（Dan Carter）曾在《亨茨维尔时报》（Huntsville Times）上发表文章指出："华莱士做出了浮士德的选择，把灵魂出卖给了种族主义的魔鬼。"1963 年 1 月 14 日，他在宣誓就职的时候发表了包含上述内容的演说，从那以后再也没有摘下种族隔离者的帽子。

1月15日，1915年

致命的甜蜜

1915年1月15日，死神乘着甜美而黏稠的浪潮降临人间。那一天异常暖和，波士顿北角区的居民与工人们像往常一样忙碌着。中午12点半左右，人们忽然听到一阵轰鸣，仿佛头顶上有悬轨列车驶过，然后是一阵噼里啪啦的类似机关枪开火的声音，后来人们才知道那是大量铆钉同时迸飞的响动。这些异响是在该区建成三年的巨型储罐发出的，里面装着超过200万加仑的生糖蜜，此时储罐向四面炸裂开来。

储罐的崩溃释放出一波2—4米高的糖蜜洪流，它比海水要重许多，并以56公里的时速冲击着周围的街道，毁坏着路上所有物品。当时途经那里的轨道列车被蜜浪冲翻，许多房屋也从地

波士顿北角区200万加仑生糖蜜泄漏的惨状

基处被冲塌。行人在这股势不可当的棕色湍流面前毫无逃生的机会。事后统计,共21人在事故中丧生,其中许多人的尸体在事发很多天以后才被找到,另有150人受伤。

《波士顿邮报》(Boston Post)的报道称:"救援人员赶到现场,所见惨状无法用语言形容。齐腰深的糖蜜仍在街道和废墟周围流淌,不时汩汩冒泡。地上到处都有东西在苦苦挣扎,根本分不清哪些是人、哪些是动物。救援人员只有迅速把手伸进蜜糖里才能探测到哪里还有生还者……在事故中死去的马匹就像粘在苍蝇纸上的苍蝇一样,越挣扎就陷得越深。人也一样,不论男女都难逃一劫。"

储罐的所有者——美国工业酒精公司试图推卸责任,声明储罐是遭到某无政府主义分子的炸弹袭击才裂开的。但是经过多年的调查,该公司被认定在储罐的修建与维护等方面存在重大过失,并被责令向幸存者支付巨额赔偿。今天,当年储罐的所在地早就被改造成了公园,不过仍然有人说在温暖的日子里,空气中总是若有若无地飘荡着一缕甜香。

1月16日,1547年

伊凡雷帝,货真价实的"雷"

在伊凡四世(Ivan Vasilyevich)获得"雷帝"的称号之前,孩童时期的他仅仅是手中没有实权的莫斯科大公,彼时被他虐待的只有身边的动物：经常把猫狗之类的小动物从高塔上扔下去取乐。1547年1月16日，16岁的伊凡四世登基，成为史上第一位统领全俄罗斯的沙皇，从此，事情开始朝可怕的方向发展。这位新君很快就把手中的国度变成了恐怖的牢笼。

众多城市都在沙皇伊凡四世的怒火中遭殃，其中诺夫哥罗德（Novogorod）在1570年遭受了尤为残酷的制裁。那一年，伊凡四世无端地猜疑诺夫哥罗德的人民企图背叛他去投靠波兰国王，于是下令血洗该城。数以千计的男女老少，不论王公贵族还是农夫草民，一律格杀勿论，而侥幸逃出去的人也被屠城部队切断了粮食供应。经过6个星期的大清洗，诺夫哥罗德城一片死寂，寸草不生，好像是给伊凡四世即位23周年庆典的献礼。杀戮的狂潮随即席卷了莫斯科，伊凡四世在红场上以剥皮、煮刑或火刑的方式处理掉一批他眼中的政敌。*

1月17日，1912年

壮志未酬

这本该是人类探索史上浓墨重彩的一笔：长途跋涉，南下

---

* 伊凡四世的野蛮暴政随着他亲手杀死了自己的长子达到了巅峰。据说他的长子对伊凡四世脚踢怀有身孕的太子妃一事表示不满，和他理论，结果脑袋上挨了一杖，当场殒命。三年之后的1584年，伊凡雷帝去世，但不会轻易被人遗忘。

奔赴地球的尽头。1912年1月17日，极地探险家罗伯特·法尔肯·斯科特（Robert Falcon Scott）率领英国探险队到达南极点，还没来得及高兴就发现有人抢先一步到了。

斯科特在南极点周围看到一些也许是前人留下的痕迹，遂在探险日志中写道："最坏的情况，或者说几乎是最坏的情况还是发生了。"很快，物证越来越清晰。他继续记载道："我们继续向前，发现刚才看见的东西是绑在雪橇滑板上插在雪地里的一面黑色的旗帜，旁边还有扎营的痕迹，脚下有明显的雪橇频繁过往的痕迹，还有狗的爪印，看上去狗的数量不少。这下我们知道了，挪威人［在罗纳德·阿蒙森（Ronald Amundsen）的率领下］早我们一步到达了南极点。"

1月对于英国探险队来说已经够难过的了，但是大自然还要用狂风和严寒进行更残酷的嘲讽。"上帝啊！我们无功而返已经够惨的了，现在这天气更是不让人好过。"斯科特在日志里表达着悲愤的心情。

英国探险队的荣耀之梦已经破灭，也失去了在南极点插旗的资格，只得带着一身冻伤原路返回。"可以预见，归途艰难。"斯科特写道。实际上，这是一条不归路。又累又饿的队员们在伤病的侵袭下一个接一个地倒下，斯科特本人在遇难前，用尽全力为世人留下了一份

"告公众书"：

> 对于这次旅行我从未后悔，我们向世界展现了一向坚韧不拔的英国人吃苦耐劳、团结一致并能坦然赴死的大无畏精神。我们明知前路险峻仍然欣然出发，虽然受到了种种阻挠也毫无怨言，在天意的指引下尽全力坚持到最后一刻……如果我们能够活下去，一定会把这一路遭受的苦难和队友的万丈豪情好好地讲给大家听，相信所有英国人都会为此动容。现在，这个任务只有交给这些字迹潦草的纸张和我们的遗体了。

1月18日，2002年

天下文章一大抄

1993年，心情烦躁的历史学家多丽丝·科恩斯·古德温（Doris Kearns Goodwin）对作家乔·麦克吉尼斯（Joe McGunniss）进行了公开指责，声称后者为参议员爱德华·肯尼迪（Edward Kennedy）书写的传记中抄袭了她的作品——1987年的年度畅销书《菲茨杰拉德家族与肯尼迪家族：美国旷世传说》。"他从我的书里直接抄过去那么多内容，也不标注出处，"古德温对《波士顿环球报》的记者大吐苦水，"按理说这是一个作家的基本素养，他不加注的行为没有任何可以开脱的借口。"

随着事件的发展，人们发现《美国旷世传说》那本书也不全是古德温的原创。实际上，她窃取了大量其他作家的成果。其中最扎眼的例子就是古德温几乎一字未动地把罗丝·肯尼迪（Rose Kennedy）的著作搬进了自己的书里。

2002年1月18日，《美国旷世传说》出版15年后，《标准周刊》（The Weekly Standard）揭露了古德温明目张胆的抄袭行为——除了罗丝·肯尼迪与其他作家的作品，被她抄得最狠的是作家琳恩·麦克塔加特（Lynne McTaggart）撰写的凯瑟琳·肯尼迪（Kathleen Kennedy）的传记（Kathleen Kennedy: Her Life and Times）。《标准周刊》在文章中列举了古德温的文本与抄袭对象原著的详细比对。古德温对此发表了以下声明：

> 当年我纯手写创作，查阅了许多资料，也做了许多笔记。在我写到杂志中提到的那些地方的时候手边并没有麦克塔加特的作品。从那些笔记来看，我当时并没有意识到我的书与麦克塔加特的书存在着那么多相似之处。

古德温表示她后来与麦克塔加特达成协议，要在随后出版的简装版《美国旷世传说》中增加脚注，并在鸣谢中特意为麦克塔加特和她的作品加上一段，但是不会对涉嫌抄袭的内容直接加注。然而，古德温刻意回避了对麦克塔加特的经济赔偿，直到几天后《波士顿环球报》刊登了相关内容。在接受采访时，古德温坚称自己没有抄袭，并欲盖弥彰地说《美国旷世传说》是她"第一次尝试历史方面的鸿篇巨著"，犯错是难免的。但是《波士顿环球报》适时地指出11年前，也就是1976年，古德温就出版过同类型的大部头著作《林登·约翰逊和美国梦》。

古德温拼命想挽回名誉，却越描越黑。她暧昧地把自己的抄袭行为定义为"借鉴"，并把犯错原因往当年的笔记上推，结果引来了更加猛烈的抨击。她曾想借自己荣获普利策奖的大作《非常岁月：富兰克林与埃莉诺·罗斯福伉俪》(No Ordinary Times: Franklin and Eleanor Rooesvelt) 重塑形象，特意声明该书绝无抄袭之虞。但是包括《洛杉矶时报》(Los Angeles Times) 在内的多家媒体立刻刊登了这部作品中"借鉴"的内容。更有甚者，古德温曾承诺销毁剩余的原版《美国旷世传说》，却未能付诸行动。

最初就古德温抄袭一事给《标准周刊》爆料的伯·克雷德（Bo Crader）引用古德温当初指责麦克吉尼斯的话给她做了以下总结："一位作家以其他作家的作品为基础进行创作是没有任何问题的。历史就是这样一代一代传承下来的，只要你注明出处就好……我真不明白她为什么不加注。"

1月19日，1990年

华盛顿特区的"特别"市长

虽然华盛顿特区曾一度被笼罩在可卡因的毒雾之中，特区市长马利恩·巴里（Marion S. Barry）也被怀疑是瘾君子，但是他在仕途上可谓一路高歌，所向披靡。自诩为"夜猫子"的巴里曾是各种艳舞吧和暗藏嗑药场所的小旅馆的常客,他在接受《洛杉矶时报》采访时说过这样的话:"可卡因?他们拿可卡因干什么呢?吸到鼻子里吗?不会吧!呃!"巴里市长对可卡因的"厌恶"在记者的眼中"充满戏谑的意味,既忸怩作态,又明目张胆"。当记者进一步提到针对他吸毒的指控时,巴里表示自己受到了奇耻大辱:"他们说我犯的事我从来都没做过,我没蠢到那个地步!上帝给了我一个好脑子。我做了什么没人知道,因为没人撞见。"

然而,就在《洛杉矶时报》的文章发表不到两周后,巴里在华盛顿特区市中心的一个旅馆里与情妇黑泽尔·黛安·"拉席达"·摩尔(Hazel Diane "Rasheeda" Moore)吸食可卡因时被摄像机捕捉了下来。摩尔女士实际上是美国联邦调查局(FBI)突击行动的合作人之一,"夜猫子"巴里对此气愤不已。"我他妈算是倒霉,"被逮捕时,他喃喃自语道,"让那婊子摆了一道。"在被捉拿归案的第二天,也就是1990年1月19日,巴里被提起诉讼。刚好在一年前,巴里市长的下级查尔斯·刘易斯(Charles Lewis)出庭指证巴里曾与自己一起吸食可卡因,而巴里在陪审团面前发誓自己是无辜的。一个月以后,巴里被宣判犯下了三起伪证罪。

这种规模的污点足以让大多数政客永无翻身之日,但对巴里而言无关痛痒,毕竟他是被《华盛顿城报》封为"终身市长"的天选之子。巴里服满6个月的刑期之后,对他无比忠诚的选民们又把他送进了市政府的领导班子,当然,这些选民大部分是拿着官饷的。再后来更令人震惊的事发生了,巴里居然再度被推上了市长的宝座!

巴里从政坛上丑态毕现地（暂时）跌落之前，对《洛杉矶时报》的记者还说出了这样的话："我就像罗马人养的狮子一样。他们随便扔东西砸我，无所谓的。反正每次我都能咬回去。最后我就踏踏实实地坐着舔舔爪子。"

1月20日，1953年

和平交接？不存在的

虽说适时让权是贯彻民主精神的重要环节，但是在美国历史上鲜有上任总统愉快地把政权交到下一任手中的事例，尤其是当那两位仁兄彼此厌恶的时候，更是不可能。第一个公开表达对继任者不满的是约翰·亚当斯，他故意没有出席政敌托马斯·杰斐逊的就职仪式。他的儿子约翰·昆西·亚当斯（John Quincy Adams）后来在激烈的大选中输给安德鲁·杰克逊（Andrew Jackson）之后，以父亲为典范做了同样的事。不过要论不共戴天，还是得看在1953年1月20日那天进行政权交接的艾森豪威尔和杜鲁门。回忆起当天的事，时任总统顾问克拉克·克里福德（Clark Clifford）是这么说的："两位先生之间的仇恨如热带季风一样猛烈。"

艾森豪威尔将军和前任一把手杜鲁门之间的关系在1952年的总统大选中逐渐恶化，共和党人艾森豪威尔与民主党参选人阿德莱·史蒂文森（Adlai Stevenson）展开过激烈的唇枪舌剑。杜鲁门曾鄙夷不屑地说:"一头猪对星期天这个概念的理解都比将军先生对政治的理解要深刻得多。"艾森豪威尔也十分嫌弃"杜鲁门在华盛顿留下的烂摊子"。

艾森豪威尔在杜鲁门执政期间干了不少让总统先生惊诧的事情,尤其是他擅自开展的"对朝维和行动",杜鲁门曾在新闻发布会上称之为一场"政治煽动"。接着,参议员约瑟夫·麦卡锡(Joseph McCarthy)公开诋毁艾森豪威尔的昔日导师乔治·马歇尔将军(George C. Marshall),而艾森豪威尔在共和党人的压力下没有站出来维护马歇尔的名誉。杜鲁门迅速讥讽道:"这可真不得了啊,艾森豪威尔就是个胆小鬼……他应该为自己的懦弱感到害臊。"

这二位之间的敌意在艾森豪威尔就职当天达到了爆点,因为他们必须同乘一辆车前往首都。艾森豪威尔故意大声地说出内心独白:"坐在这个家伙身边可真难受。"随后他拒绝了杜鲁门请他进白宫喝咖啡的邀请,干巴巴地坐在车里等着。当时在场的哥伦比亚广播公司(CBS)记者埃里克·塞瓦雷德(Eric Sevareid)把这个事件形容为"惊世骇俗",而对于杜鲁门来说则是永生难忘的羞辱。他在事后写道:"我虽然不是艾森豪威尔的崇拜者,但是移交政权的时候我也尽量配合,让事情不那么难堪。然而在艾森豪威尔的眼里,我不是和他交班的前任,而是敌人。"

虽然艾森豪威尔和杜鲁门对于那天在开往首都的车里他们的对话内容各执一词,但可以想见,基调肯定是冷若冰霜的。白宫内勤人员惠斯特(J. B. West)对此的看法是:"我没和他们同车真是太好了。"

1月21日，1535年

在并不仁慈的基督教世界冒险 第一部：
不要乱贴海报……违者必烧

在文艺复兴时期的法国，有一种特别严重的散播异端言论罪，严重到在国王弗朗索瓦一世（François Ⅰ）看来，绑在火刑柱上烧死都不解恨。16世纪的某个时段，一群调皮的新教徒在巴黎上下张贴了大量海报，以调笑的口吻对基督是否出席了圣餐一事发表了他们的见解，就像今天某些消息在互联网上被人疯传一样，这样的言论很快散布开来，到最后，有一张海报竟然不知被谁贴在了弗朗索瓦一世寝宫的大门上。面对这样的挑衅，国王龙颜大怒。一波未平，一波又起，第二批海报很快也贴出来了，上面公然把教皇和天主教神职人员贬损为"害群之马……背道者、恶狼……谎话连篇的渎神者、灵魂的刽子手"。

弗朗索瓦一世下令彻查炮制此等歪理邪说的始作俑者，对提供情报的人许诺了丰厚的奖金，这件事史称"海报事件"。追查过后，弗朗索瓦一世随即展开了又快又狠的反击。1535年1月21日，国王陛下头上没有佩戴冠冕，身披黑袍，手中擎着一支点燃的蜡烛，表情肃穆地从巴黎的街道上穿过，一路走到了巴黎圣母院。皇子们紧随其后，有的手托代表圣餐的饼和酒以及所用法器，有的负责在圣餐上方撑起华盖。与国王同行的还有当时法国级别最高的王公贵族与神职人员，队伍携带的物品包括众多与宗教相关的圣物，比如圣路易的头颅和耶稣曾佩戴的正品荆棘之冠，等等。接着，圣母院里举行了一场盛大的弥撒。弥撒过后，弗朗索瓦一世当场开始用餐，6名因此事被逮捕的异端分子则在圣母院前面的空地上被处决。在历史学家威尔·杜兰特（Will Durrant）看来，处决方式"足以取悦上帝"。

6名罪人像栗子一样被吊在燃烧的火堆之上，捆绑他们的绳子一次又一次放低，把他们放到火上烤烤再拉起来，以极大程度延长痛苦。处决了他们之后，弗朗索瓦一世并未就此收手，他在国内大肆举办火刑，就连从根本上反对宗教改革的教皇保罗三世（Paul Ⅲ）都看不下去了，命令"最虔诚的基督徒国王"*消消火，冷静冷静。

1月22日，2010年

难忘今宵，再无明朝

"哈喽啊小子！"电话里传来如雷贯耳的声音。"深夜脱口秀之王"约翰尼·卡尔森（Johnny Carson）亲自打电话给柯南·奥布莱恩（Conon O'Brien），祝贺他被美国全国广播公司（NBC）选中，即将接过下一代《今夜脱口秀》（The Tonight Show）主持人的重任。卡尔森在自己光辉的职业生涯中，有30年都在主持这档节目。《纽约时报》电视节目版的撰稿人比尔·卡特

---

* 这个称呼是历代教皇赋予法国国王的殊荣。

（Bill Carter）在自己的书《饥不择食的电视台们》(Desperate Networks) 里对发生在 2004 年的电话会谈的重要性进行了这样的解说："对奥布莱恩而言，就像被教皇钦点成为神父一样光荣。"不过对于奥布莱恩来说，接手史上口碑最好的节目之一，这个梦想起码还要往后推迟 5 年才能实现，因为现役主持人杰伊·勒诺（Jay Leno）还要那么多年才会按计划退休。面对超长的待机时间，年轻的奥布莱恩曾对卡尔森开玩笑说："希望我能活到那天。"已经退休的卡尔森回答："是啊，就像是结婚之前漫长的订婚时光一样。"奥布莱恩和电视台之间的"订婚"与"结婚"漫长得仿佛遥遥无期，但是双方的"离婚"倒是快得让人猝不及防。

2009 年 6 月 1 日，星期一，在崭新的演播大厅里，《今夜柯南秀》(The Tonight Show With Conan O'Brien) 终于迎来了首播的日子。节目的首位客座嘉宾是戏剧演员威尔·法雷尔（Will Ferrell），收视率十分喜人，奥布莱恩终于美梦成真。然而从第二天，也就是从星期二开始，收视率一路下滑。根据《纽约时报》的统计，收视率一度下跌到 50 多年内的最低点。祸不单行，前一任主持人勒诺并没有完全隐退，而是在同年 9 月，在 NBC 台里的黄金时段启动了一档全新的综艺节目。那档节目出师不利，连累了在它以后播出的同台所有节目，其中就包括奥布莱恩的脱口秀。

为了解决自己造成的问题，NBC 高层做出了一个在旁人看来非常不明智的决定：让勒诺带着经过整改的综艺节目重返深夜档，在晚上 11 点 35 分播出，而《今夜柯南秀》则顺延到凌晨

12 点 05 分。对此一无所知的奥布莱恩感到进退维谷。"我认为把'今夜秀'推迟到第二天凌晨,给另一档喜剧节目让路,会对电视广播史上最成功的金牌栏目造成巨大的伤害。"奥布莱恩在某个声明中如此说道,"凌晨 12 点 05 分播出的'今夜秀'已经不能算是'今夜'秀了。"

2010 年 1 月 22 日,奥布莱恩作为"今夜秀"的主持人最后一次出现在观众面前,此时距离他接手该节目还未满 8 个月。威尔·法雷尔也首尾呼应地做了他的收场嘉宾,仿佛造物弄人一般,这期节目的收视率出奇的高。那个专门为此修建的新演播大厅后来干什么用了呢?演员杰克·麦克布雷尔(Jack McBrayer)曾经在情景喜剧《我为喜剧狂》(*30 Rock*)的某一集里以剧中角色 NBC 员工肯尼斯·帕塞尔(Kenneth Parcell)的身份带领一群临时组成的游客在里面参观,向他们讲解说:"这个地方,NBC 修建用的时间比正经使用的时间还长。"

1 月 23 日,1848 年

毁誉参半

麻醉医学界的领军人物荷里斯·威尔斯(Horace Wells)在自己 33 岁生日那天进了监狱,因为他无缘无故地向数名妓女身上泼硫酸。

威尔斯的本职工作是牙医,待人一贯温和,犯事当天吸入过量的三氯甲烷,头脑不是很清醒。起先威尔斯用三氯甲烷在自己身上做过许多次实验,后来渐渐地喜欢上了"那种令人飘飘欲仙的效果"。但是三氯甲烷带给威尔斯医生的快感却以悲剧收场,他为此精神失常,导致他人受到伤害,而且声称自己完全不记得做过什么。

1848年1月23日,被关押在以条件恶劣出名、有墓园(The Tombs)之称的曼哈顿拘役所中的威尔斯把遗言留给了《商业日报》(The Journal of Commerce),然后割破了自己的股动脉。他在信中写下了这样的话:"上帝啊!事情怎么就发展到这个地步了呢?难道这一切不是一场梦吗?今夜12点以前我必须以命还债。要不然万一明天我被释放了,就要以恶人的身份苟活于世。"

威尔斯的担心没有成为现实,他由于失血过多死在了牢房里,并且被后人尊为行业先驱。

1月24日,公元41年

去死吧,卡利古拉!——"男高音"复仇记

罗马皇帝卡利古拉(Gaius Julius Caesar Augustus Germanicus,全名盖乌斯·尤利乌斯·恺撒·奥古斯都·日耳曼尼库斯)大概是史上最荒淫暴虐的君王之一——他自称为神,与自己的同胞姐妹乱伦,不论是朋友还是敌人,他都能开心地杀掉。这个半疯的

怪物最后被人除掉，倒不是因为其人神共愤的暴行，而是他对某个内心敏感的罗马禁卫军战士不断调笑的行为。

根据早期史料记载，禁卫军战士卡西乌斯·查雷亚（Cassius Chaerea）是个健硕勇武的小伙子，但是他有个生理上的小毛病：嗓门像女人一样又尖又细。据说那是他在某次战斗中下体受伤造成的后遗症。卡利古拉一有机会就会戳他的痛处，比如轮到他站岗时，给他设置具有侮辱性的过关口令，比如阉人的俗称"维纳斯"，或是罗马神话中的生殖之神"普里阿普斯"（Priapus）。根据古罗马历史学家苏埃托尼乌斯（Suetonius）的记载，卡利古拉每次伸手让查雷亚亲吻他的戒指之时，都会"做出十分下流的手势，在他的嘴里动来动去"。

受够了欺侮的查雷亚结集其他对卡利古拉心怀怨气的罗马人，暗中策划弑君。公元41年1月24日，他们对暴君下了杀手，刺出第一刀的正是忍无可忍的"普里阿普斯"。

1月25日，1995年

挪威火箭惊情

倒霉的日子就算没有按照预设的轨迹发展也不能算好日子，比如1995年1月25日，核武器险些毁灭了世界。那天清晨，美国与挪威合作的科研队伍从挪威西北部海岸之外的一个小岛上发射了一枚四级火箭，目的是对极光进行探测。这么大的事提前并没有通知邻近的俄罗斯，问题就有点儿严重了，拔地而起的火箭的确让俄方瞬间紧张起来。这个火箭的外观和美国的三叉戟导弹有几分相似，而且发射地点刚好位于俄罗斯认为威胁最大的方向。前 CIA 官员彼得·普莱（Peter Pry）在他的作品《险些开战》（*War Scare*）中称这次事件为"人类进入核武器时代以来最大的危机"。面对最高级别的红色警报，当时的俄罗斯总统叶利钦和高层领导的手指头已经悬在了足以毁灭全人类的核按钮上方，他们只有几分钟的时间决定要不要按下去。一旦按下去，4700 枚战略核导弹就会倾巢而出，后果不堪设想。幸运的是，火箭一头扎进了海里，核按钮则继续待命了。

1 月 26 日，1998 年

决胜小蓝裙

毫无疑问，政客们总是要说谎的，不过很少有人能像 1998 年 1 月 26 日的比尔·克林顿（Bill Clinton）那样面不改色心不跳地撒谎。那一天，他坚决否认与白宫某实习生之间存在不正当关系。面红耳赤的总统先生愤慨地用手指着在场的人，大声说："我想对美国人民澄清一件事。请你们听我说。我重复一遍：我和那位女士——也就是莱温斯基小姐——没有发生过性关系。"但是莱温斯基小姐手中有一条蓝裙子，上面保存着她和总统先生几次露水相逢的关键性证据。7 个月以后的 8 月 27 日，克林顿在物证面前不得不更改了证词。"我的确和莱温斯基小姐之间发生过不恰当的关系,"他承认了自己的不检点,"或者说是错误的关系。"

1月27日,1595年

兄弟啊,何苦生在帝王家

> 决绝当学土耳其,王座周围无兄弟。
> ——《与阿布斯诺博士书》(亚历山大·蒲伯)
> (Alexander Pope,18世纪英国诗人)

15世纪中叶,奥斯曼帝国深受众皇子夺嫡的困扰,人称"征服者"的苏丹穆罕默德二世(Mehmed Ⅱ)对此提出了一个简单粗暴的解决方案:杀掉所有兄弟。"不论以后继承国家的是谁,他都必须以社稷为重,除掉其余的同胞兄弟。"穆罕默德二世在勒死了某位年幼的弟弟以后颁发了这条法令。差不多150年以后,穆罕默德三世于1595年1月27日即位,他的弟弟们便成为这条法令之下的冤魂,一共19人,无一幸免!包括许多婴儿在内的皇子全部被人用弓弦勒死,然后按照皇室礼仪葬在刚去世的先王身边。

1月28日，1393年

大烧活人

法兰西国王查理六世（Charles Ⅵ）的精神状态一直不太好，1393年，他精神错乱的迹象已经很明显了，后来逐渐丧失了所有理智。宫廷御医认为应该用什么事情分散一下国王的注意力，让他放松心情，于是就趁着王后伊莎贝拉（Isabeau）的一位女官第四次结婚的机会，在1393年1月28日举行了一场盛大的假面舞会。事后证明，也许正是这场"烈火焚身舞会"令查理六世受到了惊吓，彻底发了疯。

根据法国当时的传统，寡妇再嫁的婚礼主题一般是讽刺与胡闹，就像历史学家芭芭拉·塔奇曼（Barbara Tuchman）在《遥远的镜子》(Distant Mirror: The Calamitous 14th Century) 中记载的那样，"没有什么禁忌，人们身着奇装异服，形骸放浪，现场音乐毫无调式可言，刺耳铜钹声此起彼伏"。本文中提到的这场假面舞会带有和基督教完全不同的异教风情，国王查理六世和5名高等级骑士变装成森林野人的样子。他们的外套在制作时先把亚麻布浸过松香，再粘上一层亚麻纤维，然后直接缝在贴身的衣服上。按照塔奇曼的描写，"穿上这套衣服的人看上去很邋遢，从头到脚都是毛茸茸的"。国王一行人的脸上戴着相同材质的面具。有趣归有趣，可是这样的服装特别易燃。

身披"盛装"的国王和他的骑士们在庆典现场无拘无束地四处乱窜，口中不时发出狼嚎或喊出粗俗的话语，玩得不亦乐乎,而国王的弟弟——奥尔良公爵路易带着一身的酒气姗姗来迟。虽然舞会当天严禁火烛,但是路易驾到的时候手中挥舞着一支火炬。根据流传下来的说法,路易公爵当时跟跄地走到一个野人舞者身边,把火炬举到自己的脸旁想表明身份,结果引燃了这名骑士满是松香的服装,火势旋即蔓延到旁边的人身上。在场史官——圣丹尼斯堂某僧侣详细地记载了当时的场景:"四个人被活活烧死,他们的身体像火球一样滚落在地上……血溅四方。"五名骑士中只有一人迅速跳进了一桶酒里,侥幸生还。

查理六世刚好离他们比较远,他的婶婶急中生智地撩起裙子宽大的下摆把他罩了起来,所以熊熊烈火并没有烧到他身上。经历了这么一场意外,法兰西国王性情大变,最后连自己的王后都认不出来。他坚信自己是玻璃做的,走路都是小心翼翼、颤颤巍巍的。

1月29日,公元904年

来自教皇的霸凌

思齐三世(Sergius Ⅲ)在公元904年1月29日成为教皇,被赶下台的前任教皇列奥五世(Leo Ⅴ)及其宿敌克里斯托弗(天主教教廷目前认为克里斯托弗算是个"伪教皇")迎来了最坏的结局。已经沦为阶下囚的二人,没过多久就被新教皇下令绞死以扫清障碍。在他们之前的一任教皇在思齐三世的统治下也被折腾得够呛。根据 15 世纪意大利作家巴托罗密欧·普拉提纳（Bartolomeo Platina）的记载，早就入土为安的前教皇福尔摩苏斯（Pope Formosus）的遗体被思齐三世下令挖了出来，要知道在此之前他已经被挖出来进行过一轮"僵尸审判"* 了。这一次，"不配让人审判的"福尔摩苏斯的遗体被砍掉了头，再度尸沉台伯河。†

1 月 30 日，1649 年与 1661 年

一次不够，再死一次

1649 年 1 月 30 日是个天寒地冻的日子，英国国王查理一世（Charles Ⅰ）踏出白厅宫宴会楼的大门，朝着外面临时竖起的木架走去。此时此刻，国王身后的房间象征着斯图亚特王朝的光荣历史，而他面前的木桩则是一会儿要垫着他脑袋的断头台。此前，查理一世在与议会之间旷日持久的内战中败下阵来，并被判犯有叛国罪，于是成了英国历史上唯一被砍头的君主。门外此刻聚集了一大群观众，他们从四面八方赶来见证这件史无前例的大

---

* 公元 897 年 1 月，教皇斯德望六世将前教皇福尔摩苏斯的遗体挖出来以伪证罪对他进行宣判，剥夺其教皇身份，撤销了他在位期间颁布的一切教皇令，砍掉了其生前主持各种圣礼所用的手指，并在审判结束后将遗体投入台伯河，后被人捞出重新下葬。——译者注

† 有些历史学家认为普拉提纳的记载不实，不过有一点是可以确定的，即思齐三世曾经作为主教参加过斯德望六世主持的僵尸审判，作为对斯德望六世的肯定，他下令在福尔摩苏斯的墓碑上加刻了一些讨伐"傲慢的入侵者福尔摩苏斯"的檄文。

事。查理一世在临刑前留下的遗言也淹没在嘈杂的人声中："今天我头上的凡间王冠将获得永生，再不受尘世的纷扰。"他对身边的伦敦主教说完这句话，就俯身把头放在了木桩上。咔嚓一下，刽子手干净利落地完成了任务。

一转眼整整过去了 12 年，查理一世昔日的政敌与索命人奥利弗·克伦威尔（Oliver Cromwell，与另一个掉脑袋的克伦威尔没有直接关系，详见 1 月 6 日）也在 1 月 30 日被公开处决。刑场上的克伦威尔面无表情，对周边发生的事情一无所知，因为那个时候他已经死了 3 年多。

虽说克伦威尔曾经推翻了君主制，而且作为一名清教徒他一向谨慎行事，但是在出任护国公期间仍然享尽了荣华富贵。直到 1658 年去世之前，克伦威尔住遍了英国各大皇家宫殿，死后还风光厚葬在了威斯敏斯特大教堂的历代先王墓地里，不过他并未获得永恒的安宁。1660 年，查理二世（Charles Ⅱ）恢复了君主制，克伦威尔的尸体被人挖了出来，并在 1661 年 1 月 30 日，也就是他砍掉查理一世的脑袋的纪念日那天被一路拖到了处决普通犯人的泰伯恩刑场。他的遗体先是受了绞刑，然后脑袋被砍下，插在了威斯敏斯特宫顶的一根尖刺上。一挂就是 20 多年，用以威慑所有企图颠覆王权的人。*

---

* 据说克伦威尔的头在一次猛烈的暴风雨中被刮掉了，几经周转，几百年后，那颗大概还是原版的脑袋在 1960 年被后人安葬在剑桥大学的西德尼·萨塞克斯学院里。

1月31日，1999年

史上最臭的运动鞋广告

1999年1月31日，大型鞋子专营店"一切为了脚"（Just For Feet）在大约1.27亿美国观众面前跌了个大跟头。总部设在亚拉巴马州伯明翰城的鞋店前不久刚刚在美国扩展开一系列连锁店，经营规模迅速膨胀，于是急需让形象也随之升级。还有什么比在"超级碗"橄榄球联赛期间投放电视广告更加有效的办法呢？对插播广告的娱乐性品头论足正是在电视前观看比赛的观众们一贯的乐事。这个时段的广告费堪称天价，但是换取的曝光度对企业来说是无价之宝。"一切为了脚"决定放手一搏。

"当时我们的目的就是塑造品牌形象，"首席执行官（CEO）哈罗德·拉滕伯格（Harold Ruttenberg）在1999年5月接受网站Salon.com采访时说，"我们希望达到的目的是人们看了广告之后发自内心地说：'嘿，这个真棒。以后我们就去你家买鞋了。我们只想去你家花钱。'"然而，在1月31日比赛第四节里插播的鞋店广告不但没有让人觉得前卫时髦，反而让"一切为了脚"蒙上了种族歧视的阴影。

广告一开始，四个开着军用悍马车的白人男子（对这四个人具体的种族和性别后来一直众说纷纭）*在肯尼亚追踪一个光脚跑

---

* 虽然每个镜头都是一闪而过，但四人中明显有一名是女性，还有一名男子似乎带有犹太或中东血统。——译者注

步的黑人的足迹,悍马车前面的牌照上显示着"一切为了脚"的店名,路边趴着一头看热闹的狮子。他们追上黑人之后,递给他一杯下了蒙汗药的水,黑人喝下后立刻晕倒在地,这四人趁机在他的脚上套了一双耐克运动鞋。接着,可怜又无助的黑人从昏迷中醒来,看着脚上的鞋子仰天长啸:"不要啊!!"整个广告在黑人一步一踹腿、企图甩掉鞋子的镜头中结束。

这个广告带来的负面影响迅速像潮水般涌来。《纽约时报》记者斯图亚特·艾略特(Stuart Elliott)说它"毫不在乎别人的感受",鲍勃·加菲尔德(Bob Garfield)在给杂志《广告时代》(Advertising Age)撰写的文章中称这则广告"宣扬新殖民主义……文化侵略主义,或许还带有种族主义情绪。策划人疯了吗?"《得梅因纪事报》(Des Moines Register)干脆建议"一切为了脚"不如改名为"一切为了种族歧视",并在社论中指出"给这条广告开了绿灯的广告公司应该专门办个作品展,好好宣传一下他们恶臭的内部文化"。

显然这种反响不在初次做大广告的"一切为了脚"的预期之内,于是他们将制作该广告的萨奇广告公司(Saatchi & Saatchi)告上了法庭。诉状中写着这样的语句:"萨奇广告公司令人震惊的毫无专业精神的表现对'一切为了脚'的正面形象造成了巨大伤害,后者的名誉遭到破坏,在不明真相的公众眼中成为种族歧视者,或是对种族问题非常迟钝的企业。"

对于纠纷中的双方,许多人都觉得应该各打五十大板。资深广告高层人物格兰特·理查兹(Grant Richards)在2000年接受《广告时代》的采访时说:"广告公司那边居然傻到拿出这样的方案，客户那边居然傻到为它掏钱。"到最后，诉讼结果对于"一切为了脚"来说不复重要，因为1999年该公司申请破产，毁于内部的账目造假。

February

2月

啊,怎么,
你的面孔怎么像严冬(2月)一样难看,
堆满了霜雪风云?

——《无事生非》(*Much Ado About Nothing*),莎士比亚

2月1日，2004年

天下大乱不敌胸脯二两

在这一天里，库尔德斯坦地区*发生了两起自杀性炸弹袭击，穆斯林圣地麦加发生了踩踏事件，几百名朝圣者丧生，达尔富尔地区的种族屠杀仍在继续。然而，美国与世界其他地区媒体的目光都集中在另一件事上：摇滚巨星迈克尔·杰克逊之妹珍妮·杰克逊（Janet Jackson）在第38届"超级碗"橄榄球联赛中场休息演出时，不慎露出了半边酥胸。这件事如此轰动，甚至打破了互联网的热搜纪录，还催生了"油管"（YouTube）视频网站。真糟糕，恐怖袭击也好，民不聊生也罢，都比不上胸脯的魅力。

2月2日，1685年

过度医疗致死

英国国王查理二世一向以活力四射著称，他和众多情妇制

---

* 横跨土耳其、伊拉克、伊朗和叙利亚四国的山区，为库尔德人聚居地。——译者注

造出数不清的皇族私生子，身体也一直没灾没病。1685年2月2日那天晚上，这位"快乐国王"就寝的时候感觉和以往不太一样。第二天早上，根据他贴身男仆的记载，一夜无眠的查理二世"面如死灰，不想说话，也无法说话……像死人一样……一个字都说不出"。接着，国王陛下在国内顶级医疗团队的手中受了5天的活罪。

查理二世陷入昏迷以后，一名医生用小刀切开了他的静脉，放出了16盎司（约473毫升）血液。国王的病情没有因此好转，于是更多的医生前来会诊。麦考利公爵（Lord Macauley）记载道："大部分医生认定国王是中风了，接连数小时折磨着他的病体，仿佛在给某个绑在柱子上的印第安人上刑。"医生们马不停蹄地开出各种药方，包括60多味药，其中不乏从东方的山羊胃结石和人类头盖骨中提炼出的精华等稀奇古怪的东西。有些"药"毒性巨大，灼伤了查理二世的嘴唇和舌头，还让他排尿时疼痛不已。

下一步，医生们剃掉了国王的头发，用烧红的烙铁烙他的头皮，企图逼出大脑里的有害黏液。查理二世身上其他地方的皮肤也被拔火罐烫出了一层水疱。各种各样的催吐剂灌入他的喉咙，放血疗法也一刻没停，毕竟这才是17世纪最主流的治疗方法。

然而，就像当时一名参与治疗的医生记录的那样，尽管"医术超群且对国王忠心耿耿的医生们用了一切疗法"，查理二世仍然病入膏肓。2月6日，气若游丝的查理二世为自己"这么多天还没死"道了个歉，随即撒手人寰。

2月3日，1959年

音乐史上灰暗的一天

韦伦·詹宁斯（Waylon Jennings）在这一天由于让出了自己在某架包机上的座位而逃过一劫，在日后成为乡村音乐界的传奇人物。当时和他同乐队的汤米·阿尔萨普（Tommy Allsup）歪打正着地在扔硬币的打赌中输给了里奇·瓦伦斯（Richie Valens），也没有乘坐那架飞机。Dion and the Belmonts 乐队的迪昂·迪穆奇（Dion DiMucci）觉得包机费用太高也没有入伙。唉，那一天的好运到此为止了。包括摇滚先锋人物巴迪·霍利（Buddy Holly）、"大波普"·理查森（J. P. "the Big Bopper" Richardson）和上面提到的打赌赢了的瓦伦斯等人乘坐的包机在1959年2月3日坠落在爱荷华州的一片玉米地里，机上人员全部遇难。音乐人唐·麦克林（Don McLean）在1971年创作的歌曲《美国派》（American Pie）的歌词里称"那一天，音乐死去了"。

2月4日，1998年

招人恨的Win 98

对于公众人物来说，人身安全的问题已经够让人操心的了，还要提防躲在暗处随时准备让他们出丑的人。比如说英国女王伊丽莎白二世在1986年出访新西兰的时候被人扔过鸡蛋，蛋清蛋黄顺着她的裙子流了一地。后来在澳大利亚，有个建筑工人在女王座驾经过的时候脱下裤子，以臀部对着女王晃来晃去。影星汤姆·克鲁斯（Tom Cruise）在走红毯答记者问的时候曾被人用水枪滋了一脸水。美国前总统小布什则受到了最高级别的阿拉伯式羞辱，在一次记者招待会上，一名伊拉克记者把两只鞋子脱下来朝他扔去，一边扔一边喊着："伊拉克人民向您拜拜了！你这老狗！"（好在总统先生敏捷地躲过了那两颗"导弹"。）

就连世界首富之一比尔·盖茨也在1998年2月4日吃过瘪，准确地说是吃过饼。那一天在比利时出席商务会议的盖茨被人往脸上糊了张奶油馅饼（甜口的）。当然，同一个世界同一张饼，比尔·盖茨的饼友遍天下，比如说和盖茨同级别的亿万富翁鲁伯特·默多克（Rupert Murdoch），还有旧金山前市长威利·布朗（Willie Brown），反同性恋代言人、选美冠军安妮塔·布莱恩特（Anita Bryant），保守派政治评论家威廉·巴克利（William Frank Buckley Jr.），瑞典国王卡尔十六世·古斯塔夫（Carl XVI Gustaf），时装设计师开尔文·克莱恩（Calvin Klein）（其实他是替同行卡尔·拉格菲尔德挨了一饼），美国前参议员丹尼尔·帕

在比利时,比尔·盖茨遭遇甜食砸脸

特里克·莫伊尼翰(Daniel Patrick Moynihan),致力消费者权益保护的往届总统参选人拉尔夫·纳德(Ralph Nade),以及银幕巨星史泰龙,等等。

2月5日,1969年

难登大雅之堂

1969年2月5日,星期三,美国广播公司(ABC)的新节目《打开》(Turn-On)迎来了首播,这是一档片段性喜剧节目,制作人说它"极富视觉冲击性,以喜剧的形式表现感官滑稽戏,形式包括动画、录像、定格动画、电子图像、计算机生成画面,甚至还有真人表演"。实际上,这档节目就像大二学生的荤段子合集一样,既低俗又无聊。ABC 克里夫兰的支台 WEWS-TV 在这个节目刚进入第一段插播广告的时候,就决定让它立刻下架,同时给 ABC 总部发去一封言辞激烈的电报:"你们那群不着调的哥们儿如果不往墙上写脏话就难受的话,请往别处写,不要污染我们台。你们的《打开》在我们这儿必须关上了。"其他支台也对该节目表示强烈抗议。丹佛的 KBTV 电视台压根儿就没放这档节目,做出同样决定的还有俄勒冈州波特兰城的 KATU 电视台和西雅图的 KOMO-TV 电视台。首播一周以后,ABC 接受了各地支台的反馈,把仅播出了一部分的《打开》节目乖乖地撤了下来。

2月6日,1637年

荷兰郁金香泡沫

史上规模最大的交易市场崩盘事件,既不是房地产泡沫,也不是期货交易,而是郁金香。16 世纪晚期,郁金香从土耳其引进荷兰,广受当地人民的青睐。郁金香球根的价格与日俱增,而且由于培育周期较长,当时市场上的球根供不应求。更巧的是,因为某种病毒的感染,一些品种的郁金香花瓣上出现了色彩艳丽的条纹,使买家更加趋之若鹜。随着郁金香狂热的升温,每个人都希望拥有郁金香球根这个身份和地位的象征,哪怕只有一个。

闻风而来的炒作者涌入市场之后，郁金香球根的价格简直高到离谱，有些人甚至不惜卖房卖地也要入市去分一杯羹。然而，在1637年2月6日那天，郁金香泡沫破碎了。或许是黑死病正在流行的原因，荷兰哈勒姆城的郁金香交易市场门可罗雀，一个买家都没有到场。恐慌的情绪蔓延开来，郁金香也失去了魅力，许多人为此倾家荡产。400多年后的今天，作为荷兰名气最大的出口商品之一，郁金香价格已经降到了近乎白给，而且想买多少就有多少。

2月7日，1497年

暴殄天物的虚荣之火

1497年2月7日，佛罗伦萨燃起熊熊烈火，烧掉了一切让生活更美好的东西，史称"虚荣之火"（Bonfire of the Vanities）。当时美第奇家族暂时失势，被赶出了佛罗伦萨城邦，统治该地的是取而代之的道明会（Dominian Order）修士吉罗拉莫·萨佛纳罗拉（Girolamo Savonarola），为了洗刷由奢侈品、美好之物以及娱乐活动导致的罪孽，狂热的宗教分子萨佛纳罗拉软硬兼施地让城邦人民交出了家中的财物，全部倒在领主广场（Piazza della Signoria）中心的柴火堆上。层层叠叠的火堆里包含着珍贵的油画（据说有波提切利的作品）、雕像，以及彼得拉克、但丁和薄伽丘等名家的著作，还有各色家具、纺织品、化妆品、锦衣华服、乐器、棋牌桌、纸牌以及其他让生活变得多姿多彩的物件。萨佛纳罗拉的拥护者们在现场载歌载舞，众多宝物燃烧殆尽。正所谓风水轮流转，事情过去不到一年，萨佛纳罗拉被教皇逐出教会，并被判定为异端分子。在他当年烧东西的广场上，萨佛纳罗拉也享受了火刑待遇。还是那个地方，再过一阵子，米开朗基罗的不朽名作《大卫》雕像将站在那里凝视曾让万物化为焦土的广场，当然，是不穿衣服的。萨佛纳罗拉若还活着一定会批判它有伤风化。

2月8日，1587年

引刀成一快？快不了

死亡一般来说是个缓慢而痛苦的过程，对于苏格兰女王玛丽一世来说，死亡不光如此，还很荒唐。1568年，玛丽从叛乱的苏格兰流亡，继而被自己的表姑，也就是英格兰女王伊丽莎白一世囚禁起来，一关就是将近20年。接着，她被指控密谋杀害英格兰女王并企图篡位被判处死刑。

1587年2月8日，大限将至的玛丽被人领进了佛泽林盖城堡（Fotheringhay Castle）的大礼堂，等待她的是临时搭起的刑场和刽子手。在场的见证人面容肃穆，玛丽顺从地跪下，把头放在身前的木桩上。手持利斧的行刑官奋力一砍，歪了。斧子砍在了玛丽的后脑上而不是脖子上。一旁的人听见女王呻吟了一声"耶稣基督啊！"。行刑官赶紧又补了一斧，这下砍在了脖子上，但是没能彻底砍断。被自己的无能折腾得精疲力竭的刽子手最后只能把女王的脑袋一点一点锯下来才算勉强完成任务。

唉，玛丽女王的悲剧这还不算落幕。在那个年代，砍掉的脑袋会被行刑人员拎起来对围观者进行展示。但是玛丽女王的头刚被提起来就掉在了地上，倒霉的行刑官手里只剩下她生前佩戴的假发。

作为最后的羞辱，女王的遗体在密封棺材里腐败了好几个月，才被体面地安葬。*

2月9日，1973年

恐高的摩天大楼：好在它的东家是保险公司

哎呀，天塌了，至少看上去是那个意思。1973年2月9日，波士顿的约翰·汉考克大楼（John Hancock Tower）外侧重达500磅一块的反光玻璃幕墙哗啦啦地坠落。这已经不是第一次发生玻璃幕墙脱落的事件了，经过好几次脱落，原本光芒四射的大楼表面陆续钉上了总面积大约4047平方米的黑色三合板，仿佛天花病人脸上的麻子坑那样醒目。那天的玻璃脱落事件对于该大楼的

---

* 玛丽女王最初被安葬在圣彼得大教堂（Peterborough Cathedral），其子詹姆士一世后来把她的灵柩移到了威斯敏斯特大教堂，并修葺了豪华的墓碑，具体埋葬地就在伊丽莎白一世墓地的对面。

建筑公司来说可谓致命一击，因为他们先前认定所有的外墙玻璃并不需要更换。事实证明，不得不换，因为设计之初就存在缺陷。虽然玻璃一块接一块地掉落，但是根据罗伯特·坎贝尔（Robert Campbell）发表在《波士顿环球报》上的文章记载，玻璃幕墙问题只是那座大楼众多质量问题中微不足道的一个。

首先，在这座设计成俯视是平行四边形的大楼还在打地基的时候就已经出现了问题。三个方向的钢筋固定架发生了坍塌，甚至殃及四周其他建筑物，其中落成于19世纪的建筑瑰宝三一教堂（Trinity Church）受到了严重的损伤。管理教堂财务的罗伯特·肯纳德（Robert Kennard）在1973年接受《波士顿环球报》的采访时说："我们不可能把教堂恢复原样了。如果他们能把汉考克大楼用直升机吊起来，运到大西洋去填海的话，我们的教民们也许会开心一点。"*

一步错，百步歪，大楼的问题接连不断地浮现了出来。投入使用之后，在大楼里工作的人时常感到晕船。"刮风的时候，它摆幅过大，会引起楼里人的不适。"坎贝尔写道，"风中的大楼像舞动的眼镜蛇一样不光前后摇摆，还会左右扭动。"这个问题解决以后，汉考克大楼的产权者在1975年又被告知整座大楼面临倒塌的危险。汉考克大楼的高度（超过90米）在当时很少见，这使它的结构出现了弱点。原本轻微的倾斜随着时间的推移越来越明显，在重力的作用下平行四边形的大楼比较短的斜边一侧逐渐发生了沉降现象。幸运的是，大楼的设备中心区域刚好有一块

---

* 该教堂最后收到超过4万美元的赔偿。

补救空间,人们在那里加装了1500吨的钢筋结构阻止了情况的进一步恶化。

奇怪的是,按照《波士顿环球报》的报道,大楼最明显的问题,也就是玻璃脱落的现象,和大楼本体的设计缺陷没有任何关系。调查表明,玻璃幕墙之所以脱落,是因为两层玻璃之间的反光镀铬层延展性不够,所以风一吹就会掉。最终,大楼的玻璃还是全部替换了,曾经被人诟病为"三合板大厦"的汉考克大楼终于再度融入蓝天,熠熠生辉。

2月10日,1971年

告你没商量:乔治·哈里森的"无意识抄袭"

乔治·哈里森(George Harrison)曾是人们口中那只"默默无闻的甲壳虫",但他1970年从甲壳虫乐队单飞之后,立刻发表了海量歌曲,整整灌满了3张唱片,人们这才注意到他才华横溢的一面。《滚石》杂志撰稿人本·格尔森(Ben Gerson)曾对哈里森首张个人专辑《一切都会过去》(*All Things Must Pass*)赞不绝口,称它:"集虔诚、牺牲精神和喜悦于一身。其宏大的气场,远大的抱负,把它比作音乐界的《战争与和平》也不过分。"音乐爱好者对这张专辑的接受度很高,它很快就登上了世界各地音乐榜的榜首。然而哈里森成功的喜悦持续了不到4个月,他的白金专辑就惹上了官司。

专辑中最先发售的单曲是《亲爱的上帝》(My Sweet Lord)，这是一首朗朗上口的宗教主题正能量歌曲，但也许是过于脍炙人口，很快就有人发现它的旋律几乎照抄了黑人女子组合"Chiffons 合唱团"的作品《他真好》(He's So Fine)。不管是否如此，1971 年 2 月 10 日，哈里森因涉嫌侵犯知识产权被提起诉讼。

"我在写歌的时候完全没有注意到《亲爱的上帝》和《他真好》之间的相似之处，因为我的歌更加即兴一点，没那么中规中矩。"哈里森日后在自传《我，对我来说，我的一切》(I Me Mine)中对该事件是这样解释的，"但是后来我的歌开始密集地在电台播出，并吸引了听众的大规模讨论之后，我突然觉得'之前我怎么没发现呢？'我完全可以在曲子里随便更改几个音符，不会对成品造成任何影响。"

围绕着赔偿金的问题，哈里森和《他真好》的版权拥有者明快旋律音乐股份有限公司(Bright Tunes Music Corp.)进行了好几轮交涉，始终未能达成一致，于是双方在 1976 年对簿公堂。哈里森在法庭上以吉他演奏的方式向众人演示了《亲爱的上帝》的创作灵感与过程，在场的音乐专家们则对两首歌的旋律进行了细致的比对。听取了各方面论据之后，法官做出如下判决："非常明显，两首歌的旋律完全一致。"不过法官大人退了一步，说前甲壳虫乐队成员哈里森也许不是存心要抄袭别人的作品，只是不小心犯下了"下意识"抄袭的错误。

那场旷日持久的官司和高额的辩护费用令哈里森一蹶不振。"一想起写歌，我就担惊受怕，"他后来说道，"我总是觉得'上帝啊，我一点儿都不想去弹吉他和钢琴了，万一我又踩到别人的作品了呢？'那个音符可能早就名花有主了，不小心可不行啊！"

随着时间的流逝，哈里森在2001年因癌症医治无效去世，临终之时终于解开了心结。他的自传中写着这样的话："我不再感到内疚与难过了。实际上《亲爱的上帝》拯救了许多海洛因瘾君子的生命。我心里非常清楚，当时的创作动机和它日后带来的正面影响远远超过了那场官司引起的麻烦。"

2月11日，2014年

气炸了？来块比萨消消气

那一天的宾夕法尼亚州格林县发生了一起天然气爆炸事件，一时间地动山摇，爆炸引起的大火整整烧了5天。不过这都不算事。爆炸油井的所有者——石油界的龙头企业之一雪佛龙（Chevron）股份有限公司在第一时间就以实际行动对周边受灾的民众进行了安抚：请大家免费吃比萨！雪佛龙公司总部寄出了100份印着"仅限特别套餐使用"的比萨礼券，以显爱心。对此，《费城每日新闻报》的博客作家威尔·班池（Will Bunch）认为，礼券上不如这么写："我们的油井不会炸，炸了就请你们吃比萨。"

2月12日，1771年

吃饱了好上路

瑞典国王阿道夫·弗雷德里克（Adolf Frederick）统治的时候，手中没有任何实权，每天过得十分闲散。作为一个大权旁落的傀儡，国王陛下终日潜心装饰鼻烟盒，这是他最大的爱好，并胡吃海塞。1771年2月12日的晚餐对他而言应该算是永生难忘了，毕竟那是他最后的晚餐。弗雷德里克国王在这顿饭里就着香槟酒吃下了龙虾、鱼子酱、酸圆白菜、腌鲱鱼等美食。最后让他猝然中风去世的肯定是饭后甜点，因为他一口气吃了14份又甜又腻的塞姆拉奶油包（Semla）[*]。

2月13日，1886年

裸体的启蒙

今天，托马斯·伊肯斯（Thomas Eakins）被誉为美国最伟大的肖像画家之一，但是在1866年，他引起世人关注的并非绘画才能。在那个女性露出脚踝都算不守妇道的压抑年代，伊肯斯作

---

[*] 瑞典传统甜食，由掺了糖和小豆蔻等香料的白面烘烤而成，里面夹着牛奶和扁桃仁膏混合而成的馅和打发的鲜奶油，食用时在表面撒上糖霜。

为一名特立独行的美术导师，竟敢在男女学生面前一丝不挂地当模特，简直是冒天下之大不韪。

传记作家洛伊德·古德里奇（Lloyd Goodrich）在伊肯斯传中写道："在那样一个崇尚含蓄的时代，伊肯斯把束缚一层层地剥开，敢于以最自然最真实的一面示人。"对此，伊肯斯的自我评价是："裸体是大自然最美的作品，我觉得展示裸体没有什么不妥之处。"这种大胆的做法让他失去了宾夕法尼亚艺术学院教导主任的职位。

为了将裸体模特引入教室，伊肯斯曾不惜亲自上阵，为此受过不少责难，最为人诟病的一次是他在1886年初当着一屋子女学生的面扯掉了男性模特腰间的围布，以展示人体骨盆在运动中的姿态。

伊肯斯由于贯彻自己的教学法遭到了学院多名负责人的轮番责问，他后来称之为"噩梦一般的经历"，并在1886年2月13日被迫递交了辞呈。虽然爱戴伊肯斯的学生们四处请愿，但也无法改变校方的决定。"我们不考虑重新聘用伊肯斯先生，"校方领导之一对媒体表明了态度，"这件事已经解决了，毫无商量的余地。"

对伊肯斯而言，从高处跌下是个沉重的打击，因为彼时他还没有被艺术界所接受。某位艺术批评家尖刻地说："除了伊肯斯自己，没人收藏他的画。"虽然后来他重返教室，而且其中一家美术学校还是由不满宾夕法尼亚艺术学院对伊肯斯的制裁而退学的学生创立的，但是不论作为艺术家还是一名普通人，他一直活在旁人的排挤和诟病中，甚至亲属都曾背后算计过他。

1895年，伊肯斯再度因为在教学中违规使用裸体模特被德莱克塞尔学院（Drexel Institute）开除，又过了几年，他彻底告别了讲台。在1916年去世之前，伊肯斯的才华从未得到认可，可谓明珠暗投。直到20多年以后，人们才对他进行了全新的审视。"我一生'享尽'误解、迫害和忽视，非我自找，故尤为难忍。"这就是伊肯斯的自我总结。

2月14日，1779年

魂断夏威夷

被誉为史上最伟大的航海家的詹姆斯·库克船长（James Cook）曾经说，自己的凌云壮志引领他"不光到达了前人未到之地，更让我比任何人走得更远"。这话虽然听上去有点儿自傲，但是在那个年代并不为过。库克船长在18世纪70年代进行过三次大规模的航海探险，他与船员们到达了从未有人涉足过的众多秘境。从太平洋上风景宜人的热带小岛到冰封严寒的南北极地，库克一行且行且记录，绘制了详细的地图，一点一点把世界的真实面貌呈现在欧洲人眼前。可惜的是，库克船长的探索残酷地止步于探寻隐秘的西北航道*的路上，最后到达的地方是夏威夷。

库克船长的探险队安全抵达夏威夷大岛（Big Island）沿岸

---

* 指穿过加拿大北极圈内群岛，连接太平洋与大西洋的航线。——译者注

的凯阿拉凯夸湾（Kealakekua Bay）之后，受到了当地土著居民的热烈欢迎。作为船队中库克所在的决心号的二级上尉，詹姆斯·金（James King）认为当地人对库克的礼遇"好像对神明的崇拜"。金和其他人并不知道，他们抵达夏威夷的时机刚好和当地的某个宗教庆典重合，在那段时间里，和平与丰饶之神罗诺（Lono）会暂时取代战神库（Ku）统治人间。于是当地人把库克船长看作罗诺的化身，怪不得在金的眼中当地人的行为"恭顺至极，充满敬意"。

库克船长一行在夏威夷享受了数月的盛情款待之后决定动身继续北上，出发的时间与罗诺和库的交班时间又不谋而合。英国人的船队还没行驶出多远，其中一艘船的桅杆就断了，他们只得返回凯阿拉凯夸湾去修船。然而这一次夏威夷人认为库克或者说是罗诺的回归对战神库造成了威胁，而库在当地的化身是名为卡拉尼奥普乌（Kalani'opu'u）的岛主。原本平衡的众神势力朝着危险的方向倾斜。

先前热情友好的夏威夷人突然充满了敌意。他们朝探险队员扔石头，晃动臀部以示威，并不断盗窃他们的物资。库克的第二指挥官查尔斯·克拉克（Charles Clerke）记录道："再次登陆以后，我们发现当地人偷盗成风，他们对我们的劫掠数不胜数，一天严重过一天。"

这群英国人用火器进行了反击，但是过长的装弹时间束缚了他们的手脚。到了1779年2月14日，激战达到白热化的阶段，库克船长和身边4名水手被俘。岛民们对他们一阵暴打，还不时地把他们浸入海水中折磨。等他们咽气之后，遗体被拽进了屋里。接着，他们受到了骇人听闻的待遇。虽然其中一个环节其实是对他们勇士精神的肯定，但仍然很吓人：当地人把尸体烤熟，把肉扒下来分给在场的所有部族领袖吃掉了。经过一番谈判，探险队讨回了库克船长的遗骸。对此，金的记载如下：

"他（部落首领）递给我们一卷儿包得很隆重的东西，外面是一层用黑色和白色的羽毛制成的带斑点花纹的斗篷，我们知道这是他们表示哀悼的颜色。打开包裹以后我们看见了船长的双手，上面依稀可见熟悉的一道伤痕，然后是他的头皮和头骨，大腿骨和上肢骨缺失。唯一带肉的是他的双手，上面被挖出了几个洞，洞里塞了盐。包裹里还有小腿骨、下颌骨和双脚，以上就是所有没被烧掉的部分了。"

2月15日，1942年

痛失新加坡

这是英国有史以来最严重的灾难，也是规模最大的投降。

1942年2月15日，英国在有着"东方直布罗陀"之称的前殖民地新加坡，向来势迅猛的日军无条件投降。首相丘吉尔对此发出了以上评论。

这次投降是盟军在"二战"早期受到的又一次重创（其他几次请参阅12月7日与8日），也让英国在该地区颜面尽失。

2月16日，1899年

牡丹花下死

这一天，法国总统菲利·福尔（Félix Faure）和情妇玛格丽特·施泰因海尔（Marguerite Steinheil）正在厮混。就在他如法语中的委婉说法那样，即将"小死一回"的时候，意外发生了。福尔在欲仙欲死之际突然中风了，本该曼妙的时刻瞬间索然无味。

2月17日，1673年

莫里哀的谢幕致意

1673年2月17日那天晚上，艺名为莫里哀的法国著名演员兼剧作家让－巴蒂斯特·波克兰（Jean-Baptiste Poquelin）最后一次在自编自演的舞台剧《无病呻吟》（Le Malade Imaginaire）中饰演了疑心病患者阿尔冈，同时也让艺术对现实的模仿达到了前所未有的高度。莫里哀正在淋漓尽致地表演阿尔冈病态的时候，忽然猛烈地咳嗽不止，倒在了舞台上（他当时感染了肺结核）。作为老戏骨的莫里哀坚持完成了演出，但是几个小时之后，他就由于血管破裂大出血骤然离世。

2月18日，2001年

叛国叛家的超级"贱"谍

这一天，邦妮·汉森（Bonnie Hanssen）即将滑入黑暗的深渊，里面充满了背叛和谎言，令她羞愤到目瞪口呆。2001年2月18日傍晚，邦妮的丈夫送朋友去机场，迟迟没有回家，连晚饭都错过了，着急的邦妮赶往机场找人。结果她一到那儿就被一群FBI探员控制住了，他们告诉邦妮，她的丈夫也是FBI的成员，此刻已涉嫌间谍罪被逮捕。后来人们才知道，邦妮的丈夫罗伯特·汉森（Robert Hanssen）可不是普通的间谍。本职为反间谍探员的罗伯特完全可以算是美国史上最大的叛徒之一，堪称现代本尼迪克特·阿诺德（Benedict Arnold）。罗伯特在很长一段时间里不断将重要情报卖给苏联，严重威胁了美国的国家安全，也让自己的妻子受到牵连。然而对于邦妮·汉森来说，此事揭露的另一个真相更加恐怖，因为那是对她的个人隐私的破坏性侵犯。

2月18日下午，罗伯特去机场送的那位朋友曾是他们二人婚礼上的伴郎，也是他们家6个孩子中一个的教父，更是经常出入他们家的座上客。但邦妮不知道的是，自己和丈夫的"夫妻生活"全被这位挚友通过丈夫事先设置的摄像机尽收眼底。别看罗伯特每周都要去教堂做礼拜，是个虔诚的教徒，但是他有个特殊的癖好，那就是请朋友观看他和妻子的"私密生活实录"。罗伯特从1970年起不断地把邦妮的裸照发给在越南打仗的挚友，从那以后，他的异常行为便一发而不可收。兴致高昂之际，罗伯特

甚至把这些淫乱之事都发到了网上,某篇提到邦妮和偷窥者朋友的帖子的标题就是《"毫不知情?"的艳星》。

以此事为题材出版《叛国贼:揭开FBI探员罗伯特·汉森的伪装》(Spy: The Inside Story of How the FBI's Robert Hanssen Betrayed America)的作家大卫·怀斯(David Wise)在书中提到:"她(指邦妮)对此事感到惊愕与恐惧,为此做出的中肯评论一下子就传遍了亲友圈。邦妮对她姐姐言简意赅地说:'我丈夫不光是叛徒,还是个变态。'"

2月19日,1977年

最佳新人奖?不了,不了。我还想成名呢

这首歌辨识度很高:"Sky rockets in flight…afternoon delight",但是唱歌的他们早已被人遗忘。也许这都是格莱美最佳新人奖

害的吧。1977年2月19日，这首歌的创作者和演唱者星洲乐队（Starland Vocal Band）拿下此奖。成员塔菲·丹诺夫（Taffy Danoff）在后来接受美国VH1音乐台采访时称之为"死亡之吻"，并说"我真替在我们之后获奖的最佳新人们感到惋惜"。和塔菲一样，许多拿过最佳新人奖的乐坛新秀对此有过相同的感触。顾名思义，最佳新人奖的设立初衷就是给新人的音乐事业提供一个起飞的平台，但是大多数人得了奖之后就迅速地销声匿迹了，尤其是那些在星洲之后获奖的"昙花一现"型新人。比如，1978年获奖的黛比·布恩（Debby Boone）后来干什么去了呢？1979年获奖的甜蜜组合（A Taste of Honey）呢？*

　　除了包括甲壳虫乐队（1965年获奖）和玛丽亚·凯莉（Mariah Carey）（1991年获奖）在内的极少数个例，最佳新人奖对大部分获奖人来说都是通往失败的单程票。《华盛顿邮报》曾把该奖称为"克里斯托弗·克劳斯（Christopher Cross）的诅咒"。克劳斯曾是1981年的最佳新人，但是根据《华盛顿邮报》记载，"他在获奖后发表了10多张专辑，可他平庸到连他的父母恐怕都不能从人堆里把他挑出来"。

　　最佳新人奖之诅咒在1990年的获奖组合米利瓦尼利（Milli Vanilli）身上显得尤为突出。他们的专辑 *Girl You Know It's True* 在许多国家都达到了白金级销量，并让他们摘得最佳新人奖的桂冠。但实际上组合成员却完全没有参与演唱，于是格莱美官方迅

---

* 至于星洲乐队，随后发行的四张专辑皆以失败告终，此后这个组合（包括其中两对夫妻的婚姻）解散了。

速收回了嘉奖，并决定当年不再向下顺延颁奖。对于同年的其他入选人来说，这大概算是一种因祸得福。根据《华盛顿邮报》的推测，格莱美方面"也许是觉得大家已经够惨的了，今年就算了"。

2月20日，1939年

挂羊头卖狗肉

1939年2月20日，纽约麦迪逊广场花园上举行了一场为乔治·华盛顿庆祝冥寿的盛大活动，如果华盛顿"有幸"参加的话，估计能气活过来。没错，当时一共去了两万多人，而且现场气氛热烈，热火朝天，但是庆典的组织者"德裔美国人联盟"（The German American Bund）硬是把当天的主角变成了阿道夫·希特勒。纽约城中心会场上竖立的美国首任总统华盛顿的巨幅画像旁边，点缀着纳粹标志，大会发言人一个接一个地走上台，发表着充满仇恨的反犹太主义言论，气焰之嚣张足够把他们送进纽伦堡审判的法庭。

与会者的情绪被发言人煽动到了疯狂的巅峰，此时，庆典的策划者——德裔美国人联盟的主席弗里茨·库恩（Fritz Kuhn）适时闪亮登场。在群众的呼号声中，库恩不断把当时的总统富兰克林·罗斯福（Franklin D. Roosevelt）的名字喊成弗兰克·罗森菲尔德（Frank D. Rosenfeld）（常见的犹太姓氏），并把罗斯福新

德裔美国人联盟为华盛顿和希特勒举办的庆典现场

政（New Deal）歪曲成"和犹太人的勾当"（Jew Deal）。老天有眼，库恩这是最后一次在公众面前蛊惑民心了。大会之后，库恩因多项犯罪指控被逮捕，其中就包括贪污了手下为那次大会筹集的部分资金。不久以后，库恩被遣返回德国。*

---

* 库恩原本期待祖国的人民像迎接英雄一样把他接回家，但是他的愿望落空了。在纳粹党人的眼中，库恩已是德国之耻。当时的德国驻美国大使汉斯·迪克霍夫（Hans Dieckhoff）对他的评价是"人蠢、话多、阴阳怪气"。库恩于1945年12月14日死在了慕尼黑。在《纽约时报》的讣告中，库恩生前只是"一个搞化学的，穷困潦倒，不为人知"（库恩在"一战"后在慕尼黑技术大学获得化学工程专业的硕士学位）。

2月21日，1437年

苏格兰的"詹姆斯魔咒"

当国王总是好的，除非您的名字是"詹姆斯"，而且您的领土是苏格兰，那样的话，当国王不光没有好处，还是一种诅咒。

这一切要从1437年2月21日说起。那一天，苏格兰国王詹姆斯一世（James Ⅰ）在躲避刺客的追杀时爬进了寝宫的下水道，后来被捅死在污水横流的地道里。他若不是犯了两个关键性错误，也许可以逃生。首先，就在詹姆斯一世遭到袭击的前几天，他为了打捞掉进下水道的网球，命人把这段水路封上了，结果堵住了自己日后的逃生路线。其次，詹姆斯一世在下水道中躲了一阵子之后，以为刺客已经离开了寝宫，便高声呼救，这一喊没有喊来救兵，却帮刺客们精准定位了他的所在。

不得善终的厄运从此世代相传。他的儿子詹姆斯二世（James Ⅱ）的命运也没有好多少。他在位期间十分热衷于推广先进的武器。1460年，他从佛兰德斯（Flanders）进口了一批大炮，部署在被英格兰占领的罗克斯堡城堡（Roxburgh Castle）周围，作为攻城的武器。根据苏格兰编年史学家匹茨格蒂的罗伯特·林赛（Robert Lindsay of Pitscottie）的记载，"国王在好奇心的驱使下"走到大炮旁边，不幸的是新大炮中名为"雄狮"的那一门在年仅29岁的詹姆斯二世身边爆炸了，他的"大腿骨被走火的大炮炸成了两段"。林赛详细地记载道："他即刻倒地身亡。"

詹姆斯二世的继承人当时还不满10岁，完全不具备独自治理国家的能力与经验。然而，等詹姆斯三世（James Ⅲ）岁数够了以后仍然非常无能，面对苏格兰各地频繁发生的暴动，他选择了忍气吞声，甚至被软禁也没有反抗之心。1488年，詹姆斯三世在索契伯恩（Sauchieburn）战役中丧了命。在这场战争中，他对抗的是由他的儿子领导的权贵们。

詹姆斯三世到底是怎么死的，并没有统一的记载。有一种说法是，他在战斗结束后躲进了当地农民的家里，但是被乔装成牧师的叛军杀死了。还有人说他死在了战场上。无论如何，詹姆斯三世步了他爷爷和爸爸的后尘，而他的儿子则会把这份"遗产"继承下去。

詹姆斯四世（James Ⅳ）在妻兄亨利八世*与法国苦战时，趁机对英格兰发起了进攻，这是一个致命错误。一提起亨利八世当时的王后阿拉贡公主凯瑟琳，大多数人都会想到她是亨利八世移情别恋安妮·博林的受害者，其实她还在打仗方面具有不让须眉的指挥才能，这一点詹姆斯四世毫不知情。英国军队在1513年的弗洛登（Floden）战役中杀死了詹姆斯四世，代替亨利八世管理朝政的凯瑟琳特别希望把詹姆斯的尸体作为战利品送到丈夫的身边。不过她改变了主意，在日记中不无遗憾地写道："我们英国人的心太软，看不得这样的东西。"作为替代品，凯瑟琳给亨利八世送去了詹姆斯四世的血衣，还在信中说这是做战旗的上好材料。詹姆斯四世虽然躲过了死后被送去法国受辱的劫难，但是

---

* 詹姆斯四世的王后是亨利八世的妹妹玛格丽特·都铎（Margaret Tudor）。

尸体却暴尸战场无人收殓。

苏格兰王室历代詹姆斯身上的厄运看似在1542年伴随着詹姆斯五世（James V）的去世而告一段落。詹姆斯五世死在了自己的床上，据说死因是伤心过度，因为苏格兰在与英格兰在索尔维莫斯（Solway Moss）的对垒中又吃了一记败仗。然而萦绕在苏格兰王室头上的诅咒真的消失了吗？恐怕没有。詹姆斯四世的女儿玛丽刚出生6天就继承了父亲留下的王位，以及不幸的命运。这位苏格兰女王的死法比任何祖先都不体面——她死在了断头台上，而且负责砍头的人手艺极差，整个砍头过程出了不少乱子（详见2月8日）。

2月22日，1983年

百老汇最烂的剧，没有之一

1983年2月22日，剧作家阿瑟·毕克内尔（Arthur Bicknell）创作的音乐剧《驼鹿谋杀案：两幕悬疑闹剧》（*Moose Murders*）在百老汇首演，也是终演。那个剧烂到相当的高度，在《纽约时报》的评论中，"它可作为评判百老汇一切烂剧的标准"。广大批评家毫不留情地进行了群嘲，比如弗兰克·里奇（Frank Rich）就说它是"我在百老汇舞台上看过的最差的表演"，其他人的评论如下：

如果您的名字也是阿瑟·毕克内尔的话，还是改了吧。

——WCBS 电视台评论员丹尼斯·卡宁厄姆（Dennis Cunningham）

为了不浪费大家的时间，我就不介绍这个烂剧的剧情了。

——《纽约时报》评论员克莱夫·巴恩斯（Clive Barnes）

在通知演职人员的直系亲属之前，我还是不要公开名单了。

——美联社评论员杰伊·沙尔巴特（Jay Sharbutt）

是否看过《驼鹿谋杀案》，决定了一个人是专业的百老汇烂剧鉴赏家还是玩票的这个标准在短时间内不会被超越。

——《纽约时报》评论员弗兰克·里奇

就算是一群阿米巴虫看了这出剧都会觉得智商受到了侮辱。

——《纽约客》（*The NewYorker*）评论员布兰登·吉尔（Brendan Gill）

剧的水平可以分为差、差得可怕、《驼鹿谋杀案》。

——《综艺》杂志社论

克莱夫·巴恩斯对该剧还是做出了一点肯定，那就是原定女演员伊芙·阿尔登（Eve Arden）在上演前夕离开了剧组。"有些人就是命好。"巴恩斯这样说。代替阿尔登救场的霍兰德·泰勒（Holland Taylor）就没那么幸运了。在接受《纽约时报》的采访时，她说："有些事我努力了就能逆天改命，但有些事真是无力回天，比如这个剧。"

"这个剧真的那么差吗？"首演那晚，剧作者毕克内尔曾溜出为他举行"庆功宴"的萨蒂饭店，跑去询问亲友和剧组人员。"简而言之，是的。"这就是他得到的回答。

2月23日，1669年

一亲女王的芳泽（死的也行）

来自法国瓦卢瓦王室的凯瑟琳王后（Catherine of Valois），终其一生都是"王的女人"：她首先是公主，然后是王后，再后来又当上了太后和太皇太后*，那么她在1437年去世之后应该继续享有等级相当的冥福吧，可惜事实并非如此。凯瑟琳的安息之地原本在威斯敏斯特大教堂，但是她的孙子亨利七世（Henry Ⅶ）在执政期间为了修建豪华礼拜堂把她的墓地挖开了。在那以后的

---

* 凯瑟琳的父亲是法国瓦卢瓦王朝的查理六世，第一任丈夫是英国国王亨利五世，二人的儿子后来是英国的亨利六世，亨利五世去世以后凯瑟琳与欧文·都铎发生了私情并结婚，长子埃德蒙·都铎的儿子后来成为都铎王朝的创始人亨利七世。——译者注

好几个世纪里，王后的尸身一直暴露在外，供人参观，"骨头紧密相叠，上面挂着一层薄薄的皮肉，就像熟过的皮子碎片一样"。英国诗人、文物学家约翰·韦佛（John Weever）在1631年留下这样的记载："英格兰的凯瑟琳王后长眠于一口木头棺材里，也可能就是个木箱，上面的盖子虚掩着，任何人都能打开看看或摸摸。"

可怜的凯瑟琳就这么无助地躺着，被过往的人看了个精光，顽皮的儿童还从她身上剥些干枯的皮肤耍弄。大不敬事件发生在1669年2月23日，著名日记作家塞缪尔·皮普斯（Samuel Pepys）为了庆祝自己36岁生日，特意跑去对王后的尸体进行了骚扰。皮普斯后来记叙道："眼前的就是来自瓦卢瓦的王后凯瑟琳的尸体。我用手把她的上半身扶起，然后亲了亲她的嘴唇，这么看来我也算是亲吻过王后的人了。"

直到1878年，凯瑟琳王后终于在死了四个半世纪之后，妥善安葬在威斯敏斯特大教堂里，而且这次被葬在了先夫亨利五世的身边。今天，人们仍然能瞻仰凯瑟琳的部分遗容，她的葬礼雕像（funeral effigy）*仍然在威斯敏斯特大教堂的博物馆里展示，虽然头发和某些身体部件已经缺失。

---

* 在早期英格兰和法国，每当国王去世的时候，匠人会用木头和蜡等原料为逝者打造等身比例的雕像，仆人们仍会在雕像旁边对他们进行"服侍"，新王登基之后雕像就被收起储藏。

2月24日，1868年

安德鲁·约翰逊"与灾共舞"

安德鲁·约翰逊（Andrew Johnson）即将作为亚伯拉罕·林肯连任后的副总统发表就职演说了，上台之前他一口气干了三杯威士忌。烈酒下肚，不胜酒力的约翰逊满脸通红，跌跌撞撞地登上了参议院的讲台。对于开过裁缝铺的约翰逊来说，他本该就自己政治生涯的高光时刻发表一番胜利宣言，然而就像伦敦《泰晤士报》形容的那样，他对自己的"草根出身"用"哗众取宠的语言"前言不搭后语地念叨了许久，"其间不乏手舞足蹈与尖叫之举"，作为发言人的约翰逊"举止粗鲁，像个醉醺醺的文盲加流氓"。作为这出闹剧的观众之一，参议员扎卡利亚·钱德勒

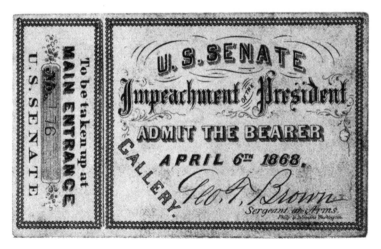

安德鲁·约翰逊被弹劾的听证会入场券一票难求

（Zachariah Chandler）后来对自己的妻子说："我这辈子从没觉得这么丢脸，恨不得找个地缝钻进去。"

林肯总统刚发表完水准极高的连任演说（许多人认为这次演说是史上最棒的就职演讲之一），却不得不出面维护自己提拔的副总统的形象："我和安迪（安德鲁的昵称）相识已久。他那天的表现确实欠佳，但是你们不要害怕，安迪不是酒鬼。"一个月以后，林肯总统遇刺身亡，再度统一支离破碎的北方联邦的重任就落在了固执自负的继任者约翰逊肩上。约翰逊在发表就职演说那晚遭到的嘲笑仿佛超长的宿醉感一般追随着他坎坷的总统任期，直到1868年2月24日那天达到"巅峰"——约翰逊遭到了弹劾。

作为来自南方的民主党人，约翰逊的首要任务是把南部叛乱的各州迅速且温和地拉拢回北方联邦的阵营。当时，刚刚被解放的黑人虽然逃离了比奴隶制好不到哪儿去的奴役制的剥削，但仍然处于水深火热之中，约翰逊却对此视而不见。参加了约翰逊就职典礼，听过他演说并在现场与他有过一面之交的美国废奴运动的代表人物之一弗雷德里克·道格拉斯（Frederick Douglass）一针见血地指出："安德鲁·约翰逊究竟是什么样的人很难说，但他绝不是我们民族的朋友。"

约翰逊上台以后废除了一系列赋予黑人自由的法令，比如涉及选举权和公民身份的议案。这些举动引起了国会中共和党人的强烈不满，间接导致了约翰逊被弹劾。参议员查尔斯·萨姆纳（Charles Sumner）宣称："安德鲁·约翰逊就是奴隶制暴政的化身。奴隶制通过他死灰复燃。"

约翰逊遭到弹劾的直接原因是他企图撤掉当时的战争部长埃德温·斯丹顿（Edwin Stanton）。斯丹顿是林肯内阁的老臣，也是忠诚的共和党人，在国会对南方施行军事管制之后，斯丹顿手中的实权很大，这一点令约翰逊十分顾忌。对战争部长的撤职一事（斯丹顿当时把自己锁在办公室里拒不交权）直接违反了《任职法案》（Tenure of Office Act），该法案明令禁止总统在不经参议院认可的情况下擅自开除内阁成员。国会警告约翰逊，如果他在斯丹顿的任免问题上再不放手，便会承担相应的后果，约翰逊对此嗤之以鼻："有本事你们就弹劾我。"国会毫不犹豫地动了真格。

"我赞成让安德鲁·约翰逊立刻下台。"一位来自印第安纳州的议员在关于弹劾的讨论中说，"一个撒着酒疯上台的人因为犯法而下台，这一点儿也不意外。"

针对约翰逊的指责随即从四面八方涌来。某位议员认为约翰逊是个"卑鄙的酒徒，对国家而言是个叛徒……他当上总统纯属偶然，不过是沾了暗杀者子弹的光"。另外有人说："他就是个煽动专家，把权力当成战袍披在身上，任它在叛国思想的泥淖中拖行。"甚至有人把约翰逊比作罗马暴君尼禄（Nero）。

针对约翰逊的弹劾审判戾气十足，对他的语言攻击十分猛烈，约翰逊却把听证会看作"政治作秀"，压根儿没有到场。未来的总统詹姆斯·加菲尔德（James Garfield）对那场盛会的评论如下："在场的先生们发言的积极性真高……每个人都口若悬河、滔滔不绝，语言的洪流足以淹没我们的膝盖……而这条大河我们才涉了一半。"

光喊话是没有用的。最后安德鲁·约翰逊以一票的优势,并没有被弹劾成功。他安稳地度过了总统任期。

2月25日,1836年

巴纳姆为您剖析真相

老妪乔伊斯·赫斯(Joyce Heth)被巴纳姆(P. T. Barnum)包装成"161岁的华盛顿儿时保姆"后,随之在美国西北地区一路巡展,让巴纳姆赚了不少钱。当几乎全聋且浑身瘫痪的昔日黑奴赫斯去世以后,巴纳姆觉得应该最后再利用她一次,毕竟赫斯是被他亲手捧起来的"全国最大的自然奇迹"。于是巴纳姆于1836年2月25日在纽约的城市沙龙对赫斯的尸体进行了公开解剖。1000多人花了50美分的门票钱入场参观由外科医生大卫·罗杰斯(David L. Rogers)主刀的血腥"真尸秀"。解剖完毕,罗杰斯宣布赫斯的一切都是假的,她去世的时候顶多80岁。《纽约太阳报》把这个骗局称为"利用人们的轻信所制造的最贵的骗局之一",但是巴纳姆毫不惊慌。公开尸检带来的媒体关注与免费曝光让他十分受用,他甚至还向某个没看穿他伎俩的编辑"透露",赫斯其实还活得好好的,就在康涅狄格州的某处。

2月26日

史上第二大不祥之日

美国总统富兰克林·罗斯福曾把1941年12月7日定为"国耻日"（日军偷袭珍珠港的日子）。和它相比，2月26日似乎没什么特殊之处，但是从历史上的今天来看，这个日子也可以荣登大凶之日排行榜：

1577年2月26日：精神失常且被逼退位的瑞典国王埃里克十四世（Eric XIV）在牢狱中吃下了最后一餐——一碗下了毒的豌豆汤。

1616年2月26日：两天前，哥白尼发表的日心说被罗马宗教审判所判定为"从哲学上看愚蠢且荒唐，大胆忤逆《圣经》中的多处内容，实为异端言论"。教皇保罗五世（Paul V）在这一天对哥白尼宣读了以上审判，并命他"以后永远不许教书，并禁止公开为自己的观点进行辩护或发起讨论"。

1815年2月26日：欧洲的祸害、法国的枭雄拿破仑·波拿巴逃出了位于地中海艾尔巴岛（Elba）上的流放地。直到他在滑铁卢被彻底打败，他又给大家找了100多天的麻烦。

1860年2月26日：今天位于加州尤里卡城（Eureka）附近的小岛被称为印第安岛（Indian Island），在1860年的那一天，岛上100多名温顺的维约特（Wiyot）部落原住民在睡梦中被白人定居者屠杀殆尽。《北加利福尼亚人报》（Northern Californian）的报道如下："杀戮之地血流成河，原住民的草屋墙壁和周围的草地都被鲜血染红。放眼望去横尸遍野,不论男女无一幸免,上到部落中的长者,下至尚在怀中吃奶的婴儿都被夺去了生命。有些人的头被斧子劈成两半,有些人被木棒打得血肉模糊,还有的被布伊刀(Bowie Knive)*扎死之后碎尸万段。有些人先被围困,后被杀死,有人跑到海边也未能逃出魔爪。"

1918年2月26日:600多人在香港赛马俱乐部观看赛马的时候,由于看台坍塌并着火而丧生。这次事故堪称史上最严重的体育赛事相关事故之一。

1936年2月26日:日本爆发了现代史上最大的政变(史称二二六事件)。一群少壮派陆军军官率领1400余人攻入了位于东京的日本首相府和其他军政界建筑。在暴乱中,他们刺杀了内阁总埋大臣斋藤诚、大藏大臣高桥是清,还有陆军教育总监渡边锭太郎。

1965年2月26日:美国总统林登·约翰逊在这一天不顾驻越南大使麦克斯韦尔·泰勒(Maxwell Taylor)的警告,批准向越南派出地面部队。后者的原话是这样的:"按部就班地训练出来的白人士兵不适合在亚洲林地或热带丛林里打游击战。法军曾试过……一败涂地。美军能不能超越法军,我很怀疑。"听闻两支海军陆战队成功在越南登陆之后,约翰逊总统火速向越南领导人开了嘴炮:"胡志明的命根子已经是我的囊中之物了。"现在看来他高兴得有点早。

---

* 美国特有的一种匕首类刀具,在19世纪由军官詹姆斯·布伊(James Bowie)设计而成。——译者注

1987年2月26日：美国总统罗纳德·里根接到了托尔委员会对"伊朗门"丑闻调查后的最后报告，报告充满了对总统的批判。"伊朗门"事件错综复杂，美国为了交换在黎巴嫩被绑架的人质向伊朗出售军火，又将收到的部分军火售款转给了尼加拉瓜的反叛军以对抗当地左翼政府。虽然托尔委员会没有把里根定性为藐视法律的疯狂阴谋家，但是这份报告对他也是毫不客气，说他对下属与恐怖分子谈判并违法资助他国战争等行为一无所知，是个老糊涂。

1993年2月26日：基地组织在纽约的世贸中心北塔引爆了事先布置在停车场里的汽车炸弹。虽然这次袭击并没有像预计的那样摧毁包含南北双塔在内的世贸中心，但仍有6人丧生，另有千余人受伤。

1995年2月26日：英国历史最悠久的银行巴林银行（Barings Bank）倒闭，要知道就连女王伊丽莎白二世的钱都是存在他家的。令人不可思议的是，毁掉这么大的买卖居然只用了一只蛀虫——尼克·黎森（Nick Leeson）和他违规在暗地里进行的期货交易。这些未经正式授权的交易最终造成了高达1.3亿美元的损失。

2月27日，1859年

朋友妻，不可欺

发生在美国首都华盛顿的各种风流韵事，若是挑出一些精华,都能填满一整本挂历。其中有一起桃色事件娱乐性极高,当然,除了男主角,因为他为此丧了命。

美国国歌的作者弗朗西斯·斯科特·基(Francis Scott Key)有个儿子,名叫菲利浦·巴尔顿·基二世(Philip Barton Key Ⅱ)。此人有个做众议员的朋友丹尼尔·希克斯(Daniel Sickles)。本着"朋友妻,不客气"的原则,基勾搭上了希克斯的妻子,二人打得火热,丝毫不避讳旁人的眼光。说到拈花惹草,希克斯本人也是个中翘楚,他曾经在白金汉宫的某次皇家活动中把在妓院做老鸨的情妇范尼·怀特引荐给英国女王维多利亚。基每次前往希克斯位于拉法耶特广场的住所偷情时都十分高调,惹得整个华盛顿城都在嚼舌根,希克斯对此却浑然不知。直到有一天,希克斯收到了一封匿名信,里面详细地描述了他家后院起火的来龙去脉。信里写道:"我向您保证,基花在您夫人身上的功夫不比您少。"

希克斯收到匿名信的第二天,也就是1859年2月27日,不知道自己已经暴露的基大摇大摆地来到了希克斯家的门外,照例向屋里的情人打暗号。然而这次冲出大门的是怒发冲冠的丈夫,手里挥舞着两把袖珍手枪。"基!你个混蛋!"光天化日之下,希克斯咆哮着在拉法耶特公园里与昔日老友展开了追逐战。"你坏了我家的门风!今天就要了你的命!"话音刚落,希克斯就开了火,第一颗子弹仅与基擦肩而过。"杀人啦!杀人啦!"基尖叫着。希克斯又朝连连求饶的基开了几枪,分别打中他的下体与胸膛。基应声倒地。"那混蛋死透了吗?"希克斯朝一个目击者吼道,"他睡脏了我家的床!"

希克斯追杀基的时候，在场的一名名叫伯尼茨（Bonitz）的年轻男仆跑进了离案发现场不远的白宫，向当时的总统詹姆斯·布坎南（James Buchanan）汇报他的老朋友希克斯杀了人。听闻此事，布坎南以为只有一名目击者，于是他首先想到的是堵住伯尼茨的嘴以包庇希克斯。总统先生警告涉世未深的男仆不要站出来当证人，否则会受很多罪，比如在审理期间他得作为证人被关押起来并不得假释，然后他又劝伯尼茨逃回南卡罗来纳州的老家避避风头。

布坎南总统为朋友两肋插刀的做法其实没有起到任何作用，因为对自己的行为无怨无悔的希克斯转身就去投案自首了。"我当然是铁了心地要杀他，"议员希克斯对朋友们坦言，"他就是该死。"审判持续了3个星期，引起了广泛关注，最引起轰动的一点是他的律师们用到了在当时极其罕见的辩护词，称他在杀人的瞬间处于发疯状态。陪审团在讨论了1个多小时之后，宣布希克斯无罪。

判决一出，华盛顿上下欢呼不断，但是被当庭释放的杀人犯希克斯做了一件让人大跌眼镜的事：他和妻子竟然破镜重圆了，这让他在复仇成功后收到的来自各界的祝贺显得毫无意义。一名华盛顿通讯员在《费城新闻报》的文章中表达了公众对此事的看法："希克斯夫人在基被杀之前所犯下的错误并没有随着他的死亡一笔勾销，如果她现在得到了原谅，那么基在2月也该得到原谅。"

希克斯后来没有再入选国会，并离开了首都圈。不过他身体的一部分替他留在了华盛顿。他曾在美国内战中失去了一条腿，这条腿目前作为展品被存放在国家健康与医药博物馆里。

2月28日，1927年

"科学实验"之人猿杂交计划

1927年，科学朝着荒谬且丑陋的方向倒退了一大步。苏联人伊利亚·伊万诺维奇·伊瓦诺夫（Ilya Ivanovich Ivanov）在政府的资助下启动了一项生物研究计划，企图让人类进化史上两个分支末端的产物杂交出新品种：人猿。为了早日造出半人半猿的动物，伊万诺夫在四面碰壁了好几年之后终于得到了法属圭亚那总督的同意，得以在该国首都科纳克里附近的一座植物园里进行培育项目。

1927年2月28日，伪科学家伊万诺夫和儿子找来两只捕获的雌性黑猩猩，分别起名叫巴贝特（Barbette）和西维特（Syvette），二人合力用网子罩住黑猩猩，并向它们体内注入了从当地某位男性身上获取的精液。俄罗斯学者基里尔·罗西伊安诺夫（Kirill Rossiianov）对此的评价是："实验是被那两个人以粗暴的手段仓促完成的，细究起来和强奸别无二致。"

对全人类来说，幸好两只黑猩猩都没有怀孕。伊万诺夫在同年6月用氯仿迷晕了名为小黑（Black）的第三个实验体，并用同样的方法企图令它怀孕，仍以失败告终。此时，伊万诺夫决定另辟蹊径。他对法属圭亚那总督提出了下一个构想：在住院的女性中选择几个受体，在她们不知情的情况下向体内注射黑猩猩的精液。总督断然拒绝，伊万诺夫在日记中说："这就像是晴天霹雳，让我很受打击。"

灰心丧气的伊万诺夫回到了苏联，想方设法取得了实验的许可，前提是参与的女性必须知情，而且要与外界隔离1年。神奇的是，他居然招募到了一名志愿者。这个代号为"G"的女子在写给伊万诺夫的申请书中写道："我的个人生活早就毁了，我看不到活下去的意义。但是我发现我还能为科学献身，于是鼓起勇气联系了您，请您不要驳回我的请求。"

伊万诺夫只为女子"G"搞到了一个潜在配对对象——名叫泰山（Tarzan）的红毛猩猩。天公不作美，"泰山"在实验前突发脑溢血死亡，人猿计划就此终结。在那之后，苏联政府重新审视了伊万诺夫的行为，决定不再支持他的疯狂计划，进而以从事反革命活动的罪名将他关进监狱。伊万诺夫在1930年刑满释放，不久就死了。他没有给后人留下人与黑猩猩或红毛猩猩的杂交体，真不失为一件幸事。

March

3月

———

上帝创造3月
就是为了让不喝酒的人尝尝宿醉的滋味。

——加里森·凯勒（Garrison Keillor，美国作家）

3月1日，1938年

超人火了，创作者们凉了

杰里·西格尔（Jerry Siegel）和乔·舒斯特（Joe Shuster）创作了世界上最著名的超级英雄——超人。之后他们把超人的形象以130美元的价格贱卖，平分了这笔"巨款"。拥有钢铁之躯的超人给新东家赚取了亿万财富，而他的两名创作者却险些清贫至死。造成这个结果大概有两个原因，要么是收购方和《超人》中的大反派莱克斯·卢瑟（Lex Luther）一样邪恶，把超人的所有权从超人的故乡氪星抢走了，要么就是这两个年轻人急于宣传自己的新作，被自己的天真给害了。

西格尔在克里夫兰长大，向来不合群的他在遇到舒斯特之前就曾在脑海中无数次构想超人的形象。而舒斯特也是一个没什么朋友、爱做白日梦的人，他的绘画才能让集力量与美德于一身的完美超人形象跃然纸上。他还精准地描绘了化身超人之前身为凡人的克拉克·肯特（Clark Kent）腼腆的一面，以及只爱强者不爱书呆子的女主角露易丝·雷恩（Lois Lane）。

"我和乔可以说是相见恨晚，一拍即合。"西格尔对往事如此回忆道，但他们的联手在别人眼里无足轻重。《超人》连续

6 年被多家出版社退稿，直到国家联盟出版社（National Allied Publications，DC 漫画的前身）的编辑文·萨利文（Vin Sullivan）决定在 1938 年 6 月的《动作漫画》（*Action Comics*）杂志创刊号封面上刊登超人的形象。超人终于一飞冲天，然而西格尔和舒斯特不能与他比肩。

1938 年 3 月 1 日，就在他们创作的超级英雄闪亮登场之前，年轻的西格尔和舒斯特把超人的所有相关版权全部卖了出去，虽然收到的 130 美元支票上把他们的名字都拼错了*，但是作为被杂志社收编的雇员，二人同意在今后 10 年内不间断创作超人主题漫画。西格尔和舒斯特走了一步极错的棋，损失就像超人遇到了可以让他失去能力的氪石一样。在接下去的好几十年里，他们为了夺回知识产权不停地打着官司。到了 1970 年，买下超人及周边形象版权的华纳传播公司（Warner Communications）同意付给他们每人每年 2 万美元的养老金外加医疗保险，此时二人已经陷入一穷二白的困境。

时任华纳执行副总裁的杰伊·艾默特（Jay Emmett）对《纽约时报》说："从法律上讲，我们没有任何义务，但是从道德层面上来讲，这是我们应该做的。"

舒斯特于 1992 年去世，西格尔在 1996 年与世长辞。他们的后代在他们死后仍然不懈地争取着对超人形象的所有权。而

---

* 那张因此作废的支票在 2012 年一次拍卖会上以 16 万美元的成交价拍走。超人漫画的创刊号杂志是收藏界的罕见珍品，2011 年有位收藏家花了 200 万美元才淘到一本。

超人则一如既往地在追求真理和正义的美式超级英雄之路上所向披靡，财运亨通。

3月2日，2001年

塔利班灭佛事件

伯利兹（Belize）为了修路铲平玛雅古庙，埃及的木乃伊被盗，无可替代的伊拉克文物遭劫……现代人对古文明的毁灭简直不像是生活在"文明社会"里的人能干出来的。对文化遗产毁灭得最彻底的一次发生在2001年3月2日的阿富汗，塔利班在那天对世界上最珍贵的文物之一——两尊巴米扬大佛下了毒手。

这两尊大佛（一尊高约53米，另一尊高约37米）身处群山之中，山脉环绕着的是曾经的佛教圣地巴米扬，它们在当地至少屹立了15个世纪，俯瞰众生。塔利班毁掉它们只用了几个星期。该组织的最高领袖毛拉穆罕默德·奥马尔（Mohammed Omar）宣称："这些偶像是异教徒的神的形象，真正的神只有安拉。"接着他下令灭佛。

国际各界请求塔利班手下留情，但他们对此不理不睬，于是在全世界人民的注视下，他们用制空枪械和导弹对大佛开了火。一轮攻击下来，大佛岿然不动。塔利班新闻部长库德拉图拉·贾迈勒（Qudratullah Jamal）抱怨道："拆佛的工作没有想象中的那么简单，光用枪炮是没法把它们打掉的，因为它们原本是在峭壁

峭壁上的一尊佛像残骸

上雕刻的，与山体紧密相连。"到最后，塔利班用上了定向爆破技术才炸掉大佛。现在，大佛的原址只剩下两个巨型洞窟。奥马尔对此非常满意："穆斯林当以毁掉偶像为荣。我们毁掉大佛的行动是对安拉的赞美。"

时任联合国教科文组织（UNESCO）总干事的松浦晃一郎代表全世界对灭佛事件表达了哀思，称塔利班"对文化施暴。这场有预谋的冷血暴行毁掉了本属于阿富汗乃至全世界人民的文化遗产，目睹这样的惨剧令人心痛"。

3月3日，2006年

施瓦辛格州长的亲西班牙裔政策：热辣迷人

> 她要么是波多黎各人，要么是古巴人，我的意思是说那些地方的人身材都特惹火。他们，怎么说呢，你懂的，自带黑人血统和拉丁血统，混血混得好。

这是阿诺·施瓦辛格州长对米尔德丽德·帕特里夏·贝纳（Mildred Patricia Baena）的评价。该女子后来被揭露是施瓦辛格私生子的母亲。州长的这些话是在2006年3月3日的一次非公开会议中说给加州的议员邦妮·加西亚（Bonnie Garcia）听的，却被录了下来，还被公之于众。

3月4日，1841年

无聊致死的就职宣言

他是美国首位按需制造的总统候选人：在美国辉格党的包装下，出身弗吉尼亚州某个望族的少爷摇身一变，成了与苹果酒和小木屋特别相配的美国硬汉。当然，这个名叫威廉·亨利·哈里森（William Henry Harrison）的人在1812年第二次独立战争中曾是独当一面的将军，也曾击退过特库姆塞（Tecumseh）酋长率领的印第安人联军，但是战争过后的几十年里，哈里森并不引人注目。辉格党看上的正是他平淡无奇的属性，才选他为总统候选人，毕竟画布越是空白就越好创作。经过一番刻意打造，哈里森以大胜蒂珀卡努战役（Battle of Tippecanoe）的战斗英雄形象出现在公众的视野中，尽管那次战役规模很小，知名度也不高。哈里森在竞选活动中的对手是时任总统马丁·范布伦（Martin Van Buren），而他唯一需要做的就是什么都别干，什么都别说。

哈里森守口如瓶的行为令民主党人笑称他为"妈咪将军"，可惜"沉默"的属性并没有持续多久。与竞选搭档约翰·泰勒（John Tyler）——对，就是滑稽小曲"Tippecanoe and Tyler, Too"里面的泰勒——联手战胜了范布伦之后，憋了许久的哈里森哗啦一下打开了话匣子，发表了史上最长也是最枯燥的就职宣言。

1841年3月4日*，春寒料峭，冬韵犹存，聚集在美国首都的群众听了哈里森冗长的开场白之后，对接下去的长篇大论大概有了一点心理准备：

> 在下本计划隐退以度余生，但是这个伟大而自由的国度召唤我来当领头人，我当仁不让，在所不辞。各位同胞们，按照宪法所规定，宣誓就职乃是成为总统的必要条件，故今日我郑重地许下誓言，同时，在这个与我们的政府同龄的仪式上，我将不负众望地为大家简要介绍一下今后我所畅想的施政纲领与治国方针。

在接下去的两个小时里，哈里森慷慨陈词，引经据典，尽管有些典故十分牵强附会，还有些一直追溯到古罗马。不过这已经是改良过的作品了，初稿恐怕更糟。他当选后请国务卿丹尼尔·韦伯斯特（Daniel Webster）替他修改演讲稿，至少缩短了篇幅。韦伯斯特曾为自己大刀阔斧的删改颇为自豪，说他砍掉了"17名古罗马资深执政官，杀得他们片甲不留"。

超长的就职演说不光让在场观众难受得要命，而且真的要了哈里森的命。哈里森在台上没有穿大衣，回去就感冒了，最后转成肺炎。在任职刚满1个月的时候，他成为美国史上第一位牺牲在岗位上的总统，也可以说，他是被自己啰唆死的。

---

* 当时美国总统就职典礼的日子是3月4日。1933年美国宪法的第20条修订令生效，此后美国总统任期便始于1月20日。

3月5日，1854年

来之不易的纪念碑

华盛顿纪念碑，这座高大雄伟的方尖碑在1854年还只是个石头墩子。之后的20年里，由于反天主教、反移民的"美国人党"（The American Party，又叫"一无所知党"）*从中作梗，它一直都是个石头墩子。

纪念碑建设的问题源自一块由教皇庇护九世（Pius IX）捐赠的黑色大理石，这块石头来自古罗马广场上的协和神庙（Temple of Concord）。虽然美国各州、各组织也捐献了刻有铭文的石块，但是在一无所知党看来，教皇的礼物代表着梵蒂冈势力企图靠输出天主教移民来控制美国的狼子野心。

怀揣对教皇的愤怒，1854年3月5日晚上，一群一无所知党的党徒趁着夜色来到了纪念碑的建筑工地，他们先制服了守夜人，然后抢走了来自梵蒂冈的大理石。据说他们从石板上各自撬下一些碎片留作纪念，然后把剩下的部分扔进波多马克河（Potomac River）。不论当时具体情况如何，教皇赠送的石板后来再也没人见过。光是胆大包天地抢走石板还不足以让一无所知党满足，他们后来在竞选中作弊，打入华盛顿国家纪念碑社团的管理层，接管了修建纪念碑的工程。当然，胡闹行为很快就被制止

---

* 19世纪40—50年代由反对天主教和反移民的美国人建立的政党，为了保密，当别人询问行动计划时，他们总会回答"我一无所知"（I know nothing），故得名"一无所知党"。

了，对此感到震怒的国会迅速停止了工程拨款，到此时为止，一无所知党只是往纪念碑上垒了几块劣质大理石，而且这些石头后来还得再换下来。

纪念碑建设停工10多年后，马克·吐温笔下的半成品是个"笨拙的旧烟囱……毫无用处，更无美感。它的外观和大小像极了炼糖作坊的烟囱……对人民而言，它就是个丑八怪。要么把它推倒，要么赶紧盖完，不能总这么耗着"。

直到1877年，一无所知党退出历史舞台很久以后，华盛顿纪念碑的修建工作才正式重启。1884年，纪念碑落成，直到今天它都是世界上最高的独立石材建筑。一无所知党添的乱在成品上仍然清晰可见：纪念碑外层的大理石板在不同区域存在明显的色差。原因是复工以后，人们无法找到动工时用到的同样石材，只得用相近的代替。

3月6日，1835年

真情不怕火炼

1835年3月6日，英国哲学家约翰·斯图亚特·穆勒（John Stuart Mill）面前摆着一个艰巨的任务。他有个坏消息要传达给一位朋友，还要向对方承认自己的重大过错，也许只有心胸特别宽广的人才能原谅他。这一天，穆勒夹着一份烧焦的手稿残骸，行色匆匆地赶往历史学家托马斯·卡莱尔（Thomas Carlyle）在伦敦的家。这份手稿是仅有一份的《法国大革命》原稿，也是挚友卡莱尔托付给他指正的，却在他的保管下化为灰烬。卡莱尔后来描绘当时的情景，说穆勒"面色苍白，仿佛赫克托尔的鬼魂"。*

绝望中的穆勒浑身颤抖，他对卡莱尔说家中女仆误以为手稿是废纸，把它当成引火的东西生炉子了。对于卡莱尔来说，这次损失掉的是无数个日夜奋笔疾书的成果，但是他还得安慰语无伦次的朋友。满怀愧疚的哲学家告辞之后，卡莱尔对妻子说道："穆勒那可怜的家伙真是太沮丧了。咱们可千万不能让他知道这件事的严重性啊。"

卡莱尔说到做到，第二天就给穆勒送去了一封令他如沐春风的信："您昨晚离开时的样子让我久久不能忘怀，如果能让您早日走出低谷，有什么能帮忙或代劳的请一定告诉我，因为我觉得您比我还要悲痛……勇敢点，我的朋友。"

接到信的穆勒立刻向卡莱尔提出自己愿意支付巨额赔偿。虽然卡莱尔满心感谢地接受了赔礼，但从头写作仍然是个工作量巨大的麻烦事。卡莱尔曾一度认为自己不太可能重现原稿的面目了，并哀叹道："我记得那时不论怎么回忆也想不起原本是怎么写的，重写的过程十分艰难。失去的再也找不回来了。"而且卡莱尔早已处理掉了原始创作中积累的笔记，这让重写的工作难上加难。

---

* 赫克托尔（Hector）是希腊神话中死于特洛伊战争的特洛伊王子，是挑起战争的帕里斯王子的哥哥。此处"赫克托尔的鬼魂"的比喻出自古罗马诗人维吉尔的长篇史诗《埃涅阿斯纪》，诗里赫特托尔战死后曾以灵魂的形式出现在另一位特洛伊王子埃涅阿斯的梦中，对他发出警告，让他顺利逃出特洛伊。——译者注

尽管困难重重，卡莱尔还是把书又写了一遍。他后来对自己的一个弟弟谈起那段经历，不无感慨地说："那是我此生做过的最枯燥、最让人灰心，也是最难熬的工作。"凭着"一腔热忱"，卡莱尔终于写成了英国文学史上最伟大的著作之一。毫无意外，穆勒给该书做出了极高的赞誉。

3月7日，1997年

无jī之谈

海因里希·克莱默（Heinrich Kramer）也许并没有胡说八道。这位15世纪的宗教审判者在描写女巫世界的著作《巫术之秘》（*Malleus Maleficarum*）（详见12月5日）里警告世人：行邪作恶的人与撒旦为伍，能让男人的命根子消失。5个世纪以后，一股"偷'鸡'狂潮"席卷巫术依然盛行的西非各国。其中象牙海岸的民众感到很幸运，因为他们早早地得到了加纳方面传来的（口耳相传的）消息，说是许多男人的阴茎被弄没了，于是提前采取了行动。1997年3月7日，一名巫师在象牙海岸的寇马西城（Koumassi）被人烧死，另一名巫师在布埃港（Port Bouët）被群殴致死。这种极端的做法并没有停下流言的散播，它一路扩散到贝宁。贝宁的群众也严阵以待，用汽油、砍刀和魔法药水对抗着威胁他们命根子的巫师。在整个事件中，随着更多的巫师被杀，广大男性的生殖器仿佛逃过一劫，但是好景不长，塞内加尔在那年夏天仍然不幸中招了。*

3月8日，1702年

鼹鼠虽小，可以弑君

对于威廉三世（William Ⅲ）来说，一堆小小的鼹鼠丘真的比任何一座高山还要严峻†。威廉三世在一次骑马出行中受了伤，他的坐骑被一个鼹鼠丘绊倒了。尊贵的国王最后伤重不治，死于这一天。他的政敌认为小小的鼹鼠立了大功，特意为它们创造了一句祝酒词："为穿黑色天鹅绒外套的袖珍绅士们干杯！"

3月9日，1974年

咱们29年前就战败了，回家买台彩电好好过日子吧

1945年8月15日，难以名状的羞耻感压在了日本人的头上，收音机中传来了他们的天皇用与以往相比略显无力的声音宣

---

* 在心理学上这是一种名为"恐缩症"或"缩阳症"的疾病，患上此病的男性认为自己的阴茎缩入了体内或消失了，这种恐慌具有传染性。

† 英语中有句俗语叫 making a mountain out of a molehill，意思为小题大做。——译者注

召大家在战败以后与自己一起"忍其所难忍，耐其所难耐"。但是这份压力并没有砸到小野田宽郎*的头上。在日本战败后的30多年里，这名固执的日本士兵一直在菲律宾的森林里四处游击，根本不知道日本已经宣布无条件投降了，直到1974年3月9日，小野田昔日的上级军官赶往菲律宾对他传达了战争早已结束的消息。小野田后来在《绝不投降》(*No Surrender*)一书里写道："那一刻我的天都黑了。暴风骤雨在心中翻腾。在会见昔日战友的路上，我一步三回头地担惊受怕，简直像个傻瓜……到头来，这么多年我图的是什么呢？"

3月10日，1962年

天道好轮回

那一年，罗马。伊丽莎白·泰勒（Elizabeth Taylor）和未来的第五任及第六任丈夫†理查德·伯顿（Richard Burton）在二人主演的史诗巨作《埃及艳后》的片场展开了一场火辣辣的婚外情，火辣到什么程度呢，足以让泰勒当时的丈夫艾迪·费舍

---

* "二战"时加入日本陆军，1944年11月被派遣至菲律宾卢邦岛。美军攻占该岛后，小野田与三名日军战士躲入丛林中进行游击战，造成了当地130余人的死亡。他的三名战友后来纷纷战死，但是小野田直到1974年3月10日才在昔日上级的命令下缴枪投降。——译者注

† 二人曾于1964年结婚，1974年离婚，后于1975年复婚，1976年再度离婚。——译者注

（Eddie Fisher）面红耳赤到能煎鸡蛋的程度。当时人气已经开始走低的大众情人费舍在1962年去拍摄现场探班的时候，发现妻子已经红杏出墙了。

"就算我提前告诉他们我要过去都没用，"费舍后来说，"他们俩彼此含情脉脉地对望，手也没闲着，搂搂抱抱的好不亲热。"

这样的背叛让他十分丢脸，可是当初费舍为了泰勒，抛弃前妻黛比·雷诺兹（Debbie Reynolds）的时候，雷诺兹也受到了同样的屈辱。现在风流成性的费舍亲历此事也无能为力。他送给泰勒的钻石首饰也没能挽回她的心，他顶在泰勒额头上的手枪也没使她屈服。为了保留最后一点颜面，费舍唯一能做的就是把自己头上的绿帽子好好藏起来，可惜这种事不是他想藏就藏得住的。好莱坞八卦专栏作家卢埃拉·帕森斯（Louella Parsons）在1962年3月10日爆了料："这事是真的，伊丽莎白·泰勒已经移情别恋理查德·伯顿。她和艾迪·费舍的关系算是完了。"

花边新闻见报的同一天，费舍对此表示否认，可他从罗马回到纽约不久，就因为过量服用安非他明进了医院。出院以后，歌手费舍最后放手一搏，企图扭转局面，伯顿反倒把他的遮丑行为叫丑闻。

面对闻讯而来的记者们，费舍说道："伊丽莎白·泰勒和理查德·伯顿擦出的火花，表现的是马克·安东尼和克娄巴特拉之间的激情，要我说，他们俩演技真是好。"在接下去的环节里，费舍接起了泰勒按照约定从罗马打过去的长途电话。费舍曾请求泰勒在电话里顺着自己的说法否定出轨绯闻，但是泰勒哪肯听他摆布，反而让流言坐实了。

当场下不来台的费舍只得尴尬地说:"你们也知道,女人嘛,你越让她干什么,她就偏不干什么。"

3月11日,公元222年

史上头号熊孩子

有暴君尼禄(Nero)和卡利古拉(Caligula)在先,一个少年能坏到哪儿去呢?您还别说,罗马皇帝埃拉伽巴路斯(Elagabalus)从14岁登基,在公元218年开始的四年统治期里居然达到了人神共愤的地步。

仍是孩子的他一口气结了5次婚,其中一次强占了护火贞女[*];豢养了众多男宠;花枝招展地打扮成妓女的样子,且行妓女之事。人们无法欣赏他"含蓄"的幽默,比如一早醒来屋子里到处都是野生动物在乱跑,或者椅子上放着他造出来的古典"放屁垫"[†],就为让人出丑。无论如何,埃拉伽巴路斯的好日子不会太长。他遭人厌恶到什么程度呢,连他的外祖母都看不下去了,一手策划了暗杀皇帝的行动。

公元222年3月11日,刚满18岁的埃拉伽巴路斯和表弟亚

---

[*] 古罗马时期负责祭祀灶火女神维斯塔的女性祭司,通常于幼年就被选中,在做祭祀的数十年里必须保持贞洁。——译者注

[†] whoopee cushion,一种恶作剧用品,压上去会发出类似放屁的声音。——译者注

历山大（Alexander）一起公开亮相。埃拉伽巴路斯早就怀疑亚历山大比他更受人爱戴，果然，在场的士兵只对亚历山大欢呼，完全无视埃拉伽巴路斯的存在。下级的忤逆行为令埃拉伽巴路斯大为光火，他当场下令处决所有人，但是到头来死掉的却是他自己。

古罗马作家卡西乌斯·狄奥（Cassius Dio）对埃拉伽巴路斯的悲惨下场进行了详细的记录："他的母亲紧紧地搂着他，与他一起被杀掉了；他们的头被砍下，衣服被剥光之后被拖着游街。后来人们随手丢掉了他母亲的尸体，把他的尸体扔进了台伯河。"

3月12日，1951年

弟弟的致命谎言

艾瑟尔·罗森堡（Ethel Rosenberg）也许与丈夫朱利乌斯（Julius Rosenberg）一起在20世纪40年代把美国的情报卖给了苏联，不过长期以来美国政府都没有掌握确凿的证据。直到艾瑟尔的弟弟——已经认罪的核间谍大卫·格林格拉斯（David Greenglass）出庭受审的时候做了伪证，有关部门才把艾瑟尔送上了兴格监狱（Sing Sing Correctional Facility，又译新新惩教所、声声监狱）的电椅。

艾瑟尔的弟弟原本在新墨西哥州洛斯阿莫斯的国家实验室进行的曼哈顿计划（美国政府在"二战"期间研制原子弹的项目）中担任初级军方机械师，但他源源不断地把机密出卖给苏联。在出庭指证自己的姐姐之前，格林格拉斯已经到了走投无路的地步。对他的指控已经成立，但是还没定罪。检方在格林格拉斯和他的妻子兼同谋露丝（Ruth）面前摆出了从轻处罚的诱惑。露丝其实一直都没有被逮捕，这一切正是格林格拉斯用配合的态度换来的。到了这一步，当局想通过他们抓到更有价值的目标，那就是艾瑟尔·罗森堡。1951年3月12日，大卫·格林格拉斯在庭审第二天就把姐姐艾瑟尔供了出来。

在此之前，几乎没有证据表明艾瑟尔做过违法的事情，虽然她是相当活跃的共产党员，而且从逻辑上来讲，她不可能对丈夫朱利乌斯从事的情报活动一无所知。但是就连对苏联秘密电台监听和解密的"维诺纳行动"，都未搜集到艾瑟尔与此事相关的蛛丝马迹。FBI人员威廉·韦伦（William Whelan）的记录表明"司法部门提出，他们不认为手中的证据足够对艾瑟尔·罗森堡定罪"。然而艾瑟尔仍然遭到逮捕，当局以她为人质让她的丈夫也就是早已为苏联效力的情报人员朱利乌斯·罗森堡交代出更多间谍的名字。

被捕的罗森堡夫妇不肯就范，当局急需能给艾瑟尔定罪的证据。此时仍然逍遥法外的露丝·格林格拉斯忽然"想起了"一个她以前没说过的细节，检方如获至宝。露丝声称丈夫大卫在洛斯阿莫斯窃取的情报都是嫂子艾瑟尔用打字机整理出来的。现在检方手里有了强有力的"证据"，格林格拉斯在法庭上依葫芦画瓢地把它复述了出来，脸上泛着一丝奸笑。唉，弥天大谎。

案件的主控官欧文·塞波尔（Irving Saypol）把格林格拉斯做的伪证作为重点放在了陈述总结中，他掷地有声地宣称："收件人为苏联的原子弹情报出自被告艾瑟尔·罗森堡之手……她用打字机不止一次敲击着键盘,一字一句地向苏联出卖着国家。"

庭审过去两年间,罗森堡夫妇用尽了所有上诉机会,总统签发的特赦令也未被国会通过。1953 年 6 月 19 日,罗森堡夫妇在兴格监狱被执行死刑。把姐姐送上电椅的大卫一方面对自己要服 15 年徒刑略感不爽,另一方面又因为妻子和其他同谋不用蹲监狱而感到功课没有白做。又过了 10 年,大卫刑满释放,很快就隐姓埋名地隐居了起来,但是人们永远记得他的无耻行径。

多年以后,格林格拉斯对记者山姆·罗伯特(Sam Robert)承认自己说了谎,并说:"我已经不再用'姐姐'这个词儿了,我把这个概念彻底从脑海中抹去了。"

3月13日,1881年

总有一次"沙"死你

俄国沙皇亚历山大二世(Alexander Ⅱ)曾遭到枪击,乘坐的火车上被人安过炸弹,甚至在冬宫的餐厅都被人炸过。暗杀者们虽一直未能得逞,但俄皇的神经倒是因此变得异常紧张。"难道我是什么野兽吗?他们为何三番五次地要置我于死地?"在又一次失败的刺杀行动后,惊魂未定的亚历山大二世呐喊道。对他而言,答案显然是肯定的。1881 年 3 月 13 日,锲而不舍的暗杀者终于奏效。那天,亚历山大二世的马车经过圣彼得堡的街道,一名年轻男子朝马车扔了个炸弹，当场炸死、炸伤了数名路人。亚历山大二世从炸毁的马车中钻出来质问行凶者并查看损失的时候，另一名暗杀者向他直接扔出了第二枚炸弹。这一次暗杀者得手了，解放了无数穷苦的农奴，被人称为"解放者沙皇"的亚历山大二世被当场炸伤。他的双腿被炸得粉碎，随从们立刻把他抬回了冬宫。没过多久他就因失血过多而死。

3月14日，1899年

树挪死，人挪活

克里斯·冯·德·阿赫（Chris von der Ahe）算得上是美国棒球界的代表人物之一，他曾事无巨细地操控着手中的圣路易斯布朗队。虽然对棒球一无所知，但他自我感觉良好，如演员般四处招摇，自大的程度堪比他在球场外给自己竖立的雕像。他曾用浓重的德国口音得意地说过："我可是'扑狼队'的'大老潘'。"可惜冯·德·阿赫在1899年3月14日那天不得不和他心爱的"扑狼队"说再见，因为他的众多债主在圣路易斯法院门口的台阶上逼迫他把球队卖掉抵债。日后被查尔斯·康米斯基（Charles Comiskey）誉为"棒球史上最伟大人物"的冯·德·阿赫一改平日谈笑风生的样子，在拍卖现场难过得不能自已。但被迫卖掉布朗队这件事不光对他是个打击，对布朗队的劲敌克利夫兰蜘蛛队来说更是当头一棒。

买下布朗队的刚好是蜘蛛队的老板弗兰克·德哈斯·罗宾逊（Frank DeHaas Robinson），这种垄断性买卖在当时是合法的。蜘蛛队那个时候实力雄厚，主力队员中包括后来进入棒球名人堂的塞·杨（Cy Young）。蜘蛛队面临的最大问题是观赛兴致不高的克利夫兰民众，看台上总也坐不满人。克利夫兰人很讨厌罗宾逊，罗宾逊也不喜欢克利夫兰的气氛。而布朗队则正相反：圣路易斯市民热爱棒球，但是这支队伍水平欠佳。于是罗宾逊把包括塞·杨在内的蜘蛛队精锐挖了过来，率领他们投靠圣路易斯。这次集体转会让克利夫兰蜘蛛队从此一蹶不振，该队在1899年赛季的表现在棒球史上毫无悬念地排了倒数第一。*

3月15日，公元前44年和1917年

此日对皇族不利，弄掉了两个皇帝

留心3月15日。
——《裘力斯·凯撒》（Julius Caesa）第一幕第二场，
莎士比亚

---

* 蜘蛛队在比赛中实在无力招架，于是在当年的后半个赛季中被迫四处征战，打的全是客场赛，把冷嘲热讽的故乡"球迷"抛在了身后（由于蜘蛛队在前半个赛季表现过差，比赛上座率非常低，所以后半个赛季中应该去克利夫兰打客场赛的球队因为无法收回成本拒绝前往，蜘蛛队只得四处应赛）。于是各大报纸对他们进行了火力十足的嘲讽，称他们为"吃干饭的""被放逐的""没人要的""人家挑剩下的""被抛弃的""放任自流的""四处闲逛的""沿街乞讨的""垫底儿的""无家可归的"等等。

由于莎士比亚的不朽名作，人们一提起3月15日的厄运，首先想到的就是公元前44年的那天霉运当头的凯撒大帝。就是在那一天，被勃鲁托斯（Brutus，也译作布鲁图斯）背叛的凯撒在罗马元老院遇刺身亡。对于俄国沙皇尼古拉二世来说，3月15日也是个不吉利的日子。他为期20多年的统治期可谓动荡不安，人民由于粮食饥荒发动了革命，并为俄国在"一战"中战败的结局群情激愤。在种种原因的驱使下，尼古拉二世于1917年3月15日被逼退位，俄国的皇权统治就此终结。*

3月16日，1861年

进为得州人，退为得州魂

山姆·休斯敦（Sam Houston）毕生致力于让得克萨斯脱离墨西哥的独立大业。是他两度出任得克萨斯共和国的总统，是他让得克萨斯加入了北方联邦，是他代表得克萨斯取得了参议院的席位，最后他当选得克萨斯的州长，可以说休斯敦就是得克萨斯之魂。但是在1861年3月16日，得克萨斯的民众倒戈了。

自从林肯1860年当选总统之后，得克萨斯州涌现出一批主

---

* 尼古拉二世儿时就曾目睹自己的祖父亚历山大二世被人用炸弹炸伤后流血身亡的惨状（参见3月13日），他退位1年多以后，全家于1918年7月17日在西伯利亚城市叶卡捷琳堡遭到灭门之灾。

张与联邦政府割裂的分裂派分子。休斯敦本人对此坚决反对，他可不是废奴运动的支持者（他自己就是奴隶主），也不是考虑到分裂出去会与为得州谋求权益的初衷自相矛盾，他单纯觉得脱离联邦政府会让得州受损严重，得不偿失。对于他的看法，没有多少人理会。

事实上，休斯敦州长反对分裂的意见非但没有人听，还遭到了比他权力更大的势力的非正面攻击。1861年2月1日，一群人擅自代表得州以非法集会的形式做出了脱离联邦的决定，并得到了州内全民公投的支持。摆在休斯敦面前的只有两个选择：宣布该决定有效并向南方邦联宣誓效忠，或是逆流而上后果自负。

1861年3月16日清晨，经过一夜的辗转反侧，休斯敦打定了主意。"玛格丽特，"他对妻子说，"我绝不会走出那一步的。"接着，他前往州长办公室。坐在办公桌后面的他，一边用刀削着木头消磨时间，一边等待着即将到来的罢免命运。

在休斯敦被粗暴地赶出办公室前，他给得克萨斯州民留下了这样的话："同胞们，为了各位已经受损的权利与自由，我拒绝宣誓分裂……但是我对得克萨斯爱之深，不忍为此让她的人民涂炭，土地血染。从此我不再是州长……我一生为原则而战，拒绝让步，故遭受迫害……以得克萨斯为名打在我身上的拳头才是最狠的一下。"

3月17日，1990年

闪电再快也快不过裁判的黑哨

胡里奥·西撒·查维兹（Julio César Chávez）和梅尔德里克·泰勒（Meldrick Taylor）这两位超轻量级常胜拳王在这一天进行了一场人称"电闪雷鸣"的王者较量。一个回合接着一个回合，比赛如观众们预期的那样精彩纷呈，高潮不断：查维兹以雷霆万钧的重拳出击，泰勒则以快如闪电的招式应战。比赛初期，在比分上占优势的是泰勒，但随着赛事进行，查维兹雨点般的拳头让泰勒有些吃不消。到了第12回合，本来就让人直呼过瘾的比赛迎来了历史性的一刻，不是因为主角"雷"之泰勒和"电"

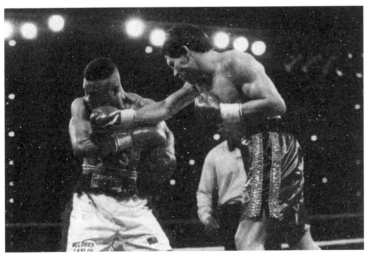

泰勒挨了查维兹这一记右勾拳之后会遭遇来自裁判的致命一击

之查维兹,而是因为"钢"之斯蒂尔。这场比赛的裁判名叫理查德·斯蒂尔(Richard Steel),他在这个关键回合的做法让很多人都觉得实在是太煞风景了。

查维兹此刻需要彻底击倒对手才能获胜,所以泰勒只需小心地周旋即可,然而泰勒的教练等鼓动他全力出击。此刻他已经伤痕累累满脸血污,但他还是听从了指导,全身心投入比赛。酣战中,查维兹一记右勾拳放倒了泰勒。倒在场地边角处的泰勒迅速站了起来,但不知道当时是被打蒙了还是走神了,没能及时回答裁判斯蒂尔对他的提问。结果,斯蒂尔做出了拳击史上最具争议的决定,在众人眼里,他夺走了本属于泰勒的胜利。裁判斯蒂尔在离结束只有两秒的时候终止了比赛,宣布查维兹获胜。

3月18日,1990年

波士顿博物馆大劫案

1911年,《蒙娜丽莎》被盗,实乃不幸。不过达·芬奇笔下的神秘女子在盗画贼(事后证明是监守自盗的内部人员)的卡车里微笑了两年后完璧归赵,此乃大幸。但波士顿伊莎贝拉·斯图亚特·加德纳博物馆(Isabella Stewart Gardner Museum)失窃的珍贵画作与其他藏品至今尚未找回,实在令人扼腕。那次盗窃事件堪称美国历史上涉案价值最大的私人财产失窃案。

1990年3月18日午夜刚过,两名伪装成波士顿警察的盗贼来到了博物馆前,他们用门口的对讲门铃向里面的值班人员谎称接到有人寻衅滋事的报警,前来处理。当晚值班的警卫刚嗑过药,迷迷糊糊地立刻给他们开了门。轻松闯过第一道防线的两人对警卫进行了先发制人的质问,声称他很像以前逮捕令上的嫌疑犯,让他放老实点,立刻从前台离开,第二道防线就此崩溃。博物馆的警卫乖乖地听从命令,连无声警报都没想启动。两个盗贼一路无阻地在博物馆里穿行。

他俩把警卫和当晚另一名值班人员捆住以后,用手铐把他们铐在了地下室的水管子上,然后在博物馆里大偷特偷,把伦勃朗、维米尔、马奈、德加等大师的传世名作从画框中扯走。他们还顺手拿了一只精美的中国花瓶以及一面拿破仑时期丝质旗帜旗杆顶部的干首。虽然调查此案的FBI探员在掌握了不少有用信息后分几路追踪,但终究没有追回被盗的宝物。

小说家约翰·厄普代克(John Updike)曾为被盗的名画赋诗一首:"它们如今的日子得有多么枯燥,也许被人藏在马塔潘(Mattapan)的某个仓库里,现在只能看着包裹它们的肉铺油纸发呆,而不是艺术爱好者们欣喜的脸庞。"劫案发生以来,盗贼们留下的空画框仍然挂在原处,作为对这起不幸事件的见证,也是盼着它们早日回归的美好愿景。

3月19日，1919年

山姆大叔"要"你！

美国海军为了解决某个问题想出了一个绝佳的办法，至少在当时他们认为是如此。位于罗得岛州（Rhode Island）新港的海军基地传出了某些海军战士行为不端的流言，并非乱搞男女关系，而是他们彼此之间男风盛行，"基情四射"。1919年3月19日，这件事最终闹上了法庭，法官宣判美国政府必须"不惜一切金钱和时间的代价对此事展开全面彻底的调查，负责此事的调查人员必须具备足够的相关经验"。那么什么样的人能够胜任呢？还用猜吗？当然是其他海军士兵啦。根据当时调查负责人的记录，合格的调查人员必须年龄在19岁到24岁之间，且"面容姣好"，才最适合"这种性质上比较变态的工作"。

身负重任的英俊小伙们并非打入海军同性恋地下"基地"指认堕落的士兵那么简单，他们接到的实际命令是主动出击，勾引目标，并以最快的速度拿到第一手证据。时任海军副部长（且后来当上了总统）的富兰克林·罗斯福签发了调查令之后，被招募的调查员们在爱国情怀的激励下开始履行职责。被他们揪出来的海军战士们后来接受了军事法庭的审判，卧底调查员在庭审的时候把那些"艳遇"的点点滴滴全都当作证据公布了出来。

美国海军出战大捷，进一步把诱捕同性恋的大网撒到了新港居民的范围里，因此也让他们惹上了麻烦。当地教区一名受人爱戴的牧师在行动中被捕，他的朋友和支持者们向总统伍德罗·威尔逊（Woodrow Wilson）联名上书以发泄他们胸中的怒火，这封信同时刊登在了该地的《普罗维登斯日报》（*Providence Journal*）上：

> 贵方使用如此卑鄙无耻的手段，令不幸受命的年轻人人格受损，滑入道德沦丧的深渊，其恶果显而易见。与此同时，我们社区的市民遭受无端的猜疑与污蔑，民众对海军的智慧与尊严也失去了信心。

官方就此事进行了数轮听证会，然后事件升级，参议院开始调查。但调查的重点不是同性恋行为，而是当初使用的调查方式。原始调查负责人罗斯福立刻成为众矢之的，经他批准的诱捕方式被批判为"性质恶劣、见不得人、违反常理的做法"，《纽约时报》报道此事时用的标题是"冤有头，债有主，海军丑闻找罗斯福……详情无法描述"。

3月20日，1966年

英国佬险些就不能给自己颁奖了

1966年3月20日，英国丢人丢大了，虽然没有严重到痛失昔日帝国疆土的地步，但是也差不多了。那天中午11点至12点之间，一伙盗贼溜进了戒备森严的伦敦威斯敏斯特中央大教

堂，偷走了存放在里面的足球世界杯初版奖杯——雷米杯（Jules Rimet Cup）*。足球界上下一片哗然，奖杯失窃案暴露出英国漫不经心的态度，他们在同年夏天可是要举办世界杯比赛的啊！

"这样的事绝不会发生在巴西。"时任巴西足联主席的阿布雷恩·特布尔（Abrain Tebel）宣称，"我们巴西连小偷都是球迷，肯定不会做出这种令人不齿的事情来。"

令人庆幸的是，奖杯遭窃的一周后，一只名叫皮克斯的黑白毛色杂种柯利犬在和主人散步的时候碰巧用鼻子把它闻了出来。虽然英国狠狠地丢了面子，但是皮克斯成了民族英雄。然而后来并不太平，按照国际足联的规定，巴西三连冠之后，雷米杯被送到巴西。尽管特布尔当初大赞他们国家对足球的狂热以及盗亦有道的精神，但是雷米杯仍在1983年又被人偷走了，这一次再也没能被找回。

---

* 1930年至1970年间使用的足球世界杯比赛冠军奖杯，原名为胜利杯，后来为了纪念前国际足联主席儒勒·雷米（Jules Rimet）更名为雷米杯。——译者注

3月21日

水火不容日

如果要设立一个"国际愚昧无知与水火不容日"的话,3月21日当之无愧。毕竟在千百年中许多反理性、反公正、反人伦的事情都凑巧发生在这一天:

1349年3月21日:上千名犹太人在德国的埃尔福特(Erfurt)遭到处决,罪名是传播了黑死病。

1556年3月21日:身为英格兰宗教改革领军人,且创作了《公祷书》(Book of Common Prayers)的大主教托马斯·克兰麦(Thomas Cranmer)被女王"血腥"玛丽一世(Mary I)以传播异端邪说为罪名判处死刑,于此日被公开处以火刑。

1861年3月21日:美国南方邦联副总统亚历山大·史蒂文斯(Alexander Stevens)发表了《奠基石宣言》(Cornerstone Address),声称:"我们的新政府建立在与合众国宪法完全相反的理念之上。黑人与白人就是不平等,他们生来就自然是高等种族的奴隶与随从,这个伟大的真理就是我们的理论基础,我们的基石坚不可摧。"

1925年3月21日:田纳西州州长奥斯汀·皮伊(Austin Peay)签署了《巴特勒法令》(Butler Act)。该法令将在公立学校中讲授以下内容定为违法行为:"否定《圣经》中上帝创造万物的理论以及认为人类是低级动物的后代的内容。"换言之,也就是禁止学校宣讲达尔文的《进化论》。

1933年3月21日：德国纳粹党在达豪（Dachau）建立的首座集中营"正式营业"。

1960年3月21日：南非警方在沙佩维尔城（Sharpeville）向因反白人政府的极端种族隔离政策而游行的群众开枪。该事件造成69人死亡，180人受伤。副总警监皮耶纳尔（D. H. Pienaar）后来给出了拙劣的开火理由："当地人的脾性不可能组织和平集会，他们只要聚集起来就会暴动。"

3月22日

今天更是水火不容

仔细一想，与3月22日相比，21日也许只能算作"国际愚昧无知与水火不容前夜"，因为22日更加不容忽视：

1144年3月22日：一个名叫威廉的12岁男孩在英格兰诺里奇（Norwich）附近的森林里暴尸，在那个黑暗而野蛮的时代这样的事并不少见，但是狂热的修道士蒙茅斯的托马斯（Thomas of Monmouth）把他塑造成了殉教圣徒。在托马斯给威廉创造出来的巨幅"传记"《诺里奇殉教者威廉受难记》（*The Life and Passion of William of Norwich*）中，威廉的死因被归结于犹太人嘲讽耶稣受难进行的血腥祭祀活动。这个子虚乌有的描述造成了严重的后果。众多专家一致认为这本书是"血谤"的发源之地,所谓"血谤",历史学家阿兰·邓迪斯(Alan Dundes)认为它是"人类仅靠想象力凭空捏造而成的最怪异也是最危险的传说之一"。在接下来近9个世纪里,犹太人一直背负着定期杀害基督教民儿童的污名。这种广为流传的理念影响了包括马丁·路德和阿道夫·希特勒在内的反犹太代表人物,并使数百万无辜人民遭受了罄竹难书的迫害。

1630年3月22日:清教徒安妮·哈钦森(Anne Hutchinson)被马萨诸塞殖民地总督约翰·温斯洛普(John Winthrop)指为"撒旦的走卒",并被驱逐出境,理由是胆敢质疑当地的宗教理念。哈钦森认为个人可以通过自身修道达到上帝的境界,而不是通过参加各种宗教仪式,被神职人员用戒条所约束才能修成正果。她曾写下这样的话:"根据我的理解,法律、命令、教条和诏令是给那些无法悟道的人准备的。"

1692年3月22日:还是来自马萨诸塞的"福音"。上面提到的温斯洛普总督曾经推出过个人版本的"山巅闪光之城"(Shining City Upon a Hill)*:"一群来自塞勒姆(Salem)的人敲开了丽贝卡·讷斯(Rebecca Nurse)的门,说她行了巫术。然后这群人在同一天找到了安妮·卡尔·普特南(Anne Carr Putnam),逼迫她侍奉撒旦,否则'收走她的魂魄'。"

---

* 温斯洛普在此次布道时引用了《圣经》中《马太福音》里耶稣的"登山宝训"中关于盐和光的比喻,原话为"你们是世上的光。城立在山上,是不能隐藏的"。温斯洛普在此基础上进行了个人发挥,提出要把马萨诸塞湾的殖民地建设成新的山巅闪光之城。——译者注

1871年3月22日：北卡罗来纳州的州长威廉·伍兹·霍尔登（William Woods Holden）成为美国史上第一位被罢免的州长。他的罪名是下重手制裁三K党。

1943年3月22日：哈廷惨案。纳粹将白俄罗斯哈廷（Khatyn）的全体村民都赶进了一个木棚，然后点燃了外面的干草；还将从火海中逃出来的人全部枪毙。

1984年3月22日：加利福尼亚州的曼哈顿海滩发生了集体癔症现象，麦克马丁学前班机构（McMartin Preschool）里有7名教职员工因此被指控犯下了数百起儿童性侵罪行。在"国际儿童研究会"派出的"专家"诱导下，在学前班就读的孩子们不光道出了遭受的性侵，还讲出了大人们举办过包括肢解婴儿和盗挖尸体等活动的祭拜撒旦仪式。针对"麦克马丁七禽兽"的调查和审讯是美国历史上历时最久也是耗资最大的一次，7名被告最后被洗清了冤名。然而和他们已经被毁掉的人生比起来，这种胜利实在是微不足道。

3月23日，1989年

亦真亦幻的冷核聚变

这是20世纪科学发展中的最大突破，至少气势上是。1989年3月23日，两位著名化学家——美国犹他大学的斯坦利·庞斯（B. Stanley Pons）和与他共事的英国南安普顿大学的马丁·弗莱什曼（Martin Fleischmann）召开新闻发布会，宣布取得了重大突破，通过"冷核聚变"（cold fusion）过程成功复制出太阳量。更令人惊奇的是，他们的实验是在室温的一罐水中完成的。

"我们用比传统技术更加简洁的方式取得了可持续的核聚变反应。"庞斯教授如是说。

这个成就的意义之深远非比寻常：所谓"冷核聚变"与撞击原子使之分裂以产生能量的核裂变正相反，从理论上来讲，人们可以用相对简单的方法让原子聚合起来，这样就能把成本低廉且污染小的能量源源不断地供给全世界。

《华尔街日报》和其他主要新闻媒体大张旗鼓地在头版头条刊登了这条特大喜讯，然而科学界的专家却对此持怀疑态度——几乎不相信。加州理工学院的史蒂文·库宁（Steven E. Coonin）博士就是怀疑者之一，他毫不留情地说冷核聚变的实验报告不过是"庞斯和弗莱什曼无能与妄想"的产物。

庞斯和弗莱什曼的新闻发布会才结束，各界人士立刻对此事展开了争论。科学界几乎没有从大众媒体获取这个级别重大发现的先例。按照一般惯例，同类型实验的结果和报告应该首先在学术期刊上发表，供业内人士评阅，庞斯和弗莱什曼的赞助方显然忽略了这一步。更过分的是，他们对冷核聚变步骤的具体问题拒不回答。

《巫毒伪科学：从愚蠢通往诈骗之路》（*Voodoo Science: The Road From Foolishness to Fraud*）一书作者罗伯特·帕克（Robert L. Park）写道："这已经不是简单的不懂礼数了。科学家们将自己的理念和实验结果交给同仁进行质疑，只有这样才能确保科学的完整与公正。犹他大学在这个事件中公然违反了科学操作的准则。"然后还有核辐射这个小问题。核物理学家弗兰克·克罗斯（Frank Close）曾指出，他们二位的实验室如今应该是"切尔诺贝利以西最大的核辐射源"了。就连犹他大学的其他物理学家都忍不住开起了成果疑似掺水的玩笑："你们听说庞斯实验室里那个助手的遭遇了吗？他到现在还活蹦乱跳着呐。"

嘲笑归嘲笑，世界各地的实验室立刻开始利用他们公布的少得可怜的信息试图重复冷核聚变的实验，可惜谁都没有成功。围绕原始实验的问题还是没有解开：庞斯和弗莱什曼究竟是故意造假还是错误地解读了实验数据？对此，麻省理工学院的核聚变专家理查德·佩特拉索（Richard D. Petrasso）在1991年接受《纽约时报》采访时说："一开始，我觉得这就是个骗局，但是现在我的态度柔和了一些。也许他们对自己的所作所为从未产生过怀疑。"

3月24日，1603年

一朝天子一朝臣

他在很大程度上可以算作大英帝国的创始人，他就是沃尔特·雷利爵士（Sir Walter Raleigh），伊丽莎白一世的宠臣[*]。那

---

[*] 这并不是说伊丽莎白一世和雷利之间从没起过冲突。雷利和女王的一位女官在1591年未经女王许可秘密结婚，此事让伊丽莎白一世怒火中烧，她立刻把雷利夫妇关进了伦敦塔，算是给他们的新婚贺礼。

3月

在伦敦塔中坐牢的诗人兼探险家沃尔特·雷利爵士

么下一任国王詹姆士一世(James Ⅰ)呢,一言以蔽之,君主风范已经随着伊丽莎白一起凉透了。新国王第一次会见这位伟大的诗人与探险家雷利爵士的时候是这么说的:"雷利,雷利,我似乎听说过你嘞哩。"不难看出詹姆士一世用雷利的名字玩了个谐音双关,十分不敬。事实正是如此,伊丽莎白一世的朝堂之内历来充满了尔虞我诈的政治斗争,雷利手中的实权非常可观,而且女王对他言听计从,所以树大招风,引起了不少人的嫉恨。他的政敌们早就开始给新国王吹耳旁风、说坏话了。伊丽莎白一世去世以后,詹姆士一世于1603年3月24日加冕登基,从那天起雷利的运气就以山崩之势急转直下。不过此刻距他掉脑袋还有15年之久。

詹姆士一世刚一上台就大刀阔斧地砍掉了雷利的特权，剥夺了他赖以为生的众多特许经营权，并命令他交还在伦敦的寓所杜伦公馆。又过了四个月，"目中无人"的雷利被推上了法庭，罪名为叛国罪，指控者说他与西班牙勾结，企图推翻詹姆士一世的统治，并协助詹姆士一世的堂妹阿尔贝拉·斯图亚特（Arbella Stuart）篡位。这次审判漏洞百出，其中一位参审的法官事后回忆说："英格兰的司法公正遭受了史无前例的破坏。"

作为公诉人的爱德华·寇克（Edward Coke）爵士为了顺从国王的意思给雷利定罪，竭尽所能地在法庭上对伊丽莎白黄金时代的国家象征恶语连连，管他叫："毒蛇……英格兰最臭名昭著的叛徒……地狱里的蜘蛛……妖魔……地狱最下层的无底洞里各种恶行的主使。"别看寇克如此疯狂地叫嚣，但他的论据都是雷利的政敌们你一言我一语拼凑起来的讹传，根本站不住脚。作为被告一方的雷利曾请求当面与原告对质，立刻遭到拒绝。主审法官对此的说法是："同意他提出的条件等于打开了让国王（指这桩公案的核心）受攻击的缺口，故驳回请求。"

虽然有罪的判决是事先内定的，但是雷利在法庭上仍然竭力为自己辩护。同时期一位政治观察家评论道："论口才，没人比得过他。他如此大气，如此睿智，只用了半天时间就心平气和地让全场人对他的态度从极度痛恨转变为不忍加害。"在雷利被处决的前一天，詹姆士一世下达了特赦令，不过仅仅是饶他不死而已。雷利没有上断头台，却被关进了伦敦塔，在里面一待就是13年，服刑期间创作了权威巨著《世界史》（*History of the*

World）。1616年，雷利被放了出来，奉命再度前往新大陆探险，寻找传说中的黄金之城埃尔多拉多*（El Dorado）。在黄金和秘境的诱惑下，詹姆士一世好像放下了对雷利的怨恨。但是对雷利而言他即将找到的不是财富，而是大祸。

在这次多灾多难的探险过程中，英国船队在南美洲和当地的西班牙殖民者发生了冲突。雷利虽然避开了战火，他的儿子却在纷争中丧了命，而西班牙一方却要求英方为自己的伤亡偿命。詹姆士一世正巴不得找个机会除掉雷利，立刻满足了西班牙的要求。这次雷利连公审的机会都没有了，因为詹姆士一世对他"化敌为友"的能力记忆犹新。于是上次的叛国罪名再次生效，雷利被判死刑。

1618年10月29日，雷利被押赴刑场，哪怕王后亲自求情都没有用。据说雷利在被砍头前曾看着利斧感叹道："这是一剂猛药，能治百病，解千愁。"

3月25日，1988年

看来埃博拉也只是小白兔

这个病毒就是个温顺的小猫咪。

---

* 黄金之城或黄金之国埃尔多拉多源自南美洲的神话故事，据说在古代的祭祀中，当地的部落长老会在身上涂满金粉，然后去圣湖中沐浴，最后再把金银财宝撒入湖中祭祀神灵。后世的众多探险家和寻宝者争相前去寻找该地，从未有人成功。——译者注

在 1988 年 3 月 25 日出版的《科学》杂志中，加利福尼亚大学伯克利分校的分子生物学教授彼得·杜斯堡（Peter Duesberg）看了一些实验数据，实验对象是能够引起艾滋病的 HIV 病毒。这位教授认为该病毒没有那么厉害，顺手写出了以上那句话。

3 月 26 日，1953 年

枪打出头鸟

> 他是一个草根英雄……虽然不太聪明。
> ——著名科学家罗杰·莱威尔（Roger Revelle）对脊髓灰质炎疫苗的研发者乔纳斯·索尔克（Jonas Salk）的评价

在那个年代，脊髓灰质炎（又称小儿麻痹症）病毒在人间肆虐，成千上万的孩子染病后残疾终生，有些人一辈子都得靠"铁肺"（iron lung）*才能呼吸。到了 1953 年冬天，尽管光是美国就新增了 35000 个病例，但人们终于在与病魔的艰难对抗中迎来了救星，匹兹堡方面陆续传出了疫苗研制成功的特大喜讯。这样的报道令疫苗研发者乔纳斯·索尔克感到一丝忧虑，不过在对他吹

---

* 铁肺是一种协助丧失自主呼吸能力的病人进行呼吸的医疗设备。使用者大多数是患上脊髓灰质炎和重肌无力症等的病人。铁肺的外观是圆柱形的，病人躺在里面仅露出头部，机器内部的泵有节奏地挤压病人的胸部，以完成呼吸动作。——译者注

毛求疵的批评者眼里，那些早期报道让索尔克找到了抛头露面的理由。年轻的索尔克的确通过实验取得了一些进展，但是疫苗还需要进一步完善才可以投入使用。出于种种考虑，索尔克找到他的赞助人、美国优生优育基金会（March of Dimes）的创始人之一（另一位创始人是脊髓灰质炎患者富兰克林·罗斯福总统）巴塞尔·奥康纳（Basil O'Connor）寻求帮助，取得了发表广播演讲的机会。索尔克说他讲话的目的是让听众们少安毋躁，敬候佳音，反对者们却觉得他抢先窃取了胜利果实。可想而知，1953年3月26日向全国广播的索尔克讲话引起了两种对立的反响。

"索尔克成为即将把全世界从脊髓灰质炎中解放出来的疫苗的化身。"作家保罗·奥菲特（Paul A. Offit）写道，"在公众眼里，他是横空出世的英雄，但学术界纷纷批评索尔克公开谈论未发表数据以及沽名钓誉的做法。这次广播演讲为索尔克招来了毕生挥之不去的敌意。"

没错，索尔克的同行们对他的态度可以用羡慕、嫉妒、恨来概括。某位评论员曾说过："不管乔纳斯心里是怎么想的，但是那天晚上他在广播中向全国致意的时候就升格成国民英雄了，后来他确实不负英雄使命。"索尔克的竞争对手、同样进行疫苗研究的阿尔伯特·沙宾（Albert Sabin）[*]对他尤为不客气："索尔克没有发现任何新的东西，不过是搞了一些和做饭难度差不多的简单化学实验罢了。"

---

[*] 沙宾后来研发出含有微量活体脊髓灰质炎病毒的口服疫苗，逐渐取代了索尔克推出的灭活疫苗。

　　索尔克在同行眼中变成了无关紧要的跳梁小丑,从此他的任何科研成果都没有得到正眼看待。他也从来没有荣获诺贝尔奖,甚至都没有被美国科学学会所接纳。来自外界的冷嘲热讽困扰了他一生,但是在他1995年去世前的几年里,索尔克对这一切表现出通达的释然。

　　"与我做出的贡献相比,我收获的关注和荣誉远远超出了应得的范围。"索尔克在1991年接受采访时说道,"人们对我的过誉源自摆脱恐惧的喜悦,那是正常的人类情感。但是科学界会从另一个角度看问题,反应也不同。这就像药物的不良反应一样。尽管如此,这一切还是带来了新的机遇。这就是代价,有得必有失。"

3月27日，1908年

零容忍的禁酒与种族隔离政策

众议员詹姆斯·托马斯·"棉花汤姆"·赫夫林有两件事是绝对不能忍的，它们分别是黑人与白人在公共交通工具上混坐和喝酒（除此之外还有女性投票权，参考1月12日）。赫夫林曾试图在华盛顿推行黑人和白人分开乘车的种族隔离政策，但没有成功*。1908年3月27日晚上，来自亚拉巴马州的禁酒先锋赫夫林为参加一次禁酒大会在首都郊区上了一辆街车，车厢里的情景让他顿时火冒三丈：车里不光坐着个黑人，而且这个名叫刘易斯（或托马斯）·兰比（Lewis or Thomas Lumby）的黑人还在车里喝威士忌。

根据《纽约时报》的报道，赫夫林当即命令黑人放下酒瓶，但是"这个黑鬼"对他"恶语相加"。气头上的赫夫林议员把兰比连推带揉地轰下了车，然后一气呵成地开了枪。第一颗子弹没有击中兰比，而是打伤了一位路人的脚指头。铁了心的赫夫林又补了一枪，这次他打伤了兰比的头。赫夫林由于涉嫌谋杀被当场逮捕，但是在警察局的大力配合下，他很快就被保释出狱了。"棉花汤姆"从未因这次枪击事件上过法庭，而且后来他还把这件事夸耀为职业生涯中最大的成就之一。从那以后，赫夫林在众议院里又效力12年，然后被选入了参议院，同时成为一名三K党党员。

---

* 赫夫林曾自豪地宣称："黑人天生是白人的奴隶，这是全能的上帝的旨意。"

3月28日，公元193年

继续，继续，成交！

一百多年以来，罗马帝国的皇帝换得很勤，因为刺杀之风盛行。到了公元193年3月28日，事态一度变得更糟，罗马禁卫军的一名精锐士兵杀掉了执政刚满3个月的皇帝佩蒂纳克斯（Pertinax），理由是皇帝竟敢恢复森严的等级制度和上下级关系。就在刺杀皇帝的同一天，那个禁卫军像是要把坏事做到底一般对皇位进行了拍卖，谁出的价高就归谁。

根据古叙利亚史官赫罗狄安（Herodian of Syria）的记载，"这个消息传出去的时候，越是德高望重或出身高贵的元老们越不会去（那名禁卫军所在的）兵营凑热闹，他们才不会用肮脏的钱购买来路不正的皇位，以免污了自己的名声。"

有一个名叫狄迪乌斯·朱利安努斯（Didius Julianus）的元老家境十分富裕，他既不德高望重，也没有高贵的出身，本身也是纵情声色之人。在强势的妻子和女儿的鼓动下，朱利安努斯火速赶往禁卫军营去参加竞拍。杀了皇帝且主持拍卖的那名士兵拒绝让他入场，于是朱利安努斯就站在围墙外面和军营里面的一个竞拍者隔空喊价，里面的那位不是别人，正是先帝佩蒂纳克斯的岳父。

朱利安努斯掏了一大笔钱，竞拍成功，但对他而言，赢只是和输相对的一个概念而已。罗马人对那场装装样子的皇权买卖感到恶心。他们不仅不臣服于新皇帝朱利安努斯，还对他扔石头以示抗议。根据赫罗狄安的记载,罗马的居民"对他喝倒彩并狠狠地骂他,痛斥他用赃钱买皇位的行为"。两个月以后,塞普蒂米乌斯·塞维鲁(Septimius Severus)成功夺权。据说朱利安努斯在被人拖去砍头的路上大声哭号着:"我何罪之有?我杀人了吗?"

3月29日,1683年

烈火焚情:东京爱情故事

八百屋于七(Yaoya Oshichi)生活在17世纪的日本,是一名普通得不能再普通的杂货店家的女儿。她的生平本该如尘埃一般被历史所遗忘,但是她为情所困,最终招来杀身之祸,让这个16岁的女孩永远地活在了日本的文学和戏剧舞台上。

话说1682年江户(今东京)着了一场大火,于七姑娘不得不和家人逃进当地一家寺院避难。在那里,于七结识了在寺院中做杂役的生田庄之助(Ikuta Shōnosuke),一来二去,两人很快就坠入爱河。可惜的是,只有在寺中短暂生活的时间里,他们的恋情才可以继续。很快,于七一家返回了原址,一对小情人被迫分离。作为为了爱情奋不顾身的青春期少女,饱受相思之苦的于七为了与恋人团聚放火点着了自己家的房子,她以为这样就能与生田重逢。

在那个年代,纵火犯要接受的刑罚是火刑,但是仅限于15

岁以上的罪犯。承办于七一案的奉行*对小姑娘心生怜悯,想饶她一命,于是审问道:"你只有 15 岁吧?"遗憾的是,于七会错了意,声明自己其实是 16 岁。奉行大人懊恼不已,再次问道:"你应该是 15 岁吧?对不对?"心生恐惧的于七再次报出了自己的真实年龄。由于证词确凿,这个耿直的姑娘在 1683 年 3 月 29 日被施以火刑。†

3 月 30 日,1750 年

弄瞎了两位音乐家的"神医"

约翰·泰勒(John Taylor)是一位专门给名人治病的眼科医生,他的病人非富即贵,据说就连英王乔治二世和教皇都对他的医术赞不绝口。其实,他实际上只是个自吹自擂的江湖游医,正如著名作家塞缪尔·约翰逊(Samuel Johnson)形容的那样,从他的身上能看出"无耻与无知的相辅相成"。泰勒自封"骑士"和"皇家眼医",经常乘坐画着眼球为装饰的豪华马车四处赶场,到达行医地点后都要发表一番假大空的演讲,可以说他每次出行都会造成"走起来,瞎一线;停下来,瞎一片"的后果。约翰·塞巴斯蒂安·巴赫(Johann Sebastian Bach)就是受害者之一。

---

* 日本平安时代至江户时代期间的官职。——译者注
† 此为日本农历日子,转化为公历应该是 4 月 25 日。——译者注

著名作曲家巴赫一直饱受弱视困扰,就在视力每况愈下的时候,他不幸遇到了正在莱比锡巡诊的泰勒。1750年3月30日,万人追捧的眼科医生泰勒在音乐天才巴赫的眼睛上动了刀子,手术后还敷上了用鸽子血、研磨过的盐粒和微量水银混合而成的药膏,以助恢复。过了几天泰勒又给巴赫做了同样的手术,敷了同样的药膏,但是一点疗效都没有。最后巴赫完全失明了,伤口疼痛难忍。又过了4个月,巴赫去世了。然而,泰勒"骑士"并没有因此停止对世界级音乐家下手,8个月后,他又戳瞎了亨德尔(George Friedrich Handel)。

3月31日,1981年

"懊斯卡":为好莱坞烂片献上金酸莓

烂片和蹩脚演员曾经并不那么惹眼,只是默默地出现又默默地消失。直到金酸莓奖（Golden Raspberry Award）*来了，把聚光灯打在了令好莱坞蒙羞的影视作品与演职人员身上。这个针对烂片的颁奖仪式始于1981年3月31日，从那以后每年都故意安排在奥斯卡颁奖仪式的前夜，仿佛特意突出两类影片的天壤之别。对于演技不那么优秀的演员来说，金酸莓奖就是一年一度的难关。

人们一提起麦当娜和史泰龙就会想起他们生硬的演技，这二位因此收获了数量最多的金酸莓奖。"物质女孩"†麦当娜也许应该潜心搞音乐，进军影视圈的她曾被金酸莓奖提名15次，获奖9次，入围作品包括《浩劫妙冤家》（Swept Away）和《赤裸惊情》（Body of Evidence），甚至连她在纪录片《真心话大冒险》（Truth or Dare）里扮演自己都被金酸莓提名了。史泰龙也屡受青睐，他凭借对洛基和兰博等角色的"塑造"一共被提名30次，获奖10次。2000年，因长期以来在金酸莓奖里取得的傲人成就，二人双双荣获20世纪最差男女演员的殊荣。不过他们谁都没去领奖就是了。

---

* 简称Razzies，实际上是金覆盆子奖，在英语中blowing a raspberry是一种嘲笑别人的恶作剧，做法为紧绷嘴唇令气体从唇缝中挤出，发出类似放屁的声音。这个称呼的来源是伦敦东区的俚语（Cockney slang），在当地特有的押韵俚语中，放屁（fart）按照韵脚被叫作覆盆子挞（raspberry tart）。最初的翻译借覆盆子的酸味和奖项的讽刺意味定名为金酸莓奖。——译者注

† 《物质女孩》（Material Girl）是麦当娜的著名金曲之一，后来人们习惯用"物质女孩"作为麦当娜的昵称。——译者注

April

4月

4月是最残酷的月份。

——《荒原》(*The Waste Land*),T. S. 艾略特

4月1日，1998年

4月，残酷的谎言

谁能想到乌代·侯赛因（Uday Hussein）还是个幽默的人呢？伊拉克独裁者萨达姆·侯赛因的长子乌代在对人民施以滥刑和搜刮民脂民膏之余，也是喜欢开玩笑捉弄人的。一个暴虐的人想大张旗鼓地捉弄别人，还有哪天比4月1日愚人节更合适呢？那一天在伊拉克被称为Kithbet Neesan：4月的谎言。

在1998年4月1日这个特殊的日子，乌代拥有的报纸《巴别尔报》（Babil）在头版头条安排了这样一篇文章，内容是联合国将终止对伊拉克的制裁（此前伊拉克由于入侵科威特遭到制裁）。当读者翻到第二页的时候，看到的是"头版文章是个玩笑"。成千上万忍饥挨饿的伊拉克人民看到这里肯定是爆笑一片呢！

按理说这么大的恶作剧很难被超越了，但是乌代在1999年4月1日的《巴别尔报》上继续忽悠人民，说从那天以后要把原本就少得可怜得食物配给换成香蕉、巧克力和无酒精饮料。哈！

乌代在接下去的两个愚人节里重复使用着以上两个笑话，看

来是江郎才尽了。不过他的幽默精神仍然传承了下去。2003年4月1日,就在美国进军伊拉克之后的几周里,伊拉克驻俄罗斯大使阿巴斯·卡拉夫·昆福斯(Abbas Khalaf Kunfuth)在新闻发布会上开了个国际大玩笑,深得乌代的言传身教。大使先生手中举着一份文件,说是路透社的新闻稿,然后对着一屋子的记者念了起来:"美军不小心向英军发射了一枚核导弹,当场7人死亡。"念完这句话,他特意停了下来,让在场记者们好好消化一下如此重磅的新闻,接着大喊一声:"愚人节快乐!"

4月2日,1992年

约翰·高蒂:从"特氟龙"到"维可牢"

他是黑社会的摇滚巨星,凭借昂贵的服饰和张扬的性格被花边小报追捧为"帅教父",但在潇洒的外表下,甘比诺家族的掌门人约翰·高蒂(John Gotti)照样是个杀人不眨眼的狠角色,多年凌驾于法律之上。他曾三次被无罪释放,出席过数次备受关注的庭审,却都全身而退,令他的个人魅力不断上升,并且得到了新外号"特氟龙教父"*。高蒂身上的免罪涂层一直牢牢地贴到1992年4月2日了,那一天,在以高蒂为被告的第四次判决中,陪审团向世人证明高蒂也没有那么滑溜。甘比诺家族中一个名叫萨尔瓦多·"公牛萨米"·格拉瓦诺(Salvatore "Sammy the Bull" Gravano)的小头目半路投靠FBI做了卧底,他提供的高蒂犯罪的证据特别是高蒂某些对话的录音在审判中起到了关键性作用,彻底刮掉了高蒂身上的"特氟龙"。最后针对高蒂的13项包括谋杀与诈骗的指控成立,高蒂被判处无期徒刑。就像FBI纽约分局的副局长詹姆斯·福克斯(James Fox)说的那样:"教父身上现在披了一层'维可牢'†,粘住了所有指控。"

4月3日,1895年

为了理、教、德,打倒王尔德

著名作家、剧作家奥斯卡·王尔德(Oscar Wilde)曾不止一次公开讽刺维多利亚晚期的社会风气,然而就在他功成名就之际,主流保守的社会规约对他进行了反击,令他身败名裂。王尔德被社会抛弃的原因用他的密侣阿尔弗雷德·道格拉斯勋爵(Lord Alfred Douglas)的诗来形容的话,就是他们之间"不敢说

---

* 特氟龙,学名聚四氟乙烯,广泛用于不粘锅等器具,特点就是什么都不会粘住。——译者注
† 尼龙粘扣的最初专利名称,也译作维可罗或魔术贴。——译者注

出名字的爱"。

道格拉斯勋爵的父亲昆斯伯里侯爵（Marquess of Queensberry）是封杀王尔德行动的带头人，他在1894年6月的某天前往王尔德的住所大发脾气，向王尔德质问坊间关于他和自己儿子有染的传闻，针对王尔德的一系列猛烈攻击就此拉开帷幕。当时昆斯伯里侯爵和王尔德展开了争吵，双方都声称要把文斗升级为武斗，最后王尔德把侯爵赶出了家门，并对他下达了禁令。

这件事过去7个半月之后，王尔德的得意之作《不可儿戏》(*The Importance of Being Earnest*) 于1895年2月14日在伦敦首演并大获成功。为了搅局，昆斯伯里侯爵原本计划在首演当晚朝舞台上扔一捆烂蔬菜，但是王尔德提前获知此事，把他拦在了剧场的门外。昆斯伯里侯爵在4天以后做了一件更惹火的事情，他在王尔德常去的俱乐部投放了一张留言卡，上面写着"致现行鸡奸犯奥斯卡·王尔德"。在那个年代的英格兰，鸡奸属于违法行为，所以昆斯伯里侯爵此举相当于公开指控王尔德犯了法。在与父亲本来就不和的道格拉斯勋爵的鼓励下，王尔德以诽谤罪向昆斯伯里侯爵提起了诉讼。

1895年4月3日，该案开庭审理，王尔德以此为开端，一路失利，最后被判监禁并服劳役。昆斯伯里侯爵在法庭上向公众宣称他揭露王尔德的罪行是为了造福社会，成功地甩掉了诽谤王尔德的罪名。侯爵的律师们为了达到翻案的目的，在法庭上公开了大量内容不堪入目的所谓确凿证据，以证明王尔德是以伦敦青年男子为目标的同性恋淫魔。尽管王尔德在法庭上使出了浑身解数，仍然不得不半途撤诉。而被告一方在诽谤案中提供的证据使王尔德以"严重有伤风化罪"立即遭到了逮捕。

在媒体与大众的高度关注下，案件在1895年4月26日开庭。被告王尔德发挥了过人的口才为自己辩解，陪审团一时间没有做出裁决。同年5月，案件二度开庭，王尔德被判有罪，要服2年的劳役。接下去的牢狱生活毁掉了王尔德的身体，却让他的思想达到了更高的境界。他在坐牢期间用书信的方式把狱中经历说与道格拉斯勋爵听，这些信后来以《深渊书简》(*De Profundis*)为题出版，以下为部分摘抄：

> 我曾想吃遍世界上所有果园中的果实……我为此走了出去，我为此选择了这样的生活方式。我唯一的过错就是只选择果园里向阳一面的树作为采摘对象，而刻意忽视了阴影中龌龊的那面。

王尔德在1897年刑满释放之后又过了3年自我流放的生活，千夫所指，身无分文。在1900年去世之前，他对已为数不多的昔日朋友雷金纳德·特纳（Reginald Turner）讲述了自己做的一个可怕的梦："我梦见我死了，而且在和一群死人吃饭。"

特纳回答："我敢肯定你一定是这场聚会中虽死犹生的灵魂人物吧。"

4月4日,1868年

差评的最严重后果

历史学家马塞尔·普罗维(Macel Prawy)在他1969年的著作《维也纳歌剧史》(*The Vienna Opera*)中对建筑师爱德华·范德尼尔(Eduard van der Nüll)和奥古斯特·席卡德·冯·席卡德兹堡(August Sicard von Sicardsburg)赞不绝口:"他们二人在维也纳设计了一座宏伟的歌剧院,完美地兼顾了美观与功能。"然而今天被我们奉为经典的维也纳国家歌剧院在当年收到的评价可没有这么友好,负面意见对两位设计团队的核心人物造成了致命的打击。当时人们对歌剧院的批评主要是因为它不够高,和周围建筑相比有些不起眼。有人曾把它比作"不见天日的宝箱",据说当时的奥地利皇帝弗朗茨·约瑟夫一世(Franz Josef I)也持相同意见。来自各界的批评,尤其是皇帝的态度,令二人无法接

落成之后饱受批评的维也纳国家歌剧院

受，范德尼尔在1868年4月4日自缢身亡，就像在戏剧中谢幕一样告别了自己的人生舞台。10周以后，他生前的好搭档席卡德兹堡也突然离世，很多人猜测死因是伤心过度。自己的无心之言竟然让范德尼尔自杀了，皇帝约瑟夫不禁又惊又怕，听人们说从那以后他不论看见什么都会不吝美言地夸上两句："真是太美了，我非常喜欢。"

4月5日，1993年

密歇根"五虎将"的败北之夜

这五名英姿勃发的密歇根大学大二学生是狼獾队（Wolverine）的天王巨星，此刻他们身穿宽松的篮球短裤和黑色的耐克鞋，黑色的袜子拉到小腿的位置，整装待发的队伍看上去势不可当。绰号"五虎将"的他们早在一年前就以大一新生的身份打进了美国大学体育协会（NCAA）篮球锦标赛的决赛，自此蜚声篮坛。虽然最后输给了杜克大学队，但现在他们卷土重来，在决赛中将与北卡罗来纳焦油踵队（North Carolina Tar Heels）一决雌雄。"你们今天输定了！"狼獾队的前锋，也是当年NCAA男子篮球全明星队首发阵容之一的克里斯·韦伯（Chris Webber）在赛前骄傲地宣称。然而，在那天晚上的比赛中，韦伯夸下的海口把他的脸都打肿了，更是让他陷入了悔恨和耻辱的深渊。

在比赛还剩不到30秒的时候，密歇根队以2分落后于北卡罗来纳队。韦伯防守时抢下一记篮板球,其他主力控球队员此刻都已经转到了前场,韦伯就带球单刀直入到达了对方篮区的底线。对方的防守对韦伯造成了包夹,情急之下韦伯摆出了篮球史上最大的乌龙之一:在暂停次数已经用光的情况下叫了暂停。

北卡罗来纳队利用这个技术犯规白得了 2 分,接着乘胜追击又拿下两个罚球,最后以 77 比 71 的比分取得了胜利。其他四虎将被结局震惊得目瞪口呆,韦伯不禁仰天长啸:"咱们输球都是我害的啊!"*

4月6日,1199年

虽然国王宽恕了他

"狮心王"理查一世(Richard Ⅰ)戎马一生,他并没有死在战场上,反而死在了相对和平的时期。那是一个闲适的日子,他在法国沙吕(Châlus)地区一座城堡的外面散步,没有穿盔甲。突然,一名青年男子从城堡高处的垛墙上射了一箭,不慎正中国

---

* 韦伯让狼獾队受到的损失不只是输了决赛这么简单,由于他的原因,狼獾队失去了在篮球史中的一席之地。输球之后,韦伯和队伍中的其他几名球员被人揭发长期接受球队付给他们的巨额灰色收入,这个丑闻让密歇根大学遭到了包括自肃行为在内的严惩,"五虎将"取得的成就被永久删除出队史,该大学克莱斯勒体育馆的顶梁上悬挂的纪念球队两次打进前四强的各种旗帜和条幅也被摘了下来。《纽约时报》记者皮特·萨默尔(Pete Thamel)对此发表了这样的见解:"'五虎将'的黑袜传奇变成了黑历史,他们风光不再,他们给密歇根篮球界留下了整个世代的混乱。"

王的肩膀。虽然没有造成致命伤，但伤口由于感染出现了坏疽，理查一世知道自己时日无多了。根据众多史书记载，"狮心王"做出了令人意想不到的决定：他让人把射伤他的男子带到面前，亲口原谅了对方，同时下令恢复他的自由。仁慈的举动一点也不像罗宾汉传说中那个冷酷无情的国王能够做出来的。如果该事件发生在其他年代，也许就会以这个美好的结局收尾。但当时是黑暗时代的末期，人与人之间的仁爱之情几乎不存在。理查一世的随从们根本没有理会国王的遗愿，等他刚一咽气，他们立刻命人按住这个年轻人并剥了他的皮。

4月7日，1990年

警察 VS 艺术

这是一场与众不同的展览，至少在美国是这样的。1990年4月7日9点25分，主题为"完美时刻"的罗伯特·梅普尔索普（Robert Mapplethorpe）回顾展在辛辛那提现代艺术中心揭开了帷幕。当天下午，辛辛那提市政府负责人带着大陪审团做出的决定赶到艺术中心，暂时叫停了展览。梅普尔索普镜头下的花卉没什么问题，有问题的是涉及男性同性恋题材的作品，其中一些尺度很大，在成功立法禁止传播色情出版物的辛辛那提卫道士看来，这些东西下流到了极点。

开展以后，当地警察局局长劳伦斯·韦伦（Lawrence Whalen）

对这个引起多方争论的展览做出了以下评价:"我们社区不欢迎这样的照片。别的地方的人可能觉得这是艺术,我们这儿的人欣赏不了。"

在某些操碎了心的市民看来,梅普尔索普摄影展是对他们价值观的直接冲击。对另一些人来说,警方的介入是对艺术自由的亵渎。辛辛那提现代艺术中心的前馆长丹尼斯·巴里(Dennis Barrie)因批准办展而被逮捕,罪名是有伤风化罪,后经审判被无罪释放。他在事后与当局理论,称他们那天冲进艺术中心的行为"相当于践踏了全国所有的艺术殿堂"。

4月8日,1991年

八卦女王再次伸出利爪

1991年4月8日,西蒙&舒斯特公司(Simon and Schuster)出版了基蒂·凯利(Kitty Kelley)为前第一夫人南希·里根(Nancy Reagan)写的传记,在这部长达603页的巨著里,凯利用辛辣的文笔把里根夫人贬得一文不值。在此之前,杰奎琳·肯尼迪·奥纳西斯(Jacqueline Kennedy Onassis)和伊丽莎白·泰勒等名人都曾被凯利扒下了光鲜的外表。这一次,凯利更加大胆地披露了众多不雅"内幕",比如南希与歌手弗兰克·辛纳特拉(Frank Sinatra,凯利也曾为他写过传记)的艳史,南希一辈子都没等到好角色的黯淡演艺生涯,南希像电影《亲爱的妈咪》

（*Mommie Dearest*）里面那个控制欲极强的母亲一样对女儿帕蒂生活的干预，还有南希在里根的副总统老布什背后捅的刀子，等等。

凯利在书里透露的各种八卦让各大媒体痴迷不已。就连美国公共电视台（PBS）的正统新闻节目《麦克尼尔/里尔新闻1小时》(*MacNeil/Lehrer NewsHour*)都对该书进行了宣传，《纽约时报》更是在头版刊登了内容节选。

可想而知，里根一家非常气愤。前总统尼克松就此事给里根发去了慰问函，里根回信写道："南希和我对基蒂·凯利本人非常不满，并对她在书中完全不实的描写感到难过与愤慨。您的来信帮我协助南希减轻了忧虑。她是被凯利伤得最狠的人，这一点令人尤为揪心。"

来自朋友与熟人的安慰像雪片一样飞进了里根家，有些人还是凯利书中的取材来源。许多公众人物也对这本书进行了公开谴责。《里根总统：毕生的事业》(*President Reagan: The Role of a Lifetime*)一书的作者卢·卡侬（Lou Cannon）对《娱乐周刊》抱怨："她可是从来都没找我商量过，一次都没有。"

对于某些掉转枪口的爆料者，凯利抛出了采访录音作为回击，剩下的人她一概不予理会。话说回来，凯利有什么可在乎的呢？作家的职业操守吗？凯利靠着这本轰动一时的畅销书提前拿到了300万美元的版税。而且接下来可写的名人还有很多呢，比如英国皇室成员、布什家族还有娱乐界女王奥普拉·温弗瑞（Oprah Winfrey）。

4月9日，1483年

恶叔叔理查

英国历史上比理查三世（Richard Ⅲ）更邪恶的叔叔肯定是有的*，但是经过莎士比亚的演绎，贵为国王的理查对自己侄子们的所作所为，使他永远也摘不掉邪恶叔叔的桂冠了。

莎翁笔下的理查三世是个处心积虑篡夺皇位的毒蜘蛛，脚下踏着成堆的尸体，还包括自己哥哥的两个儿子——爱德华五世（Edward Ⅴ）和约克公爵（Duke of York）。但是许多团体与个人都对这个形象提出过不同意见，比如理查三世研究会的成员们一直都认为莎士比亚恶意中伤了中世纪模范君主理查三世，损坏了他白马王子的形象。研究会季刊的编辑卡罗尔·莱克（Carol Rike）抑制不住心中对理查三世的憧憬与想象，曾说过这样的话："如果我生活在15世纪，家里要是缺糖了，肯定会敲开理查的门去借。"

虽然没有直接证据表明理查三世下令处死两位侄儿，但是孩子们的父亲爱德华四世在1483年4月9日去世以后，他们的人生急转直下。理查叔叔在爱德华五世前往首都加冕的途中拦下了他；理查叔叔把年仅12岁的国王扔进了伦敦塔；理查叔叔把他

---

* 其实这个头衔应该让给他的祖先英王约翰（King John），据说他曾借着酒疯把自己的侄子，也是通往王座的绊脚石布列塔尼公爵亚瑟（Arthur of Brittany）杀掉了，然后在亚瑟的尸体上绑上石头，将他沉入塞纳河底。约翰原本还命人把亚瑟弄瞎并阉割，但遭到了下人的拒绝，结果他自己动了手。

的弟弟也送进去与他团聚；理查叔叔宣布兄弟俩都是私生子，没有皇位继承权；理查叔叔还把皇冠戴在了自己的头上。两位小王子今后的命运如何不必多猜，必然凶多吉少。后来再也没有人见过他们，这是唯一确定的事。

1674年，伦敦塔经历了一次翻修，施工人员在一个楼梯下方挖出了两具少年的遗骨，据说就是当年的爱德华五世和约克公爵。遗骨立刻被移至威斯敏斯特教堂厚葬。难道真的像历史学家坚信的那样，把两位王子处死的是他们的叔叔吗？也许这个谜永远也没人能解开。卡罗尔·莱克女士若真的穿越回去，还是别接受理查递过来的糖为妙。

4月10日，1848年

遇人不淑

尤菲米娅·格雷（昵称"艾菲"）真是一位可怜的姑娘。1848年4月10日，芳龄19岁的艾菲的自尊心在新婚之夜遭到很大的打击。新郎是比她年长将近一轮的英国社会思想家、作家和艺术评论家约翰·罗斯金（John Ruskin）。罗斯金面对罗衫初解的新娘究竟做出了什么反应并没有详细的记载，但唯一可以肯定的是二人没有同房，不光那晚，后来一直都没有。

罗斯金为自己"守身如玉"的行为找了许多借口，艾菲曾对别人说原因包括"讨厌孩子、宗教信仰以及想让我永远美丽"。然而经过好几个月的躲躲闪闪，他终于交代了"真实原因"，艾菲对此的说法是："他想象中的女性和他看到的我的样子大相径庭。他没有让我成为他妻子的原因是我的身体在初夜就让他大倒胃口。"

究竟是什么让我们的大作家如此厌恶呢？有些历史学家猜测，罗斯金实际上痴迷幼女，几乎可以算是个恋童癖；或者是艾菲在当晚不巧月经来临。

谁也不知道那个"揭秘之夜"到底发生了什么，不过这对夫妇的婚姻从崩溃到解体到后续余波也许能让我们看出一些端倪。罗斯金后来疯狂迷恋上了9岁女孩罗斯·拉图什（Rose La Touche），对方拒绝了他的追求（并且在1875年去世了，年仅27岁），据说这些因素让罗斯金在晚年精神失常了。艾菲则嫁给了罗斯金一直资助的画家艾佛里特·米莱（John Everett Millais），有传闻说还是罗斯金亲自撮合的。久旱逢甘霖的艾菲终于享受了鱼水之欢，并且乐在其中，和米莱一口气生养了8个孩子。

4月11日，2003年

本日发生过一些事，也没发生过多少事

有些事是拦不住的。

美国入侵伊拉克并推翻了萨达姆的统治之后，伊拉克境内一片混乱，烧杀抢掠层出不穷。2003年4月11日，美国前国防部长唐纳德·拉姆斯菲尔德（Donald Rumsfeld）在新闻发布会上针对记者提问，给出了敷衍得让人难以置信的答案。

4月12日，1945年

哀莫大于三祸同行

1945年4月12日，美国第一夫人埃莉诺·罗斯福的精神遭到重创。常言道，祸不单行，罗斯福夫人足足受到了三重打击。那天下午，罗斯福夫人在华盛顿出席会议的时候接到一通电话，让她赶紧回家。"当时我坐在车里，在返回白宫的路上两只手一直紧紧地攥着拳。"第一夫人后来回忆道，"我从心底里知道发生了什么事。"早些时候，身体欠安的富兰克林·罗斯福总统前去佐治亚州沃姆斯普林斯的别墅疗养，当天上午突发脑出血，不治身亡。

罗斯福夫人于那天晚上赶到了沃姆斯普林斯，迎接她的是更加残酷的消息。她丈夫死时并非孤身一人，陪他走过生命中最后一程的是露西·默塞尔·拉瑟福德（Lucy Mercer Rutherfurd）。30多年前，埃莉诺发现了丈夫与拉瑟福德之间的情书，遂知晓了他们的亲密关系。这场外遇令夫妻关系产生了深深的裂痕，罗斯福发誓与拉瑟福德永远不再相见，才保住了婚姻。现在埃莉诺的心中对亡夫的哀悼和遭到背叛的苦涩交织在一起，一时间五味杂陈。然而更坏的消息还在后面。

罗斯福总统的表妹劳拉·德拉诺（Laura Delano）也是陪同他疗养的人员之一，把拉瑟福德曾经在场并刚刚离开的消息告诉罗斯福夫人的也是她。据在场其他人回忆，劳拉的脸上带着一丝幸灾乐祸的神情。接着，她把刺在埃莉诺心头上的刀又用力地剜了一下，向她坦白罗斯福与昔日情妇拉瑟福德暗通款曲的地下情已经持续了许多年，包括这次度假在内，安排他们所有私会的"红娘"不是别人，正是他们的长女安娜（Anna）。

安娜回忆说："这一切让母亲非常难过，她把怒气撒到了我的头上。她脸色铁青，气愤到了极点。"安娜的儿子柯蒂斯（Curtis）完全理解外祖母的心情："他是她的丈夫，她是他的妻子。他是总统，她是第一夫人。安娜从中牵线让露西重返总统私人生活的行为几乎没人能原谅。"

4月13日，1981年

黄粱一梦

新闻界最引人注目的奖项莫过于普利策奖（The Pulitzer Prize），于是1981年4月13日，《华盛顿邮报》编辑部上下一片沸腾，因为他们社的记者珍妮特·库克（Janet Cooke）凭《吉米的世界》（Jimmy's World）一文摘得当年桂冠，这篇头版头条文章记录了一个年仅8岁的海洛因成瘾者的悲惨生活。然而就在库克获奖的几天之内，《华盛顿邮报》深刻地体会到什么叫大起大落。

《吉米的世界》在1980年9月28日见报之后立刻在美国掀起了巨大的波澜。读者们无不为库克细致的描写所动容，文章的开篇是这样的："吉米是个8岁男童，也是他们家第三代海洛因成瘾者。这个惹人怜爱的小男孩有着一头浅棕色的头发和水汪汪的大眼睛，他的胳膊瘦骨嶙峋，娇嫩的棕色皮肤上布满了密密麻麻的针眼儿。"从新闻报道的角度来看，这篇文章堪比金矿，《华盛顿邮报》自豪地把它提交给了普利策奖评审委员会。

这篇文章刚获了奖，就开始站不住脚了。朝气蓬勃的才女库克在《华盛顿邮报》看来是不可多得的雇员，因为她会给编辑部带来人员组成上的多元化：身为黑人的库克天资聪慧、事业心强，她的学历无可挑剔，写作功底扎实。除此之外，库克更是"一个万里挑一的骗子"，这是《华盛顿邮报》执行总编本杰明·布拉德利（Benjamin C. Bradlee）事后的评价。库克的行骗才华随着其他新闻机构对她获奖后的深度报道渐渐浮出水面，其他报社的记者在她完美的简历中发现了海量的虚假内容,立刻把这些资料交给了《华盛顿邮报》。

库克在简历中吹嘘自己在索邦学院(Sorbonne,巴黎大学前身)读过书,在托雷多大学(University of Toledo)拿到硕士学位,但其实这些都没发生过。她还说自己以极优等学士的身份毕业于瓦萨学院(Vassar College),实际上她只在那里混了一年。布拉德利用法语向库克发问,结果她根本无法按简历中写的那样流利地使用包括法语在内的四种语言交流。

库克的同事们没过多久就回过味来,《吉米的世界》和她的简历一样都是编造的。曾经与搭档卡尔·伯恩斯坦(Carl Bernstein)携手报道水门事件的《华盛顿邮报》编辑鲍勃·伍德沃德(Bob Woodward)评价道:"从某种程度上来说,库克本人和那篇报道都完美得不像真的。我曾亲眼见过她领走一份十分复

身为记者的珍妮特·库克在杜撰下一个大新闻

杂的采编任务，仅用一个钟头就能交出精彩的稿子。吉米的故事文笔之优美，条理之清晰令人折服。我审稿的时候卸下了警觉，质疑能力完全下线。从个人角度讲，我的确是大意了。"

伍德沃德不是唯一被库克的作品吸引的人。尽管编辑部里的数名同仁对文章的真实性产生过怀疑，但是《吉米的世界》仍然一路绿灯地通过了各级审阅，被递交给执行总编进行终审。最后，就像该事件的监察人员比尔·格林（Bill Green）在报告中写的那样，"这篇故事带着各种溢美之词冲过了固若金汤的最后一道关卡"。

随着事态的发展，布拉德利迎来了他在自传中所说的"职业生涯中最黑暗的一章"。普利策奖被撤回，一份原本优质的报纸名声扫地。《华盛顿邮报》对此事发表特别声明，并对读者做出承诺："所谓吉米的故事及其后续风波令广大读者感到被本报误导，实际上，同为受害人的本报所有工作人员也对此事感到强烈愤慨与懊恼。虽然库克小姐的文章纯属虚构，但是本报对该类型事件的深层次报道将遵循公正与公平的原则一如既往地坚持下去。"

4月14日，1865年

杀戮之夜

1865年4月14日，美国首都华盛顿杀气腾腾。恐怖事件的中心并不仅限于福特剧院，也就是约翰·威尔克斯·布斯（John Wilkes Booth）把子弹射入亚伯拉罕·林肯总统头颅的地方。就在剧场的附近，国务卿威廉·苏厄德（William H. Seward）在自己的家里遭到了布斯的同谋刘易斯·鲍威尔（Lewis Powell）的凶残袭击。

布斯一伙的计划是同时杀掉总统、副总统和国务卿，让政府群龙无首，陷入瘫痪。鲍威尔领到的任务是前往位于拉法耶特广场的国务卿府刺杀苏厄德。苏厄德在9天前经历过严重的马车事故，差点儿丧命，正在卧床养伤。那天晚上10点刚过，鲍威尔敲开了国务卿府的大门，自称是受医生之托来送处方的。仆人告诉他苏厄德已经睡下了，没有打算让他进门。鲍威尔凭蛮力闯了进去，沿着楼梯冲上二楼。苏厄德的次子弗雷德里克（Frederick）在半途拦住了满面通红的壮汉鲍威尔，请他不要去打扰自己的父亲。

"那好吧，先生，我这就走。"鲍威尔假意转身告辞，突然趁人不备猛地回过身来掏出藏在身上的手枪，朝弗雷德里克开了一枪。结果这一枪射偏了。抓狂的鲍威尔扑过去用枪托砸弗雷德里克，把他的头骨都打碎了。弗雷德里克死死拖拽着鲍威尔，想要阻拦这个比他强壮许多的人，可惜力气远远不够。

鲍威尔闯入苏厄德的卧室，用刀袭击了士兵罗宾逊。罗宾逊的额头被划伤，摇摇晃晃的几乎摔倒。鲍威尔接着把苏厄德的女儿范妮（Fanny）粗暴地推到一边，抬腿跳到了国务卿的床上。他用一只手按住苏厄德，另一只手挥舞着刀朝他的脸和脖子连刺带捅，险些把他的脸颊割断。此时受伤的士兵罗宾逊缓过劲儿来，和苏厄德的长子奥古斯都（Augustus）一起扑到鲍威尔的身上。鲍威尔朝罗宾逊的肩膀捅了两刀，又刺伤了奥古斯都的头，然后挣脱两人夺门而出，在逃跑过程中还袭击了国务院派来送信的通讯员，造成对方重伤，险些送命。

神奇的是，那天晚上被鲍威尔重伤的5人都活了下来，虽然国务卿本人永久毁了容。赶来抢救的医生被眼前的一幕惊呆了："苏厄德看上去好像被人放干了血液的尸体。我朝他走过去的时候，脚下淌着一汪一汪的鲜血。他肿胀不堪的脸颊上一道又深又长的刀伤汩汩地向外流着血，脸上的肉翻开着。"后来人们得知，苏厄德在经历交通事故后戴在下巴上的金属固定架很有可能在关键的时刻救了他一命。*

虽然苏厄德死里逃生，还在后来的任期里为美国收购了阿拉斯加，但这场遭遇严重刺激到他的妻子法兰西斯（Frances）。她在写给朋友的信中说："我对苏厄德先生和弗雷德里克（被鲍威尔打碎颅骨后一直处于病危状态）的担忧令我感到由内至外地虚弱。"苏厄德遇袭两个月以后，法兰西斯就去世了。也许我们可以把她算作鲍威尔疯狂袭击事件的唯一死难者。

---

* 整个暗杀计划中最幸运的其实是副总统安德鲁·约翰逊。被指派去杀他的乔治·阿兹洛特（George Atzerodt，1835年6月12日—1865年7月7日）由于胆怯而临阵脱逃。尽管如此，阿兹洛特还是在3个月以后陪着鲍威尔一起上了绞刑架。

4月15日

死亡与纳税的永恒主题

这天不愧为史上大凶之日:1865年的这一天,亚伯拉罕·林肯由于前一天晚上遇刺而伤重不治;1912年的这一天,泰坦尼克号沉没;1927年的这一天,密西西比河开始泛滥,造成美国史上最严重的洪灾;2013年的这一天,两名恐怖分子制造了波士顿马拉松爆炸案。美国政府为了让4月15日这个倒霉日子更加深入民心,每年都提醒各位,如果使用邮寄方式报税的话,请务必在这天午夜之前寄出所有材料。

4月16日,1865年

非黑即白,矫枉过正

林肯总统在1865年4月14日遇刺,此事件的余波在接下去的几天里使两位前任总统受到了牵连。美国历史上首次总统被谋杀的惨剧令某些人的心灵被悲痛所占据,他们聚集起来对所有疑似同情南方奴隶主的人或者没有对林肯表现出足够哀悼和敬意的人进行了攻击。全国各地发生多起伤人事件,有人被殴打,有人被利器所伤,甚至有人被流窜的乌合之众私刑处死。1865年4月16日,前总统富兰克林·皮尔斯(Franklin Pierce)的家门口就聚集了一群讨说法的人。

皮尔斯一直以来都对林肯公开发表猛烈的抨击，称他是美国"所有恶魔的代言人"，而且把《解放奴隶宣言》歪曲成"又蠢又坏的终极邪典"，

因为该宣言号召黑人"不论男女老少都去杀人放火搞破坏"。现在林肯去世了，这群气势汹汹的人跑去质问皮尔斯为什么他家没有像其他人家那样悬挂黑布和国旗以示哀悼。皮尔斯开门走了出来，和示威者进行了面对面的交流。他对来人表示自己也在悼念林肯，同时严厉地告诫大家爱国情怀不需要用悬挂国旗来表达。这群人被他的强势所震慑，很快就四散而去。

同样是这一天，身在布法罗（Buffalo）的另一位前总统米勒德·菲尔墨尔（Millard Fillmore）也受到了如此"礼遇"。他和皮尔斯一样曾对林肯大肆批判，在他口中林肯是"让我义愤填膺的……暴君"。值此国难之日，菲尔墨尔同样没有用黑色表示哀悼。他的无动于衷激怒了怀念林肯的人，他们朝他的房子泼了黑漆。菲尔墨尔被迫出门道歉，解释说自己在家连夜照顾生病的妻子，没有来得及做任何准备，这才避免了暴力行为的升级。

随着事态的发展，就连前第一夫人茱莉亚·泰勒也受到了攻

击。她的亡夫，前总统约翰·泰勒是极力主张南北分裂的人，还被选入南方邦联议会（不过他在履行议员职务之前就去世了）。有人听说泰勒夫人在史泰登岛（Staten Island）的家中悬挂了南部邦联的旗帜，便结集一群挥舞着木棒的暴民闯入了她的家，抢走了他们眼中的邦联旗。

"被粗暴抢走的旗子是10多年前就做好的一面三色彩旗。"泰勒夫人对此记载道，"那面旗子一直挂在一幅照片的上面用作装饰。家里除此之外只有一面美利坚合众国的旗子了。"

4月17日，1961年

阿拉莫战役：战场与影坛都很残酷

这一天，约翰·肯尼迪总统下令入侵古巴，此为费力不讨好的"猪湾事件"*。约翰·"公爵"·韦恩（John "Duke" Wayne）在这天也尝到了费力不讨好的滋味。他的大制作电影《阿拉莫战

---

* 又称"吉隆滩之战"，1961年4月17日，在CIA协助下逃亡美国的古巴人在古巴西南海岸猪湾向卡斯特罗领导的革命政府开战，以失败告终。"猪湾事件"是美国反古巴行动的第一个高峰。国际社会对美国的入侵行为进行了强烈的谴责，刚刚上任90天的总统约翰·肯尼迪因此事形象大打折扣，而卡斯特罗则巩固了自己的政权。由于担心美国再次进攻，古巴开始与苏联走得很近，可以说"猪湾事件"直接或间接地引发了1962年的古巴导弹危机。——译者注

役》(The Alamo)*在那晚奥斯卡颁奖典礼上获得7项提名，却只拿到了最佳音效奖。要知道为了这部电影韦恩全身心地投入了大量的精力与金钱，他身兼制片人、导演和主演三大重任，倾其所有，亲力亲为。当天晚上，韦恩借酒消愁，牢骚满腹："费了那么多力气，我以为怎么也能赢点什么。"

韦恩的心血之作虽然内容略显空泛且教条味有点浓，但绝对称得上是良心巨作，至于为什么受到了无情的批判而且无缘当年的奥斯卡奖，韦恩心中自有想法。"我曾说过从独裁政府中换取自由要付出鲜血的代价，东海岸那些左翼分子显然不爱听。"韦恩曾对他的传记作家迈克尔·曼恩（Michael Munn）说："他们不喜欢我用阿拉莫暗指美国的表达手法，虽然我在片子里尽量给墨西哥人保留脸面，但我要通过这部片子让人们警惕一切企图偷走我们自由的人和事物。这自然入不了他们的法眼。他们批评的是我的政治观点，而不是我的电影。"

《阿拉莫战役》在1960年秋天上映，影评人士对它进行了无情的鞭笞。《新闻周刊》(Newsweek) 称该片是"史上最豪华的

---

* 历史上的阿拉莫战役是得克萨斯脱离墨西哥独立过程中至关重要的一战。1836年3月2日，得克萨斯因为蓄奴问题宣布从墨西哥独立出来，并成立了得克萨斯共和国，美国田纳西州前州长山姆·休斯敦（详见3月16日）出任总统和军事总指挥。墨西哥将军、独裁者安东尼奥·洛佩斯·德·圣安纳（Antonio López de Santa Anna）率军7000人前来镇压独立运动，休斯敦命令手下200多人组成复杂的部队暂时先撤退到阿拉莫固守，结果遭到墨西哥军队的包围。经过13天残酷的围困战，墨西哥军队攻破阿拉莫，杀死所有抵抗的男性。三周以后，得克萨斯军队以"莫忘阿拉莫！"（Remember the Alamo!）为战斗口号，在休斯敦的指挥下，在圣哈辛托战役取得了决定性的胜利，同时俘获了圣安纳。得克萨斯独立了几年，在1845年加入美利坚合众国。——译者注

B级片……B是平庸（banal）的B"。《纽约客》则说韦恩"把我国历史上辉煌的一幕演绎成悲悲戚戚的荒唐闹剧……《阿拉莫战役》中没有一处是严谨的……也没有一处反映了真实的历史。这部影片向人们诠释了什么叫歪曲事实和以丑为美"。除了影片的质量问题之外，许多历史学家认为《阿拉莫战役》被奥斯卡拒之门外的主要原因是韦恩策划的奥斯卡史上规模最大的拉票活动。

为了把《阿拉莫战役》推送入围，韦恩选择和拉塞尔·伯德威尔（Russell Birdwell）联手造势。伯德威尔曾让影星简·拉塞尔（Jane Russell）的酥胸成为霍华德·休斯（Howard Hughes）导演的西部片《不法之徒》（*The Outlaw*）的主要卖点，成功吸引了公众的目光。这一次，伯德威尔要用爱国主义大做文章，同时打动美国公众和奥斯卡评审委员会的心。在伯德威尔的宣传下，观看《阿拉莫战役》是每个美国公民义不容辞的义务，为它投票则是每个评审委员会成员不可推卸的责任，因为这部片子对民主进程具有至关重要的意义。在某个宣传材料上，阿拉莫战场废墟的图片上面配有"今年奥斯卡对世界有话说！"这样的标语。另一个广告上写着"奥斯卡说了算！"的字样。在伯德威尔的宣传活动中，他还引用了韦恩的话：

> 事态危急，时不我待。全世界的目光都聚集在咱们身上。我们的祖先为了来之不易的自由浴血奋战，我们拍的片子就是要让美国人民时刻心怀感激，缅怀英烈。

这些填鸭式的"爱国主义教育"让洛杉矶《镜报》（*Mirror*）

的专栏作家迪克·威廉姆斯（Dick Williams）感到"消化不良"，对于影片宣传中强行捆绑的爱国情怀，他发出了不同的声音："不为《阿拉莫战役》投票就是不爱美国的说法实在有失公允。任何人都可以在忠于美国的前提下认为《阿拉莫战役》平庸无奇。"

在《阿拉莫战役》中扮演酒量豪爽的养蜂人角色的奇尔·威利斯（Chill Willis）在得到奥斯卡最佳男配角提名之后也开始四处蹭热度，他的大手笔让伯德威尔的宣传手段相形见绌。在一次电影发布会上，威利斯的公关代理亮出了一张广告海报，上面列出了奥斯卡评审委员会全体人员名单，还印着这样的广告词："不论是赢了、输了还是平手，你们永远都是我的老表，我爱你们哟！"喜剧演员格劳乔·马克思（Groucho Marx）在《综艺杂志》（Variety）上回应他："亲爱的奇尔·威利斯先生，很高兴和您攀上亲戚，但我的票还是要投给（您的对手）萨尔·米尼奥（Sal Mineo）。"

威利斯搞出的另一则广告以《阿拉莫战役》演员合影作为背景，并单独印上了放大的威利斯单人照。上面的话得罪了很多人，特别是得克萨斯人："《阿拉莫战役》全体演职人员都在祈祷奇尔·威利斯能够赢得最佳男配角奖，比得克萨斯人在阿拉莫战役中祈祷胜利的姿态还要虔诚。老表奇尔演技绝了。阿拉莫老表们敬上。"

这种不知天高地厚的无耻邀功行为引起了社会各界的唾骂，韦恩不得不发表声明："我在此澄清，奇尔·威利斯的广告……传递了不实的信息，理应受到谴责。巴特杰克（Batjac）公司

（韦恩投资的制片公司）和拉塞尔·伯德威尔事务所从未参与过威利斯的广告策划。在此我不做过多苛责，相信他的出发点是好的，只是品位欠佳。——约翰·韦恩。"

尽管韦恩出马挽救局面，但是奥斯卡评审委员会仍然没有给他好脸色看。这件事让韦恩耿耿于怀。"要夺取奥斯卡就得竞争，"他对传记作家曼恩说道，"以前如此，以后也是如此。但是因为宣传活动饱受批判的只有《阿拉莫战役》。为什么呢？那年获得最佳影片的又是哪部片子呢？是《桃色公寓》（The Apartment）。这部喜剧片讲的是把自己家钥匙借给别人搞外遇的风流事。而《阿拉莫战役》的中心思想是勇气、正义和自由。这是不是酸葡萄心理？你说呢？"

4月18日，1912年

救生船只能救命，救不了名

英国航运商 J. 布鲁斯·伊斯梅（J. Bruce Ismay）是泰坦尼克号沉没事故的幸存者之一，但是他的名誉却随着巨轮沉入了海底。泰坦尼克号沉没4天之后，载着伊斯梅和另外705名大部分是妇女儿童的幸存者的卡帕西亚号（Carpathia）救生船靠了岸。伊斯梅的双脚才踏上土地就遭到了媒体暴风骤雨般的抨击，身为白星航运董事长兼总经理的他瞬间成了千夫所指的罪人。人们不光骂他是懦夫，更认为是他一手造成的悲剧，因为船上没有配备

足够的救生船,而且据说他为了提前到达纽约还让船长在航程中加速。

"虽然那么多英勇的男士、高尚的女士和无助的孩童被困在邮轮上,由于救生船不够而失去了生命,但救生船上倒是给某个人留出了足够的地方,"《丹佛邮报》(The Denver Post)在1912年4月18日对伊斯梅发表公开声讨,还在头版头条明确表达了他们的看法,"J. 布鲁斯·伊斯梅——请牢记这个名字——他就是航海界的本尼迪克特·阿诺德。"

在接下去的几天里,媒体针对伊斯梅的狂轰滥炸愈演愈烈。出版巨头赫斯特·辛迪加(Hearst Syndicate)在自家报纸上用一整页的篇幅刊登了一幅漫画,画面上伊斯梅站在救生船上眺望正在下沉的泰坦尼克号,标题是这样的:"这位是狠心的 J. 伊斯梅(J. 'Brute' Ismay)。"图下方的文字是这样的:"我们诚意奉劝白星航运把标志从白色的星星换成黄色的肝脏。"

分别在纽约和伦敦展开的事故调查无法确定伊斯梅在此次海难中扮演了什么角色。没有直接证据表明他曾经下令全速前进,而且泰坦尼克号上配备的救生船数量虽然不够，但是已经超出了当年航海业的硬性要求。尽管如此，伊斯梅的生还就是原罪，虽然他声称在登上救生船的时候身边已经没有其他妇女和儿童了。在同时期涌现的大无畏男性毅然赴死的报道中，伊斯梅看似苟且偷生的行为确实令人发指。被指作懦夫的他，后半辈子都挣扎在浓厚的舆论毒雾之中，而且这一次没有哪艘救生船能挽救他的名声了。

4月19日，1912年

看不上就是看不上，就是看不上！

作家格图鲁德·斯坦因（Gertrude Stein）的写作风格独树一帜，却不易读。1912年，她投给伦敦出版商阿瑟·C. 菲尔德（Arthur C. Field）的稿件《缔造美国人》（*The Making of Americans*）被退稿了，菲尔德在4月19日的退稿信上模仿斯坦因天马行空的文风对她进行了一番冷嘲热讽：

> 尊敬的女士：
> 我只是一个人，一个人，一个人。在同一时间存在的独一无二的一个人。不是两个人，也不是三个人，只是一个人。我只能活一辈子，我的一个小时里也只有60分钟。我只有一双眼睛。我只有一个大脑。只是一个人。作为一个只

有一双眼睛,一件事只能做一次,只能活一辈子的一个人,我没办法把您的手稿同时阅读三四次。一次都读不下去。只要一本书,一本书就足够了。您的书我们大概连一本都卖不动。一本都卖不动。一本都卖不动。

感谢您的投稿。在此我将您的手稿以挂号方式寄回。只有一份手稿,只挂了一个号。

4月20日,1889年

恶魔降临

这一天,奥地利的小城因河畔布劳瑙(Braunau am Inn)降生了一名婴儿,名叫阿道夫·希特勒。他并未追随居斯塔夫(Gustav)、伊达(Ida)、奥托(Otto),还有埃德蒙德(Edmund)这些哥哥姐姐的脚步,在6岁之前夭亡。这个未来的纳粹头子不光茁壮地成长了起来,而且还挺过了在"一战"中受到的两次重伤,甚至在1933年掌握实权之前逃过了至少六次暗杀。别看希特勒在画画方面只能算二流,但是凭借着顽强的生命力,他很快就以一流怪兽的形象成为一方霸主。

其实,一个名叫亨利·坦迪(Henry Tandey)的英国人很可能在不经意间拯救过未来元首的性命,他们两人曾在1918年的马尔宽战役中短兵相接。当时,希特勒拖着负伤的躯体出现在坦迪的火力范围内。多年以后,坦迪回忆道:"我瞄准了他,却无法对伤兵下手,于是饶了他一命。"这个出于人道主义的善举在接下去漫长岁月中都让士兵坦迪备受良心煎熬。"如果当时我知道他以后狰狞的样子就好了,"坦迪说过,"后来眼看着那些被他残杀迫害的男女老少,我真心向上帝忏悔,那时不该放过他。"

4月21日,2013年

我×,完蛋了!

2013年4月21日,新闻主持人克莱门特(A. J. Clemente)在NBC电视台位于北达科他州俾斯麦市的分台KFYR电视台第一次直播,只用了几分钟就毁掉了原本前程似锦的播音人生,这大概是对"出师不利"的最佳诠释了。"我×!"紧张的新人克莱门特爆了粗口,他没有意识到自己主持的第一次也是最后一次的新闻节目在几秒钟前就已经开始直播了。克莱门特事后在推特上发推文,表示"真是衰到极点"。结束了史上最短暂的荧屏生涯后,克莱门特找了一份酒保的工作,大概这份工作对他"出口成脏"的毛病比较包容。

与克莱门特的直播事故相比,"伪新闻人"杰拉尔多·里维拉(Geraldo Rivera)经历了电视史上最大的失败之后,事业竟然蒸蒸日上。比克莱门特自毁前程早了整整17年,在1986年4月21日,故弄玄虚的里维拉在黄金时段主持了一场长达两个小时的特别节目,内容是现场打开黑帮头子、绰号"疤面人"阿尔·卡彭（Al Capone）位于芝加哥莱克星顿旅店的秘密地库。地库开启，里面却空空荡荡。和铩羽而归的克莱门特正相反，里维拉在这次直播灾难之后居然越来越红，哪怕他后来的节目一味追求感官刺激，恶俗无比（详见 11 月 3 日）。"我的事业没有终结，我就知道，它才刚刚开始。"里维拉在自传里写道，"这一切还得归功于那个雷声大、雨点小的噱头。"

4月22日，2009年

过量了，地球可就熟了

实际上，二氧化碳只是被人为定成有害物质！没有任何研究表明二氧化碳是有害气体。没有这样的研究成果是因为二氧化碳根本就不是有害气体，它是无害气体。二氧化碳是自然存在的。它本质无害。它是地球生态组成的一环。

2009 年 4 月 22 日，美国众议员米歇尔·巴赫曼（Michele Bachmann）在众议院发表的地球日讲话中如此说道。

4月23日，1014年

功过后人评

1014年4月23日给布赖恩·博鲁（Brian Boru）* 带来了一个好消息和一个坏消息。好消息是，爱尔兰的至尊国王博鲁在克隆塔夫（Clontarf）战役中消灭了包括入侵的维京人在内的所有敌人。坏消息是，博鲁和他的儿孙三辈都战死沙场。有位北欧诗人为如此悲喜交加的一天写下了这样的诗句："Brjánn fell ok helt velli"，意思是布赖恩倒下了，但是他取得了胜利。

对博鲁来说，更坏的消息出现在他死去很久以后。几个世纪以来，博鲁一直是爱尔兰的民族英雄，但是有些现代的修正主义历史学家一点一点地剥落了他身边环绕的光环。他们认为克隆塔夫一战并不是博鲁大败丹麦入侵者的重要战役，而是他与本土的某位宿敌君主之间的小打小闹。曾为博鲁作传的肖恩·达菲（Sean Duffy）对这个说法完全不买账。在达菲看来，至尊王博鲁配得上那段传奇历史赋予他的所有桂冠。

"我衷心希望在今年（2014年）即将举行的所有纪念活动

---

* 约公元941—1014年，生于爱尔兰的基拉罗。公元976年，在利默里克战役中击败丹麦人后成为南部芒斯特王国国王，统一芒斯特全境。公元997年成为爱尔兰南半部的统治者。1002年推翻马拉基二世，自立为爱尔兰国王。此后将北部的阿尔斯特和西部的康诺特置于其控制之下。1014年4月23日，在都柏林城外的克隆塔夫战役中击败北欧丹麦人，确保了爱尔兰的独立。当此战胜局已定之际在军营中被丹麦人刺杀。葬于阿马大教堂。其后裔形成爱尔兰的主要王族之一奥布赖恩家族。引自《欧洲历史大辞典·上》（上海辞书出版社2007），346页。——译者注

中,人们不要忘记布赖恩·博鲁的真实面貌和他的丰功伟绩。"达菲在《爱尔兰时报》(The Irish Times)撰文写道,"他已经深深印在爱尔兰人民的脑海之中,他的象征物——布赖恩·博鲁竖琴已经遍布我们生活的方方面面:从硬币到总统旗,从吉尼斯啤酒(Guinness)的商标到三一学院(Trinity College)的校徽。我们很难想象用其他人的名字给竖琴冠名会是什么样子。"

4月24日,1975年

"想要就来拿":中饱私囊的经理人

坏手指乐队(Badfinger)是极少数顺利出道的乐队之一。甲壳虫乐队对他们欣赏有加,于是在1968年把他们签进了自己的唱片公司。前甲壳虫乐队成员保罗·麦卡特尼(Paul McCartney)为他们量身定做并推出了首支爆红单曲《想要就来拿》(Come and Get It),乐队主唱兼吉他手皮特·汉姆(Pete Ham)接着写出了《无论如何》(No Matter What)、《日复一日》(Day After Day)[制作人为前甲壳虫乐队主音吉他手乔治·哈里森(George Harrison)]、《温柔的蓝》(Baby Blue)等成功之作,借此展示了自己过人的才华。汉姆与乐队成员汤姆·埃文斯(Tom Evans)共同创作的《如果没有你》(Without You)被麦卡特尼誉为"经久不衰的好歌",也是他们最成功的一首金曲 *。然而,在1970年,前程似锦的坏手指乐队与一个名叫斯坦·波利(Stan Polley)的骗子签订了一份管理合约。这份合约在5年之内让该乐队一贫如洗,并导致乐队的两位灵魂人物相继身亡,真是一份不折不扣的魔鬼契约。

皮特·汉姆"为能和纽约的经理人(波利)签约兴奋不已"。乐队的巡演经理布莱恩·斯雷德(Brian Slater)对给乐队写传的作家丹·马托维纳(Dan Matovina)回忆道:"他觉得以后再也不用担心钱的问题了,那个家伙会打理好一切的。"的确,波利是打理好了一切,但是把钱都打理进他自己的腰包。他不光掏空了乐队的积蓄,还从与乐队签约的唱片公司(继苹果唱片之后的公司是时代华纳)中把钱都搞了过去。久而久之,陷入财务困境与法律纠葛的坏手指乐队不得不停止了一切演出与创作活动。1975年4月24日,身无分文且无人问津的汉姆跌入了绝望的谷底,在自家车库里上吊自杀了,距他的28岁生日只剩3天。他在遗书中写道:"以后别再让我去爱别人,也别让我去信任别人了。这样对我来说更好。"在附言中还写了这样一句话:"斯坦·波利是个毫无人性的混蛋。我死了也要拉他做垫背的。" †

---

* 《如果没有你》是坏手指乐队于1970年录制并收录在专辑《没门儿》(No Dice)里的,但让它驰名世界的是次年翻唱它的歌手哈里·尼尔森(Harry Nilsson)。1994年,玛丽亚·凯莉的深情演绎让它再度轰动全球。据美国作曲家、作家和出版商协会(ASCAP)的统计,这首歌前后共有180多个翻唱版本。
† 汉姆自杀8年以后,汤姆·埃文斯也结束了自己的生命。

4月25日，1989年

西洋武状元

俄亥俄中央州立大学在一年以前（1988年）把荣誉人文博士学位授予了口碑极差的职业拳击推广人唐·金（Don King）[*]，现在他们决定把同样的学位授予当时是唐·金客户的迈克·泰森（Mike Tyson），要知道劣迹斑斑的泰森连高中都没能毕业。批准授予泰森学位的是该大学校长阿瑟·托马斯（Arthur Thomas），托马斯表面上夸赞世界重量级拳击冠军泰森是青年人的好榜样，心里面惦记的则是脾气火爆的拳王承诺的25000美元捐款。1989年4月25日，在这个"庄严的历史时刻"[托马斯校长助手沃尔特·塞拉斯（Walter Sellers）语]，泰森博士头戴酒红色缀金流苏博士帽，身披同色系博士袍，面对台下的同届毕业生真情流露："我也不知道我算个什么博士，但是看着今天在场的众多美女姐妹，我觉得自己应该改行去当个妇科大夫。"（英语中"博士"与"医生"都是doctor。）

---

[*] 出生于1931年，当今世界最著名的职业拳击推广人，曾包装出阿里、泰森、霍利菲尔德、鲁伊兹等世界级拳王。据说他与黑社会有瓜葛，卷入数起诈骗案的调查，包括阿里在内的众多拳手都曾因代理金等问题对他提起过诉讼。——译者注

4月26日,2007年

亲吻要分场合

亲一下又不会掉块肉,除非您在不允许公开示爱的印度。2007年4月15日,美国演员理查·基尔(Richard Gere)在新德里举行的以HIV病毒和艾滋病为主题的宣传活动中,在印度女星希尔帕·谢蒂(Shilpa Shetty)的脸上重重地亲了一口,结果点燃了印度人民的怒火。事发以后,印度许多城市都举行了焚烧基尔人偶的示威活动。2007年4月26日,印度西北部拉贾斯坦邦(Rajasthan)的一名法官签发了针对基尔和谢蒂的逮捕令。该法官宣布,这个吻"充满色情意味",而且"冲破了淫秽下流的底线"。好在一年以后,印度最高法院宣布暂不执行该逮捕令。

理查·基尔的公开亲热行为在印度许多城市激起了公愤

4月27日，1578年

女装大佬的对决

法国国王亨利三世（Henri Ⅲ）一生贪恋美色，不过这美色多是衣着华丽、扮作女子的小鲜肉。这些被人称为"mignons"（意思是"小可爱"或者"小可人儿"）的男宠彼此争奇斗艳，极尽奢华之能事。

当时的一位史官皮埃尔·德·勒斯特瓦勒（Pierre de L'Estoile）对他们的描写是这样的："他们把头发留长，满怀心机地卷了又卷，然后效仿青楼女子的样子在头顶上用天鹅绒挽起发髻。衬衫领口的花边用淀粉浆过，支棱起来足有半英尺长，脑袋看上去像是摆在盘子上的施洗约翰之头颅。"*

"小可爱"们与国王的零距离交往和他们对朝政的干预让法兰西的老牌权贵们愤恨不已。上层人物的负面情绪最终渗透到社会的各个阶层。从勒斯特瓦勒的记载中可见一斑：

"小可爱"的称呼一传十，十传百，让许多人觉得无比

---

* 施洗约翰是耶稣的表哥，也是给成年耶稣施洗的人，后来也给其他人施洗，故名施洗约翰。约翰为人耿直，能直言不讳地指出别人的过错，他曾指责希律王不该迎娶希罗底，遭到希罗底的怨恨。希罗底想让希律王除掉约翰，但是希律王知道约翰是正直而纯洁的人，不肯杀掉他。于是希罗底派自己的女儿莎乐美跳舞取悦希律王，希律王为舞姿所倾倒，便问她要什么奖赏，莎乐美说要约翰的人头，希律王没有办法便派人砍掉了约翰的头，用盘子盛着送给了她。还有一种说法是约翰指出了希律王的错误，希律王亲自下令砍掉了他的头。

刺耳，人们轻蔑地嘲笑他们脸上的涂料［指化妆品］还有他们女里女气的做派和有失检点的打扮……他们一天到晚不是赌钱就是亵渎上帝……要不就是四处乱搞或者追着国王跑……一门心思地用甜言蜜语和所有手段取悦国王，心里根本没有上帝和美德的位置。他们一心只为了从主子身上讨些恩赐，他们对国王比对上帝还要敬畏。

"小可爱"们得势的时候刚好是法兰西国内宗教纷争四起的时期。在社会的最高层，亨利三世和他的同伴们与吉斯家族（House of Guise）的世袭公爵领导的极端天主教阵营一度势不两立。1578年4月27日，双方的冲突不断升级，终于以"小可爱决斗"的形式爆发了。究竟是什么引起的决斗，没人说得清楚，结果参加决斗的6人中有4人没能活着回来。其中名叫路易·德·莫吉隆（Lois de Maugiron）的"小可爱"殒命决斗场，另一个名叫雅克·德·凯吕（Jacques de Caylus）的"小可爱"则是被伤痛折磨了几天以后才断气的。亨利三世痛失两位爱宠，不禁悲痛欲绝。

"国王与莫吉隆和凯吕之间情谊深厚，"勒斯特瓦勒写道，"他在两人咽气之后分别亲吻了尸体，然后让人剃下了他们的金发，自己收藏起来。他还摘下了以前亲手给凯吕戴上的耳环留作纪念。"

4月28日,1983年

兰博的第一口烟

您瞧瞧,美国动画片《摩登原始人》中著名的卡通形象弗莱德·弗林特思通(Fred Flintstone)、巴尔尼·拉布尔(Barney Rubble)还有威尔玛(Wilma)都曾在烟草公司赞助的动画节目里吞云吐雾,为香烟大唱赞歌,弗莱德心满意足地说道:"云斯顿(Winston)香烟口感好,香烟就该这个味道。"棒球英雄米奇·曼特尔(Mickey Mantle)不光代言过总督牌(Viceroy)香烟,还代言过骆驼牌(Camel)香烟。从当年铺天盖地的香烟广告上可以看出,就连孩子们最信任的圣诞老人都爱抽这一口。到了1983年4月28日,洛基和兰博的"真身"史泰龙也签下了烟草广告合同,为几十年来烟草公司打入青少年市场的计划贡献了自己的一份力。以下是史泰龙给联合电影推广公司(Associated Film Promotion)的鲍勃·科沃洛夫(Bob Kovoloff)送去的备忘录:

亲爱的鲍勃:

根据你我双方商讨结果,我保证将至少在5部电影里使用布朗和威廉姆森公司(Brown & Williamson)的烟草产品。

我对此协议的理解为布朗和威廉姆森公司将为此向我支付50万美元的费用。

期待您的回复。

  此致

 敬礼

西尔维斯特·史泰龙

4月29日，1996年

美国食品药品监督管理局（FDA）的重大失职

  我曾经说过，"你愿意试就去试，这个药永远都不会进入美国的。FDA绝对不会批准这种效果不显著但是风险很高的药物进入美国市场。FDA是捍卫美国人民安全的警卫。他们主要负责安全问题"。

  美国家用产品公司［American Home Products，现已更名为怀斯（Wyeth）］在争取让旗下的减肥药品右芬氟拉明［Redux，俗称芬芬（Fen-Phen）］进入美国市场的时候，FDA的外聘顾问斯图亚特·里奇（Staurt Rich）医生对此做出过以上回应。

  1996年4月29日，FDA在经过好几轮内部讨论之后正式批准Redux上市。结果就像里奇医生和其他参与讨论的人警告的那样，许多人在服用之后心脏瓣膜严重受损，继而患上了肺动脉高压症，最后不治身亡。里奇医生在接受《前线》(Frontline)节目采访时说："我当时对FDA很绝望。为什么呢，因为我的专业领域就是肺高压。罹患此病的患者是心血管病患中病情最严重的一类……得了这种病就好比被判了死刑，而且等待死亡的过程很长，病人们会在数月甚至数年内慢慢地如溺水一般死去，如果你能想象那种痛苦的话。"

4月30日，1978年

猫女的胜利

1978年4月30日，出生于著名艺术品商家庭的富豪阿列克·维尔登斯坦（Alec Wildenstein）和乔瑟琳·佩利塞（Jocelyne Périsset）结了婚。这位女士后来通过整容手术把自己的脸整成了猫样，以另类的方式闻名全球。这场婚姻在1999年走到尽头的时候维尔登斯坦向对方吐出了2.5亿美元。不用多说，这笔钱让曾经处处以"维尔登斯坦新娘"自居的乔瑟琳像猫一样开心地舔起了胡子。

May

5月

5月花香恶风妒。

——《十四行诗其十八》(Sonnet 18),莎士比亚

5月1日，1948年；5月14日，1961年及1963年

真·愤怒的公牛

怡人的5月不知道暗藏着什么玄机，总能让西奥菲勒斯·尤金·"公牛"·康纳（Theophilus Eugene "Bull" Connor）难以克制胸中的怒火。在生机勃勃的春日里，种族不平等的规矩可不能乱，亚拉巴马州伯明翰市的公共安全专员康纳在这个万物复苏的季节里精神更加抖擞，斗志更加昂扬，誓把种族隔离贯彻到底。

一切始于1948年5月1日，爱达荷州的参议员格兰·泰勒（Glen H. Taylor）前往伯明翰出席南部黑人青年代表大会，当时的伯明翰用马丁·路德·金的话来形容，堪称美国种族隔离最严重的城市。泰勒议员到达会场之后没有走专门的"白人入口"，而想从"黑人入口"进场。代表进步党（The Progressive Party）参加副总统竞选的泰勒由于以上行为当场被听令于康纳的警察控制住了。"把你的嘴给我闭上，老兄！"警察们吼叫着把泰勒扔进了监狱。[*]

---

[*] 早在10年前，康纳就曾对种族融合表示过强烈的反对。当时由白人和黑人共同组织召开的南部人民福利研讨会被康纳粗暴地叫停，他当时发表了如此自相矛盾的讲话："我不会允许黑皮人和白人兄弟在我的地盘聚众隔离。"

"公牛"康纳的爪牙在美国伯明翰镇压黑人人权运动

到了20世纪60年代早期,白人至上主义受到越来越多的挑战与质疑,康纳的偏执理念在5月天里绽放出更多的恶之花。闻听"自由乘车者"们(the Freedom Riders)*即将到达伯明翰,康纳早早地想好了对策。1961年5月14日,康纳特地选了母亲节那天召集当地的三K党党徒开了个会。根据三K党内线人提供的情报,康纳掌管的伯明翰警察部门承诺,会给那群白色恐怖分子15分钟自由活动的时间,"你们要烧要炸、要杀要剐统统随便,我不会管的……我保证在那15分钟里绝对不会动你们一根毫毛。"得到"圣旨"的三K党党徒在事先计划好的15分钟里用铁管、棒球棒和铁链等凶器向路过的自由乘车者们进行了惨无人道的袭击。

---

* 指从1961年开始乘坐公共交通工具前往美国南部种族隔离严重的地区进行抗议活动的美国民权活动者们。——译者注

又过了两年，伯明翰的孩子们在1963年5月的第一周上街游行，以和平示威的方式抗议康纳的暴政，这让"公牛"康纳的眼睛涨得更加血红。许多参加游行的青少年遭到了逮捕，而且当局使用消防龙头和警犬在街上对游行者进行了镇压，现场实况被记者们用摄像机记录了下来，传播到了世界各地。媒体对事态的关注和美国各界的公愤让康纳在那个并不炎热的5月里仿佛热锅上的蚂蚁，很快就失去了立足之地。外面的大环境变天了，而且这个变化正是康纳多行不义必自毙的后果。1963年5月底，康纳丢了饭碗。更让他糟心的是，长期以来的倒行逆施迫使原本置身事外的肯尼迪政府公开表态，强烈谴责以恶徒康纳为代表的伯明翰当局以及美国南部对待黑人的严重不公现象。

"参与美国黑人民权运动的各位应该向上帝感谢'公牛'康纳这号人物的存在，"肯尼迪总统如是说，"他对该运动的贡献不比亚伯拉罕·林肯小。"

5月2日，2004年

虎父无犬子

被臭名昭著的卡扎菲家族视为"不成器"的孩子，按理说应该算是个好孩子。但是利比亚独裁者卡扎菲的三儿子萨阿迪·卡扎菲（Al-Saadi Gaddafi）真的很不成器，他脾性顽劣，球技也奇差无比，常年跻身于水平最差的世界职业足球选手的行列。"就算他的速度再快一倍,也比最慢的人慢两倍。"2004年5月2日,年轻的萨阿迪首次(也是唯一一次)以替补队员的身份为意大利佩鲁贾球队效力之后,意大利《共和报》(La Repubblica)对他的评价。这个小恶魔球技不佳,球品更差,这一点清晰地体现在此前4年里他凭借政治因素在专业足球领域短暂而多余的职业生涯中。

尽管萨阿迪在足球方面没有任何天赋,但是他对足球事业非常执着,除了自己之外没人把他当回事。作为利比亚独裁者卡扎菲家族的成员,萨阿迪利用内部关系不光当上了黎波里(Tripoli)足球队队长,还堂而皇之地成了利比亚足联的主席。但他的野心不只是赢球,还梦想成为球坛巨星,他要当利比亚的贝克汉姆。为了让人们只记住他的名字,萨阿迪禁止其他球员在球衣上印名字,结果解说员只能用球衣上的号码来介绍阵容。

萨阿迪在利比亚足球界一手遮天,可偏就有一支球队经常藐视权威与他对抗,在2000年彻底激怒了萨阿迪,让他做出一系列幼稚而疯狂的报复行为,这支球队就是班加西(Benghazi)的阿赫利队(Al-Ahly)。作为利比亚第二大城市,班加西一直积极试图摆脱老卡扎菲的独裁统治(后来正是始于该城的革命在2011年把卡扎菲赶下了台),最让他们看不起的就是满脑子足球梦的萨阿迪。在忍受了多年的故意让球和毫无根据判罚的点球之后,阿赫利队球迷的怒气终于在一场比赛中达到了极点。在那场许多非洲官员政要到场观看的球赛里,球迷们呼声如雷地冲进了场地,随即冲出球场占领了街道。接着,他们一不做二不休地弄来一头驴,给它套上了萨阿迪的球衣,赶着它在城里游街。小卡扎菲的肺都要气炸了。

"我要亲手毁了你们俱乐部!"根据《洛杉矶时报》报道,萨阿迪对阿赫利队主席尖叫,"我要把你们球场弄成猫头鹰的窝!"他说到做到,下令逮捕了许多人。就在班加西的市民祈祷老天开眼的时候,成队的推土机开进了他们的体育场。"卡扎菲的暴徒们推倒体育场,强迫在场的青年男女欢呼喝彩,"前阿赫利队球员艾哈迈德·巴绍恩(Ahmed Bashoun)接受英国《卫报》采访时说,"我们球队的历史记录、文件、奖杯和奖牌全被他们毁掉了。"

5月3日,2003年

挥别老人岩

惜别老友绝非易事,2003年5月3日,新罕布什尔州(New Hampshire)一位忠实的老朋友轰然倒下,让全体州民感到无比悲伤。山巅上突出的峭壁由于酷似人脸的轮廓被称为"老人岩",几百年来,它像哨兵一样俯瞰着周围的大地,后来被划入新罕布什尔州,接受众人的景仰。国务卿丹尼尔·韦伯斯特曾经对老人岩这样描述:

> 各行各业的人总是把与自己工作相关的东西挂出去当招牌,比如鞋匠挂个大鞋,珠宝商挂个大手表,牙医挂个大金

牙，等等。上帝则在新罕布什尔的山脉上挂了他的招牌，告诉世人，他制造了人类。

早在老人岩掉落的 100 年前，它就已经显示出老态，人们开始用绳缆和水泥对它进行加固和修复。然而，大自然最终还是把它带走了。

"近期该地区降水量大，风力强，气温很低，这些条件组合在一起刚好让岩石松动了。"新罕布什尔州州立公园的负责人迈克·佩尔查特（Mike Pelchat）在接受美联社采访时说道，"在我们看来，长久以来扶着它的是上帝之手，现在松开手也是上帝的旨意。"

5月4日，1933年

谁不仁谁不义？洛克菲勒 VS 里维拉

如果不是列宁同志的意外出镜，世界著名壁画家迭戈·里维拉（Diego Rivera）的作品也许今天还展示在纽约洛克菲勒中心的奇异电器大楼（原名 RCA 大厦）里。1933 年，每个毛孔都流淌着资本主义的洛克菲勒家族聘请共产主义的忠实信仰者里维拉给新落成的大楼画一幅中心壁画。这幅壁画要展现的崇高主题是"一个站在十字路口的男人，他面带希望，心怀理想，即将选择全新的道路和更加美好的未来"。在美国经济大萧条的时代背景下，洛克菲勒家族显然想借这幅壁画表达资本主义和社会主义两种意识形态的对立。按理说他们应该避开火药味如此十足的主题，但是当时的家族掌门人艾比·洛克菲勒（Abby Rockefeller）痴迷于里维拉的作品，所以不顾里维拉鲜明的政治立场执意请他为自己创作，就连里维拉曾经在其他作品中讽刺过艾比的公公约翰·洛克菲勒（John D. Rockefeller），她都没有在意。就这样，里维拉开始艺术创作，他心中藏着一个大胆的想法。

壁画如火如荼地绘制。某天，未来的纽约州州长和美国副总统的纳尔逊·洛克菲勒（Nelson Rockefeller）例行前往大楼视察工作进度，他看到了壁画上出乎意料的内容：列宁！洛克菲勒对此感到震惊，并在1933年5月4日致函里维拉，让他把列宁的脸换成随便什么人的样子。

可想而知，里维拉不愿意按照他人的意志改变自己的创作理念。他在收到这封信的同一天就挥笔回信道："与其改变壁画的立意，不如把它整个毁掉。"就这样，里维拉和雇主打起了"洛克菲勒中心战役"。洛克菲勒家族单方面叫停了壁画的绘制工作，并给里维拉结清了全款。

此举在艺术界一石激起千层浪，纳尔逊·洛克菲勒顶着各界压力建议由现代艺术博物馆出面接收此刻已经被三合板覆盖的壁画，但是博物馆的托管人非常谨慎，表示敬谢不敏。在转年的2月，里维拉的壁画被人砸成碎块扔进了废料桶，事发突然，令人错愕。一位艺术评论家把该事件称为"艺术谋杀"。洛克菲勒家族解释说此举并非故意，他们在试图敲下壁画时，由于技术所限破坏了作品的完整性。这种说辞自然骗不过里维拉，也骗不了众多资深艺术专家。又过了一段时间,身在墨西哥城重新创作该壁画的里维拉发出了一封电报以抒发心中的愤懑:"洛克菲勒家族毁掉我作品的行为本质上是文化破坏。虽然现在还没有,但是我们应该像禁止杀人那样立法,禁止人为屠杀艺术创作的罪行。"

5月5日,1806年

丧夫即丧命

拉杰·拉杰什瓦里·德维(Raj Rajeshwari Devi)是名位高权重的女性,她不光做过尼泊尔的王后,还在儿子即位之后垂帘听政。但随着她丈夫的去世,她风光无限的一生也走到了尽头。1806年5月5日,拉杰什瓦里太后的丈夫去世10天后,她也追随亡夫的脚步告别了人世,只不过她是被迫赴死的。在那个全世界女性地位都不高的年代,印度和尼泊尔女性的命运尤为悲惨。当地妇女在丈夫去世后会被旁人软硬兼施地劝服,"自愿"被捆在焚化亡夫的火堆上完成殉葬仪式。几百年来,成千上万活生生的女性为此化作一缕青烟。虽然她们此举的回报仅仅是死后被追封为圣女,但还是有一部分女性心甘情愿地殉了葬。

圣雄甘地在1931年一次殉葬仪式之后,对此陋习进行了批判:"如果妻子必须向丈夫表示自己忠贞不贰的态度,丈夫也同样需要向妻子表示忠诚。但是我们从未见过哪个鳏夫扑进亡妻火化的柴堆上自焚。也许从这里我们可以看出,让寡妇殉葬的理论依据是迷信、愚昧和男性的盲目自大。"

各位千万不要觉得殉葬只存在于不开化的过去。1987年9月4日，印度拉贾斯坦邦年仅18岁的鲁普·坎瓦尔（Roop Kanwar）在亡夫的葬礼上殉葬。

5月6日，1983年

《我的日记》

以下文字出自一本"狂人日记"："按照艾娃的意思，我让医生给我从上到下地做了身体检查。因为吃了新的药丸，我不停地放屁，艾娃还说我开始口臭了。"这些流水账看似平淡无奇，却牵动了亿万人的心，作为世界上最邪恶的人的生活写照，这本日记引起了空前绝后的轰动。

1983年4月22日，德国新闻杂志《明星周刊》（Stern）公开宣布他们斥资数百万（具体金额是930万德国马克）弄到了阿道夫·希特勒1932年至1945年的私人日记，一共60多本。虽然杂志社为此下了很大的血本，但是在无价之宝的面前，这笔钱不算什么。

消息传开之后，许多人看中了希特勒日记带来的潜在收益，都想分一杯羹，澳大利亚籍的媒体巨头鲁伯特·默多克（Rupert Murdoch）也是其中之一。他曾经设想在旗下的《泰晤士报》上对日记进行连载。为了辨别日记的真伪，默多克聘请了一位英国历史学家前去鉴定，这个人叫休·特雷弗－罗普（Hugh Trevor-Roper），但他的研究范围是 16—17 世纪的历史，而且几乎不会德语。

特雷弗－罗普首先从《明星周刊》的编辑部了解到这些日记是一名东德高级军官从 1945 年一次飞机失事现场中发现并藏起来的，他对数量可观的日记进行了初步勘验，"认为这些文件是真货"。

就在全世界都迫不及待地想要对恶魔希特勒高深莫测的内心世界一探究竟的时候，仍有不少人对此疑窦丛生。曾为希特勒作传的沃纳·玛瑟（Werner Maser）对路透社表示，当时"一切证据都指向相反的结果。这不过是耸人听闻的噱头罢了"。《明星周刊》在这一年 4 月 25 日出版了一本特刊，大张旗鼓地预告即将出版的希特勒日记，还为此举办了新闻发布会，这些造势行为让怀疑之声更大了。

在新闻发布会现场，杂志社的编辑们没有收获预想中的欢呼，反而被日记真伪问题轮番轰炸。与会的特雷弗－罗普在回答问题时 180 度的态度大转变让现场的气氛更加尴尬："作为一名历史学家，我只能很遗憾地说，呃，在新闻业行规的限制下，呃，常规的文物鉴定程序并没有被严格执行。"

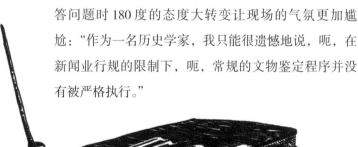

坏消息一个接着一个，致命一击来自西德联邦档案馆，他们在5月6日宣布，所谓的希特勒日记是"低劣的赝品"，是"某个智商有限的人"炮制出来的，文本质量"恶俗且浅薄"。

《明星周刊》被一个叫康拉德·库肖（Konrad Kujau）的人耍了，作家罗伯特·哈里斯（Robert Harris）认为他是个"信心十足的蠢人"，他在伪造希特勒日记的时候基本上就是敷衍了事，没有下半点功夫。赝品的证据比比皆是，从纸张到墨水，再到装订用的胶水，没有一样不是在希特勒死去的1945年之后才上市的产品。日记中许多段落则是从元首已出版的讲话和宣言中直接抄过去的，还抄了不少错字。库肖甚至在日记仿皮面上烫金时，把哥特体的字母都搞错了，有几本上烫的是FH而不是AH。

"发生了这样的事情，我们感到无地自容。"《明星周刊》的出版商亨利·南恩（Henri Nannen）在闹剧收场之后发表了声明。他们确实应该感到害臊。编辑部管理层任由自家记者戈德·海德曼（Gerd Heidemann）拿着编造出来的故事上蹿下跳，从来没有要求他提供消息的来源。在许多证据都指向此事为骗局的时候，编辑部方面选择不予理会，出版计划照常进行。伪造的日记中还是有一些真实内容的，也许这给南恩和他的同事们带去了一丝慰藉。元首确实像他的医生形容的那样"海量地放屁……以前从没放过这么多屁"，他也确实患有严重的口臭。

5月7日，1945年

白宫里的魔鬼丈母娘

这是一次如梦如幻的蜜月之旅，在此后的许多年里，哈里·杜鲁门（Harry Truman）只消在书信里写上"休伦港"（Port Huron）这个地名，就能唤起妻子贝丝（Bess）对他们在五大湖区度蜜月时美好而浪漫的回忆。然而当新婚宴尔的杜鲁门夫妇回到密苏里州独立城（Independence）的家中时，和谐的日子将不复存在，因为他们要和贝丝那专横跋扈的妈妈——玛格丽特（玛吉）·盖茨·华莱士［Margaret（Madge）Gates Wallace］一起生活。从那天起，未来的总统杜鲁门一直和难以取悦的丈母娘生活在同一屋檐下，甚至在他们入主白宫之后也是如此。

有个独立城的当地人曾把华莱士夫人称作"我市最具女王风范的人"，夫人眼中的杜鲁门只是个种地的，而且是个胆敢跨越社会阶级攀上她宝贝女儿的臭农民。回忆起华莱士夫人，哈里和贝丝昔日的教师珍妮·柴尔斯（Janey Chiles）有话说："她是一个极难相处的人，整个城里所有人她都看不上。况且那个时候的哈里·杜鲁门并没有要发迹的样子。"

华莱士夫人对女婿的鄙视从未改变过，哪怕他日后成了美国政坛一颗冉冉升起的新星。

杜鲁门在1934年当选参议员之后，华莱士夫人和小两口一起搬到了华盛顿，想想就让人觉得难受。1945年5月7日，曾经是副总统的杜鲁门在前总统富兰克林·罗斯福去世将近1个月以后以总统的身份正式搬入白宫，华莱士夫人对女婿的挖苦一点儿都没有收敛，而且她的做派几乎达到了让人无法忍受的地步。

为人刻薄的华莱士夫人丝毫不顾及总统面对的沉重政务，只要她兴致来了，想挑刺就挑刺，从不留情面。杜鲁门因在朝鲜战场上的麦克阿瑟将军不服从命令而撤掉了将军作为联合国部队总指挥官的职务，华莱士夫人为此公开大吐酸水："他怎么就不能让麦克阿瑟将军按自己的方式指挥呢？这就像国民警卫队的上尉对西点军校的将军指手画脚一样可笑！"

1948年，杜鲁门在大选中与纽约州州长托马斯·杜威（Thomas Dewey）对阵，曾一度处于下风。华莱士夫人自然坚定地站在了杜威一边。"哈里为什么要和杜威先生这样优秀的人去竞争呢？"老夫人貌似自言自语地高声说道，"比杜鲁门先生更有资格住在白宫的人多了去了，光我就认识好几十个呢！"

"华莱士夫人坚信哈里·杜鲁门成不了气候。"杜鲁门总统的贴身男仆说，"杜鲁门在白宫里处理国家大事，她心里的邪火就没处撒呗。"

5月8日，1632年

《圣经》文字狱

1631年版的《詹姆士王圣经》发行以后让不少读者感到惊讶（有些人大概感到的是惊喜），因为在《出埃及记》里《十诫》

的第七诫赫然写着"可奸淫"。(原文为不可奸淫,这里漏印了"不"字。)而《申命记》第五章里出现了更大不敬的内容:"神将他的荣光和他的大臀(great asse)显给我们看。"(正确的词是大能,greatnasse。)

存在严重硬伤的1631年版《圣经》为此得到了"邪恶圣经""奸淫圣经"的别称。1632年5月8日,印刷人员被押往庄严肃穆的星室法庭(Star Chamber)[*],为他们犯下的渎神罪以及用劣质纸张印刷《圣经》罪接受审判。

"人们曾经非常重视印刷工作,尤其是《圣经》的印刷。"面带愠色的坎特伯雷大主教宣判道,"我们理应挑选最好的排字工和校对员,他们应该经验丰富且学识渊博。纸张应选上好的品质,字迹也要尽量清晰,凡事都要达到最高的标准。可是现在不光纸张劣质,连排字工都是个孩子,校对员根本没有文化。"主教大人还说就连那些可怕的天主教徒对待他们的"迷信册子"[†]都比被告对待《圣经》要认真得多。

涉事的印刷人员被科以重罚,且终生不得再从事印刷工作。其实他们没有受到肉体上的刑罚或是其他什么重刑已经算是幸运的了。从另一个方面来看,并没有记录表明究竟有多少人遵守邪恶圣经的教诲跑出去淫人妻女,大坏纲常。

---

[*] 英国伦敦威斯敏斯特大教堂里的一个大厅,穹顶上绘制着星空,遂得其名,亨利七世和八世经常把它用作法庭,主要审理政治犯。1641年以后经议会投票不再当法庭使用。——译者注

[†] 此处指的仍然是《圣经》,不过是天主教所沿用的版本。彼时英格兰已经和罗马教廷决裂,国教为新教。——译者注

5月9日,1914年

你们都得爱我的妈妈

从前,有个叫安娜·贾维斯(Anna Jarvis)的女士,深深地爱着自己的母亲,到了无可自拔的地步。身为教师的贾维斯一生未婚,她曾不遗余力地在美国大力推广歌颂母亲的节日,当然,重点是歌颂她自己的母亲。因此,当母亲节变成商业促销的幌子后,贾维斯女士震怒了。

1908年5月,贾维斯在美国西弗吉尼亚州格拉夫顿城(Grafton)为三年前去世的母亲举办了一次追思会,可以说这是最早的母亲节雏形。贾维斯订购了500朵康乃馨,分发给她所在教区的所有教民,这是她母亲生前最喜欢的花卉。接着,在商人兼慈善家约翰·万纳梅克(Johan Wanamaker)的赞助下,贾维斯开始在美国四处推广自己的理念,希望在每年都设立一个全国假日,用来纪念她心目中的女英雄,也就是她的母亲。贾维斯的四处游说,在某些人看来近乎偏执。功夫不负有心人,她终于在1914年5月9日达到了目的。那一天,总统伍德罗·威尔逊(Woodlow Wilson)在国会签署联合声明,宣布每年5月的第二个星期日为"对全国的母亲表达爱与尊敬的节日"。

正是从那天开始,事情逐渐朝着龌龊的方向发展。贾维斯的胜利自然吸引了大批唯利是图的商人,他们搭着每年一度的母亲节的便车,大肆兜售鲜花、贺卡和糖果等商品。贾维斯对此怒不可遏。有一次她甚至登报对这种现象开了火:"利欲熏心的骗子、强盗、海盗、诈骗犯、绑架犯们,腐蚀了最优秀、最高尚、最纯洁的庆祝活动,你们要如何击溃他们呢?"

从那以后,每年的母亲节对贾维斯来说都是难日。到了20世纪30年代,她的自尊心被美国邮政部门撕得粉碎,因为邮局发行的母亲节纪念邮票上选用的是惠斯勒母亲的肖像。一想到画家惠斯勒笔下那个干瘪老太太居然能登上意义如此重大的邮票,自己的母亲却没有入选,贾维斯怎能咽下这口气!她不能接受这个事实,于是径自跑去面会罗斯福总统,并成功地让"母亲节"字样没有出现在票面上。最后的成品邮票上仍然绘制着贾维斯妈妈最爱的康乃馨,但仍让她非常不满。

贾维斯的怒气值越来越高,心态也逐渐失衡。她闯进美国战时母亲联合会*的一次集会上,企图阻止现场的康乃馨义卖活动。主办方不得不报了警,贾维斯挣扎着被警察拖走了。久而久之,她把自己封闭在家中,门上挂了牌子,警告他人不得入内。完全脱离社会的贾维斯在屋子里寸步不离收音机,她坚信亡母通过声波在和她交流。

到了最后,身无分文且疯疯癫癫的老妇人贾维斯别无去处,只得搬进了疗养院。母亲节之母到死都不知道自己在疗养院的花销全是她憎恨的鲜花行会支付的,这对双方来说也不失为一件幸事。

---

* American War Mothers,成立于1917年,是政治中立、非宗教性质的非营利组织,成员为战争时期为国效力的美国军人的母亲们。——译者注

5月10日，1849年

跳舞不如念白

1846年，一声倒彩拉开了一场大戏的帷幕。英国演员威廉·麦克利迪（William Macready）为了让自己饰演的哈姆雷特更生动，在独白时加入了一些舞蹈动作。就在麦克利迪手舞足蹈地迈到舞台中央的时候，观众席上传来了一声刺耳的口哨。吹哨的也是个演员，他叫艾德温·弗雷斯特（Edwin Forrest），是美国舞台剧界的大众偶像。

"我认为戏剧史上从没有人做出过这种事。"被同行恶心到的麦克利迪在日记中倾诉，"他就是个恶劣的痞子！要是他有这个胆量绝对会杀人。"另一边，弗雷斯特对他的行为毫无歉意。他在写给《泰晤士报》的信中说："从事实角度来看，麦克利迪先生擅自在《哈姆雷特》演出中加入舞蹈表演，并认为此举很恰当。我当时和现在的想法是一样的，那就是他的做法玷污了这出戏，所以抒发了心中的不满。"就这样，演艺界的小摩擦逐渐升级为一场血腥的暴动。

喝倒彩事件的三年以后，两位交恶已久的演员同时出现在纽约，这一次他们要在不同的剧场分别出演《麦克白》的主角。观众们严阵以待。在电影明星尚不存在的年代，弗雷斯特是观众心目中的舞台英雄，他粗犷豪放的美国男儿气概和活力四射的表演方式与同时期其他演员一味模仿的、英式细腻保守的"高级"台风形成了鲜明的对比。麦克利迪则刚好是英国学院派演员的代表人物，他非常看不起美国的观众。他曾留下过这样的文字："在这个国家里，不论是富翁还是穷人，都是那么地无知，那么地低级，他们缺乏格调，却从不会谦虚地自省。"

美国人早就看麦克利迪不顺眼了，特别是他公开与本土明星弗雷斯特为敌之后。总之，他有多讨厌美国人，美国人就有多讨厌他。

麦克利迪主演的《麦克白》在纽约艾斯特歌剧院（Astor Place Opera House）首演那天，自傲的英国主演早早地感受到了美国观众的"热情"。演出期间，观众们不断朝台上扔臭鸡蛋和烂菜叶，后来甚至把椅子也扔了上去，剧院方面不得不提前拉上了大幕。麦克利迪虽然受到了惊吓，但并没有退缩。1849年5月10日，他重返艾斯特舞台，这一次真正的悲剧开场了。

当时剧场里的观众和首演那晚一样，捣乱的捣乱，喝倒彩的喝倒彩。意外出现在剧场之外，围在那里的一群人不知为何突然向剧场发起了进攻。根据《纽约论坛报》（New York Tribune）的报道："剧院的窗户逐个被打破，外面的人行道和剧院大厅里的地砖被震得啪啪作响，场面越来越混乱，乍看上去剧院像是被人围攻的碉堡，而不是让人和平地享受娱乐生活的文明之地。"该报道还指出，外面都乱成一锅粥了，"可恶的男主演故作镇定地继续表演，根本不理会眼前的骚乱"。

暴乱不断加剧，现场的警察们不得不申请军队支援。暴徒们朝就位的军队扔石头，在鸣枪示警无效之后，军人们向人群中开枪。至少30人在事件中丧生，还有更多人身受重伤。麦克利迪结束了表演之后毫发无损地溜出了剧院，从此"野蛮"和"美国人"在他心里画上了等号。

5月11日，1846年

为了领土扩张，撒谎又何妨

1846年5月11日，美国总统詹姆斯·波尔克（James K. Polk）在国会宣称墨西哥对美国构成了极大威胁。根据他的说法，墨西哥的军队已经打过了美墨边界，并且"让美国的领土染上了美国人民的鲜血"。事实并非如此。墨西哥人并没有入侵美国，他们不过是在美墨之间归属权存在争议的墨西哥人聚居地与美国军队发生了局部冲突。实际上，墨西哥真正威胁到的是不断向西扩张的美国所主张的"昭昭天命"（American Manifest Destiny）*。虽然波尔克靠谎言成功地与墨西哥开了战，但是国会里一名来自伊利诺伊州的青年从未停止对他公开质疑，那个人就是亚伯拉罕·林肯，他甚至当面让总统在地图上指出美国人究竟在哪里抛洒了鲜血。林肯的举动让某些政团把他看作叛国贼，其他人则对他置之不理。毕竟美国胜券在握，而且即将夺取一大片土地，谁会计较当初为什么要打仗呢？

---

* 19世纪美国民主党所主张的政治理念，意为美国应该在天意的指引下将领土扩张至整个北美大陆。——译者注

5月12日，1937年

乔治六世不寻常的加冕典礼

英伦王子阿尔伯特（Prince Albert）最不想拥有的就是王冠。当他听说自己的兄长——魅力远在自己之上的爱德华八世（Edward Ⅷ）——即将为了迎娶曾经二度离婚的美国情人而退位时，王子殿下的反应用他自己的话说就是"一下子崩溃了，哭得像个孩子"。虽然心中万般不情愿，但是使命在召唤，尽管外界一直担心他的暗疾与身体状况*，阿尔伯特王子还是由内到外地鼓起勇气，在1937年5月12日正式加冕为乔治六世。加冕典礼上唯一的问题是，新上任的国王最大限度地保持了皇室风范，但身边的随从却一个接一个地出尽洋相。

加冕典礼那天，凌晨3点，一阵尖利的噪声把王子从睡梦中吵醒，不知为何工作人员专门挑这个时段在白金汉宫外面测试扩音器。接着，各种噪声不绝于耳。"沿街部署的乐队和军乐团5点就来了，这觉是睡不成了。"国王在日记中写道，"我吃不下早饭，感觉身体不停地下坠。我知道，等待我的是非常艰难的一天，我要在这一天完成一生中最重要的仪式。等着前往威斯敏斯特大教堂的那几个小时是最难熬的。"

在教堂的大厅里，达勒姆主教（Bishop of Durham）和韦尔斯

---

* 乔治六世患有严重的口吃（2010年荣获奥斯卡奖的电影《国王的演讲》就是以此为主题），而且身体一直受到其他病痛的折磨，当时很多人认为国王的重担会把他压垮。他们的猜测完全错啦。

主教(Bishop of Wells)按照传统一左一右地站在国王身边,他们在加冕典礼上身兼重任,然而在关键时刻,还不如说他们两个是去添乱的。乔治六世回忆起当时的情景,历历在目:"在宣誓的关键时刻,两位主教谁都没在经书里翻对加冕誓词所在的位置,

所以大主教只得举着他的本子让我照着念,但是他的拇指遮住了誓言,让我一惊。"等到国王向王座走去的时候,其中一位主教踩住了他的长袍。"我不得不厉声让他抬脚,险些摔倒。"

不光是这两位,加冕仪式上的其他重要人员也集体犯了迷糊。比如说,安卡斯特伯爵(Earl of Ancaster)在往国王身上佩剑的时候险些割破了国王的脖子[*];波特兰公爵(Duke of Portland)和索尔兹伯里侯爵(Marquess of Salisbury)在向大主教传递盛着国王和王后王冠的垫子时,身上嘉德勋章的配链钩住了垫子周围的流苏。

虽然加冕典礼险象环生,但乔治六世在古老而神圣的仪式中彻底振作了起来,坎特伯雷大主教对外宣称"他感到,别人与他

---

[*] 实际上,根据加冕典礼现场实况录像和乔治六世的回忆,安卡斯特伯爵在往他腰带上挂剑的时候,由于紧张,把剑举得过高,所以差点儿碰到国王脖子的是剑柄而不是剑刃或剑锋。——译者注

同在"。乔治六世后来成了一代明君,他那个自私的哥哥望尘莫及。他英勇无畏地带领英国走出了"二战"的阴霾与日不落帝国瓦解的悲哀。

5月13日,1865年

躲得过初一,躲不过十五

在这一天的一个多月之前,具体是1865年4月9日,罗伯特·李(Robert E. Lee)将军在位于弗吉尼亚州的阿波马托克斯县政府大楼(Appomattox Court House)投降,受降的北部联邦将领尤利西斯·格兰特(Ulysses S. Grant)正式宣布:"战争结束了。曾经叛乱的一方再度成为我们的同胞。"直到李将军投降之前,美国内战已经造成超过620万的人员伤亡。有个名叫约翰·杰斐逊·威廉姆斯(John Jefferson Williams)的二等兵在战场上出生入死数载之后,幸运地活了下来。战争并没有戛然而止,它还有最后一个回合没有打完,而且是故意为之的一仗。1865年5月12日至13日,北方联邦和南方邦联的军队在得克萨斯州布朗斯维尔(Brownsville)附近的格兰德河(Rio Grande)短兵相接,这次冲突史称帕尔米托农场之战(Battle of Palmito Ranch),规模不大,伤亡不多。然而,为北方联邦效力的威廉姆斯不幸是死难者之一,他的殉难为他赢得了在已经结束的内战中最后一名牺牲者的"殊荣"。

5月14日，1912年

私刑泛滥的年代

在很久以前的北美殖民地时代，往敌人身上浇滚烫的沥青再粘上羽毛是一种很常见的刑罚，受辱又受罪的大多数是英国殖民政府派往各地的征税员。这种野蛮的酷刑随着时间的推移逐渐退出了历史舞台，可是到了1912年，某个民间纠察队竟然在圣迭戈言论自由之战（San Diego Free Speech Fight）中再度启用它，去对付积极从事工会活动的人。

工会运动在当时被视为企图颠覆社会秩序的危险举动，尤其是在加利福尼亚南部，一群激进派工会运动参与者在1910年把《洛杉矶时报》的大楼给炸毁了。圣迭戈市政府为了阻止"世界产业工人联盟"（Industrial Workers of the World）招新，通过了一项法案，禁止该联盟的成员（人送绰号"Wobblies"）在市中心的商业区发表露天演讲。这个限制言论自由的法案造成联盟成员及其支持者与相对保守的市民之间不断发生冲突，同时，在当地媒体的煽风点火之下，圣迭戈的居民丝毫不吝惜自己的拳头。

"吊死他们都算便宜他们了。"某篇《圣迭戈论坛报》（San Diego Tribune）的社论里写着这样的话，"他们最好都死绝了，因为他们对人类的经济建设毫无用处；他们活在世上就是浪费资源，应该一个不剩地被冲进下水道，和大粪一样堆在被人遗忘的深渊里慢慢地腐烂。"

因此，警察加强了对城市中演讲的取缔，由市民自发组织起来的纠察队也四处袭击胆敢违抗禁令的人。1912年5月14日，知名无政府主义者艾玛·戈德曼（Emma Goldman）和本·莱特曼（Ben Reitman）抵达圣迭戈支援世界产业工人联盟，结果他们一下子就撞在了当地人野蛮自治的枪口上。

"把无政府主义分子交出来！"暴民的吼叫冲击着戈德曼的耳膜，"我们要扒了她的衣服，给她来个开膛破肚！"戈德曼设法逃出了险境。莱特曼就没这么幸运了，当天晚上，一群人闯进了他下榻的旅馆，把他抓走，等待他的是残酷的私刑。

莱特曼被这群人一路折磨着推搡到了城外，衣服被剥光了。回忆起那段遭遇，莱特曼说道："他们把我打倒在地，我一丝不挂地躺在地上，他们不停地对我连踢带打，我都麻木了。他们用点燃的香烟在我的臀部上烫了I.W.W.（世界产业工人联盟的首字母缩写）的字样；然后给我兜头浇下一罐沥青，用灌木蒿的枝条代替羽毛朝我身上揉搓。有个人试图把拐杖插进我的直肠，还有人伸手拧掐着我的睾丸。他们强迫我亲吻国旗、唱国歌。"暴民过瘾了之后，扔给莱特曼一张出城的单程车票，最后羞辱了他几下，放了他一条生路。

5月15日，1998年

陪跑18载

肥皂剧天后苏珊·路奇（Susan Lucci）在1998年5月15日

第18次落选"艾美奖日间剧最佳女演员",给"失败者"这个词赋予了更深层次的意义。*

5月16日,1571年

上知天文,下晓人伦

一般人并不想知道自己的生命起始于哪一刻,德国天文学家(兼占星术士)约翰内斯·开普勒(Johannes Kepler)可不是一般人。他精准地把自己的受孕时间记录为1571年5月16日早上4点31分。

开普勒是如何追溯到这么详细的时间点的呢?他始终秘而不宣。

别看开普勒推算出了这个时间,但是一想到父母在床上造人这件事,他肯定觉得浑身不适。根据他的记载,父母从性格到外表毫无可取之处。开普勒的母亲"矮小瘦削、皮肤黝黑,喜欢到处嚼舌头,动不动就和人吵架,气质粗俗",还曾被指控为女巫。† 开普勒的父亲是个打老婆的恶汉,最后扔下家人独自出走

---

* 第二年(1999年)路奇终于拿下了这个奖。
† 开普勒的母亲卡塔琳娜·开普勒(Katharina Kepler)被控毒杀一名妇女,还咬伤了一个女孩,她被当作女巫关押了起来,险些被严刑逼供。由于她本身并非端淑之人,在猎巫情绪高涨的欧洲肯定凶多吉少。多亏儿子开普勒放下手头的科研工作赶到法庭,竭力为她辩护,卡塔琳娜才逃过一死。

了,他"品性恶劣、一根筋,同样喜欢吵架,晚景必然凄凉"。

看来开普勒不光发现了天体运行的规律,对人间的俗物也相当有见地。

5月17日和19日,1536年

儿女双无

英国外交家、政治家托马斯·博林(Thomas Boleyn)在亨利八世的宫廷里一步登天,他毕竟是国王的岳父,尊贵的地位让他享尽特权与好处。然而1536年5月,他的一双儿女被指控犯下乱伦罪,他们正是安妮·博林王后和罗奇福德子爵乔治(George, Viscount Rochford)。在令人脸红心跳的罪状中,王后"把舌头伸进了乔治的嘴里引诱他,乔治也把舌头伸进了王后的嘴里,她还用亲吻、礼物和珠宝等物进一步诱惑了乔治"。今天许多历史学家认为这项指控非常荒唐,就连当时的史官都打赌说乔治肯定会被无罪释放,但在5月15日,安妮和乔治均被判有罪。他们的舅舅诺福克公爵宣布了死刑的裁决。于是,托马斯·博林唯一的儿子在5月17日被刀斧手砍下了脑袋,他的女儿安妮在两天后被一名法国刽子手送上了西天。

5月18日，1721年

耄耋之年难得善终

一般来说，人们对老年人都会宽容一些，但是玛丽亚·芭芭拉·卡利罗（Maria Barbara Carillo）很不幸没有赶上好时候。1721年，这位96岁高龄的寡妇被人送上了西班牙宗教裁判所的法庭。西班牙的宗教裁判所是15世纪由联合执政的费尔南多国王（Ferdinand Ⅱ）和伊莎贝拉女王（Isabella Ⅰ）设立的，目的是铲除曾经被迫皈依天主教的犹太人，以防他们私下恢复原有的宗教崇拜。到了1721年，宗教裁判所的事务愈发繁忙了。经过审理，可怜的卡利罗被认定为有罪的犹太人，判处火刑。1721年5月18日，这位老太太被人拖到马德里城外，烧死在火刑柱上，据说那天国王费利佩五世亲自到场观看。

5月19日，1884年

致命的巧合

1884年5月19日，年轻的理查德·帕克（Richard Parker）登上了木犀草号（Mignonette），冥冥之中他的命运早已注定。在那之前差不多50年的时候，埃德加·爱伦·坡（Edgar Allan Poe）出版了一生中唯一的小说《亚瑟·戈登·皮姆的故事》（The

Narrative of Arthur Gorden Pym），讲述了几名沉船的幸存者漂泊在海上的时候，用抽签决定杀谁吃的故事。在小说里，抽到最短的那根签被其他人吃掉的角色，名字刚好是理查德·帕克。

木犀草号既定从英国南安普顿出发，目的地是澳大利亚悉尼，中途绕过好望角。和爱伦·坡小说里的那艘船一样，木犀草号在航行时不幸遭遇风暴，船体沉没。理查德·帕克侥幸逃出了沉船，但是并没有存活多久。他和其他三人在一艘单薄的救生船上漂流了几个星期，一边驱赶着海里的鲨鱼，一边只靠当初从船上抢救出来的两罐大头菜充饥。他们曾经捉到一只海龟，但是没有支撑多久，这也和爱伦·坡在书里写的一模一样。绝境之中，饥肠辘辘的幸存者们开始用不一样的眼光打量起自己的伙伴。在航海领域有一个紧急情况下允许启用的"海事条例"：吃人。不过该条例规定，必须通过抽签的形式决定牺牲者是谁。

木犀草号的幸存者们没有进行抽签仪式，因为喝了海水的理查德·帕克此时已经非常虚弱，活不了多久了。剩下的三人不想等他死去之后冒险去吃腐烂且致病的人肉，于是他们合伙抹了帕克的脖子杀掉了他，然后分而食之。

事后，幸存者之一这样描述当时的情景："可以肯定地告诉你，我这辈子都不会忘记另外两个和我同吃恐怖大餐的人的样子。我们像疯狂的野狼一样争食，而我们本身都有孩子，作为男人和父亲，我们没有任何理由犯下如此深重的罪孽。"

三名幸存者又过了四五天，他们远远地看见了德国船只蒙德祖玛号（*Moctezuma*）的船帆。他们"在吃早饭的时候"得救了，这是另一名幸存者对被救时间的描述。

5月20日，1875年

"大义灭亲"

亚伯拉罕·林肯对妻子奢华的生活方式和偶尔发发脾气的做法十分包容，顶多是皱皱眉就过去了。他们的儿子罗伯特·林肯（Robert Lincoln）可没有这样的耐心。1875年5月20日，林肯总统遇刺身亡的10年以后，小林肯把自己的母亲送进了疯人院。对玛丽·陶德·林肯（Mary Todd Lincoln）来说，那是一次偷袭，她毫无准备。

在被强行送走的前一天，下榻在芝加哥一家旅馆的林肯夫人迎来了一位不速之客，他的名字叫李奥纳多·斯维特（Leonardo Swett），在林肯当政时期是总统的律师兼顾问。带着两名警卫的斯维特把林肯夫人"护送"到一间座无虚席的法庭，法官、陪审团和证人一应俱全，暗中安排好这一切的罗伯特·林肯也在其中。林肯夫人曾两度经历丧子之痛，又目睹林肯遇刺，性格变得有些古怪，让罗伯特难以忍受。但最让他关心的是钱，说得更具体一点，就是他的母亲究竟挥霍了多少钱。

前第一夫人坐在法庭上，被一群大部分从没见过她的专家评头品足，鉴定她是否精神失常，他们的判断依据仅仅是罗伯特提交的报告。林肯夫人手足无措，非常气愤。包括旅馆女佣在内的其他人也被传唤，给出了负面的证据，比如"林肯夫人精神紧张，时常亢奋"。

接下来罗伯特也站到了证人席上，宣称："我完全相信我母

亲已经疯了。长期以来她让我十分焦虑。她已经无家可归,而且没有理由进行这些消费。"

辩护律师没有提出任何异议,更没有传唤己方证人。罗伯特早就收买了法庭为他母亲指定的律师,所以这名律师肯定不会提出异议。陪审团离场去决定林肯夫人命运的时候,她的逆子走到面前想拉住她的手。玛丽·林肯没有给他握手的机会,说出了那天唯一的话:"哦,罗伯特,真想不到我的儿子会对我做出这种事。"

十分钟以后,陪审团得出了林肯夫人精神失常的结论。玛丽·陶德·林肯在第二天被关进了疯人院。

5月21日,1972年

米开朗基罗:"为什么受伤的总是我?"

1972年5月21日,星期天,正值圣灵降临节(Pentecost Sunday),梵蒂冈的圣彼得大教堂里密密匝匝地挤满了信徒和游客。突然,一个狂人大喊了一声:"我就是耶稣!"之后跃过身前的栏杆,挥起锤子朝世界上最精美的艺术品疯狂乱砸,遭殃的是出自米开朗基罗之手的《圣母怜子》(Pietà)大理石像。作为米开朗基罗唯一签过名的作品，《圣母怜子》雕像弥足珍贵，它在袭击中受到的损伤令人扼腕。袭击者一共砸了15锤，怀抱殉难基督的圣母玛利亚的鼻子被砸掉了，她的左眼皮、脖颈、头部和面纱等多处均受到不同程度的破坏。圣母的左臂被砸断，手指散落了一地。

艺术瑰宝被恣意损坏，教皇保罗六世（Paul Ⅵ）感到无比震惊。早在5个世纪前，过去的几位教皇反而带头毁坏了米开朗基罗的另一幅名作。在教皇保罗三世的赞助下，米开朗基罗在西斯廷大教堂神坛后面墙壁上绘制了巨幅壁画《最后的审判》(The Last Judgement)。这幅壁画在创作过程中就受到了梵蒂冈保守派的指责，他们认为不应该在神圣之地绘制裸体。米开朗基罗用自己的方式对抗议者之一——教皇的首席司仪比亚焦·达·切塞纳（Biagio da Cesena）进行了回击。他把达·切塞纳作为地狱判官的形象画进了壁画，并给他安了一副驴耳朵，还安排一条蛇去咬住了他的下体。达·切塞纳向教皇投诉，教皇幽默地说自己的职权管不到地狱那边，所以他的形象只能保留了下来。

可惜的是，后来的几任教皇就没这么开通了。根据文艺复兴时期作家米歇尔·德·蒙田（Michel de Montaigne）的记载，宗教审判的领军人保罗四世（Paul Ⅳ）"为了不污染众人纯洁的眼睛，命人'劁'掉了梵蒂冈城里众多雕塑裸露的生殖器"。这位保罗四世曾经计划毁掉《最后的审判》，但真正动手的是庇护四世（Pius Ⅳ）。在他的安排下，画家达尼埃莱·里恰莱利（Daniele da Volterra）一笔一画地遮住了《最后的审判》上所有裸露的下体，结果被世人所讥笑，落下了诨名"画裤子的"*。

5月22日，1856年

山雨欲来

在美国内战爆发前的几十年里，不同州之间关于奴隶和州政府权力的问题早已产生了不可调和的矛盾，朝着危险的方向发展。当时国会里来自各地的议员个个怀揣真刀真枪，敢于对任何持不同政见的人动真格的。曾经有位见识过真场面的人对众议院里的场景留下了这样的记录："气氛就像一口沸腾的大锅，脾气火爆的南方人恶狠狠地盯着对他们横眉冷对的北方'洋基佬'。"议员们一言不合就拉着对方要决斗，或者是对骂。有一次他们甚至完美再现了荒蛮西部小酒馆里经常出现的一幕：有名议员的枪掉在地上走火了，其他人立刻像受惊的牛仔一样做出了反应。就在那一瞬间，"唰的一下凭空出现了三四十把枪"，印第安纳州的众议员威廉·霍尔曼回忆道。

---

* 围绕《最后的审判》展开的"无花果叶行动"（传统画作中遮盖人物裸体上关键部位的多为无花果的叶子，这一点在以亚当和夏娃为主题的宗教画中尤为常见）一直延续到庇护六世去世之后。画家埃尔·格列柯（El Greco）曾自告奋勇地想用"画风保守、格调高雅且画技不输原作的作品"完全覆盖《最后的审判》。到了现代，人们对西斯廷大教堂里的所有壁画进行修复的时候，去掉了大部分后期添加的遮羞布，但是里恰莱利添加的东西无法去掉，因为人们发现加笔之前，绘有米开朗基罗原稿的石膏层都被敲掉了。

到了1865年，南北双方的紧张局面引发了一个标志性的暴力事件。主张废奴的马萨诸塞州参议员查尔斯·萨姆纳发表了题为"戕害堪萨斯"的演讲，强烈反对将蓄奴制扩张至该州的行为，他在演讲中声讨的主要对象是南卡罗来纳州的参议员安德鲁·巴特勒（Andrew Butler），此人是《堪萨斯-内布拉斯卡法案》（Kanssas-Nebraska Act）*的起草人之一。

"南卡罗来纳州的那位参议员先生显然是读了几本骑士小说就把自己想象成行侠仗义的骑士了。"萨姆纳大声疾呼道，"他的行为就好像选了个别人都觉得丑、就他觉得美的情妇当老婆。我是说他选择的婊子代表着奴隶制。"

巴特勒参议员有个众议员外甥，叫普莱斯顿·布鲁克斯（Preston Brooks）。听了萨姆纳言辞激烈且充满性暗示的演讲，布鲁克斯按捺不住心中的怒火，在两天之后的5月22日上门报仇。那天，萨姆纳在别无旁人的参议员办公厅里安静地处理政务，布鲁克斯径直走到了他面前。"萨姆纳先生，"他开口道，"我仔细读了两遍你的发言稿，里面全都是对南卡罗来纳州和我家亲戚巴特勒先生的污蔑。"接着，他出其不意地用手中的文明棍劈头盖脸地朝萨姆纳的头部砸了下去。萨姆纳招架不住，倒在了血泊中，布鲁克斯仍然没有停手。萨姆纳的伤势非常重，他花了好几

---

* 该法案在1854年由美国民主党参议员斯蒂芬·道格拉斯（Stephen Douglas）提交国会并通过。法案的主要内容是修建横贯东西的铁路，但是由于铁路会路过蓄奴州与非蓄奴州，于是起草人在法案中提议由会受到影响的堪萨斯州和内布拉斯卡州居民自行决定是否蓄奴。此法案受到亚伯拉罕·林肯等废奴主义者的强烈反对，并导致北方人民和南方人民进一步分裂。林肯于1860年当选美国总统，南北冲突升级，美国内战最终于1861年爆发。——译者注

年养伤,重返参议院。

北方各州认为萨姆纳受袭事件是恐怖袭击。《波士顿晚邮报》(*Boston Evening Transcript*)的社论表示"这个罪行的受害者不光是自由,还有文明"。但是在美国南部,布鲁克斯被众人捧为英雄。"萨姆纳挨了一顿好打,而且他活该挨打。"《查尔斯顿水银报》(*Chaleston Mercury*)对此大为赞赏。布鲁克斯事后收到南方支持者们送去的一大批文明棍,上面刻着"再打他一顿"的字样。与此同时,美国国内暗潮涌动,南北战争是迟早的事情。

5月23日,1976年

术业有专精

我不会打字,我不会整理文件,我甚至连电话都不会接。

1976年5月23日,众议院行政委员会的主席——来自俄亥俄州的众议员韦恩·黑斯(Wayne Hays)的"秘书"莉兹·雷伊(Liz Ray)在《华盛顿邮报》的一个专栏中首次公开了她在国会山的工作水平。两个月以后,雷伊小姐拿着纳税人支付的工资为老板黑斯提供的"其他服务"也被公开了,黑斯议员为此丢了工作。

5月24日，2014年

万金难买寸光阴

常言道，金钱买不来幸福，某个倒霉的亿万富翁表示，不光是幸福，金钱什么也买不来。2014年5月24日，伊朗商人马哈法利德·阿米尔·科斯拉维（Mahafarid Amir Khosravi）因为被指控暗中策划了一起涉案金额巨大的诈骗银行案被逮捕，在被关押期间被绞刑处死了。根据一些报道，死刑执行得非常突然，科斯拉维临刑前甚至没能和律师再多交流一分钟。他的辩护律师戈兰姆·阿里·利阿希（Gholam Ali Riahi）事后对伊朗新闻网站（khabaronline.ir）声称："他们贸然处死我客户这件事，我毫不知情。这位客户所有财产的处置权全部移交到了公诉人手里。"

5月25日，1878年

出人意料的重逢

1878年5月25日，美国第9任总统威廉·亨利·哈里森之子兼未来第23任总统本杰明·哈里森（Benjamin Harrison）之父——俄亥俄州前议员约翰·斯科特·哈里森（John Scott Harrison）在伏案工作时猝死。他的突然离世对家人来说是个意外，但更大的意外在 5 天以后等着他们，因为哈里森"诈尸"了。

5 月 29 日，哈里森的遗属们去墓地安葬他的时候，发现同一墓地里一位亲戚的墓被挖开了，尸体也不见了，这里埋葬的是不久前去世的奥古斯都·德文（Augustus Devin）。在 19 世纪末期，尸体失踪的现象并不少见，当时有一群以盗尸为生的人专门把刚下葬的尸体挖出来卖给医学院，因为在那个年代尸体解剖是违法的，只能偷偷地进行。盗卖尸体的人经常以"起死回生者"自居。

过了一天，哈里森家的几个人带着警察一起前往俄亥俄医学院搜寻德文的尸体。一开始他们并没有找到表亲德文的遗骨，就在打算放弃的时候，一位眼尖的警官看见一处通往外面的纵向滑槽外垂着一条绳子。众人合力把绳子拉起来，发现另一端吊着一具老年男性的尸体，尸身一丝不挂，脸用布蒙住了。在场的人知道那不是德文的尸体，因为德文去世的时候还很年轻。哈里森的一个儿子为了验明正身，斗胆掀开了尸体脸上的布。令他毛骨悚然的事发生了：布遮住的面孔不是他的表亲德文，而是他的父亲，也就是说他们的父亲下葬之后没过几个小时就被人挖走了。未来的总统本杰明·哈里森永远也忘不了"父亲的坟墓被人挖开，尸体在医学院的深坑里像狗一样吊在绳子上的惨状"。*

---

* 奥古斯都·德文的尸体后来在密歇根大学医学院的一缸盐水里找到了。

5月26日，1978年

过把瘾就回家，或者回老家

您想欢乐一夏吗？新泽西弗农谷（Vernon Valley）的动感乐园欢迎您。您想身负重伤吗？新泽西弗农谷的动感乐园欢迎您！这里没有扫兴的安全守则，只有惊险刺激的游乐项目，整个园区的设计人仿佛是个年仅10岁的癫狂儿童，运营管理团队看样子也是他的同龄人。为了让游客忘记骨折和皮肤挫伤的疼痛，园区里到处都是贩卖饮料的摊点，未成年人在那里可以畅饮进口啤酒，卖酒的员工大多是嗑过药的青少年打工者。怪不得这个人称"吸引力乐园""事故乐园"或"动感嗑药乐园"的游乐场生意特别好，去玩的大部分是十几岁的孩子。这里是让人为所欲为的法外之地，就像加入了水滑梯的《蝇王》（Lord of the Flies）世界。

1978年5月26日，动感乐园正式开门迎客。在这个危机四伏的地方，游客们有上百种方式受伤或是丧命。在接下去的20多年里，游客们源源不断地乘兴而去，挂彩而归。有些幸存者把自己的恐怖经历结集成册，出版了一本书，题为《怪诞新泽西第二辑：带你玩转新泽西》（*Weird N.J.*, *Vol. 2: Your Travel Guide to New Jersey's Local Legends and Best Kept Secret*）。

举个例子，乐园里有个高耸入云的"阿尔卑斯滑道"，混凝土加玻璃钢结构，从上面滑下来受些磕碰伤和剐蹭伤都不算什么。这个游乐项目的入口贴着许多游客的照片，照片上的他们

动感乐园里把生命置之度外的勇士

刚被滑雪缆车扔在半山腰上即将开始受伤之旅。"你坐进一个低矮的塑料座位,底下有轮子,前面有一个负责'转向'的扶手。"《怪诞》那本书的供稿人阿里森·贝克(Alison Becker)回忆道,"然后工作人员把你推下一个坑坑洼洼的下山滑道。没有头盔也没有闸(就是有闸也不管用),也没人警告你双手乱动的话可能会失去一两个手指头……这还不够,他们居然大胆地搞了个'慢道'和'快道'。其实应该干脆管它们叫'伤道'和'亡道'。"

动感乐园也为喜欢水上滑梯的游客准备了许多游乐设施。"炮弹大回环"在试运行的时候卡掉了一个安全测试人偶的头,所以几乎没有投入使用。其他速降水滑梯全程并不怎么顺滑,孩子们晕头转向地飞跃各种岩石峭壁,一头扎进肮脏的水坑或是水很浅的游泳池。经常有不怀好意的人在水池边转悠,专等着捡游客身上滑落的比基尼泳衣,或是看伤者的笑话。

"白水漂流"曾是园区里一个人气很旺的项目,结果有名不幸的游客在漂流过程中翻船了(这个项目翻船是常事),在他努力把船翻回去的时候不慎碰到了水下漏电的电线,当场身亡,该事故导致游乐设施关闭。除此之外还有悬崖跳水,游客克里斯·格萨德(Chris Gethard)回想起来还心有余悸:"我记得这个项目是因为跳水的人会落入一个公用游泳池,里面不光是参加跳水项目的,还有很多戏水的人。好多人以为自己不过是找个地方游泳,根本不知道上方十米的高空会往下掉人!"

看守"巨浪游泳池"的救生员们每天都很忙碌,因为经常有游客在人工造浪的池子里溺水,后来人们索性叫它"墓场游泳池"。一名对伤亡者毫无同情之心的游客如此评价道:"要我说,如果你跳进水里才发现游不动,那是你自己的问题。"

在事故频发的每一天,工作人员开着"急救"小车在园区里四处穿梭。根据阿里森·贝克的回忆,这些小车"外观和高尔夫球车差不多,车上一般配备两名满脸青春痘的半大小子,身上套着肥大的背心,上面印着'急救'(EMT)字样。这些小车整日在园区的人行道、草坪和小树林里巡逻。当车上有游客的时候,绝不是仅擦伤膝盖的孩子,而是用血染的毛巾紧紧按着脑袋上巨大伤口的倒霉孩子。有的人腿上的伤口足有大号饮料杯那么大。血,到处都是血。我能记住都是鲜血淋漓的场面。那地方的一张门票还不到25美元,真是物超所值"。

5月27日,1541年

耳顺之年不得善终

要是论谁死得最不体面,恐怕很少有人能比过英格兰的克拉伦斯公爵乔治(George, Duke of Clarence),他在1478年栽进一桶酒里淹死了。他的女儿索尔兹伯里女伯爵玛格丽特·波尔(Margaret Pole, Countess of Salisbury)在1541年死得也相当没有尊严。女伯爵在前一个世纪的皇族内战"玫瑰战争"中勇敢地活了下来,作为亨利八世的表侄女,她也曾经很受国王的喜爱。然而她的儿子——红衣主教雷金纳德·波尔(Reginald Pole)的某些政策和亨利八世直接唱反调,于是亨利八世下令处死女伯爵以报复。女伯爵被押赴刑场的时候已经67岁了,在都铎王朝时期她已经是高龄老人。根据某些记载,她健步如飞地逃脱了行刑者的束缚,刀斧手们围着伦敦塔前的广场一圈又一圈地追砍着女伯爵,最后她摔倒在地,被砍下了脑袋。*

---

* 英格兰皇家使节尤斯塔斯·查普斯(Eustace Chapuys)的记载有些出入:处死女伯爵的刑场在伦敦塔外,而且只有一个很低的木桩,没有搭高台,与她高贵的身份完全不符。在查普斯的记录中,被指派去砍头的行刑者是一个"水平很差且笨手笨脚的毛头小伙","他用拙劣的刀法把她的头和肩膀劈得七零八落"。

5月28日，1940年

丘吉尔的替罪羊

> 您可以在历代堕落君主的黑名单中上下求索，要想找到像比利时国王那样既背信弃义又胆小如鼠的人都不容易，更别说比他还恶劣的了。
>
> ——英国首相大卫·劳合·乔治（David Lloyd George）对比利时国王利奥波德三世（Leopold Ⅲ）的评价

当纳粹的铁蹄踏进比利时的时候，这个中立的小国虽然奋起抵抗，却终究是螳臂当车。1940年5月28日，经过18天的苦战，执掌军权的国王利奥波德三世不得不向德国无条件投降，此时英军和法军刚刚从敦刻尔克成功撤退。

"历史会告诉后人，我们的军队尽力了。"国王宽慰他忠诚的战士们，"我们虽败犹荣。"

利奥波德三世和他的军队一同坚守到被德军围困的最后时刻，所以他相信自己的英勇经得起历史的考验，然而历史对这位不幸的国王并不仁慈。利奥波德三世投降之后，立刻受到了各界人士的口诛笔伐，他们大多是掌握着历史走向、自认高瞻远瞩的人物，其中就包括在修史方面颇有建树的温斯顿·丘吉尔。

当时法国即将全面崩溃，英国也在和希特勒的对抗中进入了危急时刻。1940年6月4日，英国首相丘吉尔在下议院发表了讲话，就在不久前，他还对比利时国王做出公平客观的评价，但这一次他掉转枪口，火力全开，把比利时投降一事称作"可悲的一幕"："利奥波德三世猝不及防地在没有和任何人商量、没有通知别人、没有听取大臣们意见的情况下任性行事，他派了一个全权代表前往德军司令部举手投降，将我们在战场上的软肋和撤退路线暴露在敌军面前。"

丘吉尔的这番话完全不实，而且他自己相当清楚这一点。比利时方面曾多次对英国和法国发出即将崩盘的警告。"我们的抵抗已经到了极限。"利奥波德三世的军事顾问劳尔·凡·奥佛斯特拉滕（Raol van Overstraeten）对法国指挥官发出过这样的通告，"我方前线已经脆弱不堪，就像寿命已尽的琴弦一样随时会断掉。"丘吉尔在利奥波德三世投降前夕曾给陆军元帅格尔特子爵（Lod Gort）拍去电报，在电文中明确提到了比利时岌岌可危的形势："我们这是在要求他们舍己为人。"

虽然丘吉尔对当时的局势心知肚明，但是他仍然在书写"二战"历史的时候保留了对利奥波德三世有失公允的定论。他这么做的目的何在呢？在《第二次世界大战回忆录》第二卷《最光辉的时刻》（*Their Finest Hours*）中，丘吉尔提到法国总理保罗·雷诺（Paul Reynaud）先前已经对比利时国王进行了苛责，说他投降的行为既不体面也背叛了盟友，也就是说他把法国即将沦陷的局面归罪于利奥波德三世的选择，同时他希望丘吉尔作为他的同伴和他口径一致。丘吉尔首相在书中说自己虽不情愿但还是同意了法国的请求：

> 在发表6月4日下议院讲话之前，我仔细地研究了全部

事实,在本着对法国盟友和在伦敦的比利时流亡政府保持公正的前提下,用直白的语言讲了真话,我认为那是我不可推卸的责任。

丘吉尔做的根本不是"用直白的语言讲了真话",他的儿子兰道夫就提出过异议。"您所说的和写的都是谎言,而且您很清楚这一点。"根据目睹这一幕的奥地利大公奥托·冯·哈布斯堡(Otto von Habsburg)《一个大洲的诞生》(*Naissance d'un Continent*)的记载,小丘吉尔曾对父亲说过这样的话。

"那些当然是谎言。"老丘吉尔的回答充满了挑衅意味,"但是你不要忘了,任何时期的历史都出自当时最优秀的作家。我现在和将来都是那样的作家,所以不论我写了什么,别人都会信以为真。"

5月29日,1913年

春之乱

摇滚音乐会引起骚动很常见,莎士比亚剧作的演出现场可能也不太平(详见5月10日),但是芭蕾舞演出总不会出乱子吧?1913年5月29日,在巴黎首演的俄国的著名作曲家伊戈尔·斯特拉文斯基(Igor Stravinsky)的《春之祭》(*Rite of Spring*)就是这样的例子。那天晚上,大部分前往香榭丽舍剧院的观众期待的

是《天鹅湖》或者《睡美人》这种温婉且传统的表演，但这场演出呈现给他们的是从未听过的曲式、充满异教风格的主题和全新的舞蹈设计。多年以后，这部作品被奉为经典。开场的巴松管刚刚吹响，台下就传来了嘘声，很快，喜欢斯特拉文斯基前卫风格的少数观众和欣赏不了这种风格的大多数观众之间产生了冲突，现场演奏的乐队也遭到了袭击。当晚的指挥皮埃尔·蒙图（Pierre Monteux）曾回忆道："观众们把手里能扔的都朝我们扔了过来，但是我们的演奏没有中断。"被叫来维持秩序的警察在中场休息的时候让冲突的双方冷静了下来，但是下半场演出刚一开始，观众们又打起来了。

出席首演现场的作曲家斯特拉文斯基听见有些观众在开头部分就发出了哄笑，感到很受伤，于是他离开了观众席，坐在舞台侧面观赏了接下去的混乱场面。"我从来没那么生气过。"斯特拉文斯基事后写道，虽然有人说让观众们撒野的不是音乐而是舞蹈，但这对他并没有起到安慰的作用。

艺术评论家们对《春之祭》的看法和观众们一样分成了两派。《费加罗报》(Le Figaro) 的评论员亨利·齐塔尔德（Henri Quittard）称它是"大费周章且幼稚愚蠢的野蛮展示"，同时表示"斯特拉文斯基这种分量的艺术家屈尊参与了这样的创作，我们感到很遗憾"。另一位评论家居斯塔夫·里诺尔（Gustav Linor）则被《春之祭》的魅力所折服，他在戏剧界领军期刊《喜剧》(Comoedia) 里说演出现场的骚乱虽然性质恶劣，但不过是两派没教养的人之间"粗鲁的辩论"。

当然，斯特拉文斯基的不朽名作终于为世人所接受，著名乐评人迈尔斯·霍夫曼（Miles Hoffman）认为该曲目"在音乐史，乃至整个艺术史上代表了创造力的伟大飞跃"。

5月30日，1806年

不讲武德的未来总统

在过去的日子里，特别是19世纪早期，绅士的个人荣誉是神圣不可侵犯的。任何侮辱或冒犯行为都可能造成严重甚至致命的后果。因为男士们不惜拔枪相对，用当场决斗的方式捍卫自己的尊严，而决斗在当时也被比作"终审法庭"。无论如何，在文明时代决斗也是要严格遵守规矩的，绅士就算杀人也得杀得优雅得当。凡是违背"决斗法则"的行为都是可耻且可恨的。将来会当上总统的安德鲁·杰克逊脾气很坏，脾气一点就着，而且生性多疑，偏偏他还是决斗的忠实拥护者。然而，有时候杰克逊并不会完全遵守决斗法则，对手之一——田纳西州律师查尔斯·迪金森（Charles Dickinson）发现他这个毛病的时候就已经太晚了。

杰克逊和迪金森的矛盾源自赛马发生的一点不快，两人先是对骂，后来迪金森把问题升级了，随便哪个绅士都不可能坐视不管：他在《纳什维尔评论》（*Nashville Review*）发表文章，说杰克逊是"一文不值的恶棍……胆小鬼和懦夫"。既然被对方公开打脸，未来的总统杰克逊按照当时的习俗向迪金森发出了决斗的战书。双方约定在1806年5月30日、相隔大约7.3米以枪对决。

杰克逊一开始就知道自己处于劣势，因为迪金森是出了名的神枪手。迪金森觉得自己能速战速决，就轻松愉快地前往商定好的决斗地点——肯塔基州罗根（Logan），离田纳西州的州界不远。旅途中，迪金森在24步之外一枪射断了一根绳子，这让他的同伴们士气高涨。迪金森随手把断成两半的绳子留给了旅店的老板，并留下了这样的话："要是杰克逊将军路过这里，就把这个给他看看！"和志在必得的迪金森正相反，杰克逊非常认真，在赶往肯塔基州的路上，他和同伴们一直在讨论对策。最后他们认为既然迪金森的枪法更准，索性让他先开枪，这样一来，如果杰克逊活过了第一轮，就可以仔细地瞄准，而不用考虑拔枪的速度和命中率。

双方到达决斗地点之后各自就位。按照开枪的顺序，迪金森抬手就是一枪，命中杰克逊胸口。杰克逊并没有倒下，他紧咬牙关，用手捂着胸口（那颗离心脏不到3厘米的子弹后来永远地留在了他的体内）保持着站姿。"我的天！"迪金森惊恐地喊道，"难道我射偏了吗？"根据决斗规则，惊愕的迪金森站回刚才的位置。杰克逊现在可以自由地开枪了，他故意慢慢地举枪瞄准，然后扣动了扳机。这一枪并没有打出去，因为撞针卡在了半路。按理说迪金森也算活过了这一轮，但是杰克逊不顾最基本的决斗礼仪，又补了一枪。这次射中了迪金森的身体，令他失血过多而死。"就算是他打穿了我的脑袋我也会还击的。"对自己的伤口不以为然的杰克逊如是说。

5月31日，1990年

区区小钱，何足挂齿

坐拥好几千双鞋的菲律宾前第一夫人伊梅尔达·马科斯（Imelda Marcos）对某些话已经听够了。"这里100万美元，那里100万美元，都是些小钱，有什么可计较的。"根据《泰晤士报》的报道，马科斯夫人觉得被指控贪污国库数十亿美元的事不值一提。1990年5月31日，伊梅尔达仿佛要证明自己有多不耐烦似的在联邦法庭上当场晕厥，被担架抬了出去，迫使审判中断。一个月以后，她满血复活，因为被无罪释放得以继续挥霍民脂民膏。"我天生就是讲排场的。"鞋子收藏家伊梅尔达脱罪后得意地说，"总有一天他们会把我的名字编进词典。他们会造出Imeldific这个词来表示气派和奢华。"

June

6月

在整个 6 月里,我把玫瑰丛打理成束。
一朵接一朵地,我把它们的叶子摘除,
抛撒在波琳也许会走过的小路上。
哎,她也许会径直走过去,不会改变方向。
就让叶子散落在那里吧。它们何时枯黄?
也许枯叶能吸引她的目光。

——《单相思》(One Way of Love),罗伯特·勃朗宁
(Robert Browning)

6月1日，1809年

海顿头骨的奇幻之旅

约瑟夫·卡尔·罗森鲍姆（Joseph Karl Rosenbaum）非常崇拜音乐巨匠约瑟夫·海顿（Franz Joseph Haydn），在他看来，人们在1809年6月1日为海顿举办的葬礼过于寒酸，唐突了他心目中的英雄。那个时候，维也纳被拿破仑占领，许多原本会去吊唁的人由于时局所迫未能到场。如果时机不是那么差，海顿的葬礼也许会体面很多。

罗森鲍姆对不够气派的海顿葬礼感到非常生气，但是他没有想方设法去弥补，而是在葬礼当天和墓地的看守密谋进一步破坏偶像坟墓的事情。在罗森鲍姆的心中，他盗挖海顿灵柩的目的十分伟大。作为海顿的狂热追随者，罗森鲍姆要让全世界都了解海顿的天才所在，为了实现这个愿望，他需要海顿的头颅。

在海顿去世的时期，一门名为"头骨学"的新兴"科学"开始广泛传播，该学科研究者的初衷是通过检验颅骨特征理解人类的思维和意识。当时普遍的观点是颅骨的不同形状和轮廓代表着性格的多样化。比如，当时人们认为如果一个人的后脑突出的话，这个人会天生带有强烈的繁殖欲。既然海顿生前满脑子音乐细胞,罗森鲍姆早早地就着手计划用海顿的颅骨特征勾勒出音乐天才的思维导图。

罗森鲍姆在海顿临终病重的那段日子里耐心地等待着时机,并且在他下葬后的第四天终于得到了他想要的东西。哎,炎炎夏日加速了尸体的腐烂进程,当罗森鲍姆在门窗紧闭的马车里接过海顿的头颅时,包裹里散发出来的刺鼻尸臭让他吐了一地。但就算这样也没能让他放弃心中那神圣的任务。

在此之前,罗森鲍姆曾经把一名去世不久的女演员的脑袋切了下来,在上面进行剔肉练习,结果没有成功。这一次他把海顿的头颅托付给他的医生朋友利奥波德·埃卡特(Leopold Eckart),此人是和他共同钻研"头骨学"的人。埃卡特用专业外科手法成功地把海顿头骨上的所有肌肉和筋膜都剔除掉了。

他们俩谁也没有重视颅骨里那团灰色的腐物,也就是海顿的大脑,以及大脑里原本储藏的秘密,随手把这个他们认为没用的器官和脸部肌肉等东西丢进医院的焚化炉烧掉了。

6月15日,人们为海顿举行了一场更气派的追悼会,罗森鲍姆的偶像终于受到了应有的重视,他甚感欣慰。*在他的笔下,

---

* 这次追悼会上,人们演奏了莫扎特的《安魂曲》。说来也巧,莫扎特的头在几十年前也被人"抢救"了出来。据说当时维也纳圣马克教堂的一名守墓人在莫扎特下葬于大众墓地(并不是多人合葬或乱坟岗,每个人仍有单独的墓穴,但是按照当时的习俗,每10年会挖开一次重新利用,富人或贵族的墓地不会如此)的时候在脖子上系了一根绳子,以便日后能认出来。后来,根据传记作家彼得·戴维斯(Peter J. Davies)的记载,这名守墓人"本着对音乐的无上热爱"挖开了坟地,在众多尸骨中翻找出脖颈处有绳子的,把头颅拣了出来,留与后世人做纪念。19世纪人们对音乐家头骨的怪异热情让贝多芬和舒伯特的遗骨也受到了类似的骚扰。

这场追悼会"庄严肃穆，配得上海顿的地位"。然而，就像《窃脑贼》(*Cranioklepty*)一书作者科林·迪基（Colin Dickey）指出的那样，海顿在被世人歌颂的时候，他的头却"泡在附近一家医院的石灰水里"，罗森鲍姆显然看不到两者之间不协调的地方。

海顿的头骨经过石灰水的腐蚀之后变得洁白无瑕，罗森鲍姆把它放进了精心准备的展示箱里。就这样，他一直虔诚地收藏着这个见不得光的神奇宝物，直到有一天，海顿生前的赞助人——埃施特哈奇家族（Esterhazy）继承人尼古拉斯二世大公（Prince Nicolas II）良心发现，回忆起海顿天籁般的音乐曾经连绵不绝地回响在他们家族位于艾森施塔特（Eisenstadt）的宅邸，于是决定把海顿的墓迁往更合适的地方，并以应有的礼节再度安葬。

正式迁墓的时候，人们被吓了一跳。大公派去的人在挖开坟墓并打开海顿的棺椁的时候，看见海顿的尸体被损坏了，原本是头颅的地方现在只剩下一顶假发，而海顿墓碑上刻着的墓志铭"Non omnis moriar"（我不会彻底死去）此刻颇有黑色幽默的意味。尼古拉斯二世大公听到这个消息之后大为光火，下令严查此事，罗森鲍姆依然波澜不惊。"我们都在谈论大公把没有脑袋的海顿遗骨送往艾森施塔特的事情，"他曾经记叙道，"所有人都把大公当笑话看。"

警方最后还是锁定了罗森鲍姆，他随便交出一个头骨糊弄事。警察看穿了他的伎俩，于是罗森鲍姆又拿出一个替代品，还把真品藏在了假装卧病在床的妻子的被褥里，这次搜查人员信以为真，把它带回去交差了。于是，罗森鲍姆一直珍藏着"约瑟夫·海顿最珍贵的遗物"，一辈子都没撒手。罗森鲍姆去世以后，海顿的颅骨几经易手，直到 1954 年即海顿逝世 145 年以后，才得以和自己的尸身重逢，获得了永恒的安息。

6月2日，1763年

杀人第一，比赛第二

这个计谋既简单又管用，而且致命。1763 年 6 月 2 日，好几百名奇佩瓦族（Chippewa）和索克族（Sauk）原住民聚集在米奇利马基纳克堡（Fort Michilimackinac，今密歇根州马奇纳克城）的城墙外，他们表面上一团和气，是来打棍网球（lacrosse）* 比赛的，实则暗藏杀机。当时英军刚从法国手里夺下这个要塞，法军曾警告过英军，附近的印第安人可不像看上去那么老实，然而接管城堡的英军指挥官乔治·埃泽林顿（George Etherington）少校把它当作了耳旁风。事实上，刚愎自用的少校并没有重视关于当地民风的报告，他觉得在所谓的野人面前，他们的军队占有绝对优势。

于是，完全脱离现实的少校带领他的大部分士兵在赛场的边线外落座，准备观看两队印第安人的比赛，赛场上选手们脸上都

---

* 也称袋棍球，是一种用顶端有网袋的长棍持球和运球的团队球类运动。该运动起源于北美原住民部落，距今至少有两千多年的历史，原本不限人数，最多双方可有各一千余人。在当地殖民统治的法国对该运动进行了改良并制定了新规则，最终发展成每队出场 10 人。——译者注

用陶土颜料画着纹饰，一个个蓄势待发。球员的女眷们紧裹着毯子，也坐在一旁观战。在激烈的比赛过程中，木球被打过了城墙，印第安勇士们等待的时刻到来了。运动员们冲出场地追球的时候，观众区的女眷们敞开了身上的毯子，把藏在里面的武器递了过去。

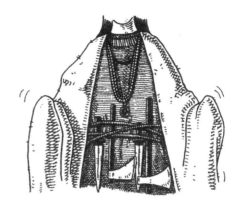

正在观看比赛的年轻皮革贩子亚历山大·亨利（Alexander Henry）侥幸在混战中找到了藏身之处，以下是他对这场血腥屠杀的回忆："通过眼前的一个小洞，我看见了城堡里发生的最残酷、最可怕也是最凶猛的厮杀，眼看着野蛮人取得了胜利。他们把死人的头皮剥下，把尸体撕裂或拧断，将死之人在利刃和战斧之下哀号。这些屠夫甚至剜开了几具尸体，用手捧着喷涌出来的鲜血大口大口地喝着，周围传来阵阵怒吼和胜利的欢呼。"

6月3日，1956年

礼崩乐坏的摇滚毒瘤

1956年，艾森豪威尔还在做总统，摇滚乐的危险气息已经出现了苗头，加利福尼亚州圣克鲁兹（Santa Cruz）的警方对此深有体会。6月3日凌晨刚过，他们发现市民礼堂里举办的一场舞会局面渐渐失控。黑人孩子竟然和白人孩子混在一起跳舞，根据警督理查德·奥佛顿（Richard Overton）的说法，现场人群"在成员全是黑鬼的乐队演奏的低俗乐曲中群魔乱舞，互相挑逗，扭作一团"。跳舞的年轻人因为他们出格的行为被勒令立刻回家，警长艾尔·亨茨曼（Al Huntsman）明确表示"圣克鲁兹以后永远也不会容忍如此不像样的舞会"。

然而，就在亨茨曼下达禁令的两天以后，"猫王"埃尔维斯·普莱斯利（Elvis Presley）在面对全国观众的电视广播里让摇滚乐朝着道德败坏的方向更上一层楼，或者说更加下流。在《米尔顿·博尔秀》(The Milton Berle Show)的节目上，事业蒸蒸日上的明日摇滚之王一边唱着他的代表作《猎犬》(Hound Dog)，一边首次展示了他的性感扭胯舞。他的表演在主流媒体中引发了一场大地震。"他擅长的舞步在此之前是那种艳舞舞台上金发肉弹们的代表作。"《纽约时报》的评论员杰克·戈尔德（Jack Gould）在文章中批判道，"这种淫荡的扭动从来都不是流行音乐的一部分，以后也不会是。"《纽约每日新闻》的记者本·格罗斯（Ben Gross）对即将成为"猫王"标志性舞姿的扭胯动作更不留情面，批评它"散发着兽欲，只适合出现在窑子和妓院"。此时麦当娜还没出生呢，摇滚事业真是前路漫漫啊。

6月4日，1629年

一朝权在手

从世界海难史的角度来看，1629年6月4日沉没的巴达维亚号（*Batavia*）只能算是极小的事故。那艘船在西澳大利亚附近沉没的时候，船上的大部分乘客，不论男女老少，都顺利地逃到了岸上。幸存者们无从知晓在今后漫长的岁月里沉入海底的船只将持续损伤当地的珊瑚礁，只知道目前的情况非常严峻，因为他们被困在了一个饮用水和食物极其缺乏的荒岛上，藏身之处也稀缺，更可怕的是他们即将被某个一心做土皇帝的杀人魔所摆布。

巴达维亚号遇难之后，船长率领其他指挥人员划着原本搭载在船上的大艇出发去搜寻救兵。随船商人杰罗尼姆斯·科尼利什（Jeronimus Cornelisz）留在岛上当起了领导，很快他就露出了暴君的真面孔，在生存条件非常恶劣的小岛上胡作非为，称王称霸。科尼利什在航行期间一直策划篡权，由于沉船了没有搞成。现在他盘算着等救援船只一靠岸就夺走指挥权。不过在那之前他必须活下去，生存是个大问题，他面对着好几百个嗷嗷待哺的难友，从沉船上带出来的食物非常匮乏，可谓捉襟见肘。科尼利什的解决方案非常简单：杀人减负。

起初，他还披着法制的外衣，比如指控某人偷东西，然后迅速将其处决。后来干脆撕破了脸皮，派爪牙们恣意虐杀曾经同船的人。众多成人甚至儿童惨死在他们的刀棒之下，某个杀戮之夜里，同一家庭的8个孩子全都遭到了毒手。谁也不知道下一个轮到谁。

回忆起那个恐怖的时刻，失去 8 个子女的老父亲回忆道："当时我们觉得死定了，不停地向上帝祈祷，希望死得不那么痛苦。"科尼利什本人并不参与屠杀，手中的生杀大权（外加随意糟蹋女性，让她们做自己性奴的权力）已经让他陶醉不已。但他的确毒死过一个婴儿，因为孩子的哭声惹着他了。

过了 6 周，救生船回来解救大家，科尼利什的暴政终于画上了句号，船员们和幸存者的一部分合力打败了他。虽然人数锐减，但救生船仍然容纳不了那么多人，所以他们决定在荒岛上就地处死作恶多端的科尼利什及其亲信。处决当天，恶棍头子科尼利什的双手已经被砍掉，绞索也套在了脖子上，但是他丝毫没有悔过之心。"报复！"他站在绞刑架上狂吼着，"你们这是报复！"

6 月 5 日，1888 年

让总统亲自回绝的请求

丈夫严重的腹泻、自杀外加总统先生的绝情，让乔安娜·罗温格（Johanna Loewinger）在这一天焦头烂额。事情的一切还得从美国内战说起。乔安娜的丈夫在 1861 年 6 月参军，还不到一年就退伍回家了。根据军医的记录，罗温格先生退伍的原因是长期腹泻。又过了 14 年，他割喉自尽。从那时起，事情麻烦了起来。对于北方联邦军退伍战士罗温格的死因，验尸官得出的结论是不堪长期腹泻的痛苦而自杀，乔安娜对此有其他的看法。她认为自己的丈夫自杀是因为在战场上受了刺激，因此自己理应享受烈属养老金，但是军方驳回了她的申请。接着，美国参议院通过了名为《批准乔安娜·罗温格领取烈属养老金》的第739号议案。但是在1888年6月5日，此议案又遭到总统格罗佛·克里夫兰（Stephen Grover Cleveland）的否决。总统声明罗温格先生自杀的原因不是战争，而是腹泻的困扰，把遗孀乔安娜的最后一丝希望冲进了下水道。

6月6日，1867年

安全火柴不安全

1867年6月6日，年仅18岁的奥地利哈布斯堡皇族女大公玛蒂尔德（Mathilde）因裙子着火造成严重烧伤，不幸身亡。伦敦的布莱恩特－梅（Bryant & May）公司听到这个悲剧之后，决定借它推销自己的产品——"安全火柴"。关于玛蒂尔德裙子起火的原因，大部分记录表示她父亲当时站在她身后，手里藏着一支香烟，点燃她裙子的是那根香烟；还有一种说法是她是"路西法火柴"*的受害者，这种火柴划着之后非常不稳定，极有可能迸

---

* 这种早期火柴大约是将氯酸钾和硫化锑的混合液蘸在小木棍上，在砂纸上摩擦生火。——译者注

出火星。布莱恩特－梅公司选择利用第二种说法印制了许多品位低俗的广告。"保佑您不受火灾"——广告的最上面印着这样的标题,下面是玛蒂尔德女大公被焚事件的新闻摘抄。广告上还写着:"布莱恩特－梅牌安全火柴绝不会引起上述事故。"*

6月7日,1999年

肯尼迪家族的窝囊废

一个不善言辞且天性愚钝的人进了国会并不是什么怪事,但是当专业写手拿起笔来"宣扬"这个人的缺点时,一定会让他如坐针毡。1999年6月7日,马特·拉巴什(Matt Labash)在《标准周刊》上发表了一篇这样的文章,讥讽的对象是众议员帕特里克·肯尼迪(Patrick Kennedy)。拉巴什用外科医生般精准的手法,对年轻的肯尼迪议员进行了无情的嘲讽,把知名政治家族的后裔贬损为靠家族上位的绣花枕头,唯一的本事是唾沫横飞地发

---

* 讽刺的是,布莱恩特－梅公司利用玛蒂尔德的惨剧大张旗鼓地吹嘘自家安全火柴的时候,伦敦东区那些工资少得可怜的火柴工人却接连因为患上俗称"磷下巴"的磷毒性颌疽而死去,罪魁祸首是当时火柴生产过程中使用的白磷产生的毒气。1888年,布莱恩特－梅公司的火柴厂女工为此组织了一场大罢工,这才引起了公众的关注。那种会让人面部毁容的可怕疾病最初的症状是剧烈的牙疼,然后病人的牙龈极度肿胀,接着化脓的下颌骨会在暗处幽幽地发出淡绿色荧光,继而腐烂发臭。治疗磷毒性颌疽的唯一方法是切除整个下巴,否则病患会因继发的脑损伤和器官衰竭等症状痛苦地死去,惨状和玛蒂尔德女大公不相上下。

表长篇大论。文章中每个句子都像小刀一样,把帕特里克批判得遍体鳞伤。在拉巴什的笔下,帕特里克是个徒有其名的纨绔子弟,是"各位在参加SAT(Scholastic Assessment Test)考试时坐在他身边都不想抄他答案的肯尼迪家族成员"。这种说法似乎有失公允,但是当帕特里克真正开口说话的时候,人们发现拉巴什的描述挺客观的,也许这才是对帕特里克最大的打击。出身名门的帕特里克刚加入众议院军事委员会时,心高气傲地去质问海军秘书打算如何消除军中种族不和的现象,让我们看看他都说了什么:

> 所以这个问题就是,出现了问题之后没人汇报,因为,你也知道,咱们也不是无事生非啊,就是说啊。我对这件事的顾虑,你知道的,这应该是零容忍的问题,然而现在还是有人在容忍,我现在不是要说这个问题,我是说每个人都承认这个事情有它极端的一面,当然我不是说这只是把某人开除出军队的理由,你懂的。我们怎样才能和大家强调这个问题之外更大的问题呢……你能用交流的方式回答这个问题吗?*

---

* 帕特里克的父亲——参议员爱德华·肯尼迪也曾经暴露出自己口才不佳的一面(详见11月4日)。

6月8日，1863年

豪门逆子

1863年6月8日傍晚，两个身世显赫的人骑马进入美国田纳西州富兰克林城前的城堡。他们两个都是美国首位第一夫人玛莎·华盛顿（Martha Washington）的直系后代*，还是罗伯特·李（详见5月13日）的姻亲。不过此刻的威廉·奥尔顿·威廉姆斯（William Orton Williams）上校和他的表亲沃尔特·"吉普"·彼得斯（Walter G. "Gip" Peters）中尉并不打算表明身份。他们是南部邦联的奸细，扮演去基层军队视察的北方联邦军队军官，这次的任务让他们丢了性命。

镇守富兰克林堡的约翰·拜尔德（John P. Baird）上校被两位来访者的举止和气质深深折服，尤其是威廉姆斯的学识与谈吐，让拜尔德上校十分欣赏。出于对他们的敬意，拜尔德只是匆匆看了一下他们递过去的伪造文书。使用了化名的威廉姆斯和彼得斯告诉拜尔德，他们的目的地是纳什维尔，请他放行，还说路上遇到了南方反叛军的袭击和抢劫，需要拜尔德支援他们一些钱。拜尔德上校二话不说就满足了所有要求。接着，两位间谍婉拒了拜尔德留他们过夜的邀请，趁着夜色再度踏上了旅程。

拜尔德在他们离开之后，意识到对方的说辞有问题。首先，

---

* 玛莎·华盛顿的孩子是在第一段婚姻中与丹尼尔·帕克·卡斯提斯（Daniel Parke Custis）所生。她与乔治·华盛顿的婚姻中没有孩子。

他们身边没有随从，对于执行这种等级任务的军官来说很反常；其次，他们声称经历了反叛军的袭击之后只被抢走了钱财，没有受到人身伤害；最奇怪的一点是，他们自称是来视察检阅的，但是什么都没做就离开了。拜尔德越想越不对劲儿，连忙派人去追。

威廉姆斯和彼得斯顺从地回到了城堡，立刻就被控制住了。经过一番电报联络，拜尔德被告知持二人身份的视察军官并不存在。他接到的命令是用军事法庭审判二人，如果他们有罪就立刻以绞刑的方式处决。"我感到肚子里胆汁在翻搅，"拜尔德事后写道，"把他们吊死会让我舒服许多。"

就在那天夜里，威廉姆斯和彼得斯在灯火通明的军帐中连夜接受审判，间谍罪名成立。这对表亲承认他们此行是要执行一个绝密的任务，然而拒绝交代任务的具体内容。他们两个在第二天被执行绞刑，而这个任务究竟是什么，至今是未解之谜。

6月9日，1689年

尊贵的野蛮房客

英国著名日记作家约翰·伊夫林（John Evelyn）曾经对自己的房客很不满意，他出租的塞斯庄园（Sayes Court）位于伦敦，装潢陈设全是他亲力亲为、精心布置的，价值不菲，庄园附带的花园更是他倾注了无数心血的得意之作。"我把房子租给了本鲍

（Benbow）上尉，"伊夫林在日记中写道，"每天我都眼看着自己花费在房子上的金钱和精力一点点地付诸东流。我真希望找到更有教养的租客。"1689年，在英国游历的俄国沙皇延长了停留的时间，于是从本鲍上尉手中转租了塞斯庄园，伊夫林感到十分高兴。这个可怜的家伙天真地以为彼得大帝会比上一任房客有分寸。

然而，沙皇一行搬进去之后，伊夫林收到了各种各样的负面报告。一名仆人汇报说："房子里住满了人，而且都是些蛮横无理的人。"这个简明扼要的评价完全不足以反映真实情况。身材魁梧的沙皇身高2米多，喝起酒来千杯不倒，而且对美好的事物从无怜惜之心。（彼得大帝在游学欧洲学习西方先进技术的时候，曾经在阿姆斯特丹参观尸体解剖，当时他的随行人员显露出的不适让他很不高兴。作为惩罚，他命令所有人上前在尸体上咬一口。）就这样，彼得大帝和他的酒鬼随从们把塞斯庄园糟蹋成了牲口圈。

1689年6月9日，伊夫林在日记中写下了收房时的情景："今天我前往戴特福德（Deptford，塞斯庄园的具体地点，位于伦敦东南部）去看看沙皇陛下把我的房子当成行宫三个月后里面毁成什么样子了。"庄园的情况让伊夫林触目惊心：名贵的油画成为了射击靶子，家具损毁严重，地板和地毯上到处都是油渍。让他最痛心的是他万般呵护的花园。一位园丁把花园遭到的毁坏情况详细列了出来："多数受害的树木和植物已经无法挽救，攀墙生长的果树枝条尽断，两三棵顶级橄榄树也遭了殃，同时毁掉的还有几丛冬青和其他植物。"伊夫林亲手栽培的树篱围墙更惨，他笔下的树篱曾经"郁郁葱葱、赏心悦目，如铜墙铁壁一般……一年四季枝繁叶茂，跃动着灵光"，结果沙皇和他的同伴却坐着小推车从"铜墙铁壁"中呼啸穿过。

6月10日，1994年

遮遮掩掩的种族屠杀

机构发言人的基本工作之一，就是传达机构希望传递的信息。但是当上万名图西族人（Tutsis）在卢旺达被敌对的胡图族（Hutus）有组织、有预谋地屠杀时，美国国务院发言人克里斯汀·雪莱（Christine Shelly）却犯了难，她不断打着官腔，顾左右而言他，让她说出"种族屠杀"这个概念比登天还难。在1994年6月10日召开的记者招待会上，雪莱与路透社记者阿兰·艾尔斯纳（Alan Elsner）有这样一番对话：

艾尔斯纳："您如何描述卢旺达发生的事件？"
雪莱："从目前我们所掌握的证据来看，我们完全相信在卢旺达发生了具有种族屠杀性质的流血事件。"

艾尔斯纳："请问'具有种族屠杀性质的流血事件'和'种族屠杀'有区别吗？"

雪莱："怎么说呢，我认为，你也知道，这个词是有法律上的定义的……很显然不能把发生在卢旺达的所有杀人事件都贴上这个标签……关于两者之间的区别，我们只是尽可能地准确描述事实，我再强调一下，我们基于已有的证据完全相信该地区发生了具有种族屠杀性质的流血事件。"

艾尔斯纳："那么需要多少起具有种族屠杀性质的流血事件加在一起才算种族屠杀呢？"

雪莱："阿兰，这是一个我没有权限回答的问题。"

6月11日，1959年

鉴黄师邮政部长

这本书充满了书中角色们参与或讨论的性行为细节，使用了下流、无礼和极具侮辱性的词语。该书仅有的文学价值在大段大段的色情描写面前不值一提，这本书就是一本彻头彻尾的淫秽出版物。

美国邮政部长阿瑟·萨默菲尔德（Arthur E. Summerfield）曾下令禁止人们在邮件中夹带 D. H. 劳伦斯（D. H. Lawrence）的经

典之作《查泰莱夫人的情人》(*Lady Chatterley's Lover*)。这条禁令后来被一位联邦法官废止，法官大人对此的评价是："邮政部长缺乏相关资质和知识，所以他不可能根据事实做出在法庭上站住脚的判断。"

6月12日，1996年

祸从口出

"希特勒一开始还不错，就是后来跑偏了。"
——"辛辛那提红人"棒球队老板玛吉·肖特
（Marge Schott）

玛吉·肖特是棒球界出了名的大嘴巴，一直以来，她口无遮拦地讲了许多种族歧视的话和各种各样冒犯他人的话。1996年6月12日，她不得不为此交出辛辛那提红人队的管理权。下面是让玛吉离开球场的经典作死语录摘抄：

明星球员埃里克·戴维斯（Eric Davis）和戴夫·帕克（Dave Parker）是她口中的"身价百万的黑鬼"。

男同性恋才戴耳环。

我就看不惯他们（亚洲人）跑到咱们这儿来……赖着不走，最后他们的孩子超过了咱们的孩子。

6月13日,1977年

让观众有苦难言的哑剧

20世纪70年代孕育了许多让人一言难尽的东西,比如长毛立绒地毯和化纤质地的女士裤装西服等,然而和那个年代层出不穷的劣质综艺节目比起来,其他东西都不算什么。当时电视台领导们有的是瘾君子,有的是笨蛋,不断让观众们的眼睛受罪。霍华德·科塞尔(Howard Cosell)拥有过自己的节目,昙花一现的星洲合唱团(详见2月19日)也做过一档节目,后来凡是和现代艺术沾边儿的阿猫阿狗都上了电视。就连情景喜剧《布雷迪一家》(The Brady Bunch)都在1976年被重新挖了出来,弄成了歌

夫妻哑剧组合"希尔茨和雅内尔"在差评之下静悄悄地离开了舞台

舞秀和片段喜剧秀，相比之下，首播时不温不火、水平一般的原版电视剧，竟然和精品一样。

1977年6月13日，70年代水平最低的杂耍节目和大家见面了，"希尔茨和雅内尔"（Shields and Yarnell）夫妻哑剧组合登上了CBS电视台综艺节目的大舞台。没错，黄金时段，整整一小时的哑剧表演。哑剧演员通常涂着大白脸，挤眉弄眼地假装从不存在的箱子里往外爬。就连古罗马的疯狂暴君尼禄都受不了从事这个行业的人，早早地把他们驱逐出境了。

6月14日，1940年

夜幕降临不夜城

巴黎即将被纳粹占领之前，留守城内的市民在寂静的街道上遇到的德国士兵并不粗暴，让人很难预见接下去的恐怖岁月。无论如何，到了1940年6月14日那天，不夜城巴黎正式沦陷了。从凯旋门到埃菲尔铁塔，铺天盖地的巨幅红色条幅和"卐"字旗飘扬在所有显眼的建筑上。当天下午，伴着收音机里的德语广播，占领巴黎的德军举行了一场胜利大游行，趾高气扬地踏着正步，穿过香榭丽舍大道。不久，希特勒亲自前往巴黎，巡视新占领的地盘。"过去我一直犹豫是否应该毁掉巴黎，"元首曾对他最欣赏的建筑师阿尔伯特·施佩尔（Albert Speer）说，"后来我又想了一下，等咱们改造好柏林之后巴黎就被比下去了。所以何必毁掉它呢？"*

6月15日，1888年

父皇哟，请您快点死

腓特烈三世（Frederick Ⅲ）时日无多，眼看就要驾崩了，他的儿子威廉早就等不及了，时不时地去父皇的病榻前转悠，而且他一想到自己马上就要登基，探病时总是喜上眉梢的样子。他"一心想要做皇帝，而且是绝对专制的那种"，威廉的母后对儿子的嘴脸十分嫌弃。

1888年6月15日，腓特烈三世终于咽气了，新皇帝威廉二世一分钟都没浪费，马上动用军队把皇宫封锁了起来。在查验父母财产的时候，威廉二世命令皇宫里任何人都不许出去，就连母后也不例外。刚刚丧夫的皇太后想出去摘些玫瑰放在腓特烈三世的尸体旁，不由分说地被站岗的士兵粗鲁地轰了回去。

父亲的尸首，威廉二世也速战速决地埋掉了。就连他的朋友——欧伦堡与赫特菲尔德大公腓力·弗雷德里希·亚历山大（Philip Frederick Alexander, Prince of Eulenburg and Hertefeld）都看不惯他丧失起码尊敬的无礼行为。"他们给逝去之人胡乱套上

---

* 希特勒在1944年巴黎解放前夕再度改变想法，下令把巴黎碾成齑粉，幸好他的手下没有执行命令。"巴黎烧了吗？"据说元首问过这样的问题。

平日的军服,"欧伦堡大公记录道,"不成体统……没有祷告……没有任何宗教仪式。"

稍做准备之后,先帝被人匆忙地装进棺材,又匆忙地运到了附近的教堂。由于葬礼就定在第二天,相关人员还在里面快马加鞭地布置会场。在尘土飞扬的嘈杂现场,埃米尔·路德维希(Emil Ludwig)清楚地记得"棺材被忙碌的工人包围着,仿佛是个工具箱"。

威廉二世没有邀请任何外国元首参加父亲的葬礼,整个仪式就像烤全猪聚餐一样不成体统。"现场的士兵军容涣散,"欧伦堡大公写道,"神职人员径自说笑。陆军元帅把军规完全抛在脑后,四处游荡,鼓噪个没完……真是太差劲儿了。"

虽然这场简陋的葬礼办得很难看,但威廉二世这么做是有明确目的的。1888年早些时候,腓特烈三世的父亲威廉一世(Wilhelm Ⅰ)去世后,腓特烈三世从登基到去世只做了99天皇帝。尽管如此,腓特烈三世曾想带领德国走上自由主义之路,这让威廉二世感到不安,他必须迅速把先皇及其政治主张统统埋葬。作为崇军尚武的新皇帝,威廉二世对自由风潮厌恶到了极点。他的舅妈威尔士亲王妃曾说他是"狂妄自大之人",而且多年以后他在很大程度上促使了第一次世界大战的爆发。

"上帝没有抛弃普鲁士,"威廉二世向他的子民宣布,"因此他从史书上抹去了腓特烈夫妇*统治的时代。"

---

* 威廉二世和他母亲之间的嫌弃是相互的。他的母亲是不列颠及爱尔兰女王维多利亚的长女维多利亚公主,威廉二世认为他母亲把自由主义思想灌输给了父亲,并且让父亲变成胳膊肘往外拐的亲英派。是可忍,孰不可忍。威廉二世曾说过:"我妈妈区区一个英国公主险些让我们的家族盾徽蒙羞,也差点儿毁掉了德意志帝国,岂有此理!"

6月16日，1871年

舍命为客户

克莱蒙特·瓦兰迪甘姆（Clement L. Vallandigham）曾经是个出色的议员，也是"铜头蝮派"（The Copperheads）*的领军人之一，正是因为他在这个反内战组织中活跃的表现以及对"暴君林肯"政策的不认同，他后来被迫流亡到了南方邦联境内，并且在俄亥俄州扎下根来，改行做了律师。瓦兰迪甘姆伶牙俐齿，特别擅长以理服人，几乎没有输过案子。他为托马斯·麦克吉恩（Thomas McGehan）辩护时也是如此。麦克吉恩被指控的罪名是在酒吧斗殴中杀了人。虽然瓦兰迪甘姆成功让委托人无罪释放，但是他却在辩护中搭上了自己的性命。

瓦兰迪甘姆律师的论点是被害人托马斯·迈耶斯（Thomas Myers）在和麦克吉恩扭打的过程中开枪打死了自己。1871年6月16日下午，瓦兰迪甘姆和另外一名律师趁休庭的时间到了郊外，去亲手验证手枪在距离纺织物多近的地方开枪，才能在表面留下明显的火药痕迹。他们做过实验之后就回到下榻的旅店，而身上带着的实验用手枪里还留有三发子弹。

当天晚上，瓦兰迪甘姆把被告辩护团的所有人都叫到房间，想预演一下他即将在法庭上展示的迈耶斯误杀自己的情景。房间

---

* 又名"和平民主党人"，是美国北方联邦民主党派的一个分支，极力反对内战，主张与南方邦联签订和平停火协议。——译者注

里并排放着两把手枪,一把是他下午用过的,一把是空枪。瓦兰迪甘姆抓起他认为的空枪抵在自己身上,把第二天要在陪审团面前表演的情节串了起来。"看,迈耶斯就是这么拿枪的,"他解说道,"当时他还没有完全站直,而是正在起立的过程中。"接着,瓦兰迪甘姆扣动了扳机,手枪没有发出"咔嚓"一声,而是冒着火花发出了巨响。他拿错了枪。"上帝啊!我把自己给崩了!"瓦兰迪甘姆惨叫一声,跌跌撞撞地靠在了墙上。

被枪伤折磨了12个小时以后,曾被林肯称为"狡猾的煽动者"的瓦兰迪甘姆殉职了。不过麦克吉恩最终被无罪释放,瓦兰迪甘姆至死都是法庭上的不败传说。

6月17日,1462年

现实中的吸血鬼

"万物陷入一片沉寂。但是当我仔细聆听,便听见谷底回荡的狼嚎。伯爵的眼中闪过一丝光芒,说道:'你听,他们都是夜之子民。他们的声音多美妙!'"

——《德古拉》(*Dracula*),布拉姆·斯托克(Bram Stoker)

布拉姆·斯托克创作的嗜血伯爵德古拉的故事出版于1897

年,往回推四个多世纪,瓦拉几亚(Wallachia)*大公弗拉德三世(Vlad Ⅲ)其实是真正的"德古拉",他亲手布置了一场比小说更恐怖、更血腥的屠杀秀。一切要从1462年6月17日深夜说起,在恰到好处的黑暗中,弗拉德·德古拉大公†率领军队从深山中呼啸着冲进了入侵的奥斯曼军队的营地。根据一位同时期编年史官的记载,"整个夜里,他的部队电光石火般覆盖了敌方军营的每个角落,大开杀戒"。在彻夜杀戮中,弗拉德没能干掉他的主要目标——奥斯曼帝国苏丹"征服者"穆罕默德二世,不过他为劲敌准备了特殊的礼物——让硬汉穆罕默德二世看了都发抖的恐怖秀。

---

* 存在于1290—1859年的大公国,地处下多瑙以北、南喀尔巴阡山脉以南,今天已归入罗马尼亚。——译者注

† 弗拉德大公父亲的名字是德古勒(Dracul),因为他是"龙骑士团"(The Order of the Dragon)的贵族成员。他的儿子就以德古拉(Dracula)为姓,意思为"龙之子"。布拉姆·斯托克在创作《德古拉》这部日后成为哥特风经典的小说时,多少引用了一些历史上真实"龙子"弗拉德·德古拉的资料。

苏丹的军队追踪着弗拉德，一路逼近瓦拉几亚的首府特尔格维施泰（Târgoviște），半路上，他们看到了德古拉拿出看家本事为他们准备的展览——密密麻麻的尖刺丛，每根刺上都扎着一具腐烂的奥斯曼俘虏尸体，总共有2万多具。穆罕默德二世的将军哈姆扎·帕沙（Hamza Pasha）的尸体被插在最高的那根刺上，以彰显他生前的等级。就连见惯了大场面的战争狂人穆罕默德二世看到这番场景都感到些许不适，不过他倒是对弗拉德的残酷手段颇为佩服。奥斯曼军队看了"穿刺公"弗拉德装饰的尸林之后完全失去了斗志，穆罕默德二世摇头叹气地带着他们撤退了。为了下一次进攻，他们需要好好休整一下。

6月18日，1959年

老夫聊发少年狂

路易斯安那州的州长厄尔·朗恩（Earl K. Long）看样子是疯了，许多人都这么觉得。虽然朗恩的生活从不平淡，不过他忽然开始在国会上粗话连篇，每天一次甚至两次恣意纵酒，而且公开带着脱衣舞娘布雷兹·斯塔尔（Blaze Starr）招摇过市，就像《时代周刊》总结的那样，他"完全癫狂了"。他的一个亲戚说，"厄尔就像由严格遵守教义的浸礼会信徒父母养大的孩子一样，以前从没见过香烟、威士忌和轻浮的女人"。

州长先生端庄正统的妻子"米兹"·布兰奇（"Miz" Blanche）

为他的古怪行为感到非常丢脸，于是派人用药将其迷晕后送往得克萨斯州进行治疗。然而州长夫人的行为造成了相反的效果，朗恩称自己在违背本人意愿的情况下被带出了州界，扬言会以绑架罪起诉参与此事的妻子和侄子——参议员拉塞尔·朗恩（Russell Long）。朗恩为自己辩护并提交了人身保护令的申请，并在签名栏上写下了"被绑架且被迫流亡的路易斯安那州州长厄尔·K.朗恩"。

斗志昂扬的厄尔在保证自己将去新奥尔良一家医院住院之后重返路易斯安那州。他只在医院住了一晚就和妻子说要出院，去自家的农场休养。米兹·布兰奇立刻警觉了起来，她知道无法预测精神反常的丈夫出去了会做什么事，于是走法律程序把朗恩送进了州立精神病院。

朗恩拒不配合，于是执行押送任务的警察并不温柔地把他从车里拽出来。他仿佛狂犬病发作的浣熊一样凶狠。然后，法庭指定的精神科医生诊断州长先生患上了偏执型精神分裂症，于是他被关进了曼德维尔市（Mandeville）的路易斯安那东南医院。朗恩当然不高兴了。"外面的人要经过10道上锁的大门才能到达我的房间。"他说，"地狱里的地牢也不过如此了，而且这里的伙食很差，用的都是穷人家常备的食品。"

被关了8天之后，朗恩灵机一动，利用手中仍然掌握着的州长权力把医院院长开除了，并选了一个比较容易左右的人上位，借此给自己弄了张出院许可证。虽然这件事看上去会让朗恩名声尽毁，但是他奇迹般地在第二年入选了众议院。

入选10天以后，朗恩突发心脏病去世。此前他曾说过："你们知道我没疯,而且我从来也没疯过,但是我跟你们说啊,如果有人像曾经迫害我一样迫害你们,你们迟早会疯的!"

6月19日,1867年

做过皇帝又如何,死后还不是任人摆布

我们常说"落井下石",但当落井的人永远都不可能爬上来时,还有人往下扔石头,就是另一回事了。奥地利大公马克西米利安(Maximilian)受到的就是第二种待遇。他在法国的扶持下前往墨西哥当皇帝,没过多久法国就不再支持他了,结果他于1867年6月19日在当地被执行枪决。按理说他的尸体应被妥善处理,并送回欧洲供亲属们在葬礼前瞻仰,但是刑场上的一名墨西哥医生和一名军官在存心作恶和技术不足的情况下,尽情亵渎了他的尸首。

"用皇帝的血洗手,感觉真棒啊!"负责对尸体进行防腐处理的里西亚(Licia)医生一边用刀剜出马克西米利安的内脏一边说。然后,绰号为"鬣狗"的军官把掏出来的肠子扣到了尸体的脑袋上,喊道:"你不是喜欢皇冠吗?这个就是你的皇冠啦!"

由于手边没有防腐液,里西亚医生把完全不相干的液体注入了马克西米利安的血管,结果尸体迅速变成了黑色。尸体的眼珠被摘掉以后,当地没有蓝色的义眼可以代替,所以里西亚挖下了某个医院里的圣乌苏拉(St. Ursula)塑像上的黑眼睛敷衍了事地

塞进了眼眶。这名医生还分批卖掉了马克西米利安的头发束和泡在防腐液中的心脏碎片，小小地发了一笔横财。

马克西米利安的尸体此刻已经面目全非，就连下令处决他的墨西哥共和国政府都觉得有点儿说不过去。欧洲方面不断请求墨西哥把马克西米利安的尸体运回，墨西哥总统贝尼托·胡亚雷斯（Benito Juárez）一边拖延，一边下令把他的尸体重新防腐入殓。为了把里西亚医生灌入的液体控出，马克西米利安的尸体被倒吊了好久。胡亚雷斯亲自验收之后，马克西米利安终于能够魂归故里，运载他尸体的刚好是他当年去墨西哥时乘坐的船。

6月20日，1967年

拳王阿里最艰难的战斗

"我和越共之间又没有矛盾。"

——穆罕默德·阿里（Muhammad Ali）

1967年6月20日，以宗教信仰为由拒绝入伍的拳王阿里被判犯逃兵役罪，刑期5年，并处罚金1万美元。* 为此，他被剥夺了重量级世界冠军的称号。

---

* 此判决最终被美国最高法院推翻。

6月21日，1633年

那一天，伽利略的地球停止了转动

伽利略的名著《关于托勒密和哥白尼两大世界体系的对话》（*Dialogue Concerning the Two Chief World Systems*）让他在罗马宗教审判所吃尽了苦头，教皇乌尔班八世（Urban Ⅷ）认定书中思想愚昧的辛普利西奥是对自己的讽刺*。如今，伽利略站在宗教审判官的面前违心地推翻了自己一贯坚信的太阳系天体系统理论："我过去同意，现在也同意托勒密提出的最正确、最不容置疑的观点，也就是说地球是不动的，太阳是动的。"伽利略用下面的话结束了他放弃哥白尼主张的日心说的声明："我凭良心在此声明，我并不持有受到批判的观点（指太阳不动，地球绕太阳旋转的理论），而且自从官方命令生效的那天起，我就已经放弃该观点（详见1616年2月26日）……现在的我完全在你们的掌控之中，悉听发落。"伟大的天文学家伽利略从那天直到去世都被软禁在家中，罪名是"有大肆散布歪理邪说之嫌"。

---

* 在伽利略创作该书的过程中，乌尔班八世曾召他商讨书中的情节，希望他从批判与赞成两个角度论述日心说，而且最好贬过于褒。后来教皇发现书中推崇地心说的角色辛普利西奥（Simplicio，意大利语"傻瓜"的意思）所说的话，有些是自己说过的，感觉受到了侮辱，遂对伽利略降罪。——译者注

6月22日，1884年

众口铄金

这是一个任何时代都发生过的有关生死存亡的故事。一群探险者被困在了北极最偏远的地方，接下去的三年里，在饥饿、冻伤和绝望的侵蚀下，活着的人越来越少。"我们被引诱着走近毁灭。"探险队的领头人阿道弗斯·格里利（Aldophus Greely）写道，"我们为了生存竭尽所能，坚持下去，但是惨淡的未来让我快发疯了。让我们惧怕的不是结局，而是通向终点的道路。想死是容易的，非常容易，难的是进取，是忍耐，是活下去。"

团队中6人奇迹般生还，他们靠吃鞋底、鸟粪以及死难同伴的尸体才勉强撑了下来。他们好不容易在1884年6月22日盼到了救援队，没想到，这只是新一轮苦难的开始。

起初，格里利和同伴们被大家奉为不畏艰难、披荆斩棘的英雄。但是媒体很快嗅到了人肉的味道。在后续铺天盖地的报道中，幸存的几人在精神上受到的摧残并不少于他们在冰封的荒野中忍受的肉体折磨。

"我们必须全面报道探险队在那个恐怖的冬天所经历的一切。"《纽约时报》在同年8月12日发表的文章中写道，"迄今为止隐藏在幕后的真相会让北极探险史中格里利团队的行为无比刺眼，无比恐怖。"

《罗切斯特快讯报》（*The Rochester Post Express*）用重金收买了牺牲的探险队员弗雷德里克·吉斯林伯里（Frederick F.

Kislingbury)的家属,让他们同意开棺验尸并让自家报纸进行独家报道。做完这些事情,该报用"坟墓里的证据"大张旗鼓地向读者宣布遇难军官的遗体是残缺的,大腿和躯干上被割走了好几块肉。

另一家报纸《底特律自由报》(*Detroit Free Press*)也不甘示弱,在吉斯林伯里的尸检报告上添油加醋地做了许多文章,宣称"用高倍显微镜观察"死者的肠子之后,验尸官在里面发现了"肌肉和筋腱等组织",这说明"吉斯林伯里在生前被迫吃过其他死难同伴的尸体,然后沦为了幸存者的盘中餐"。

看到自己和同伴们在媒体鼓动的猎奇狂潮中被当成吃人的怪兽,而他们的科考成就则完全被忽视,格里利感到十分心痛。他在得知吉斯林伯里尸检结果之后曾说:"对我来说这个确实是新消息,而且是坏消息。这些事后的揭秘和指控猝不及防地降在我头上。说真的,在这几天里我遭受的精神打击远远超过我在北方大陆上受的所有苦难。"

6月23日,1611年

亨利·哈德森的最后一程

一望无际的哈德森湾(Hudson Bay),名字来源于英勇的探险家亨利·哈德森(Henry Hudson),如今他的尸骨应该沉睡在海湾里,但是谁也不知道具体在哪儿,因为没人知道他最终漂泊到了何方。现在我们能确定的只有一件事，1611年6月23日，发现号（Discovery）船长哈德森为了传说中富饶的印度大地去探寻西北航线的旅途，被船员的哗变画上了句号。发现号在极地冰冷的海面上被困住整整一个冬天，当天气终于好转时，哈德森决定继续探险，而他的船员们难以忍受饥饿和败血病的痛苦，要求他掉头返航。最后，他们把哈德森、他十几岁的儿子还有一些拥护他的船员赶到一艘小艇上，然后把船开走了。被抛弃的哈德森一行就这样被未知的厄运所吞噬。

6月24日，1783年

跑路的议会

我国堪比"犹太公会"（Sanhedrin）一样看似庄严实际空洞无物的议会之成员仓皇地逃到了普林斯顿（Princeton），彻底离开了早就开始怀疑他们的智慧和品德的宾夕法尼亚州，他们的尊严就像个笑话。

1783年6月24日，原本设在费城州立政府大楼（现更名为独立厅）的议会*匆忙搬去了新泽西州的普林斯顿。约翰·阿

---

* 美国的国会在当时的名字叫"联邦议会"（United States in Congress Assembled），依据《联邦条例》（Articles of Confederation）召开。

姆斯特朗（John Armstrong）少校在写给霍雷肖·盖茨（Horatio Gates）少将的信中对此进行了讽刺。

对于一个刚刚在独立战争中战胜英国军队的崭新国家来说，被追讨战争津贴的士兵威胁到了政权是一件羞于告人的事情。支持议会从费城转移到普林斯顿的亚历山大·汉密尔顿（Alexander Hamilton）担心国民会指责议会"草率行事、畏手畏脚、鼠目寸光"。他的眼光可真准。

6月25日，1570年

棍棒底下出孝女

据说凯瑟琳·德·美第奇（Catherine de'Medici）死后停放了几天的尸体熏得人无法靠近，比她的尸体更臭不可闻的是她生前管教子女的手段。身为法国的皇太后，凯瑟琳觉得大权在握比子女的幸福重要得多。所以当凯瑟琳发现情窦初开的女儿玛格丽特（Marguerite）偷偷和皇族政敌吉斯公爵（Duke of Guise）谈起了恋爱之后，她的干涉手段可比那些棒打鸳鸯的妈妈要野蛮多了。

1570年6月25日清晨，玛格丽特被人叫到了母后的寝宫。凯瑟琳皇太后和玛格丽特的亲哥哥，也就是当时的法国皇帝查理九世（Charles IX），联手对玛格丽特拳打脚踢外加扯头发，还撕烂了她身上的睡袍。他们下手之狠令玛格丽特公主受到了极大的惊吓。施暴结束以后,母子二人离开了寝宫,把她扔在地上,任她哭泣。

过了一会儿,凯瑟琳折返做了些善后工作,但只是在表面上做了点遮掩。她用化妆品遮住了玛格丽特身上的瘀青,重新梳理了她的头发以遮住被扯掉的斑秃,然后给她换上了新裙子。毕竟浑身是伤的公主与皇太后精心打造的皇室形象不符。

另一方面,吉斯公爵见识了皇家的愤怒以后识趣地结束了和玛格丽特的关系,迅速迎娶了克里维斯公主凯瑟琳(Catherine de Clèves),玛格丽特也在1572年嫁给了纳瓦拉国王亨利(King Henri of Navarre)。玛格丽特和亨利的联姻标志着信奉天主教和新教的两大皇族的融合,然而他们的结合引发了一场比在寝宫挨打严重许多的暴动。

这场皇室婚礼过后,很快就发生了圣巴多罗买节大屠杀(St. Bartholomew's Day massacre)*,超过3万名法国胡格诺派新教徒(Huguenot)在事件中丧生。

---

* 发生于1572年8月23日晚上,据说背后策划人正是凯瑟琳皇太后。她本想借此举除掉前来参加婚礼的大量胡格诺派新教徒以及他们的首领纳瓦拉国王亨利,但是在女儿玛格丽特的求情下她还是放过了亨利,并让亨利皈依了天主教。——译者注

6月26日，1409年

在并不仁慈的基督教世界冒险 第二部：
三个教皇三台戏

14世纪晚期的天主教徒们时常陷入一种迷惑与害怕交织的境地，这怪不得他们。不光教皇们一点都不仁慈，比起精神领袖他们更像是罗马暴君，而且当时的罗马教会大分裂造成了两个教皇分庭抗礼、一较高下的局面。教皇之一坐镇罗马，另一位从法国的阿维尼翁（Aignon）发号施令，他们两个身后各有完善的主教团，欧洲不同国家的君主和神学家也分别拥护不同的教皇，就连未来的圣徒都站好了队。参加了巴黎大公会议（the Council of Paris）的让·佩蒂（Jean Petit）在1604年曾说过："现在的情形就好像一艘大船上有两个最高领导，他们彼此斗争，相互对立。"

两个教会的教皇在30年里冲突不断，最后他们背后的主教们实在受不了了，于是他们宣布不再承认罗马的格列高利十二世（Gregory XII）和阿维尼翁的本笃十三世（Benedict XIII）的统治，并且在1409年6月26日推选出亚历山大五世（Alexander V）取代二人。然而格列高利十二世和本笃十三世拒绝让位，所以局面不是双雄对决，而是三足鼎立了，而且三位教皇的脾气还都不小。

五个月以后，亚历山大五世死了，但这并没有改善混乱的时局。头一天才当上神父的若望二十三世（John XXIII）（并不是20世纪的同名教皇）迅速取代了亚历山大五世，情况越来越糟。三个教皇各自为政，其中若望二十三世的品行最为恶劣，劣迹斑斑，十恶不赦，不过历史学家爱德华·吉布森（Edward Gibson）的记录表明，"更严重的指控都被当局压了下来，那位教皇仅仅被指控犯有海上掠夺、强奸、鸡奸、谋杀和乱伦等'小毛病'"。

若望二十三世在1415年被迫下了台。两年以后，康斯坦斯（Constance，德国城市）大公会议废除了罗马和阿维尼翁的教皇，并立马丁五世（Martin V）统一了教会，不过单教皇制的回归并不代表未来会变得美好（详见1月21日、5月21日、8月11日、11月26日和12月5日）。

6月27日，1850年

欲戴王冠，必承其痛

英国女王维多利亚在1837年加冕以后，有4个企图暗杀她的人朝她开过枪。在众多与死神擦肩而过的经历中，最让女王陛下感到不爽的是1837年6月27日的袭击，歹徒使用的是另一种兵器。事发当天，年轻的女王带着三个子女乘坐敞篷马车出行，途中，精神不太正常的退伍军官罗伯特·佩特（Robert Pate）突然从人群中冲了上去，用镶着金属头的手杖猛击女王头部。维多利亚女王被打得一阵头昏，冒出了鲜血，额头上肿起了核桃那么

6月

一名发疯的退伍军官袭击乘马车出行的维多利亚女王

大的包,一种从未感受过的愤怒涌上她的心头:

> 这件事既难理解又很可怕,我,一名女性,一名手无寸铁的年轻女性,身边还有孩子,受到如此暴力袭击,无法正常乘车出门。男性对女性的袭击是最凶狠的类型,我和大家都觉得与其这样还不如被枪打。

幸好未来以女王为目标的暗杀者用的都是热兵器,不然她脆弱的心灵怎么承受得起。

6月28日，1914年

命中注定的血光之灾

这是一个险些不是凶日的凶日。一群塞尔维亚民族主义者暗杀奥匈帝国王储弗朗茨·斐迪南大公（Archduke Franz Ferdinand）的计划失败了，起码一开始没成功。大公和夫人索菲（Sophie）的车队驶过萨拉热窝的时候，暗杀六人组之一朝大公夫妇的专车投掷了一枚炸弹，炸弹在车身上弹了一下，滚进了后面那辆车的车底爆炸了，后车里的人和多名围观群众受到重伤。皇室车队迅速驶离现场，开到了大公夫妇预定到访的市政府大厅，二人从车里走出来的时候明显受到了惊吓，但是没有受伤。"市长先生，"惊魂未定的斐迪南大公进屋后说道，"我在来这里的路上被人扔了炸弹。真是太过分了！"

的确很过分，但至少这时他还活着。

市长接待了斐迪南夫妇之后，大公决定取消当天的所有行程，改道去慰问刚才在刺杀行动中受伤的人员。他们特意选了一条避开市中心直接开往医院的路线，然而大公的司机接到的指令有误，把车开上了弗朗茨·约瑟夫大道。司机犯了一个致命的错误，执行暗杀计划的人在逃离现场后刚好坐在这条街边上的一家熟食店里吃饭，其中一人碰巧看见了大公的车因为开错了方向正在倒车。更不幸的是，司机在倒车的时候踩上了车闸，造成引擎熄火，挡位锁定，车子动弹不得。暗杀小组中名叫加里洛夫·普林西普（Gavrilo Princip）的年轻人抓住了天赐良机。

普林西普后来在法庭上声称自己开枪时并没有明确的目标。他说"我也不知道当时瞄准的是哪儿",在举枪的时候"没有特意瞄准汽车,开枪的时候甚至还扭开了头"。尽管如此,他仍然射中了目标。普林西普射出的两发子弹一发射穿了斐迪南大公的颈静脉,另一发射中了索菲的腹部,命中率惊人。车子拉着大公夫妇前往医院急救时二人还能勉强坐着,但是他们的生命一分一秒地在流逝。"索菲!索菲!你不能死啊!"大公不断地呼喊着,"为了孩子们你得活着啊!"

接下去的事情我们已经耳熟能详了。弗朗茨·斐迪南大公夫妇遇刺事件成了人类历史上最血腥的战争之一——第一次世界大战的导火索。而这一切都是因为某辆汽车转错了弯。

6月29日,1769年

牛比人贵

这一天,被派到印度的英国数学教授詹姆斯·迪恩维迪(James Dinwiddie)见识了对于印度教民来说牛是多么神圣的存在,以及因故死亡的牛会给人造成什么样的后果。"有个可怜的家伙,他的房子被烧毁了,他家的牛也葬身火海。"迪恩维迪在日记中写道,"这个人不光遭受了经济损失,当地的婆罗门(Brahmin,印度教高种姓的祭司贵族)还命令他像牛一样哞哞叫着游街一年。今天早上(1769年6月29日)他路过我的身边,真的像牛一样发出悲鸣，以寄托他对死牛的哀思。"

6月30日，1920年

聪明一世，糊涂一时

1917年夏天，小姑娘弗兰西斯·格里菲斯（Frances Griffiths）不小心惹妈妈生气了。10岁的弗兰西斯住在英国科汀雷村（Cottingley），有一天她带着一身泥水回到家，说自己在离家不远的小溪旁边"和精灵们做游戏"。妈妈罚弗兰西斯回自己的房间反省。她在屋里和16岁的表姐艾尔西·莱特（Elsie Wright）一起想对策，怎么才能让妈妈相信她没说谎，真的遇见了精灵。两个女孩从艾尔西的父亲手中借了一部照相机，然后把童话书里剪下来的精灵和仙女等图案用别针固定好，再让弗兰西斯入镜摆姿势。艾尔西的摄影作品后来闻名世界。

最初洗出来的照片完全是业余级的，弗兰西斯的妈妈看了根本不信。然而那两个孩子不断地拍出各种各样的精灵照片，引起了博学多识的柯南·道尔爵士的注意。"一战"过后，名为"精神主义"（spiritualism）的玄学风靡百废待兴的英国，文学史上最出色的侦探——夏洛克·福尔摩斯的创作者柯南·道尔也沉迷于此，不能自拔。对他来说，精灵的存在并不荒谬，科汀雷村传出的证据让他为之一振。

1920年6月30日，柯南·道尔给艾尔西和她的父亲寄了一

封挂号信,询问他们是否可以使用精灵图片给自己即将在《河岸》(The Strand)杂志中发表的文章配图。他在信中对艾尔西夸道:"我看见了你和表妹弗兰西斯拍摄的精灵照片,它们真棒,已经很久没有什么东西能让我如此感兴趣的了。"同年12月,柯南·道尔的文章发表了。"这些小家伙就在我们身边,仅在波长振幅上与我们略有不同,以后它们会越来越常见的。"柯南·道尔用饱蘸激情的笔写道,"尽管看不见它们,但是只要想到它们的存在,每条小溪、每个山谷便平添了几分妩媚,每一次在乡间小路上的徜徉也充满了浪漫的气息。"

柯南·道尔对小精灵们的存在信以为真,直到他去世为止,艾尔西和弗兰西斯也在接下去的70年里一直严守着她们的小秘密。1983年,76岁的弗兰西斯终于忍不住了。"我以为就是个玩笑,"她坦白道,"没想到大家推波助澜地让它持续到了现在。"

July

7月

不必畏手畏脚,
夏日总会有蚊虫的骚扰。

——拉尔夫·沃尔多·爱默生(Ralph Waldo Emerson)

7月1日，1916年

史上真实的《大白鲨》事件

1916年7月1日，一个叫查尔斯·埃普廷·凡桑（Charles Epting Vansant）的人意外地成为美国历史上某个领域的第一人，过程可谓恐怖至极。那一天，23岁的凡桑在新泽西海岸附近游泳时遭到鲨鱼袭击，不幸身亡。从记录上来看，这是普通游泳者在美国非热带海域首次受到来自鲨鱼的致命攻击，其惨烈程度也是最高级别的。

在那个注定以悲剧收场的傍晚，凡桑在下海游泳之前在海滩上遇到了一条乞沙比克寻回犬（Chesapeake Bay retriever）*，迅速与它混熟了。就这样，一人一犬结伴畅游，越过了海边的破浪堤。事后，有些专家认为或许是狗在踩水时不同寻常的频率吸引了鲨鱼的注意。这条狗很可能意识到鲨鱼的存在，所以不顾凡桑的呼唤，突然掉头朝岸边游了回去。与此同时，岸边的人看见了凡桑身后的海面上冒出了深色的鲨鱼鳍，并迅速朝他靠近。"当

---

* 大型猎犬的一种，水性很好，最早繁育地为美国的乞沙比克湾，故得此名。——译者注

心啊!"有人朝凡桑大喊,可惜他没有听见。岸边越来越多的人齐心协力地朝他呼喊,但海中的庞然大物已经咬住了眼前的猎物。

凄厉的惨叫声传到岸上,凡桑的家人只能眼睁睁地看着他被鲨鱼撕咬。"所有人看见我哥哥在海里挣扎的样子都吓呆了,他当时好像在和水中的怪兽搏斗一样。"凡桑的妹妹路易斯回忆道,"他拼命自救,我们赶到他身边的时候,发现他流了好多血。"

凡桑竭尽全力逃到了离岸边很近的地方,一名救生员冲进浅水区,对他展开救援,但是鲨鱼仍在附近徘徊,并再度发起了进攻,它的牙缝中清晰可见人肉碎片。更多男人前去支援,他们在被鲜血染红的海水中与海中怪兽展开了生死之间的拔河赛。鲨鱼紧咬着凡桑不松口,直到它的腹部划进了岸边的沙滩才放开了他,扭身游回海中去寻找下一个目标了。* 凡桑的父亲是一名医

---

* 在接下去的 11 天里,这条凶狠的鲨鱼对新泽西沿岸的游泳者持续发起攻击,造成三人丧命。其中最可怕的一次发生在理论上来讲最不可能的地方:离海约 24 公里的玛塔旺溪(Matawan Creek)狭窄的河口湾。

生，他拼命地抢救着自己的儿子，却回天乏术。凡桑周身受到的严重外伤和腿被咬断造成的大量失血让他成为鲨鱼袭击的牺牲者。

7月2日，1994年

代价最大的乌龙球

1994年7月2日凌晨，哥伦比亚国家足球队队长安德烈斯·埃斯科巴（Andrés Escobar）在麦德林城（Medellín）一家夜总会的门口中弹身亡，输球的痛苦升级到了致命的程度。事发10天前，他在世界杯首轮与美国队的比赛中不慎踢出了一个乌龙球。哥伦比亚队为此输掉了比赛，且未能进入下一轮。失望至极的球迷们把怒火撒到了昔日的英雄埃斯科巴的身上，另一方面，在赌球中投入了巨额金钱的哥伦比亚毒枭们也感到非常不满。刺杀埃斯科巴的凶手每朝他身上开一枪都戏谑地喊一声"好球！"，他用点三八口径的手枪开了12枪之多。就在遇害前几天，埃斯科巴在哥伦比亚最大的报纸《时报》（*El Tiempo*）上发表了一封致全体国民的公开信，言辞凄美，令人动容："我恳请大家保持敬意。我在此拥抱各位，在世界杯踢球是我个人最珍贵的经历和机会……所以期待与大家的重逢，因为生活不会因此止步。"

7月3日，1969年

把一切涂黑吧：滚石乐队的布莱恩·琼斯之死

2012年，有"世界最棒摇滚乐队"支撑的滚石乐队（Rolling Stones）走过了半个世纪的辉煌岁月，但乐队成员中却少了一位灵魂人物，那个人在43年前的1969年7月3日沉入了游泳池的池底，告别了这个世界。

乐队成立之初，布莱恩·琼斯（Brian Jones）绝对是滚石乐队当之无愧的基石，他能够驾驭多种乐器，身上散发着浑然天成的巨星光彩，而且眼光独到，是众多潮流的领军人物。"他创造了我们乐队。"贝斯手比尔·怀曼（Bill Wyman）在自传中写道，"他亲手挑选乐队成员，他给乐队起了名字，他为我们筛选了演出曲目，他为我们争取到演出的机会……他的影响力巨大，在乐队中占有举足轻重的席位，但是慢慢地失去了一切。他是那么聪明的一个人，却浪费了才华，抛弃了一切。"

在琼斯一手培养起来的滚石乐队中，主唱米克·贾格尔（Mick Jagger）和吉他手基斯·理查兹（Keith Richards）渐渐成长为独当一面的词曲创作组合，对琼斯而言这是一个严峻的问题。虽然琼斯在许多歌曲中糅入了独特的元素，比如在《把一切涂黑》（*Paint It Black*）中加入锡塔琴（sitar）演奏，或是在《红宝石星期二》（*Ruby Tuesday*）中亲自吹奏竖笛（recorder），但这些歌曲仍然带有强烈的贾格尔-理查兹风格。随着同类型金曲一次又一次取得成功，贾格尔和理查兹日渐强大。

琼斯原本就是个酒桶外加瘾君子，随着在乐队中的地位越来越可有可无，他对自己更加放纵。谁人乐队（The Who）的皮特·汤申德（Pete Townshend）说琼斯"是我见过的最堕落的人"。酒精和毒品让琼斯的情绪时常处于极端之中。怀曼在自传中把琼斯形容为"世界上最和蔼、最温柔、最替别人着想的人，同时也是烂到骨子里的人"。

长此以往，曾经立下汗马功劳的布莱恩·琼斯逐渐成为滚石乐队的累赘，终于在1969年6月8日被乐队开除。"我们夺走了他唯一拥有的东西，那就是作为乐队一员的身份。"鼓手查理·沃茨（Charlie Watts）在纪录片《*25×5*》中如是说。其实沃茨还可以加上一条，因为基斯·理查兹抢了琼斯的女朋友阿妮塔·帕伦堡（Anita Pallenberg）。被开除不到一个月，琼斯死在了自家的游泳池里，年仅27岁。*法医把他的死因归为"意外事故"，但是不少人认为他是被谋杀的。"实话实说，他的确有点混。"向来有一说一的理查兹在接受《滚石》（*Rolling Stone*）杂志采访时曾说过，"他最后走到那一步我一点儿都不感到意外。"

---

* 布莱恩·琼斯身亡以后，大门乐队（Doors）的吉姆·莫里森（Jim Morrison）发表了一首诗寄托哀思，题目为《怀念布赖恩·琼斯之际献给洛杉矶的颂歌》（Ode to L. A. While Thinking of Brian Jones）。两年以后，同样是27岁的莫里森也死在了琼斯身故的那一天。

7月4日，1826年和1831年

暮色苍茫的独立日

这一天是美国宣布彻底摆脱了英国殖民者掌控的独立纪念日，同时也是美国前五位总统中三人的忌日，他们分别是约翰·亚当斯（John Adams）、托马斯·杰斐逊（Thomas Jefferson）和詹姆斯·门罗（James Monroe）。这三位开国元勋都死在了7月4日，其中亚当斯和杰斐逊在1826年7月4日相隔不到几个小时相继去世，门罗则在五年后的1831年追随了前辈的脚步。

7月5日，1975年

输球又丢人

任何角逐有胜者就有败者，美国网球选手吉米·康纳斯（Jimmy Connors）在1975年7月5日温布尔登网球公开赛决赛中出人意料地败给了阿瑟·艾什（Arthur Ashe）之后不光输了球，还输在了人品上，可谓输得彻底。

两人在赛场上交锋之前，康纳斯就已经把艾什以诽谤罪为名告上了法庭，同时起诉了众多网球协会。脾气暴躁的康纳斯像个任性的孩子一样向艾什索赔巨额赔偿金，因为康纳斯曾屡次拒绝代表美国队参加戴维斯杯网球公开赛，艾什公开评论他的行为

艾什在温布尔登球场上比出了胜利的手势，身边的康纳斯瘪着嘴生闷气

"显得不那么爱国"。

康纳斯在艾什去世20多年后出版了自传《局外人》(*The Outsider*)，里面尽是给自己脸上贴金的一面之词，甚至还指责艾什对多项指控的回应方式。"阿瑟没有勇气面对我，"看样子睚眦必报的康纳斯认定自己是男子汉的典范，他在书中写道，"他只敢在温布尔登更衣室往我的更衣柜里塞一张纸条，上面写着他对诉讼的态度。嘿，这事儿不言而喻，不是吗？他完全可以和我面对面地像个男人一样交流，可是他却没有那么做。"

根据康纳斯在自传中披露的细节，艾什真正惹恼他的事情是"穿着绣有U.S.A.字样的戴维斯杯球衣外套，大摇大摆地走进了温布尔登的中央球场"。岂有此理！接着，艾什以6比1、6比1、5比7和6比4的成绩打败了康纳斯，成为首位在温网摘取冠军的黑人网球手。赛后，艾什又追了一记大力扣杀，犀利地指出康纳斯在比赛中70%左右的丢分情况都是"把球直接打进了网子里。他几乎没有把球打过底线，这明显是心事过重影响发挥的表现"。

接着，康纳斯还要面对来自他的经理比尔·里奥尔丹（Bill Riordan）的羞辱，因为他在决赛之前下注康纳斯会输。"当时我的胜算是最高的，所以我猜比尔赢了一大笔钱。"康纳斯写道，"说出来你们都不信，他赢的钱一分钱都没分给我，真是太抠门了。"这场决赛之后没过多久，被现实磨平了棱角的康纳斯开除了里奥尔丹，同时撤掉了所有的起诉。

7月6日，2008年

"蛋"说无妨的杰克逊神父

> 你看，巴拉克和黑人说话时总是一副高高在上的德行……我恨不得割了他的蛋。

巴拉克·奥巴马在竞选总统的时候，在电视台录制相关节目的牧师杰西·杰克逊（Jesse Jackson）在休息时对同事说过这样的悄悄话。他当时并不知道身上的麦克风没关。杰克逊牧师并不是头一次口无遮拦地发表自己惊世骇俗的"高见"了。他在1984年当总统候选人的时候，曾经说过一句令人侧目的蠢话，随口把耶稣比作"犹太佬"，把纽约称为"犹太城"。

7月7日,1456年

等不到的平反

1456年7月7日那天,圣女贞德迎来了一个天大的喜讯:她的死刑被撤销,而且她洗清了异教徒的罪名。当然,坏消息是她早在25年前就被烧成了灰烬。

7月8日,1932年

大萧条真正的最低谷

"我确信我们已经度过了最艰难的时刻,正在齐心协力地朝着经济复苏全速前进,"美国总统赫伯特·胡佛(Herbert Hoover)在1929年美国股市崩盘半年后向国民宣布,"我们美国人民掌握着丰富的资源,拥有聪明才智,每个人都个性鲜明,在我们的面前有着非常明晰的未来,我们一定会国富民强,欣欣向荣。"

胡佛总统当时的确有乐观的理由,毕竟到了30年代中期,股市已经恢复了30%左右。然而最低谷还没有到来。1932年7月8日,道琼斯工业平均指数跌至整个大萧条时期的最低点,交易值仅是三年前10月那次股灾中的一半,令那次崩盘看上去只是灾难的前奏。

7月9日,1640年

美国奴隶制由此开始

1640年,弗吉尼亚种植园主休·格温(Hugh Gwen)的三名契约仆人结伴出逃,跑到了马里兰。其中两人是欧洲裔,一人是非洲裔。这三人后来分别被抓住,并被判处鞭刑30下。不过一视同仁的惩罚到此为止了,经过法院的判决,两名白人仆人的契约期被延长了4年,而第三人的处罚方案如下:"本案中第三名被告约翰·潘奇(John Punch)为黑人,他必须终身为契约的主人服务。"就这样,1640年7月9日的法院判决书标志着北美殖民地奴隶制的起源。

7月10日,1777年

半裸将军被俘

这是美国独立战争时期相当精彩的一次偷袭,参与者的胆识和身手堪比现代海豹突击队,被偷袭的英军则颜面扫地,沦为笑柄。1777年7月10日凌晨,罗得岛的爱国将领威廉·巴尔顿(William Barton)上校率领着一支40多人的队伍悄无声息地穿过纳拉甘西特湾(Narragansett Bay),他们驾驶的船只混入英国的舰队,没有引起英军的警觉。他们闯过了岗哨之后,溜进了英国将军理查德·普雷斯科特（Richard Prescott）的住所，惊醒了他。这支队伍的目的就是要把将军劫走。

行动的参与者之一记得受惊的普雷斯科特对他们喊道："先生们，我知道你们挺着急的，但是看在上帝的份儿上起码让我穿上衣服吧。"

"老天啊，现在没空穿衣服。"巴尔顿回绝了对方的请求，拉起衣冠不整的将军登上了在岸边等待的船只。如有神助，绑架小分队顺利地从海湾渡了回去，没有遇到任何阻拦。

"失去他对我们并无大碍。"英国官员安布罗斯·瑟尔（Ambrose Serle）对普雷斯考特被劫一事如此评价道。[*]尽管如此，被剥光了尊严的英国将军后来以人质交换的方式被放了回去，美国方面借此换回了查尔斯·李（Charles Lee）将军。说来也巧，头一年的12月，英军劫走李将军的时候，他的身上也只穿了睡袍。

7月11日，1804年

临时抱佛脚

这个故事美国的读者都很熟悉了：长期以来被杰出开国元

---

[*] 无独有偶，这并不是普雷斯科特将军头一次被人俘获了，他曾在两年前在加拿大被人生擒过。

勋之一欺负的副总统阿伦·伯尔（Aaron Burr）在新泽西州的威霍肯（Weehawken）亲手断送了政治前程。伯尔在该地严格遵循着"杀人仪式"的守则，在双人决斗中打死了亚历山大·汉密尔顿（Alexander Hamilton）。亨利·亚当斯（Henry Adams）把这次决斗形容为"联邦地区早期政治舞台上最惊心动魄的一幕"。腹部受伤流血不止的汉密尔顿被人带离威霍肯之后，痛苦并没有终结，两位恪守教条的神职人员让他临死前相当不得安宁。

虽然汉密尔顿从来都不是虔诚的教徒，但是在他瘫倒在床上等死时还是希望得到灵魂的救赎。他首先派人去请美国纽约圣公会（Episcopal Church）的主教本杰明·摩尔（Benjamin Moore），此人同时是汉密尔顿妻子所在的三一教堂教区的教区长，汉密尔顿希望摩尔能为他主持临终祷告。然而摩尔当面拒绝了他的请求，理由是汉密尔顿平时不怎么参加教堂的仪式，而且刚刚参与了性质邪恶的决斗。

被这位自恃清高的主教回绝以后，汉密尔顿连忙向朋友约翰·梅森（John M. Mason）牧师求助，这个人在汉密尔顿家附近的苏格兰长老教会（Scotch Persbyterian Church）供职。虽然梅森对重伤濒死的汉密尔顿深表同情，但是他也拒绝用宗教仪式送对方上路。

最后，在汉密尔顿的苦苦哀求下，摩尔主教再度登门。"我进了他的房门，朝他的床走去，他无比沉着冷静地对我说：'尊敬的先生，您也看见我的情况了，您也一定知道我是如何走到这一步的。我诚挚地希望您为我做临终祷告。希望我对您的请求在您的眼中没有任何失礼之处。'"就算这样，摩尔再次拒绝了汉密尔顿的请求。

"在我看来,他十分理解我在这件难办的事情中的处境:无论我多么想宽慰绝境中的凡人同胞,我也有身为神职人员的责任在身,我必须先于一切法律传达上帝的旨意。面对此情此景,我必须毫不迟疑地谴责他咎由自取的行为。他承认这件事必须合情合理,并且为自己之前的行为(决斗)感到悔悟。"

摩尔主教又强迫汉密尔顿做了几轮的告解,最终还是给他做了临终祷告,让他感受到上帝的仁慈。第二天,主教对汉密尔顿的死亡做了如下记录:"他走得很安详,几乎没有发出任何呻吟。"

7月12日,1979年

那一夜,他们对迪斯科说不

这天,芝加哥白袜队的主场康米斯基球场(Comiskey Park)上传出了响彻云霄的呼喊声,但是主题和棒球毫不相关。"迪斯科烂透啦!"场地里的观众一声高过一声地吼着,观众席上到处悬挂着写着这句话的条幅。球场中央放着一个容量巨大的垃圾桶，里面塞满了即将被引爆的迪斯科舞曲的唱片。这一切都是1979年7月12日举行的名为"迪斯科毁灭之夜"的推广活动的一部分，很不幸，这次推广活动的结果与其目的正相反，被毁掉的不只是那些唱片。

反迪斯科主题的推广活动是白袜队时任老板比尔·维克（Bill Veeck）的儿子迈克·维克（Mike Veeck）和芝加哥摇滚电台WLUP（别名"the Loop"）的DJ史蒂夫·达尔（Steve Dahl）联手想出来的"妙计"。白袜队由于球技不佳，比赛上座率不高，比尔为此没少犯愁，而达尔则非常讨厌在70年代晚期独领风骚的迪斯科风格音乐。

他们的策划很简单。首先，他们将康米斯基球场7月12日晚球赛的门票以极低的折扣提供给当晚携带并上交迪斯科唱片的观众，然后把收集来的唱片在当晚白袜队和底特律老虎队两场比赛之间休息的时候集中销毁。然而那天晚上凑热闹的人数远远超过了预期，很多人根本就没买票，直接跳过了旋转护栏和围墙进入了场地。体育场很快就超负荷地挤满了人，现场升腾起浓郁的大麻烟雾，失控是显而易见的事情。

野人一般撒欢儿的观众大部分都不是棒球迷，他们在双方第一场比赛中朝场地扔鞭炮和空饮料瓶，严重影响了比赛进程。有些人并没在入场时上交迪斯科唱片，专等着在比赛中往场地里扔。

"那些唱片擦着身体削过去，然后牢牢地贴在场地上。"老虎队的外场手拉斯蒂·施图伯（Rusty Staub）事后接受《纽约时报》采访时说道,"当时并不是一张唱片,而是好多唱片不断飞过来。老天啊,我从来没遇见过那么危险的事情。我好说歹说让队员们都戴上了头盔自保。"

白袜队在第一场比赛中以 1 比 4 的比分输给了老虎队,中间休息的时候身穿迷彩服的史蒂夫·达尔乘坐一辆吉普车来到场地中央,好戏开始了。"现在我们要举行世界上规模最大的反迪斯科大会!"达尔对着尖叫不已的人群喊道,"你们听好了,我们把你们今晚带来的迪斯科唱片都扔在这个大箱子里啦,接着我们会好好地把它们炸开花!"

达尔的话音刚落,垃圾桶中传出巨响,锋利的唱片碎片飞起来足有 60 多米高。在场的人们随即亢奋地冲进了球场中央。刚才没有炸掉的东西现在轮到他们来毁灭了:他们抠走了地上的垒(货真价实地偷垒),扯掉了场边的护网,然后在迪斯科唱片的残骸周围手舞足蹈,不论是谁怎么劝说都无法让他们回到看台。

"我的天啊!"著名体育广播员哈里·卡雷(Harry Caray)通过场地上的喇叭劝导观众们归位,可是人们不但不听他的话,反而开始起哄。接着,卡雷和比尔·维克为大家深情演唱了《带我去看棒球赛》(*Take Me Out to the Ball Game*),为他们伴奏的是常驻康米斯基球场的管风琴乐手。最后,有人叫来了防暴警察,暴徒们这才离场而去。白袜队和老虎队没有打第二场比赛,算作自动输掉了。

7月13日,1801年

大水冲了龙王庙

1801年7月13日午夜刚过,装有112门大炮的西班牙战舰皇家卡洛斯号(*Real Carlos*)在直布罗陀湾轰然爆炸。15分钟以后,和它并肩航行的圣赫尔梅尼吉尔多号(*San Hermenegildo*)也步了它的后尘。两艘失事的船夺走了上千条性命,但是造成船只爆炸的并不是敌军的火力。英军的随机应变加上现场的一些巧合,使两艘同一阵营的战舰不幸互搏,双双炸毁。

这次后果严重的"内讧"是英国海军与法西联合舰队激战期间的插曲。事件发生的6天前,英国的战舰向法国舰队开了火,当时法国的舰队停靠在直布罗陀湾沿岸的兵家重地——港口城市阿尔赫西拉斯(Algeciras)。双方激烈交火后,英军落荒而逃,他们的汉尼拔号(*H. M. S. Hannibal*)战舰被法军俘获。英军经此一战可以说是赔了夫人又折兵,但是很快他们就可以一雪前耻了。

第一次阿尔赫西拉斯海战结束之后,法军指挥官申请盟军援助。5艘西班牙战舰驶过直布罗陀海峡前来增援,它们在阿尔赫西拉斯周围部署了固若金汤的防御线,以便法军在保护线以内维修损坏的船只。法舰整修完毕之后,由9艘战舰组成的法西联合舰队起航向西班牙港口加的斯(Cádiz)驶去。

刚吃了败仗的英国海军最高指挥官詹姆斯·苏马雷斯(James Saumarez)手里的战舰数量虽然还不到敌方的一半,但是他下定决心不会让对方顺利撤退。在看似寡不敌众的英国舰队穷追不舍的跟踪之下，第二次阿尔赫西拉斯海战拉开了序幕。英国的舰队中首次出战的杰出号（*H. M. S. Superb*）战舰指挥官是身经百战的理查德·古德温·济慈（Richard Goodwin Keats），由于这艘船并未在第一次海战中与法军交火，所以它没有受损。济慈驾驶着杰出号一马当先地冲在最前面，紧咬法西联军的舰队，一心求胜的他当时根本没想到自己会取得多么大的战果。

皇家卡洛斯号和圣赫尔梅尼吉尔多号在联合舰队里殿后，以庞大的身躯组成了强有力的防线。济慈在夜色的掩护下神不知鬼不觉地追到皇家卡洛斯号的旁边，果断地开炮。皇家卡洛斯号受损严重，甲板上很快就火光冲天。对联军舰队来说，更大的麻烦是杰出号射出的炮弹有几枚越过了皇家卡洛斯号，击中了另一侧的圣赫尔梅尼吉尔多号。接下来发生的事情在世界海军史上增添了浓墨重彩的一笔，不禁让人拍案惊奇。

圣赫尔梅尼吉尔多号的指挥官在黑暗中看不清战况，以为英国的军舰插进了自己的战舰和皇家卡洛斯号之间，于是朝着假想敌的方向开炮反击。可想而知，他射出的炮弹都打在了同伴的身上，而且对方也朝它对轰了过去。当时的皇家卡洛斯号被夹在中间，一边应付真正的敌人，一边朝被误认为是敌军的自己人开炮。济慈看到这个情形立刻停火并迅速后撤，只留下两艘重吨位的西班牙战舰自相残杀，一战到底。

7月14日，1798年

亚当斯先生，您还记得《第一修正案》吗？

1798年7月14日，美国总统约翰·亚当斯签署了《镇压叛乱法》(Sedition Act)[*]，这是该年通过的制约力度极大的众多法案之一，距亚当斯总统在《权利法案》(Bill of Rights)[†]上签名还没过去10年。该法令充斥着诸多让人反感的条款，托马斯·杰斐逊认为它"兜头打了宪法一闷棍"，其中一条规定以下行为触犯了法律："以诋毁和诽谤为目的，以手写、印刷、发言、出版等方式直接参与或间接协助针对美国政府、国会、总统等机构和个人的不实言论、性质恶劣的谣言。"

佛蒙特州(Vermont)众议员马修·里昂(Matthew Lyon)正是因为触犯了此条款进了监狱[‡]，他公开指责亚当斯政府"逢场作戏、自吹自擂、贪得无厌"。时政写手詹姆斯·卡兰德(James Callender)也因为忤逆该法案被罚款并入狱服刑。在言辞无比辛辣的《展望未来》(*The Prospect Before Us*)中，卡兰德用一连串

---

[*] 全名《客籍法和镇压叛乱法》(Alien and Sedition Act)，此法案增加了外来移民获取美国国籍的难度，并将以不实言论诋毁政府与领导人的行为规定为违法，该法案生效两年后作废。——译者注

[†] 即美国宪法前十条修正案的统称，这些修正案在最大限度上保证了美国公民的自由和权利，并在很大程度上限制了联邦政府在司法和其他行政方面的绝对权力。——译者注

[‡] 这位里昂先生在一年前就已经出名了，当时他在国会与人政见不合，在争论中朝康涅狄格州众议员罗杰·格里斯沃尔德(Roger Griswold)的脸上吐口水。不过这是另外一个故事了。

精心挑选的语句对亚当斯进行了无情的批判，说他"面目可憎，吊儿郎当"，并且"说一套做一套……是阴阳人都不为过，因为他既缺乏男性的魄力和坚强又不具备女性的温柔和细腻……一把年纪了还四处煽风点火"，同时还说亚当斯"在政坛之外算得上是北美大陆最大的傻瓜之一"。*

鉴于亚当斯的确签署了《镇压叛乱法》并推行了其他苛政，卡兰德对他口诛笔伐并不是信口开河。不过亚当斯的传记作家大卫·麦克库罗（David McCullough）认为签署该法案是亚当斯政权"在当时那个历史大环境下做出的极其合理的举措"。†

7月15日，1972年

奥斯卡影后最想销毁的照片

在一场造成超过58000名美军士兵阵亡且毁灭了上万人生活的战争中，著名演员简·方达（Jane Fonda）跑到位于越南河内的敌对阵营中进行了慰问，与对方士兵谈笑风生，纵情欢歌，甚

---

* 托马斯·杰斐逊曾大力赞赏卡兰德对自己的政敌亚当斯的攻击。不过后来卡兰德倒戈，第一个跳出来公开唾骂当选为第三任总统的杰斐逊与家中的女奴莎莉·海明斯（Sally Hemmings）育有私生子的不检点行为。当然，这又是其他的故事了。
† 1798—1800年，美国与法国之间发生了短暂的海上冲突，起因是美国以法国皇权已经覆灭为由拒绝偿还之前欠下的债务。同时亚当斯在国内与亚历山大·汉密尔顿一直争夺对联邦政府的控制权，所以需要严苛的法令加强对舆论的控制。——译者注

简·方达与越南士兵同乐

至还骑在一座北越军队的高射炮上照了一张相。她的举动震惊了全美,其中很多人认为她是里通外国的叛徒,于是方达得到了"河内的简"的外号。几十年后,她在接受电视台采访时说道:"我到死都会为自己那张照片感到羞愧……我伤害了那么多士兵的心。我的行为给我招来了无数负面评价。那是我做过的最糟糕的事,当时我实在是太草率了。"

7月16日,1858年

"哦!多么痛的领悟"

自古以来,潜心研究《圣经》的人大多不会仔细研读《马太福音》(19:12)这句话:"因为有生来是阉人,也有被人阉的,并有为天国的缘故自阉的。这话谁能领受,就可以领受。"不过托马斯·"波士顿"·科贝特（Thomas P. "Boston" Corbett）似乎真的把它读进了心里。1865 年，科贝特在弗吉尼亚州一处烟草仓库中开枪打死了刺杀林肯总统的约翰·威尔克斯·布斯，在那之前的 7 年，也就是 1858 年，他悟出了实现终极清心寡欲的办法。那年 7 月 16 日，他抄起一把剪刀，在没有使用任何麻醉方式的情况下毅然剪断了身上的尘根。

7月17日，1955年

（噩）梦开始的地方

1955 年 7 月 17 日，迪士尼乐园正式开门迎客，然而一点都不梦幻。开园当天的灾难级状况，就连《白雪公主》里的邪恶王后都未必搞得出来。为贺开业大吉，乐园邀请了 15000 名游客到场助兴，但市场上流通着大量伪造的门票，所以差不多有 3 万人蜂拥而至，排成长龙的车辆把园区外面的阿纳海姆公路挤了个水泄不通。人们很快就吃光了园区里的食物，马克·吐温号游船险些由于超载而翻覆。那天还刚好赶上水管工人闹罢工，乐园管理层不得不在厕所用水和游人饮水处之间做选择，经过一番权衡，他们选择优先保证厕所的运转。很快，在高达 38 摄氏度的气温下，口干舌燥的游客们因缺水感到疲倦和烦躁。天气炎热到刚铺好的园区主干道上的沥青都熔化了，粘掉许多人的鞋子。总之，那天的游乐设施频繁出现故障，态度蛮横的保安人员屡次和游客发生冲突，幻想世界园区也因煤气泄漏一度关闭，怪不得沃尔特·迪士尼（Walt Disney）本人把开业那天称作"黑色星期日"。

"沃尔特的梦想变成了噩梦。"一名现场记者写道，"迪士尼乐园开业那天，我参加了所谓的媒体招待会，我在娱乐圈里工作了30多年，从没见过如此混乱的场面。在我看来，整个园区就像个大号收银机，随着抽屉开合的叮当声，各种原先只存在于假想中的迪士尼角色从天而降，对着路边猖猖狂吠的恶犬们努力地施展着魅力。"

迪士尼乐园的开业典礼通过电视直播被接近9000万名观众尽收眼底，效果让沃尔特大叔更加难受。主持人团队星光闪闪，包括罗纳德·里根、鲍勃·卡明斯（Bob Cummings）和阿特·林克莱特（Art Linkletter），然而各种各样的技术问题和镜头切换错误让已经形成的乱摊子愈发无法收场。在一个错得离谱的场景里，曾在电影和电视剧中扮演壮汉戴维·克罗科特（Davy Crockett）的演员费斯·帕克（Fess Parker）带领着游行队伍走过中央大道的时候，观众们听到的介绍词是"可爱的灰姑娘"。

但凡是意志不够坚强的人，很可能被这种另类的"开门红"打击得无法翻身，但是沃尔特·迪士尼发扬着米老鼠那般不屈不挠的精神勇往直前。迪士尼乐园开业未满3个月就迎来了第100万名游客，而且成了所有主题公园的鼻祖和典范，以高效、整洁和趣味性等特点誉满全球。特别说一句，今天所有的迪士尼乐园都配备了充足的饮水处哦！

7月18日，1877年

强扭的瓜不甜

1877年7月18日，彼得·柴可夫斯基（Peter Tchaikovsky）在教堂圣坛前与新娘安东妮娜·米柳科娃（Antonina Miliukova）并肩站立，泪水滑过脸庞，但并不是喜极而泣的泪水，根据伟大作曲家日后的回忆，那是自己"痛彻心扉的表现"。

柴可夫斯基的新娘除了性别不符合他的心意之外，倒也没别的问题。不论什么样的女子都不可能成为柴可夫斯基的良配，因为他对女性没有兴趣。尽管如此，在众多因素影响下，柴可夫斯基还是在1877年步入婚姻殿堂，他说自己是认命了，其实最大的可能是他屈服在父母的压力之下，而且在那个容不下同性恋的社会里，他不得不随波逐流。思来想去，柴可夫斯基选择了以前教过的学生安东妮娜·米柳科娃。他对她并不熟悉，只不过被她写的情书吸引了注意力。柴可夫斯基在求婚时，向对方坦白自己并不爱她，还列举了自己在性格上的重大缺陷，包括"喜怒无常的情绪、一点就着的脾气、不善社交的本质还有真实处境"。尽管如此，米柳科娃在明知只能和对方做朋友的情况下，仍然接受了他的求婚。

婚期一天天临近，柴可夫斯基感到六神无主，他曾在婚礼前的几天对朋友说："我过去的37年里对婚姻的态度是完全抗拒的，结果现在我被形势所迫要当新郎了，而且新娘对我来说一点吸引力都没有……再过一两天就是婚礼了，接下去该怎么办，我一点头绪都没有。"

婚礼的确不怎么样，蜜月旅行更差劲儿。"马车驶来的时候我感觉自己会抽噎不止。"柴可夫斯基写道。他们的新婚之夜没有任何激情，据他的记载，自己"睡得像死人一样"。

那桩无爱又无实的婚姻持续了几周以后，柴可夫斯基越来越不幸福，他不光觉得妻子"身形丑陋"，更觉得她的陪伴让自己感到窒息。在柴可夫斯基的眼里，米柳科娃既轻浮又肤浅，与自己没有任何共同的爱好，甚至在音乐领域都找不到交集。更可怕的是，她不再满足于柴可夫斯基许诺给她的"兄弟般的情谊"，要求得到实质性的情爱。他们这段眼看就要瓦解的关系一度压得柴可夫斯基想以自杀求解脱。不过他并没有自杀，而是选择在婚礼过去 6 周之后离家出走了。

尽管如此，柴可夫斯基口中那个堪比"冷血动物"的分居妻子仍然无孔不入地骚扰着他。他害怕被冷落的米柳科娃把他的真实性取向公之于众，每天都过得胆战心惊，与她相关的任何事情，哪怕是有人提到她的名字都会让他浑身颤抖。有一次，柴可夫斯基把妻子给自己列出的"罪状"一条一条地说给了自己的弟弟听："我是个骗子，和她结婚是为了掩盖自己的真实面目……我每天都侮辱她，她饱受我的折磨……她为我的羞耻罪孽感到恶心，等等，等等。"

说到自己为何仓促结婚，柴可夫斯基只有一个解释："很明显，那几个月我不太正常。"

7月19日，1553年

简·格雷的悲歌

在百般不情愿地戴上英格兰皇冠的简·格雷（Jane Grey）女爵当政的9天里，伦敦塔就是她的皇宫。然后她的命运急转直下，刚满16岁就在塔里沦为阶下囚，再也没有活着走出去。信奉新教的简·格雷是都铎王朝历代君主的近亲，强迫她去英格兰即位的是她的公公诺桑伯兰公爵约翰·达德利（John Dudley），此人胸怀极大的政治抱负。亨利八世去世以后，他唯恐王权落入法定继承人玛丽手中，因为她信奉天主教而且心狠手辣，掌权之后英格兰很有可能再度被罗马教廷所摆布。然而玛丽公主成功地夺了权，简·格雷在王座上还没坐够两周就在1553年7月19日被轰了下去。从那天起，伦敦塔对"九日女王"来说越来越可怕，首先是监狱，然后是刑场，最后是坟墓。

7月20日，1846年

一步错，百步歪

1846年7月20日，一群在北美大陆上西行拓荒的人在前进途中向左拐了个弯，后来的人们才知道他们是"唐纳帮"（Donner party），他们拐的那个弯大概是有史以来最致命的抉择。如果唐纳

帮在岔路口向右转,踏上前人开拓的西行路线,他们也许很快就能在加利福尼亚和俄勒冈地区的新"迦南"喝上甜美的奶和蜜*,而不是在冰天雪地的内华达山区被迫啃食同伴的尸体。然而他们被冒险家兰佛德·黑斯廷斯(Lansford Hastings)的瞎话给忽悠了。黑斯廷斯曾被人比作"资深旅人闵希豪森男爵",他生性喜欢捉弄人,"认为所有奔赴北美的移民都是肥羊,骗一个算一个"。

黑斯廷斯的梦想是在加利福尼亚圈起自己的领地(并时刻策划着从墨西哥手中把那片土地夺过来),于是四处引诱开荒的移民抄近路,他自己可从来没有实际走过那些新开辟的道路。他为此写了一本书,题目叫《俄勒冈和加利福尼亚移民指南》,在书里把一切描绘得轻松又省心,就像通往天堂的华尔兹一般美好。

唐纳帮在途中遇到了以山为家的老牌探险家詹姆斯·克莱曼(James Clyman),克莱曼警告他们不要相信黑斯廷斯空想出来的

---

* 《旧约》中的迦南是今天地中海东岸的一片低地,大致包括以色列、约旦河西岸部分地区、加沙地带以及叙利亚和黎巴嫩临海的地区。自古丰饶富足,在《圣经》中被描绘为流着奶和蜜的地方。——译者注

路线，因为他见识过前方的凶险程度。他劝阻唐纳帮"沿着现成的马车道前进，不要偏离主路，只有这样才能勉强过去，否则很难说你们能否平安到达"。可惜，唐纳帮的领导者们一心想着书里记载的捷径，没有采纳克莱曼的意见，义无反顾地朝左边转去，踏上了一条前途未卜的道路。

等他们意识到自己走错路的时候一切都晚了。他们在自救上浪费了许多时日，好不容易离加利福尼亚的苏特堡（Sutter's Fort）只有大约241公里的时候，天气变了。严酷的凛冬把他们逼上绝境，锅里煮的果腹之物从牛皮变成了同伴的肉。唐纳帮一开始有87人，男女老少俱全，最后只有46人活着走出了吃人的梦魇。

幸存者之一弗吉尼亚·里德（Virginia Reed）在给友人的信中提及那次生死劫："我在信里写的只是苦难之路的一小半，但足以让你知道我们经历了怎样的苦难。谢天谢地，我们家是唯一没有吃人肉的家庭。我们放弃了一切，但是我一点儿都不心疼，至少活着走出来了。我希望这封信不会让你们打退堂鼓。记住，永远不要抄近路，凡事能快就快，切勿拖延。"

7月21日，1961年

功亏一篑

1961年7月21日，维吉尔·"古斯"·格里森（Vigil "Gus" Grisom）从太空返回地球的时候，人们的热情并不高涨，倒不是因为他是第二个遨游太空的美国人,毕竟能上天的人都很了不起。人们之所以对格里森感到失望,是因为他把自由钟7号(Liberty Bell 7)飞行器给弄丢了。

"作为一名专业飞行员,我才是最难过的那个。"格里森回忆道,"怎么说我也是在朝鲜战场执行过飞行任务的人,在职业飞行生涯中这是头一次人和飞行器没能同时回归。我做飞行员那么多年,'自由钟7号'是我弄丢的第一个大件。"

格里森失去的不仅仅是他的飞行器,他的名声也随着自由钟7号沉入了海底。据传,宇航员格里森在关键时刻出了洋相,用航天术语解释一下就是他在慌乱之中过早引爆了打开飞行器舱门的炸药。专家们分析,格里森游泳离开之后,自由钟7号由于舱门大开进了水,整体重量增加,无法打捞。其实格里森自己也是死里逃生,当时他的身上缠着电线,笨重的航天服坠着他往海里沉,多亏救援直升机及时赶到,才把他从波涛汹涌的海中拉了出来。

格里森事后极力强调自己并没有引爆舱门,是舱门自己炸开的。"我当时躺在里面正在忙,突然砰的一声,舱门就弹开了。"他在新闻发布会上说道,"我抬起头,只能望见外面的蓝天,水从舱口一股脑儿地灌了进来。"当有人问他在整个航天任务中是否感到过危险,他很诚实地答道:"有大部分时间我都挺害怕的,这么说你们大概能明白吧。"

各路媒体逮住这句话不放,把舍身投入航天事业的格里森丑化为毫无担当的胆小鬼。多年以后,作家汤姆·伍尔夫(Tom Wolfe)在《正确的事》(*The Right Stuff*)一书中把格里森写成了手忙脚乱地引爆了舱门的笨蛋。这本书后来被改编成了同名电影，大获成功，广大观众对格里森的形象也因此定了格。

其实美国航空航天局（NASA）就舱门炸开一事进行了详细的调查，认定格里森的操作没有问题，然而在一边倒的负面报道中，没人关心这个结果。在那之后，格里森又被派去执行了两次太空任务，足以看出 NASA 对他的信任。然而，调查人员始终没有找到舱门自动弹开一事的具体技术原因，这让背负了无数骂名的格里森一直耿耿于怀。

"我们花了好几个星期去研究当时发生了什么，是怎么发生的。"格里森回忆道，"我甚至再度爬进不止一个太空舱，还原自己的操作，就是想看看是否能触发相同的事件，但是完全没有可能。能炸开舱门螺丝的装置离我很远，我必须努力去够才能够到，而我当时并没有那样的动作。我撑开胳膊肘全方位摇晃，仍然没有误碰到那个地方。"

最后格里森只能承认自己的运气太差了。"舱门为什么会弹开仍然是个谜，"他感慨道，"而且恐怕会永远是个谜。有些事就是这样的。"[*]在主持双子 3 号航天任务时，格里森借用百老汇歌舞剧《永不沉没的莫莉·布朗》（*The Unsinkable Molly Brown*）[†]的剧

---

[*] 1999 年，自由钟 7 号被人从海底打捞了上来，经过一番检测，人们还是没弄清舱门弹开的原因。

[†] 莫莉·布朗（Molly Brown），全名玛格丽特·布朗（Margaret Brown），莫莉为昵称，美国上流社会名媛、慈善家、社会活动家。她是泰坦尼克号的幸存者之一，在自己登上第 6 号救生艇前曾协助其他人逃生，并劝说船员返回失事海域搜寻更多的落水者。她去世以后，人们在讣告中把她尊称为"永不沉没的莫莉·布朗"，她生前的事迹也被搬上了百老汇舞台和银幕。——译者注

名把任务中用到的载人飞行器命名为"莫莉·布朗",充分显示了他的幽默感。NASA 的官员一开始驳回了他的建议,但是格里森提出了另一个候选名字:"泰坦尼克怎么样?"于是官方勉为其难地接受了莫莉·布朗。*

7 月 22 日,1934 年

飞鸟尽,良弓藏

1934 年 7 月 22 日,曾被 FBI 定为"头号公敌"的黑帮分子约翰·迪林杰(John Dillinger)在芝加哥比沃格拉夫剧院后面被人开枪打死了。这一天对他来说够不吉利的了。然而对于干掉他的枪手梅尔文·珀维斯(Melvin Purvis)来说,这天带来了更多的不幸。珀维斯在解决掉迪林杰之后不久,在其他任务中击毙了查尔斯·阿瑟·"帅哥"·弗洛伊德(Charles Arthur "Pretty Boy" Floyd),一时声名鹊起,成为美国大众心目中的民族英雄,然而他的上司兼指导埃德加·胡佛(Edgar Hoover)却再也容不下功高盖主的手下了。胡佛当时是 FBI 的局长,心高气盛,认为功劳都应该算到自己头上,于是发誓要教训抢了风头的珀维斯,在接

---

* 1967 年 1 月 27 日,阿波罗 1 号指挥舱在起飞前的调试过程中突然起火,给 5 年半以前发生的自由钟 7 号舱门自动弹开事件增添了残酷的讽刺意味。由于阿波罗 1 号的舱门无法打开,当时在里面作业的宇航员格里森、爱德华·怀特(Edward White)和罗杰·查菲(Roger Chaffe)葬身火海。

下去的25年里对昔日的好友百般刁难。

珀维斯曾经是胡佛局长的心腹干将，他是典型的南方绅士，出身于家境良好的中产家庭，外貌十分英俊。"希望咱们局的克拉克·盖博前途无量。"胡佛曾在给珀维斯的私人信件中写过这样的话。在FBI里极少有人能得到局长如此露骨的抬爱。胡佛还亲口对珀维斯的父亲说："他是我最亲密的挚友之一。"

在胡佛的器重和指点下，珀维斯平步青云，坐到了芝加哥分局特别负责人的位子上。新官上任的珀维斯接手了十分艰巨的任务：抓住在美国中西部地区四处作乱、人气很高而且一直藐视权威的侠盗迪林杰。胡佛在写给珀维斯的指示中写道："小伙子，你得沉住气，把迪林杰给我拿下，以后你要什么就有什么。"在信的结尾，胡佛的署名为"亲切的杰伊"。

很快，珀维斯得到线报，迪林杰将在7月22日晚上去比沃格拉夫剧院看电影。散场以后，悍匪迪林杰从剧院大门走出的时候，珀维斯认出了他，随即点燃了一支香烟，给潜伏在周围的同事和芝加哥警察局的警员们发出了信号。被盯上的迪林杰感到了一丝异样，闪进剧场旁边的小巷。"举起手来，约翰！"追过去的珀维斯大吼一声，"你已经被包围了！"迪林杰拔出了枪，但还没来得及开火就被珀维斯击毙了。传奇匪徒倒下了，新的英雄诞生了，只可惜那个英雄的名字不是埃德加·胡佛。

胡佛局长表面上向珀维斯表示了祝贺，在公函中写道："你在本案中通过不懈的努力取得的成就让我甚感欣慰，我为你感到自豪。"然而顶级探员珀维斯的崛起让胡佛心里的酸水翻腾不已。

胡佛"就是嫉妒他"，珀维斯的秘书多丽丝·洛克曼（Doris

Lockerman）评价道，"除非你能一直取悦顶头上司，否则很快就会失宠……他们后来没有给珀维斯任何出风头的机会。珀维斯连续几个月都在进行应聘者的面试工作。同时，上面不断地给珀维斯穿小鞋，让他难堪。他受到了很大的伤害。"

珀维斯在击毙迪林杰一年以后从 FBI 辞职了，但是"亲切的杰伊"继续对他进行打压。胡佛铁了心地要毁掉珀维斯为了个人追求所做出的一切努力，使用个人的职权把珀维斯彻底从 FBI 的历史中抹去。"FBI 有一条不成文的规矩，就是不能提珀维斯。"作家理查德·吉德·鲍尔斯（Richard Gid Powers）曾经在书里写道。后来对珀维斯的排挤达到了极其荒唐的地步，他的名字都从迪林杰案中抹掉了。FBI 曾经赞助过名为《枪手》（G-Men）的广播剧，剧中的珀维斯被换成了无足轻重的虚构角色奈利斯（Nellis），剧中的英雄自然是远在华盛顿的办公室调兵遣将的胡佛。他的办公室里一直在显眼的地方摆着用迪林杰的脸翻模的死亡面具。

这个情况一直延续到 1960 年，珀维斯因头部中弹而身亡。他的死究竟是事故还是有人有意为之并没有定论，然而根据珀维斯的儿子阿尔斯顿（Alston）的记载，胡佛根本不关心事情的真相，他立即宣布珀维斯死于自杀。

"胡佛发表的公告丝毫没有提及我父亲毕生的成就、为 FBI 做出的牺牲以及他在历史中的真实地位。行文之间没有表达任何感谢，也看不出哀悼与慰问之意。那篇公告的用词之敷衍和发表之迅速让人感到作者在幸灾乐祸。胡佛认为他终于等到了胜利的那天，迫不及待地昭告天下：眼中钉终于再也开不了口了。"

7月23日，1982年

银幕之外的险境

1924年，默片明星巴斯特·基顿（Buster Keaton）在喜剧电影《小福尔摩斯》（*Sherlock Jr.*）的拍摄过程中亲自表演特技，不慎摔断了脖子，可以说电影行业从此变成高危行业。* 在林林总总的拍摄事故中，最严重的要数1982年7月23日发生在《黄昏地带》（*Twilight Zone: The Movie*）拍摄现场的直升机坠落事件。演员维克·莫罗（Vic Morrow）和一名被剧组非法雇用的儿童演员在事故中身首异处，另外一名小演员被从天坠落的直升机压死了。导演约翰·兰迪斯（John Landis）为了拍摄效果忽视了安全问题（针对他渎职罪的指控后来被撤销了），以至于人们一提起这部电影就会想起他的名字。而且，他对事故满不在乎的态度令人十分费解，他给莫罗写的悼词更像是给自己做宣传："悲剧随时都可能降临，但电影是永恒的。维克永远活在我们的心中。就在拍那个镜头之前，维克曾把我拉到一边，感谢我给了他

---

* 同类型的拍摄事故还有：在《绿野仙踪》（*The Wizard of Oz*）中饰演西方恶女巫的玛格丽特·汉密尔顿（Margaret Hamilton）在拍摄从火中离开曼奇金国的场景时被严重烧伤。电影《征服者》（*The Conqueror*）剧组中几乎一半的成员由于在内华达州亚卡台地（Yukka Flats）的核试验基地下风口处作业，患上了癌症，最后有45人因病去世，其中包括约翰·韦恩（详见4月17日）、苏珊·海华德（Susan Hayward）、阿格尼丝·摩尔海德（Agnes Moorehead）以及导演迪克·鲍威尔（Dick Powell）。彼得·奥图尔（Peter O'Toole）在拍摄《阿拉伯的劳伦斯》（*Lawrence of Arabia*）时曾被骆驼从背上掀下，险些被周围狂奔的马群踩死。

出演这个角色的机会。"

7月24日，1684年

来自新大陆的悲剧

法国探险家罗伯特·卡弗利耶·德·拉萨勒（全名René-Robert Cavelier, Sieur de La Salle）一生收获了无数赞誉，人们都说他是个刚毅、勇敢、出类拔萃的人，其实用无能、盛气凌人和蛮横无理来形容他也挺合适。曾经是耶稣会神父的拉萨勒在缺乏基本求生技能和方向感的情况下徒有远大抱负，在北美洲五大湖区执着地探寻着荣耀与财富。身后是步步紧逼的债主，身边是一盘散沙的队友，他就像毫无经验的新手一样在旅途中不断触霉头。怪不得拉萨勒曾经给自己建起的一个堡垒命名为"心碎堡"，没过多久他的团队就冲进去把这个据点一把火烧了个精光。虽然拉萨勒能力有限，但是他仍然误打误撞地顺着密西西比河到达了墨西哥湾，把所到之地（即路易斯安那殖民地）圈起来献给了法国国王。然而从那开始，他算是摊上大事了。

当时的法国国王路易十四（Loui XIV）根本看不上拉萨勒发现的这块土地，公开宣称该地区意义不大。面对兴味索然的国王，拉萨勒不得不说些假话去讨些资金，供他在路易斯安那地区开拓殖民地并以此获利。骗人对于拉萨勒来说再自然不过了。他曾在首次赴北美大陆探险之前吹嘘自己能够流利地用易洛魁语

（Iroquois）*交流，实际上他一个字都听不懂，更别提开口说话了。这样的小谎与他马上要和路易十四夸下的海口相比，不过是小巫见大巫。最离谱的是，他告诉国王密西西比河河口离墨西哥特别近，法国可以轻而易举地以此为跳板征服墨西哥，这和实际情况相去甚远。他不光给出了密西西比出海口和墨西哥之间错误的距离，而且从欧洲航海过去准确地找到河口的任务远远超过了他的能力范围。实际上以此为目的的再一次出航给他降下了厄运。

1684年7月24日，载着300名士兵和殖民者的4艘船从法国起航，没多久就因为需要维修船只返回港口，这次探险一开始就非常不顺。

就在船队到达墨西哥湾之前有一艘船被海盗擒获，另一些船员由于无法忍受拉萨勒的脾性，在船队停靠在法属圣多米尼哥殖民地的时候离队了，还有一些人由于在加勒比海一带四处纵情而染上了梅毒。

就是这样一支残破的队伍，仍然肩负着寻找"那条要命的河"的任务，队伍中的亨利·茹特尔（Henri Joutel）如此记载。

拉萨勒"完美地"错过了密西西比河的河口，向西偏移了大约644公里，抵达马塔戈达湾（Matagorda Bay），离今天得克萨斯州的科珀斯克里斯蒂（Corpus Christi）不远。拉萨勒凭着外行的自信，坚称他们已经到达密西西比河的支流，继而带领大家开始了寻找主河干这注定失败的任务。与此同时，在船队中负责运

---

* 北美地区包括莫霍克、奥奈达、奥农达、塞内卡、卡尤加和塔斯卡洛拉六大原住民部族组成的易洛魁联盟的通用语言。——译者注

输补给的仁慈号（*Aimable*）早已出事沉没，剩下的殖民者们目前处于弹尽粮绝的境地。拉萨勒把仁慈号的沉没归罪于船长克劳德·艾格隆（Claud Aigron），说他故意把船搞坏了，然后带着他的船员搭乘乔利号（*Le Joly*）军舰溜回了法国。

根据拉萨勒哥哥的记载，仅存的殖民者们感觉自己"在荒蛮之地流浪"，终日与毒蛇相伴，条件极其恶劣的新大陆仿佛是"无边无际的监狱"。日子一天天过去，探险队员们接二连三地病死饿死，或是被凶悍的原住民追杀。当仅存的美人号（*La Belle*）在暴风雨中受到重创之后，他们再也忍不下去了。

剩下的人对拉萨勒恨之入骨。有一天拉萨勒独自出发去寻找救援，几名队友在半路上对他进行了偷袭，用枪打中了他的脑袋，送他上了西天。壮志未酬的探险家的尸体被昔日同伴剥光了衣服，扔进灌木丛里喂了野兽。至于拉萨勒梦寐以求的法国在密西西比河下游开辟殖民地的目标，只能说是"天公不作美"了，就像茹特尔记载的那样。

7月25日，1471年

入土难为安

坎贝斯的多马（Thomas à Kempis，又译托马斯·肯皮斯、金碧士）是个全身心的圣徒，这位虔诚的僧侣穷其一生在日耳曼地区的一家修道院里潜心翻译各种经文，并为基督教世界贡献了重要的著作《效法基督》(*The Imitation of Christ*)。1471年7月25日，91岁高龄的他去世了……或者没有。多年以后，人们打开他的棺木，发现里面有许多抓痕，说明棺材里的人费尽最后一点力气想要逃出去。

在医学没有发展到可以准确判定一个人是否真的死了的年代，假死的人不慎被活埋的事件层出不穷。历史上许多被打开的棺材里都躺着因为垂死挣扎而痛苦扭曲的尸体。

乔治·华盛顿非常害怕自己也遭这样的罪，他临终前把秘书拉到身边，嘱咐道："我这就要走了！"美国国父低声耳语着："埋我的时候务必好好埋，我死后三天之内先别急着下葬……懂了吗？"作曲家肖邦也在临死前提出过类似的请求："土地里面不透气啊……答应我，埋我之前先把我劈开，这样我就不用被活埋了。"为了安抚在当时非常普遍的"活埋恐惧"情绪，有些棺材上面加装了伸向地面的通气管，或者装上了铃铛，一旦棺材里的人醒来可以拉铃求救。还有些人在棺材里陪葬了武器，实在不行还可以自行了断。

下面让我们再回到坎贝斯的多马的遭遇。据说天主教廷拒绝承认他为圣徒，因为他企图逃脱棺材的行为意味着他并没有"蒙主召唤"的觉悟。如果这个传说是真的，说明指责他的后人显然忘了他编写的《效法基督》所遵循的核心信条，那就是耶稣本身就是从坟墓中复生的呀。

7月26日，1945年

经济面前丘吉尔算老几

1945年5月8日是第二次世界大战的欧洲胜利日，英国人民发自内心地拥戴着他们百折不挠的战时领袖温斯顿·丘吉尔，把他当作战胜希特勒第三帝国的孤胆英雄来称颂。然而战争才结束了两个月，丘吉尔就被人民选下了台。命运猝不及防的反转深深地刺伤了伟人的内心，因为他完全没有预料到这一步。

英国统计大选结果的时候，丘吉尔正在德国就战后欧洲的局势问题与苏联谈判，他的对手是与之旗鼓相当的斯大林，所以他在谈判过程中处处小心、如履薄冰。对丘吉尔来说，这次谈判是历史上非同小可的事件，他在中途回国了解大选结果的时候，原本做好了立刻回到谈判桌前大显身手的准备。万万没想到，1945年7月26日，丘吉尔一觉醒来得知大部分英国人抛弃了他代表的保守党，把选票投给了工党。

"从精神鼓励到物质安抚，我什么招式都用过了，但还是不知道选民们想要什么。"百思不得其解的丘吉尔如此说。

假如大选的方式是丘吉尔所希望的全民公投，他毫无疑问地会因为勇于挑战邪恶暴君希特勒而大获全胜。然而经过数年的经济大萧条,外加"二战"时期的艰苦岁月,英国民众更加向往工党承诺为他们提供的舒适生活。如果丘吉尔早些认识到这个冷冰冰的现实也许不会过分在意民众的决定。可是丘吉尔毕竟也有常人的七情六欲,英国国民的忘恩负义之举让他痛苦不已。丘吉尔的妻子克莱门汀(Clementine)曾试着宽慰他,输了大选未必是坏事,毕竟祸兮福所倚。对此,丘吉尔瓮声瓮气地答道:"这福倚在哪儿呢?真是深藏不露啊。"

7月27日,1993年

教皇VS教父

教皇约翰·保罗二世(John Paul Ⅱ)曾严厉地谴责意大利黑手党所推崇的"死亡文化",黑手党们对此做出了回应。其方式完全不是电影《教父》(*The Godfather*)里把砍掉的马头塞进不肯合作的人的床铺里的柯里昂(Corelone)家族能比的。现实中西西里岛上的柯里昂内西(Corelonesi)黑手党的冷血杀手们想用更让人过目不忘的方法教训一下胆敢对他们出言不逊的教皇。1993年7月27日,象征着教皇最高权威的拉特兰圣约翰大教堂(St. John Lateran's Basilica)*前一枚威力巨大的汽车炸弹爆

---

* 教皇的正式宗教场所是拉特兰圣约翰大教堂,而不是人们普遍认为的圣彼得大教堂(St. Peter's Basilica)。教堂入口处雕刻的文字足以彰显它的地位:"Omnium urbis et orbis ecclesirum mater et caput." 意思是"世界所有城市教堂之母"。

炸了,这是当天黑手党引爆的三枚炸弹之一。* 爆炸对教堂造成了严重的破坏,不过黑手党们大概是忘了,他们攻击的"教皇大本营"是罗马教廷历史上第一座正式大教堂,经历了无数风雨的洗礼,不是那么容易就倒下的。从公元4世纪以来,拉特兰圣约翰大教堂从落成那天起几经破坏,也一次又一次地被修复,被黑手党炸过之后的教堂在20世纪末再度恢复了往日的风采。

7月28日,1835年

不成功,便成仁

有时候,历史上的刺客运气非常差。高渐离就是这样的人,他擅长击筑,对公元前3世纪中国的第一位皇帝秦始皇(秦始皇曾追求长生不老,详见9月10日)怀有难以遏制的仇恨。高渐离的好友荆轲刺杀秦始皇失败之后,他隐姓埋名地四处躲藏,做了仆人,极少显露击筑的才华。然而秦始皇还是听说了高渐离善击筑的事,于是召他进宫。高渐离刚一走进皇宫,就被人认出是先前策划刺杀秦始皇的同谋之一,但是秦始皇被他击筑的水平所

---

* 黑手党放置的第二枚炸弹在建于17世纪的罗马维拉布洛圣乔治教堂(Church of San Giogio in Velabro)前爆炸了,这座教堂里存放着"屠龙勇士"圣乔治的颅骨,给这次袭击增添了特别的感觉。第三枚炸弹在米兰当代艺术展馆爆炸,造成5人死亡。7月27日的这几起恐怖袭击是那一年意大利黑手党对抗制裁他们的政府所采取的暴力行动的一部分,还有一起爆炸发生在佛罗伦萨的乌菲齐美术馆(Uffizi Gallery),造成严重的损失。

折服，不忍心杀害，便弄瞎了他的眼睛，让他失去攻击能力。接着，秦始皇经常召高渐离为自己演奏，而且坐得离他越来越近，每次都夸赞他的技巧。高渐离暗自等待着下手的时机，他等秦始皇对自己完全信任之后，抡起提前灌满了铅的筑朝秦始皇的头上砸了下去。可惜由于看不见，没有命中目标，被秦始皇处死了。

另一位如此不幸的刺客名叫朱塞佩·马克·菲耶斯奇（Giuseppe Marco Fieschi），他出生于科西嘉岛，曾经靠坑蒙拐骗为生，为了刺杀法兰西王国国王路易-菲利普（King Louis-Phillippe）炮制了心目中完美的武器，为了让武器的威力增到最大，菲耶斯奇把20支枪捆到了一起。1835年7月28日，国王和他的三个儿子路过巴黎圣殿大道，菲耶斯奇在附近一处二层楼的窗户里朝皇室一行人开了枪。雨点般的子弹猛然射出，其中一颗射死了国王骑的马，还有一颗擦伤了他的额头，不过父子四人安全地撤离了现场。街上其他的人就没那么幸运了，有18人中弹死亡，另有许多人受伤，其中包括菲耶斯奇自己。据说那一大捆枪里面有一支向后走火了，把他伤得挺重。不过不用为菲耶斯奇担心，法国的医生们把他治好了，让他没有错过上断头台的机会。

7月29日，1981年

深宫怨偶

"当时我感觉自己就像待宰的羔羊。"

威尔士亲王妃戴安娜如此描述自己和查尔斯王子在 1981 年 7 月 29 日的婚礼。这场吸引了全世界上百万人观看的皇室婚礼美得就像是童话故事，这桩婚姻却在 15 年后以苦涩的离婚收场。戴安娜本人在 1997 年 8 月 31 日因车祸在巴黎丧生。

7月30日，1865年

真理常灼举烛人

19 世纪中叶，一片不祥的阴云笼罩在维也纳综合医院的上空，医院有两间产房，其中一间产房里许多女性在分娩之后死于致命的细菌感染产褥热。奇怪的是，另一间产房里几乎没人死于产后感染，于是许多产妇都恳求院方将自己安排在相对安全的产房。由于医院不得不拒绝大部分人的请求，有些孕妇宁愿把孩子生在大街上也不愿进那间恶名远扬的危险产房。该医院妇产科的主治医生伊格纳兹·菲利普·塞麦尔维斯（Ignaz Phillipp Semmelweis）对两间病房之间惊人的差异感到奇怪，便着手调查，希望找出问题所在。他的记录显示："无法解释，一切都很可疑。只有大量死者的统计数据是无可辩驳的事实。"

摆在塞麦尔维斯面前的是十分费解的谜题。两间产房的条件一眼看上去没什么不同，但是经过细致的观察，他渐渐发现了两者之间差异的原因所在。负责给第一间产房里的产妇接生的大多数是实习医生，他们刚刚解剖完尸体就去产房帮忙了，身上往往还穿着沾满血污和尸液的罩衣，手上散发着尸臭。与此形成强烈反差的是第二间产房的医护人员，是未经其他病区污染的专业助产士。

塞麦尔维斯终于发现了症结所在，去第一间产房里接生的医生们用不清洁的手迎接的是死神。解决方法跃然纸上，那就是让医护人员严格执行洗手程序，用次氯酸钙溶液消毒，结果产妇死亡率迅速下降。然而令人意想不到的事发生了，塞麦尔维斯的许多医学界同仁对他提出的解决方案持怀疑甚至是批判的态度。

"医生们都是绅士，绅士们的手永远是干净的。"同期美国著名妇产科医生查尔斯·梅格斯（Charles Meigs）愤愤不平地评论道。那个时候离巴斯德*发现微生物和疾病之间的关联还要早上数十年，人们对讲究卫生的普遍看法是愚蠢、费事、多此一举。

"清洁与否和这个问题没有关系。"弗雷德里克·特雷弗斯爵士（Frederick Treves，因为给"象人"治疗而出名）†事后撰文反驳道，"实际上清洁根本就不重要。讲究卫生既麻烦又碍事。照这么说，刀斧手是不是还得先修个指甲再去砍头。"

尽管塞麦尔维斯四处碰壁，但是他坚持在维也纳综合医院贯彻卫生条例，结果遭到了医院高层的疏远与冷落，最后落得被开除的下场。肮脏的手再次伸进了产房，大批初为人母的女性又在

---

*　路易·巴斯德（Louis Pasteur，1822—1895），法国微生物学家、化学家，第一位发现细菌致病的科学家，也是狂犬病疫苗和炭疽疫苗的最早开发者。他开创的巴氏消毒法沿用至今，大大提高了食品安全性。——译者注

†　"象人"是因病导致面部和身体肿胀畸形的约瑟夫·梅里克（Joseph Merrick），由于生活所迫，曾在马戏团被人展出。经人引荐认识了特雷弗斯之后进入皇家伦敦医院治疗，从此在伦敦出了名。——译者注

痛苦中枉死。尽管得到当时一些权威人士的认同，但塞麦尔维斯始终拒绝在医学期刊上发表论文，或进行相关演讲，所以在很大程度上降低了自己的可信度。有些历史学家认为，他的退缩或许因为他认为自己低人一等，或者是他没有意识到自己究竟发现了什么。与此同时，塞麦尔维斯的态度从一开始的苦口婆心变成了咄咄逼人，会破口大骂任何与他唱反调的医学界同事。

长此以往，塞麦尔维斯显露出精神异常的迹象。导致他走到这一步的原因，可能是医学界对他提出的消毒步骤的抗拒，也可能是长期以来折磨他的精神疾病，或者两者兼有。1865年7月30日，塞麦尔维斯的一个朋友以参观新医院为由把他引回了维也纳，并把他关进了精神病院。塞麦尔维斯在里面饱受毒打，这一点在他死后的尸检中十分明显。被关押了两个星期以后，被后人称颂为"母亲们的救星"的医学先驱塞麦尔维斯含恨而终。

时间终究会洗脱塞麦尔维斯背负的污名，总有一天全世界都会接受他提出的卫生消杀理论，塞麦尔维斯若泉下有知，肯定会戴着手套对此致以热烈的掌声。

7月31日，1801年

破坏世家

额尔金家族高贵的血脉中似乎存在一些看见古迹就手痒的基因。他们的破坏行为始于1801年7月31日，第七代额尔金伯爵

7月

帕特农神庙的女像柱周围打满了石膏板补丁

汤玛斯·布鲁斯(Thomas Bruce)在希腊对帕特农神庙的大理石雕像群下了手。*强拆工程进行得很不顺利,因为两千多年前的古人们把神庙的排档间饰和墙面修建得非常坚固。拆砸现场无序而杂乱,监工乔万尼·巴蒂斯塔·路西耶利(Giovanni Battista Lusieri)在给额尔金伯爵写信汇报工作时,描述了一块特别不好拆的石板:"这块石板尤其难搞,我不得不让他们用了些蛮力。"

同样来自英国的旅人爱德华·丹尼尔·克拉克(Edward Daniel Clarke)在现场目睹了一座雕像在被拆走的过程中坠毁的场景,"大块大块的彭特利库斯大理石(Pentelican marble)轰然坍塌,废墟中散落着洁白的碎片……我们抬头便能看见此举造成的空洞,就算是地球上所有国家的国王派他们的大使捧出所有的

---

* 那时候的帕特农神庙已经被威尼斯共和国糟蹋过了(详见9月26日)。

331

金钱，找来最有能耐的人，也无法把它修复成原样。"

诗人拜伦对这场一直持续到1811年的野蛮劫掠深感痛惜，在他的长篇叙事诗《恰尔德·哈罗尔德游记》(*Childe Harold's Pilgrimage*)中被称作"从那片苦难深重的土地抢来的最后一批珍宝"从希腊被运到英国后，帕特农神庙失去了往昔的光彩，在另一个英国人的笔下，神庙"到处残垣断壁，俨然一片废墟"。

世代更迭，第八代额尔金伯爵，也就是汤玛斯·布鲁斯的长子詹姆斯·布鲁斯（James Bruce）在地球另一边的中国毁掉了北京郊区宏伟的皇家园林——圆明园。年轻的英国军官查尔斯·乔治·戈登（Charles George Gordon）详细地记载了军队在额尔金伯爵的命令下于1860年10月8日对圆明园的毁灭性破坏（原因是为了惩罚中国在第二次鸦片战争中的反击）：

> 我们在里面洗劫一番之后撤了出去，随后放火烧了整个园子，我们像流氓一样把价值连城的园林烧为焦土，就是拿出400万英镑也无法复原……你们无法想象我们烧掉的地方曾经多么华美壮观。放火的时候我的心好痛，那座园林面积很大，我们根本没时间仔细地往外抢东西。许多黄金饰物被我们以为是铜器，留在火海中烧化了。作为一支军队，那是我们执行的最不道德的任务。

August

8月

在 8 月里,
曾经吸引无数野蜂驻足的花朵
结出大簇大簇的浆果,
它们慢慢变成鲜艳的深红色,
表皮像丝绒一样光滑细腻。
它们再度压弯了枝条,
最后会把枝条压断。

——亨利·大卫·梭罗(Henry David Thoreau)

8月1日,1907年

童子军要管好双手

1907年8月1日,陆军中将罗伯特·贝登-鲍威尔(Robert Baden-Powell)在英格兰布朗西岛上一处军营里正式创立了男童子军。从那以后,"自渎"就成了不得了的事情。贝登-鲍威尔对这个问题不能容忍,在他的不懈努力下,自渎等同于洪水猛兽这个概念被灌输进好几代男孩子的头脑中。

贝登-鲍威尔在他的著作《男童子军手册》(*Scouting for Boys: A Handbook for Instruction in Good Citizenship*)中进行了如下指导:"自渎的下场,记住,无一例外,就是好好的男孩子变得虚弱、神经质、怕生。你们会因此头疼,可能还会心悸,如果再不收敛的话就会丧失理智,最后变成白痴。精神病院里面好多疯子以前都和你们一样,曾是明事理的快乐男孩,后来沉溺于罪恶之中,就成了那个样子。"

这些还不够,贝登-鲍威尔在书中发出了更多的警告。如果一个男孩子"滥用自己的器官,等他长大成人后那个地方就不能用了。你们要记住许多可怕的疾病都是放任自流引起的,其中有一种特别严重的病会让男性的口腔、鼻子和眼睛等部位

罗伯特·贝登－鲍威尔在英格兰温布利就"滥用器官"一事检阅童子军

都烂掉……下次你们有了邪念的时候一定要抵抗,不要屈服。如果时机得当,要立刻用冷水冲洗下身,让它冷静下来。那个地方会引发梦遗,尤其在吃得太丰盛或者吃肉太多以后,其他原因包括睡觉时盖的毯子太暖和或床太软,要不就是仰卧入睡。你们一定要避免以上情况的发生。对于下流的事情要做到不听、不看、不想。"

总之一句话:男孩子不能随心所欲。

8月2日,1830年

苟延残喘的波旁家族

1793年1月,法兰西国王路易十六(Loui XVI)上了断头台,同年晚些时候他的王后玛丽-安托瓦内特(Marie-Antoinette)也步了他的后尘,"旧制度"就此终结。对于波旁王朝的其他皇族成员来说,国王与王后的死不过是新麻烦的开端。此后的30多年里,波旁家族厄运连连,数次复兴皇室的希望皆化作泡影,并经常做出错误的决定,直到1830年命运给了他们致命的一击。

不管现实如何,在波旁遗族看来,君主制并没有被断头台斩断。在铡刀剁下路易十六脑袋的那一刹那,他的独生子就自动继承了王位,成为路易十七(Louis XVII)。但是这名7岁男童的头上并没有王冠,而是被囚禁在单人牢房里受尽了非人的折磨。好不容易进去给小路易看诊的医生留下了这样的记录:"他遭受了最为严重、最为恶劣的虐待与遗弃。他受的苦难过于深重,我已无力回天⋯⋯真是造孽啊!"

1795年,可怜的太子因病死在了牢里,他的叔叔(路易十六的弟弟)在流亡中继承了王位,自封路易十八(Louis XVIII)。但是注定统治法国的是拿破仑·波拿巴(Napoleon Bonaparte),为了警告早该让位的波旁家族残留势力,他绑架并处死了该家族的昂吉安公爵(Duc d'Enghien)。然而"路易十八"始终耐心地等待着时机的到来,一边囊中羞涩地辗转流亡,一边尽力保持着皇室的尊严。终于,他等到了拿破仑进军俄国失败,被流放到埃尔巴的那一天。

1814年,路易十八受邀回法国去做君主立宪制的统治者,波旁王朝似乎迎来了复辟的新篇章。拿破仑逃出埃尔巴岛打回法国之后(不久之后他在滑铁卢惨败,在监禁地圣海伦娜岛上度过了人生最后的岁月),路易十八短暂地再度流亡了一段时间,除此之外，他这个身材肥胖且患有痛风的国王倒也平稳地在王位上坐到了1824年去世的那天。接班的是他那满脑子旧思想的弟弟查理十世（Charles X），也正是他，让波旁王朝彻底退出了历史舞台。

新国王不顾君主立宪制对王权的制约，一心恢复祖上"纯粹的"统治方式，仿佛法国大革命没有让他学到任何东西。俗话说敬酒不吃吃罚酒，查理十世后来充分认识到能够砍掉一个专制国王脑袋的国民完全能够搞掉另一个。于是，1830年8月2日，在如火如荼的第二轮革命浪潮中，波旁王朝最后一位直系成员查理十世在各方面的压力下灰溜溜地退了位。*

8月3日与10日，1943年

"老家伙"巴顿将军的牛脾气

1943年8月3日，第二次世界大战中的西西里岛战役进入白热化阶段，美国陆军上将乔治·巴顿（George S. Patton）阔步

---

* 在此事件中有个耐人寻味的小插曲：查理十世的儿子昂古莱姆公爵路易·安托瓦内（Duc d'Angoulême）的妻子是玛丽-特蕾丝（Marie-Thérès），也就是被砍了头的路易十六与玛丽-安托瓦内特的长女。查理十世退位的时候绕过了儿子和儿媳，直接把王位传给了孙辈后人。路易·安托瓦内拒绝放弃王权，和父亲僵持了20分钟左右，所以在此时间段里，从理论上来讲路易和在残酷的虐待中长大的孤女玛丽-特蕾丝当了20分钟的国王与王后。到了最后，查理十世的直系晚辈没有一个站出来继承王位，于是法国最后一任国王的王冠落在了一位远亲路易-菲利普的头上。

走进一所战地医院,他看见并无明显外伤的士兵查尔斯·库尔(Charles H. Kuhl)瘫坐在凳子上,就走过去问他哪里受了伤。据说,士兵库尔耸了耸肩,说自己并没有受伤,但是"情绪紧张",还说"我想我大概是受不了战场吧"。根据库尔的医疗记录,他被送进医院的病因是"中度神经官能症",现在我们称之为"创伤后遗症"(PTSD)。可是硬汉巴顿断然不能接受这个解释。

"将军顿时无名火起。"巴顿将军的传记作家马丁·布鲁门森(Martin Blumensen)写道,"他劈头盖脸地对着这名士兵一阵痛骂,不重样地变换词汇骂他胆小鬼,然后用手套猛扇对方耳光。最后他薅着士兵的脖子把他一脚踹出了医疗帐篷。"盛怒之下的巴顿将军命令医院立刻把库尔送回战场,并对库尔吼道:"听清楚了吗?你个孬货!你这就给我回到前线上去。"

当天晚上,巴顿将军心中余怒未消,他在日记中写道:"我遇见了军队中最低贱的懦夫。各个单位必须严惩这样的人,如果他们胆敢逃避责任,就得因为懦弱接受审判,并枪毙。"两天以后,巴顿将军把以上想法以下达军令的方式贯彻到美国陆军第七集团军。

七天以后,巴顿将军钢铁一般的意志再度受到了挑衅,他在访问医院的时候又遇到了一名"逃兵"。士兵保罗·贝内特(Paul G. Bennett)由于表现出典型的"战场疲劳症"的相关症状被人强送去医院休养。巴顿将军走到抖如筛糠的贝内特身边询问他的情况,正在发高烧的贝内特答道:"是神经的问题,我再也听不得枪炮的声音了。"

将军又失控了,他一巴掌甩在贝内特的脸上,冲他怒吼道:

"让你的神经见鬼去吧！你他妈就是个软蛋！你再嚎一声试试！我不能眼看着那些勇敢的战士冲锋陷阵，而你这个面黄肌瘦的混蛋躲在这里哭鼻子！"话毕，巴顿又扇了贝内特一个耳光，把他头上戴着的头盔软衬都打掉了。

"你给我马上滚回前线去，你可能会中弹，也可能会战死，但是你必须给我往死里去拼命！"巴顿将军骂起来没个完，"你要是敢不回去，我就叫来行刑队把你拉到墙根底下毙了。不行，老子得亲自把你崩了，你这该死的软骨头！"话音未落，气势汹汹的巴顿拔出了枪，医院负责人唐纳德·柯里尔上校（Col. Donald E. Currier）赶紧上前拉开二人。巴顿将军冲出帐篷以后对着医疗军官们大嚷大叫，命令他们把贝内特送回前线。

闻听以上两起扇耳光事件，巴顿的上级艾森豪威尔将军大为恼火，他在给巴顿的信函中写道："对于你的判断力和自我约束力我必须重重地打上一个问号，而且不得不考虑你今后还能起到多少积极作用。"

巴顿将军在暴力事件之后迫于上级的压力，出面向这两名受辱的士兵道歉，自然是一百个不情愿。在那之后的11个月里，他在军中的指挥地位也明显不如从前。遭遇了这一切的士兵库尔反而对8月3日发生的事表现得十分豁达，他曾回忆说，巴顿将军"看上去很疲倦，我觉得他自己当时也得了战场疲劳症吧"。

8月4日，1983年

女明星与海鸥殒命疑案

1962年8月4日，这一天疑云密布。肯尼迪家族是否害怕影星玛丽莲·梦露公开自己和肯尼迪总统（以及总统的弟弟司法部长）的绯闻在这一天派人杀害了她？还是说梦露真的死于自杀？同样离奇的还有一起案件：美国职业棒球纽约洋基队的戴夫·温菲尔德（Dave Winfield）在与加拿大职业棒球多伦多蓝鸟队的比赛中，是否故意杀死了一只海鸥？还是说海鸥真的死于意外？咱们主要讨论第二起案件吧。

1983年8月4日傍晚的多伦多潮湿闷热，国家展览体育场里坐着36000多名前来看球的观众。一只海鸥站在右侧内野的场地上。在第五局比赛之前的热身准备正要结束的时候，身在外野的温菲尔德投出一记强有力的球，打中了毫无防备的海鸥。海鸥瞬间倒在了地上，抽搐了几下之后就死了。现场观众对洋基队的"杀手"发出了不满的嘘声，一个球童跑过去用毛巾盖住了鸟的尸体，并把它带离了场地（尸检表明"受害者"头颈部受到了严重的损伤）。纽约洋基队最终获胜，但比赛刚一结束，温菲尔德就因刚才的事被逮捕了。他真的有罪吗？温菲尔德是故意瞄准那只海鸥的吗？

"从多名目击证人的证词来看，他的确是存心朝海鸥投球的。"多伦多警察局莫雷·李（Murray Lee）警长在事后发表了意见。在场警员韦恩·哈特利（Wayne Hartery）目睹了一切之后，

做出了逮捕温菲尔德的决定，并亲自执行了任务，他与李警长的意见是一致的。直到30年以后，哈特利仍然坚信温菲尔德当时心怀恶意，并在接受多伦多《明星报》(Star)的采访时说道："我能向你们100%地保证，他就是想打中那只鸟。"

尽管加拿大警方的倾向很明确，但是温菲尔德坚称自己是无辜的，那天晚上他在体育场里羁押了1个小时以后被保释了出去，而受害鸟的尸体则保存在体育场的冰柜里。温菲尔德对采访他的记者描述了事发时的情况："当时我和左野手唐·贝勒（Don Baylor）练了一会儿投球和接球……然后转身把球投向了负责收拾器材的人，结果那海鸥刚好在我们之间，脖子被球打中了。对海鸥来说非常不幸，但的确是个意外事故。"

心存疑念的人肯定会说只要是杀手都会这样说的，不过洋基队的经理比利·马丁（Billy Martin）为温菲尔德做出了令人哭笑不得的开脱："说他故意打中海鸥，那是因为他们没见过去这一年他投出的都是什么球。这是他头一回让'中继传球员'接住了球。我敢跟你们打赌,就算他特意瞄准一千次也不会击中那只鸟的。"

所以事情就是这样:死去的女演员仍然是国际巨星,早已被人遗忘的海鸥则永远地留在了8月4日的迷雾之中。

8月5日,2001年

漫不经心的球童

有些人偶尔会犯一次傻,还有些人天生脑子就缺根弦,比如说职业高尔夫球选手伊恩·伍斯南(Ian Woosnam)的球童迈尔斯·伯恩(Miles Byrne)。他在2001年皇家莱瑟姆举办的英国公开赛中的表现让人将之自动归为第二种人。伍斯南曾在1991年男子世界高尔夫排名中荣登榜首,可是在接下去的几年里,成绩一直在滑坡。然而在2001年的英国公开赛中,幸运之神再次眷顾了身材矮小的威尔士选手伍斯南,他开球一杆差一点就直接进洞了。接着,让人难以想象的事情发生了,就在伍斯南准备打第二杆的时候,球童伯恩对他发出了预警:"您一会儿肯定要发火了。"原来,伍斯南的球杆袋中装了15根球杆,比官方规定的上限14根多出一根。伯恩在伍斯南打完练习局之后忘了把多余的球杆取出,为此伍斯南的成绩被加上了两杆作为惩罚,致使他输掉了首次参加的英国公开赛,奖金也大幅缩水。伯恩的预测倒是很准,伍斯南的确发火了,他把坏了大事的球杆扔进了草丛里,并对着伯恩如泄洪一般骂了个痛快，所用词语不宜出版。出人意料的是，伍斯南并没有当场解雇伯恩。

"这是他这辈子犯的最大的错。"伍斯南在接受伦敦《每日电讯报》采访时说道，"他绝不会再犯这样的错了。我回去之后肯定会好好教训他，但是不会炒了他。他是个好小伙，以后他必须小心行事。"

伯恩得到了宽恕，但他似乎一点儿都没有吸取教训。两周以后，他没能遵守最基本的职业要求：按时到场。在同年8月5日举行的斯堪的纳维亚高尔夫大师赛中，伯恩睡过了头，没能在伍斯南开局之前到达赛场。大赛组委会工作人员不得不帮伍斯南撬开了更衣柜的锁，不然伍斯南就没法换上比赛用的鞋，因为更衣柜唯一的钥匙在睡懒觉的球童手里。这次真是神仙都救不了伯恩了。"我给过他一次机会了。"伍斯南说道，"没有下次了。"

8月6日，1945年

经历过两次核爆的人

日本人山口疆的经历从不同角度来审视会让人得出截然相反的结论：他要么是历史上最不幸的人，要么是最幸运的人。1945年8月6日，29岁的三菱重工工程师山口疆正在广岛出差，美军向该城市投下了世界上第一枚原子弹，几乎把一切化为焦土。虽然山口疆当时离爆炸中心大概有3.2公里，但他也暂时失明，耳膜破裂，并留下了严重的烧伤。第二天，他蹒跚着穿过广岛市踏上了回家之路，一路上受到了更多的核辐射。然而，他的家偏偏在长崎。

经过此次死里逃生，3天以后他顽强地复工了。结果灾难再次降临。第二枚原子弹落在了长崎市，夺去了超过7万人的生命，整个城市被夷为平地。长崎市长在爆炸后说"四周一片死寂，连虫鸣都消失了"。当时，山口疆正在向上司汇报几天之前广岛的经历，正说着话，刺眼而熟悉的白光猛地射进了屋里。"我还以为蘑菇云一路跟着我回来了。"他后来对英国《独立报》（Independent）记者说道。在极其罕见的情况下，山口疆再次活了下来，但是付出了极大的代价。

"在那以后的许多年里，我父亲由于皮肤受损而全身缠满了绷带，而且头发都掉光了。"山口疆的女儿山口敏子在接受《独立报》采访时说道，"我的母亲也因被黑雨（两次核爆之后在日本降下的含有放射性物质的雨）淋到而中毒。"虽然山口疆的命运如此多舛，但是他一直活到了93岁，他的妻子也活到了88岁。

8月7日，1974年

穷途末路的尼克松

咱们在日历上随便挑一天，不论是哪天都有可能是理查德·尼克松（Richard Nixon）走背运的日子。1962年，尼克松竞选加州州长失败,仿佛受了天大的委屈一样对媒体说:"我尼克松以后不会任你们欺负了。"然而这个日后成为美国第 37 任总统的人,始终处于一种草木皆兵的紧张状态之中,压力主要来自他内心阴暗的想法,还有被他认定会把自己毁掉的敌对势力。"活跃在尼克松总统身边的全是他的敌人,他自己大概都算不上自己最大的对头。"记者肯尼斯·克劳福德(Kenneth Crawford)曾经写下这样的话。以下是让疑神疑鬼的尼克松总统尤其头疼的一些"敌人",以及总统对他们的看法:

> 常春藤盟校(Ivy League)的校长们——"怎么啦?我永远也不会让那群狗娘养的踏进白宫半步。永远,永远,永远。"*
>
> 他自己的内阁——"我真是受够了他们那帮人……一群该死的懦夫!"
>
> 黑人——"这些领补助的黑杂种。"
>
> 同性恋——"死基佬。""我可不会和旧金山人握手。"†
>
> 媒体——"千万别忘了媒体是敌人,媒体是敌人……把这句话在黑板上抄 100 遍。"
>
> 泰德·肯尼迪(Ted Kennedy)——"他要是让人打死了就不太好了呢。"
>
> 美国最高法院——"法院里面那些小丑啊,我希望那些

---

* 尼克松总统在越战问题上和藤校校长们意见相左,在以前的会谈上双方气氛很不愉快。——译注

† 旧金山的卡斯特罗区是美国历史上最早的同性恋社区之一。——译注

混蛋都死在我前面。"

《华盛顿邮报》发行人凯瑟琳·格雷厄姆（Katherine Graham）——"老泼妇。"

美国国务院——"让国务院去死！他们永远站在黑人那边。去他的国务院！"

真实身份为"深喉"线人的FBI副局长马克·费尔特（Mark Felt）——"通知所有人，此人是个叛徒，必须严密监视他的一举一动。"

《纽约时报》——"我得跟这家满嘴跑火车的报纸干上一仗，一拳把他们打蒙。"

还有危害最大最深远的敌人——"天杀的犹太人"——"犹太帮盯上我了……""犹太人是一群没有信仰、鼓吹无神论、不知廉耻的混蛋……""犹太人到底是怎么回事……""绝大多数犹太人对谁都不会忠诚……""总之你不能信任那些混蛋，他们迟早会背叛你。"

这些"畅所欲言"的话语都被他自己1971年2月在办公室

里安装的录音设备忠实地记录下来,同时录下来的还有其他见不得人的勾当,比如企图掩盖他派人闯入水门综合大厦里的民主党总部一事,等等。这些极度辣耳朵的录音在水门事件调查过程中被公开,结果国会里仅有的几名支持者也弃他而去,尼克松迎来了人生中最黑暗的一天。

尼克松起初态度强硬地表示绝不辞职,但是没能撑过1974年8月7日。若不辞职就得吃官司,而且很有可能被判重罪。尼克松的家人们含泪听他公布了自己准备辞职的决定,在此之前尼克松对他们刻意隐瞒了自己的所作所为。接着,大势已去的尼克松独自前往林肯起居室,这是他在白宫中最喜欢的一间屋子,召来了国务卿亨利·基辛格(Henry Kissinger)。

"历史会仁慈地待我吗?能比对同时期所有人更仁慈吗?"心事重重的总统发问,他已经喝了个半醉。然后尼克松拉着犹太人基辛格陪他一起跪下祈祷,念完祷告词之后没有起身,就那样跪着哭了起来。"我都做了什么事?究竟发生了什么?"尼克松声泪俱下。基辛格努力安抚着烂醉如泥且完全崩溃的尼克松,但明显收效甚微。此时尼克松蜷缩在地上,陷入了极大的精神痛苦之中无法自拔。

理查德·尼克松在第二天宣布辞职,成为美国历史上唯一因辞职下台的总统。在接下去的20多年里,他一直上蹿下跳地四处活动,用《华盛顿邮报》记者鲍勃·伍德沃德的话来说就是"负隅顽抗,企图抹去水门事件的污点和民众对该事件的记忆"。不过白宫里的录音带让美国人看清了尼克松的丑态,他恐怕是要被历史欺负好长一段时间了。

8月8日,1588年

诸般皆是天命

上帝应该是个狂热的西班牙人,他最喜欢的味道应该是异教徒们被烧死的时候散发的焦煳味,而且他和英格兰的女王势不两立,这些都是西班牙国王腓力二世(Philip Ⅱ)笃信不疑的理念。他和历代君主一样,认为自己才是上帝的意志在凡间的实体。就像他曾经对一名军官所说的那样:"你在为上帝效劳,也是在为我效劳,二者没有任何差别。"1588年8月5日,在一场激烈的海战中,腓力二世的主张受到了严峻的考验。

腓力二世的前小姨子(他的前妻是伊丽莎白一世同父异母的姐姐玛丽,也就是信奉天主教的"血腥玛丽")英格兰"童贞女

伊丽莎白一世战胜西班牙无敌舰队,版画

王"伊丽莎白一世（Elizabeth Ⅰ）的一系列行为让上帝和腓力二世怒不可遏。女王默许了海盗对西班牙船只的劫掠，尤其是从新大陆殖民地运送财宝的货船，并且从中抽取了大头。更有甚者，她还对西属尼德兰（Spanish Netherlands）境内爆发的新教徒反抗活动提供了军事支援。伊丽莎白一世身上最严重的问题恐怕是她的出身，作为亨利八世和第二任王后安妮·博林之间不伦结合的产物，她的存在就是对上帝的亵渎，而且教皇都说她不该掌权。腓力二世下定决心，要替天行道，一举铲除英格兰的妖妇耶洗别（Jezebel）*。

"这一仗志在必得，"腓力二世昭告天下，"我心里想的全是这件事，我相信救世主上帝也会承认这就是他的旨意，任谁也不能让我放弃这个念头。我也不会接受与此相左的观点。"

1587年2月，伊丽莎白一世下令处死了苏格兰女王玛丽（详见2月8日），也就是众多天主教徒眼中英格兰唯一合法的君主，这下腓力二世对英格兰发起圣战的理由又多了一个。

在即将拉开序幕的对英圣战中，腓力二世钦点的指挥官是梅迪纳–西多尼亚公爵阿隆索·佩雷斯·德·古斯芒（Alonso Pérez de Guzmán, Duke of Medina Sidonia），然而这个决定似乎不太能够保证西班牙的胜利。得知君主的意思，公爵表达了自己的顾虑："我的身体状况经不住这种规模的航行，根据我自己仅有的几次出海经历来看，我每次都晕船而且会感冒……鉴于我

---

* 《圣经·旧约》中以色列国王亚哈的妻子，性格冷酷，作恶多端，多次对基督教徒进行迫害。在某次叛乱中被人杀掉，尸体被野狗啃食。——译者注

既没有航海的经验也没有作战的经验,我觉得您不该对我委以重任。"

腓力二世对他打包票,说上帝自有安排:"上帝会指引一切,也会助你一臂之力。"1588年5月底,西班牙"无敌舰队"从刚被划入版图的葡萄牙起航向英格兰进发,整个舰队包括130艘军舰(和同等数量的神父),出征的士兵接近3万人,大量水手也随船出发。他们要面对的敌人强大无比,一位军官曾对舰队中的神职人员直言不讳地承认了这一点,认为英格兰的舰队"拥有比咱们更快更灵活的船,而且他们的船上大多配备了远程大炮,他们和咱们一样深知自己的优势。他们根本不用靠近我们,只消在远处就能用蛇炮(culverin)把咱们轰个粉碎,而咱们根本打不到他们。所以现在咱们要去和英格兰作对只能企盼奇迹发生了"。

然而,奇迹终究没有出现。经过一连串胜负难分的小规模海战,腓力二世受上帝感召发起的圣战结束于1588年8月8日。当时"无敌舰队"的船只正停在佛兰德地区的格拉沃利讷港(Gravelines)等待帕尔马公爵(Duke of Parma)的军队从陆地上支援。英格兰舰队趁机开了炮,无情的炮弹把一些船只炸上了天,剩下的船见状连忙起了锚。西班牙最后并不是输在英军的手里,而是输给了天意。

七零八落的"无敌舰队"本想绕过苏格兰,取道爱尔兰西海岸返回祖国,但是一阵"新教狂风"把他们朝着北海的方向吹去,残存的船只没有几艘挺过风暴。难道说腓力二世信奉的上帝变脸了吗?英格兰方面确实是这么认为的,他们在庆祝战争胜利的勋章上刻着这样一句话:"上帝赐予我们狂风,吹散了敌军的船队。"

8月9日,1964年

总统也怕卡裆

1964年8月9日,美国总统林登·约翰逊(Lyndon B. Johnson)在办公室里享受了一下作为最高领袖的特权——亲自致电哈格(Haggar)制衣公司的老板定制裤子。总统和乔·哈格(Joe Haggar)之间的对话录音永久保留了下来,直到现在还可以被后人"欣赏",可惜对话的格调并不像《葛底斯堡演说》(Gettysburg Address)那样高雅。

约翰逊总统在给出了具体的腰围和口袋深度等数据之后,又加了一句:"啊,还有一件事,就是裤裆那个地方总是太紧。所以到时候你给我留出个1英寸左右的富余吧,呃,因为那地方总是卡着我,就像是骑在铁丝围栏上一样。"然后总统先生打了一个洪亮的嗝儿,继续说道:"你试试看能不能给我放出1英寸吧,从拉链的底端一直到后面的位置。"

白宫的实时记录仅限于音频,算是让大家的眼睛躲过了一劫,也让历史没有见证到约翰逊总统喜欢坐在厕所上说个没完的一面,或者是他比画着证明宽松裤裆重要性的那一幕。

8月10日,1628年

大而无当

在17世纪征战四方的瑞典国王古斯塔夫·阿道夫(Gustavus Adolphus)成功地让瑞典脱胎换骨,从默默无闻的小国迅速成长为雄霸一方的欧洲强国。为了体现王国的实力与强大,他想用最大的手笔建造一批让所有人叹为观止的军舰。瓦萨号是该超级舰队的第一艘船,古斯塔夫·阿道夫国王毫不吝惜成本,可惜的是他同样没有节制个人的意愿和对船只尺寸的要求。他早就想好了自己想要什么样的船,所以船造好之后硕大无朋,却不适合下海航行。

1628年8月10日晴空万里、微风徐徐,装饰豪华的瓦萨号上配备着史上火力最猛的大炮整装待发,足足有上千人围在斯德哥尔摩的码头观看它的下水仪式。头重脚轻的瓦萨号刚开出码头,一阵风就把船吹翻了。风光无限的瓦萨号在离岸不到1海里的地方迅速下沉,带走了国王的骄傲,也带走了大概40多名水手的生命。这艘在海上仅称霸了几分钟的大船在海底静静地沉睡了4个多世纪,直到1961年才被后人打捞上来。今天,瓦萨号恢复了刚落成时辉煌的样貌,不过只能停放在陆地上供人欣赏了。

8月11日,1492年

只要钱到位

1492年8月11日,红衣主教罗德里格·博尔吉亚(Rodrigo Borgia)喜出望外,在斥巨资贿赂其他主教之后,他成功地当上了教皇。博尔吉亚摇身一变成为教皇亚历山大六世(Alexander Ⅵ)之后将贪婪黑手伸向了尊贵的头衔带来的权力与财富。正所谓一人得道,鸡犬升天,博尔吉亚上位以后,他的情妇团与私生子们(其中一人在20岁之前就被教皇老爸提拔为红衣主教)狂欢庆祝,他们形骸放浪,荒淫无度,仿佛是古罗马的皇帝们借尸还魂了一般。*博尔吉亚家族一手遮天,虽然他们为此花费不菲,但是非常值得。当时的人们曾话里带刺地说过:"亚历山大卖了教堂的钥匙,卖了圣坛,连耶稣都让他卖了。人家花钱买来的东西当然有权转卖啦。"

8月12日,2009年

虚惊一场

2009年8月12日,美国超过1000名参加过海湾战争的退

---

* 博尔吉亚在自己豪华的"加冕"典礼上从一座宏伟的拱门下穿过,门上刻着这样的字:"凯撒令罗马伟大,亚历山大令罗马更伟大。前者是凡人,后者是神。"

伍军人收到了美国退伍军人事务部的通知，说他们患上了肌萎缩侧索硬化症（ASL，一种运动神经元病，俗称"渐冻人症"），人们更加熟悉它的别名——卢·格里克氏症（Lou Gehrig's disease）。这是一种让人丧失自理生活能力，并最终致死的神经系统病变。世界上最坏的消息莫过于此。收到消息的老兵们经历了一段时间的煎熬与恐慌之后被告知先前的诊断有误，是系统编码错误造成的。家住北卡罗来纳州亨德森市（Henderson）的前陆军中士塞缪尔·哈格罗夫（Samuel Hargrove）是两个孩子的父亲，他在这场闹剧过后接受美联社的采访时说道："我当时的复杂心情无法用话语描述。我不知道怎么向家人说这件事。"

8月13日，公元363年

欺师灭祖

一般来讲，没有哪个老师愿意面对一教室的恶童。公元4世纪，伊莫拉（Imola，今意大利博洛尼亚省的一个小镇）的卡西安（Cassian）遇到的情况更加可怕。死后被追认为圣徒的教师卡西安信奉天主教，所以他违抗了罗马皇帝的命令，拒绝向罗马诸神献祭。作为惩罚，罗马当局把卡西安交给他的学生们处置，于是这群学生兴高采烈地把昔日的恩师捆在柱子上，举起手中的文具把他一下一下地刺死了。

8月14日，1779年

蒙冤的英雄

谈到爱国主义的化身，保罗·里维尔（Paul Revere）大概是全美国最当之无愧的民族英雄。诗人亨利·华兹华斯·朗费罗（Henry Wadsworth Longfellow）的诗歌令里维尔名声大噪，尽管诗中对里维尔"披星戴月，在所不辞"的行为有过度美化之嫌。然而到了1779年，里维尔在其军旅生涯的晚期再也没有受到嘉奖，反而变成众矢之的，受到了包括渎职和怯懦等数项指控，让他在身败名裂的同时被软禁在家中。

美国在独立战争期间最严重的败仗之一引发了军方对里维尔的指控。1779年6月，英军在今天缅因州的佩诺布斯科特湾（Penobscot Bay）一带占领了一个半岛，意欲在该地建立效忠派（美国独立战争期间效忠于英国国王的北美地区殖民者）殖民地，并为他们提供保护，同时把那里作为与新英格兰地区作战的据点。面对如此嚣张的挑衅，当时拥有缅因地区管辖权的马萨诸塞州岂能坐视不管，于是麻州当局决定从海上出兵肃清敌人。本来非常简单的事情由于种种原因变成了一团糨糊。

1779年7月25日，一支庞大的美国舰队驶入了佩诺布斯科特湾，他们在船只和人数等各方面都超过了英军，而且英国人当时忙着建设殖民地，可谓分身乏术，所以他们已经做好了吃败仗的准备。然而胜券在握的美军忽然变得举棋不定，决策人员对下一步的作战方针无法达成一致，白白浪费了自己的优势。

到了8月13日，军中任炮兵指挥官的保罗·里维尔中校在日志中记录了英军那边赶来的增援：军舰五艘。第二天，美军的上层降下了一道有辱军威的军令：撤退。陆地上由殖民地民兵组成的业余军队丢盔卸甲地跑了，海上舰队受损严重，是珍珠港事件之前美国海军史上最大的败仗。

混乱过后，里维尔被推到了风口浪尖。一条条罪状以排山倒海之势压到了他的身上，有位军官甚至控告他违背军令、抛弃部队、临阵脱逃。1779年9月6日，里维尔遭到了逮捕，同时被开除出民兵组织，然后被软禁在家中。里维尔非常不满自己没有被军事法庭审判，因为他觉得只有在军事法庭上才有为自己正名的机会。

9月9日，里维尔亲自给马萨诸塞州政府写了信，里面写着这样的话："各位大人，我恳求你们在适当的时候仔细评审我的行为，并让我和指控我的人们当面对质。"之后，里维尔又追加了一封信，请求官方公开审理自己的案件："支持我和针对我的证据都摆在各位的面前，请明察，对我的名节做出公正的评判，对我来说它比生命还要珍贵。"

又过了两年半，"仿佛落入敌军手中一般受尽屈辱"的里维尔终于迎来了正规审判。虽然针对他的指控在审判中全部被撤销，但是里维尔的名誉直到 80 年以后才靠着朗费罗的文学创作完全恢复，在朗费罗溢美的诗句中，里维尔光辉高大的民族英雄形象得以流芳百世。

8月15日，1434年

最该烧死的那个人

吉尔·德·雷（Gilles de Rais）在英法百年战争期间是圣女贞德的亲密战友，离开战场以后，他就去发展自己的另类兴趣爱好了，说得直白一点就是虐童和杀人。被此人监禁、糟蹋并杀掉的孩子不计其数，他的手段极其残暴，恶行罄竹难书。

也许是为了给自己稍微赎个罪，吉尔·德·雷出资修建了宛如大教堂一般宏伟圣洁的诸圣婴孩礼拜堂（Chapel of the Holy Innocents），他的罪孽有多深重，礼拜堂的名字就有多么讽刺。1434 年 8 月 15 日，吉尔·德·雷献出了竣工的礼拜堂，并自封为普瓦捷的圣希拉里（Saint-Hilarie de Poitiers）的代言人。

吉尔·德·雷的亲属在他的回忆录中对礼拜堂做出了这样的描述："那些可以举在手里的烛架和摆在圣坛上的烛台、香炉、十字架、圣杯、圣体盘、圣骨匣……都是真金白银打造而成的，上面镶嵌着各色宝石，雕工精美，珐琅细腻。工匠们的技巧远远超越了金钱和物质的境界。"

以上那些还不算什么，真正让吉尔·德·雷一掷千金的是嗓音如天使一般纯净的唱诗班男孩。他的传记作家莱昂纳德·沃尔夫（Leonard Wolf）对此的评价是："音乐能让吉尔达到忘我的境界，尤其是男童的喉咙在歌唱或受罪时发出的天籁之音。"

8月16日，1962年

皮特·贝斯特：从正文到脚注

甲壳虫乐队曾经数年转战在阴暗逼仄的小俱乐部里演出讨生活，也曾被许多主流唱片公司拒之门外*，直到1962年夏天他们终于冲破了壁垒，一鸣惊人。然而他们出名以后的阵容中少了之前的鼓手皮特·贝斯特，此人在那年8月16日被乐队很随便地开除了，取代他加入即将大红大紫的四人组合的是林戈·斯塔尔（Ringo Starr），而贝斯特在甲壳虫乐队历史中的地位从正文被贬成了脚注。"他们不想要你了。"贝斯特在那天只得到这么一句话。直到今天，贝斯特被突然炒掉的原因仍然不明。

乐队在即将录制第一首单曲的时候开掉贝斯特这件事，甲壳虫乐队的出品人乔治·马丁（George Martin）爵士事后承认自己也参与过决策，但是并非故意。马丁爵士对此的解释是："鼓手是一个优秀摇滚乐队的脊梁，当时我觉得贝斯特对其他成员的支

---

* 迪加唱片（Decca）公司当时的负责人对甲壳虫乐队说："我们不喜欢你们这几个小伙子的歌声……团体组合已经过时了，尤其是配吉他的四人乐队，基本没什么出路了。"今天，这句话从某种意义上来讲也算是名人名言了。

持作用不够强。"然后他建议乐队在进录音棚的时候换个鼓手。"对此我一直感到自责,我觉得是我促使他的人生发生了质变。"

甲壳虫乐队经理布莱恩·爱泼斯坦(Brian Epstein)在自传中阐明自己"在乐队逐渐养成风格的时期并没有急着让他们换人……我跟甲壳虫乐队的成员们说保持原样就好"。但是乐队其他成员早就看鼓手不顺眼了。

贝斯特和队员们在乐队初期共患难,但是圈内人士很快就看出他和别人格格不入。约翰·列侬、保罗·麦卡特尼和乔治·哈里森三人志趣相投,气氛融洽,但贝斯特却在他们嗑药胡扯的时候保持着距离。所以当甲壳虫乐队需要裁掉谁的时候,三个人口径一致地把贝斯特踢了出去。

"那是一个完全从专业角度出发做出的决定。"保罗·麦卡特尼日后说道,"既然他当时水平不够……就没什么可说的了。"不过他们三个都觉得在处理上不够意思。比如列侬就承认过:"我们决定开除他的时候都挺屌的,把布莱恩推出去做恶人。"

甲壳虫乐队日后的巨大成功让被排挤出去的前成员贝斯特痛苦了一段时日。他曾经坦言动过自杀的念头,但最后还是释怀了。"有人觉得我应该对此感到苦大仇深,但是我没那个想法。"贝斯特在 2007 年接受英国的《每日邮报》采访时说道,"天知道当时甲壳虫们肩上的压力有多大。他们成了明码标价的商品,而约翰甚至为此付出了生命的代价。"[*]

---

[*] 约翰·列侬在 1980 年 12 月 8 日为歌迷马克·查普曼签名的时候被后者开枪打死。——译者注

8月17日,1661年

莫与太阳试比高

千万不要试图遮住"太阳王"的光芒,尼古拉斯·富凯(Nicolas Fouquet)身体力行地诠释了在国王面前炫富的后果。在红衣主教马萨林(Mazarin)的扶持下,富凯在路易十四登基之前相当于法国的摄政王,把法国的财政大权牢牢地捏在手里。财政总管是绝对的肥差,尤其是在马萨林的操控之下,贪污受贿产生的灰色收入、阶级特权带来的法定收入以及光明正大地占用国库财产的拨款等进项绞在一起,怎么看都是一本糊涂账。与马萨林沆瀣一气的富凯源源不断地给他调拨法西战争所需的军费和其他国务支出,同时也没忘了让红衣主教过上穷奢极侈的生活。从这些见不得人的勾当中捞了不少油水之后,富凯便想着风光一把。

思来想去,他决定在巴黎郊区盖一座豪华的巴洛克式城堡,在此之前从未有人在法国搞过这么大规模的工程。为了彰显自己的身份和地位,富凯在城堡的设计、建设和装饰等方面投入了大量的资金,并把它命名为沃子爵城堡(Château de Vaux-le-Vicomte)。在装修华丽的各个房间中,富凯家族的徽章随处可见,上面的图案是一只掩映在树叶中向上攀爬的松鼠,下面配着他们的族训:Quo non ascendet?(还有爬不到的地方吗?)很显然,路易十四的心中浮现了同样的疑问:还有富凯蹿不到的地方吗?

1661年8月17日,财政总管富凯邀请路易十四出席沃子爵城堡的竣工宴会。皇室成员们享用了用银盘盛着的各式珍馐美味，莫里哀（详见2月17日）随后在城堡外精心修剪的花园里献上了一出新剧。晚宴在焰火表演中结束，其中的火箭式烟花一时间照亮了整个夜空，仿佛吞没了城堡的圆顶。

富凯觊觎宰相的位置很久了，他原本计划借此盛宴讨路易十四的欢心，顺势爬上那个一人之下、万人之上的位子。然而国王陛下一点儿都不开心。富凯浮夸的炫耀让一直看他不顺眼的路易十四更加厌恶他了（虽然路易十四从沃子爵城堡中得到了灵感，建造了更奢华的凡尔赛宫），而且路易十四先前就怀疑富凯借职务之便贪污公款，这下证据就很明显了。这件事的结果就是富凯这只一心向上的松鼠银铛入狱，只能在牢笼里了却残生。

"我还以为自己在国王心中比任何人都重要。"被关起来的富凯不敢相信自己的命运，不禁悲从中来。对于富凯爬得高跌得狠的下场，莫里哀说过这样一句耐人寻味的话："8月17日晚上6点的时候富凯是法兰西的王者，转天凌晨2点的时候他成了贱民。"

8月18日，1644年

魔鬼契约

1644年8月18日，法国神父乌尔班·格朗迪耶（Urban Grandier）因为行巫术被处以火刑。不过这可不是普通的宗教

8月

狂热引起的排异事件,更不是红衣主教黎塞留(Armand Jean du Plessis de Richelieu)对敢想敢说的格朗迪耶的报复,你们不要听那些历史学家的傻话。道貌岸然的神父格朗迪耶竟然真的是魔鬼的同伴,他们联手在小镇卢丹(Loudun)迷惑了一群修女,使她们陷入了肮脏的迷情之中。负责审判格朗迪耶的有关部门拿到了格朗迪耶与路西法以及其他魔鬼签订的契约,据说恶魔阿斯摩太(Asmodeus)[*]在教会神圣力量的感召下,从地狱里路西法的私人柜橱中把契约抢了出来。在格朗迪耶的庭审中,附有他的签名并经过公证的魔鬼契约(目前收藏在法国国家图书馆)里写着这样的条款:

> 我方,以路西法为首,携撒旦(Satan)、别西卜(Beelzebub)、利维坦(Leviathan)、伊利密(Elimi)、亚斯塔录(Astaroth)及其他魔鬼,今日接受了与乌尔班·格朗迪耶定下的契约,他现在是我们一伙的了。我们承诺让他享受女性之爱、处女之花朵、修女的贞操和君主的崇拜,外加荣誉、肉欲和权力。他要享乐三日,不醉不归。他每年一次为我们献上血之封印,他的双脚将踏平教会,他将随时向我们咨询。从此契约签订之日起他将在人间快活20年,然后将加入我们的阵营一起与上帝为敌。

---

[*] 代表七宗罪中色欲的女性魔鬼,在外形上拥有一个女性的头、一个牛头和一个羊头。——译者注

8月19日，1692年

业务繁忙的魔鬼们

路西法一伙同乌尔班·格朗迪耶签订了魔鬼协议之后（详见8月18日）没过多久便重操旧业，穿越到大西洋另一边的新英格兰地区，勾搭上了清教牧师乔治·巴罗斯（George Burroughs）。马萨诸塞州塞勒姆地区"明察秋毫"的管理层发现巴罗斯和当地的女巫不一样[*]，不仅仅是撒旦的仆人，还是邪恶势力的根源。住在塞勒姆的一名疯疯癫癫的少女发誓说巴罗斯的分身曾出现在她面前，亲口对她说："他在巫师之上，他是咒术师。"

巴罗斯早在10多年前就因薪资纠纷搬离了塞勒姆，几经辗转，最后定居在威尔斯镇（今缅因州境内），在他被逮捕之前一定是用什么邪术蒙蔽了威尔斯镇的居民，让他们以为自己是个大善人。往日的纠纷被人加以歪曲之后变成了庭审证据，巴罗斯很快就被判定拥有魔鬼的力量并掌握着其他的邪门歪道。他自然被判死刑，但临刑前在绞刑架下出现了意外。

绞索套在巴罗斯的脖子上以后，他高声喊冤，然后流利地背出了主祷文，台下一片哗然。路西法的凡间代言人怎么可能做出如此神圣的事！围观的群众开始骚动。难道真的要让无辜之人冤死吗？好在负责处决巴罗斯的正经牧师科顿·梅泽（Cotton

---

[*] 1692年2月到1693年5月期间，塞勒姆镇发生了大规模猎巫事件，至少有20人蒙冤被处死。——译者注

Mather)及时解开了大家的疑惑,当众宣布:"路西法的形态之一就是光明天使。"就这样,塞勒姆的恶魔头子乔治·巴罗斯被送进了地狱。

8月20日,1672年

领头人的悲惨下场

17世纪,荷兰进入了黄金时代,经贸活动空前繁荣,军事上更是傲视群雄;伦勃朗(Renbrandt)和维米尔(Vermeer)绘制了众多传世名作;列文虎克(van Leeuwenhoek)为人们打开了微观世界的大门。然而引领荷兰共和国进入黄金时代的那个人却被一群暴民残杀并吃掉了。

在17世纪的数十年中,约翰·德维特(Johan de Witt)实际上架空了荷兰奥兰治王室的权力,是真正掌权的领导人。但是1672年,法国入侵荷兰,奥兰治王子威廉(也就是未来的英国国王威廉三世)终于军权在握,荷兰的政局发生了天翻地覆的变化。德维特失利,被迫在那一年8月初辞去了大议长(类似于首相)的职位,并逃过了一次暗杀。8月20日,德维特去监狱里探望哥哥科尼利斯(Cornelis)的时候,遭到暗算,他们兄弟二人一同被拥护奥兰治王朝的暴民抓住了。他们被人污蔑叛国并遭受了酷刑,被棒击、刀刺,最后处以枪决。暴徒们还四处散播德维特叛国的谣言。

接下来才是真正恐怖的事情。

德维特兄弟二人的尸体被拖拽到绞刑架下倒吊了起来，身上的衣服被悉数剥光。暴徒们把他们的一些器官割掉当作纪念品卖给了围观的群众，然后他们被开膛破肚，内脏被暴徒们烤着吃了。德维特兄弟的家属足足等到那天午夜过后，待心满意足的暴徒们散去才得以收殓并埋葬了二人的残骸。

8月21日，1745年

又是一对深宫怨偶

俄罗斯女皇叶卡捷琳娜大帝（Catherine the Great）的情史为后人提供了不少茶余饭后的谈资，但是她在新婚之夜也曾是羞涩的少女。由于她的夫君——后来的彼得三世（Pyotr Ⅲ）傻到冒泡，叶卡捷琳娜在婚后8年里一直保持着处女之身。1745年8月21日的皇室婚礼规模浩大、尽显奢华，但是之后的蜜月却成了叶卡捷琳娜一生挥之不去的噩梦。

回忆起自己的新婚之夜，叶卡捷琳娜留下了这样的文字："宫女们替我宽衣之后引我上了床。所有人退下之后我独自躺了两个多小时，不知道接下去该做什么。我该起来吗？还是该继续在床上等着？我真的不知道。终于，我的新侍女克劳斯夫人进来，一脸喜气地告诉我（彼得）大公这会儿正等着吃晚饭，马上就要上菜了。大公陛下用餐完毕之后上了床，对我说如果仆人们看见我们两个躺在一张床上肯定要笑话我们的。"说完这句话，他借着酒劲儿昏睡了过去。

夜复一夜,孩子气十足的彼得把叶卡捷琳娜晾在一边,宁愿把玩具士兵带到床上玩也不理会妻子的爱抚。

光阴荏苒,这种状况越发让人不能忍受。彼得要么对妻子不理不睬,要么用废话去惹她心烦。"心灵完全不能相通的夫妇除了我们大概没有别人了。"叶卡捷琳娜写道,"我们的品位完全不同,思维方式也存在很大的差异。"彼得为了打发时间学起了驯狗,同时不自量力地练起了小提琴,这让叶卡捷琳娜非常头疼,尤其是彼得坚持把狗养在二人的住所里。"每天从早上7点到深夜,家里充斥着他狠命拉提琴发出的噪声或者是被他打来打去的五六条狗的号叫声,让我心烦意乱。我承认自己已经被逼疯了……除了那些狗之外,我是世界上最可怜的东西。"

彼得对妻子的态度越来越差,在他1762年登基以后更是明目张胆地找了个情妇,并威胁要休掉叶卡捷琳娜。不过笑到最后的却是叶卡捷琳娜。彼得三世在短短6个月的统治期里因为一系列荒唐的举措失去了群臣的支持,叶卡捷琳娜从他的手中夺过了俄罗斯的皇冠。

8月22日,1983年

艺术家眼中的花瓶

1983年8月22日是个星期一,纽约名媛柯尼莉亚·盖斯特

（Cornelia Guest）与艺术家安迪·沃霍尔（Andy Warhol）看了一场电影，她以为这就是一次普通的社交活动。没想到的是，沃霍尔对她私下评头品足一番，认为她的智商和一罐汤差不多（沃霍尔的知名作品之一就是罐头汤版画）。让她更没想到的是，沃霍尔把这些话写进了日记留给了后人。"电影《丹尼尔》（Daniel）引人入胜，"沃霍尔在当天那页日记中写道，"柯尼莉亚看得津津有味。她真是个怪人。我一时难以判断她究竟是聪明还是笨……柯尼莉亚是个直来直去的人，有时候会犯傻。但是她被这个电影完全吸引了，好像上了一堂历史课一样。看完之后我出题考了她一下，她居然全都看懂了。"

8月23日，1939年

棋逢对手

如果两个立场截然相反的国家在某些事情上联手会产生什么结果呢？看看1939年8月23日苏联和纳粹德国签订了互不侵犯条约之后发生的事情就知道了。斯大林和希特勒给彼此留下了足够的余地，只不过一国为了缓冲，一国为了侵略。但是两个同床异梦的人签订的协议必定会被一方撕毁。果然，协议签订不到两年，希特勒就进攻苏联，此举对斯大林来说不啻于一记响雷，而且在应战方面十分被动。为此斯大林曾痛定思痛地说过："列宁同志为我们创立了国家，而我们险些把它搞砸了。"

8月24日，2006年

再见了，冥王星

20世纪30年代，冥王星在太阳系正式亮相，人们对它赋予了很大的期望。我们对身边星系中的新成员做出了许多猜测，甚至有消息表示冥王星很有可能是太阳系中体积最大的星星，能把木星都比下去。新发现带来的兴奋让人们很难想到以罗马神话中冥界之王命名的这颗冰封的星体在未来会受到何种怠慢。

随着科学的进步，冥王星渐渐地暗淡了下去。和人们以前推测的相反，冥王星的体积并不大，甚至可以说是太阳系中最小的星体。接着，大家一致认为冥王星的运行轨迹缺乏规律性，再加上它个头不大，所以很难算作一颗行星。天文学家们就此展开了

游人们在史密森尼城堡玫瑰园中冥王星名牌旁边留下的哀悼卡片

热火朝天的讨论，引起了各界的关注。2006年8月24日，他们做出了决定：天之骄子冥王星、曾经是无数太空探索计划目的地的冥王星从此降格为"矮行星"*。

俗话说得好，宁为鸡首，不为牛后，既然现在冥王星降到矮星的队伍中了，那它有没有可能是海王星外侧的柯伊伯带（Kuiper belt）†中最大的矮星呢？很遗憾，并不是。柯伊伯带中有一颗叫厄里斯（Eris）的矮星比冥王星要大。"这是冥王星在柯伊伯带里当老大的最后一个机会了，"加州理工学院的行星科学教授迈克·布朗（Mike Brown）说道，"冥王星和厄里斯的体积可能差不多，然而新的研究数据表明冥王星最多只能排第二。"

8月25日，1830年

生活源于艺术

我们姑且把这个事件算作生日献礼引起的意外吧。1830年8月25日，比利时布鲁塞尔的皇家铸币局剧院上演了丹尼尔·奥伯（Daniel Auber）的名作《波尔蒂契的哑女》（*La Muette de Portici*）。这场表演的目的是给威廉一世（William Ⅰ）祝寿，他的统治范

---

* 体积介于行星和小行星之间，围绕恒星运转，但是没有明确的运行轨迹。——译者注

† 位于海王星轨道外侧，是黄道面附近的天体密集环状区域。——译者注

围是包括比利时在内的尼德兰联合王国（United Kingdom of the Netherlands）。然而意外发生了。《波尔蒂契的哑女》讲述的是一个普通的那不勒斯渔民在1647年组织民众起义抵抗西班牙统治者的故事，比利时方面原本希望借此剧让民众臣服于威廉一世的统治，没想到观众被剧中的民族主义精神所打动，很快开始骚动，最后冲上布鲁塞尔的大街，引起了暴乱。原来比利时人对威廉一世从来就没有什么好感，觉得他太过强势。那天晚上的演出擦出了革命的火星，短短几个月之后，比利时独立了，再也不归威廉一世管辖了。

8月26日，1346年

意气用事

波希米亚国王约翰一世（John Ⅰ of Bohemia）是名勇士，毋庸置疑。但他是个盲人，在战场上非常吃亏，尤其是他作为法兰西国王腓力六世（Philippe Ⅵ）的盟军与英格兰国王爱德华三世在克雷西（Clécy）交战的时候，为此付出了惨痛的代价。英军在那场会战中亮出了长弓，这种杀伤力巨大的高效武器在中世纪的战场上就像核武器一样威猛，于是英军在群雄逐鹿的战斗中势如破竹，胜负一目了然。尽管如此，约翰一世也毫不畏惧。根据史官让·福瓦萨（Jean Froissart）的记载，什么也看不见的国王（年逾五旬的他已经英雄迟暮了）为了亲自战斗，把最信任的将士叫到身边，对他们诚恳地说道："先生们，各位是此次征途中我的部下、我的同伴，也是我的朋友，我请求你们带我深入战场，让我能亲自砍上一剑。"约翰一世的部下们把战马的缰绳捆在了一起，以便引领他杀入军中。福瓦萨对战斗实况的记录显示："他们带着国王冲得太靠前，被全部歼灭了。第二天，人们在战场上的同一处发现了他们和国王的尸体，他们的马还都拴在一起。"可以说，他们败给了盲目的自信。

8月27日，1896年

名副其实的闪电战

1896年8月27日这天，刚刚即位两天的桑给巴尔（Zanzibar，今坦桑尼亚东部的自治区）苏丹哈立德·本·巴伽什（Khalid bin Barghash）不光丢掉了王位，也输掉了历史上为期最短的战争。这场与英国的战斗在当天9点多开始，持续了不到一个小时就结束了。

在1890年之前，英国一直承认非洲东海岸附近的岛国桑给巴尔为独立国家，但是当桑给巴尔与德国殖民者发生冲突的时候，苏丹阿里·本·赛义德（Ali bin Said）把国家交给了英国以寻求庇护。此举为日后埋下了纷争的种子，因为英国掌握了废黜未来桑给巴尔苏丹的权力。

1896年8月25日，阿里·本·赛义德的继承人——他的侄子哈马德·本·杜威尼（Hamad bin Thuwaini）蹊跷地死去了，很有可能是被堂哥哈立德毒杀的。然后哈立德迅速自立为新苏丹，并占领了皇宫。英国方面早已选中了一个与他们一条心的人做苏丹，于是命令哈立德退位。哈立德把英国的话当成耳旁风，随即拉起一支由皇宫警卫、仆人、奴隶和平民组成的军队，还动用了仅有一艘老旧单桅帆船格拉斯哥号的海军做支援。然后，哈立德不顾来自多方的警告，把自己锁在皇宫里，调整炮口对着港口停靠的英国舰船。战争一触即发。

英国方面规定哈立德在8月27日早上9点之前降下旗帜并离开皇宫，否则就要动武了。前一天晚上，在桑给巴尔首都居住的英国人早已撤离到安全地带。根据当地美国领事理查德·杜尔西·莫胡恩（Richard Dorsey Mohun）的报告："桑给巴尔陷入一片骇人的死寂。往常随处都能听见敲鼓的声音或者是婴儿的啼哭，然而那天晚上什么声音都没有。"

第二天清晨，哈立德向英国领事巴塞尔·卡夫（Basil Cave）传达了这样的信息："我们不会降下旗帜，也不相信你们会开火。"卡夫对此的回应是："我方不想开火，但是如果贵方不遵守我方的命令，我方必会出兵。"篡位的苏丹哈立德没有继续回复，英军的炮火如约而至。大概过了40分钟，桑给巴尔的皇宫被摧毁，格拉斯哥号被击沉，哈立德抱头鼠窜，战争结束了。

"不列颠女神"（Britannia）在这次大捷之后再度乘风破浪威震四海，手中多了一个取代哈立德的傀儡。

8月28日，2013年

我有一个（发财）的梦想

"我有一个梦想！"——小马丁·路德·金（Martin Luther King Jr.）深入人心的演讲永远地载入了史册，对他的孩子们来说这是天大的好事，因为从那以后只要有人全文引用他们父亲的演讲，就得付给他们高昂的许可费。没错，金牧师传达给全世界的关于公正、博爱和包容的讯息永远不会过时，同时也被他的后人们像商品一样攥在手里待价而沽。

今天，人权运动领袖马丁·路德·金的塑像与华盛顿、杰斐逊和林肯等先驱的雕像并肩矗立在华盛顿的国家广场上。马丁·路德·金纪念园的组织者为了在募捐活动中使用他的发言和形象，付出了将近80万美元。这类巨款不是教育机构或纪录片剧组能付得起的，金的子女曾提出以2000万美元为报酬，向国会图书馆"捐赠"父亲的手稿，但是国会没有同意。而那些财大气粗的企业，比如奔驰、阿尔卡特、辛格勒无线公司（Cingular Wireless，AT&T的前身）等，豪爽地买来金的发言用在广告里。有家公司的同系列广告还同时使用了迪士尼动画《芝麻街》中科米蛙和《辛普森一家》中的爸爸荷马·辛普森的形象。

长子马丁·路德·金三世（Martin Luther King Ⅲ）在《民运之子》（Children of the Movement）一书中写道："我父亲为他人奉献了一切。他从来不操心钱的问题，别人希望我们和他一样。"

凡是那些认为金氏子女和父亲一样慷慨的人，最后都被锱铢必较的姐弟几人击碎了天真的幻想。CBS新闻节目和《今日美国报》(U. S. A. Today)都因使用"我有一个梦想"的演讲惹上过官司,同样被告的还有PBS电视台,因为他们在以人权运动为主题的纪录片《势在必得》(Eyes on the Prize)中未经允许使用了包含马丁·路德·金的影像资料。即便是与金家关系很近的朋友也会被掉进钱眼里的金家人盯上。歌手哈里·贝拉方特(Harry Belafonte)是他们的熟人,然而在出售自己收藏的和马丁·路德·金相关的纪念品时被金家出面阻止;马丁·路德·金生前的高级助理之一安德鲁·杨(Andrew Young)则因为使用了一段自己和金同时出镜的录像而被金家提起诉讼。

到了后来,金氏兄妹中的三人除了忙着和别人打官司,他们之间也频繁地窝里反。比如2008年,长子马丁三世联合幺妹伯妮斯(Bernice)状告次子德克斯特(Dexter)盗用家族财产。2013年8月28日刚好是马丁·路德·金组织的华盛顿游行50周年纪念日,马丁三世和德克斯特专挑这天起诉伯妮斯,指控身为"马丁·路德·金非暴力社会变革中心"主管的小妹妹手脚不干净。

法学教授乔纳森·特尔利(Jonathan Turley)在《洛杉矶时报》发表过评论马丁三世、德克斯特和伯妮斯的文章,写下了这样的话:"若给他们的品行打个分的话,他们父亲那高大的花岗岩雕像恐怕都会脸红。"

8月29日，1533年

真正的图财害命

印加帝国末代皇帝阿塔瓦尔帕（Atahualpa）被西班牙殖民者弗朗西斯科·皮萨罗（Francisco Pizarro）突袭并监禁之后，企图用与皇帝身份相称的赎金换取自由，据说他交出了满满一屋子的黄金。财宝献出去，收效却甚微。皮萨罗拿了金子，在1533年8月29日处死了阿塔瓦尔帕。

8月30日，1888年

松鸡犯了什么错

在英伦的荒野沼泽地区，松鸡们曾过着提心吊胆的生活。19世纪那些身披呢子猎装的贵族经常互相比试，看谁在一天之内能猎到最多的松鸡。上流社会的攀比是很激烈的，不过从个人成绩上来看，从来没有人超过第六代沃辛翰勋爵托马斯·德格雷（Thomas de Grey, Lord Walsingham），这位老爷在1888年8月30日

那天，一口气在约克郡的布拉伯豪希斯（Blubberhouses）沼泽猎杀了1070只松鸡。*

8月31日，1743年

人间拔舌地狱

在统治者把死刑当作恐怖武器威慑人民的年代，俄罗斯女皇伊丽莎白（Empress Elizabeth）显得比较开化，承诺自己不会将身边的人处死，但是可没承诺不把人搞残。1743年8月31日，一位宫廷贵妇深切地体会到，仁慈只是相对的。

娜塔莉亚·罗普基娜（Natalia Lopukhina）是众人眼中"圣彼得堡宫中最夺目的鲜花"，对于陪伴在嫉妒心极强的女皇身边的人来说，这个称号迟早会引火上身，因为女皇怎么会允许别人比自己更耀眼。在女皇安娜（Empress Anna）当政的时候，伊丽莎白曾经一度失势†，罗普基娜为此疏远了她，这比颜值优势对她

---

* 沃辛翰勋爵创下单日猎松鸡纪录之后大概是对这种禽类厌倦了，于是把目光投向了别的动物。根据《户外运动》（*Outdoors*）杂志记载，转年1月的某天，勋爵"收获了品种空前丰富的猎物，其中包括65只骨顶鸡、39只雉鸡、23只绿头鸭、16只家兔、9只野兔、7只绿翅鸭、6只鹧鸪、6只赤膀鸭、4只红头鸭、3只天鹅、3只鹬、2只黑水鸡、2只鹭、1只水獭、1只丘鹬、1只斑鸠、1只鹊鸭、1只老鼠，还有1条狗鱼，也在游过浅水时被射中了"。
† 安娜的父亲伊凡五世与伊丽莎白的父亲彼得一世为同父异母的兄弟，为了让皇位回到自己父亲的那一支，安娜传位给自己的外甥孙子，即伊凡六世，后来伊丽莎白发动宫廷政变夺权称帝。——译者注

更为不利。伊丽莎白掌权以后,听到了罗普基娜涉嫌参与谋反的传闻,对她早就忍无可忍的女皇出手了。

罗普基娜受了好几周的酷刑,然而根据英国驻俄国外交官西里尔·维奇(Cyril Wyche)的报告,所谓的阴谋"不过是……其他心灵恶毒的长舌妇散布的谣言"。即便这样,罗普基娜还是被定了罪。虽然伊丽莎白女皇"开恩",没有让罗普基娜和其他叛国者一样被残酷的手段慢慢处死,但是这不代表她没有其他的消气手段。罗普基娜被当众剥光了衣服,然后被鞭子抽得皮开肉绽,最后在围观群众的欢呼声中,她的舌头被拔了下来。

"大美人罗普基娜夫人的舌头有人要吗?"行刑官举着血肉模糊的肉块向人群喊道,"多好的东西啊,贱卖了啊!大美人罗普基娜夫人的舌头,只卖1卢布!"

September

9月

愁绪与红叶，
哀思与晴天。
啊，
大喜大悲，
明明灭灭，
完全不搭边。

——《九月之歌》（A Song for September），
托马斯·威廉·帕森斯（Thomas William Parsons）

9月1日，1904年

最后一只旅鸽的悲鸣

旅鸽曾经是北美大陆数量最多的鸟类，它们世代生活在落基山脉以东人迹罕至的森林里。法国探险家萨缪尔·德·尚普兰（Samuel de Champlain）在1605年称它们为"数不胜数的族群"，加布里埃尔·萨迦德－西奥达（Gabriel Sagard-Théodat）也描写过这个"无穷无尽的物种"。据说在鼎盛时期，一个旅鸽鸟群能遮天蔽日地在空中延绵1.6公里，需要好几个小时才能完全飞离那块地方。然而在短短的3个世纪里，旅鸽灭绝了。

随着欧洲殖民者的到来，旅鸽们作为栖息地的森林日渐减少，它们的生存状况开始受到影响，来自人类的大规模捕猎进一步加速了它们灭绝的进程。旅鸽天生喜欢聚在一起，每到天黑，它们叽叽喳喳的声音好几里地之外都听得清，有时候一棵树上的鸽子太多，枝条都会被压断，这样的特性使它们成为非常容易得手的猎捕目标。当时的猎人一下子能网住成千上万只旅鸽，然后在城里的集市上把它们低价卖掉，或者是把它们碾碎了做肥料。

这种情况一直持续到19世纪末，人们才注意到旅鸽不容乐观的前景，可是对它们的保护行动来得还是太晚了。作为一种

群居鸟类,旅鸽只有保持规模足够大的群体才能顺利繁衍,然而到了19世纪晚期的时候,野外旅鸽的群体已经所剩无几,被人类圈养的少数旅鸽也因此失去了繁殖能力。

到了最后,昔日兴盛的旅鸽种群只剩下一只名叫"玛莎"(Martha)的雌性个体,孤零零地住在辛辛那提动物园(Cincinnati Zoo)里。1904年9月1日,玛莎死了,优美灵动的旅鸽永远地消失了。玛莎的身体被制成标本,内脏被单独保存,目前收藏在史密森尼学会(Smithsonian Institution)。

9月2日,1960年

正确的地点,错误的时间

1960年9月2日是新西兰中长跑运动员彼得·斯内尔(Peter Snell)人生中最辉煌的一天,他摘得罗马夏季奥运会中男子800米跑项目的金牌,成为国家的骄傲。然而,这一天也是苏里南运动员齐格弗里德·"威姆"·伊萨扎(Siegfried "Wim" Esajas)人生中最灰暗的一天。

伊萨扎是南美洲小国苏里南(当时还是荷兰殖民地)首位进

军奥运会的运动员,但是他没能参加比赛。把他拦在赛场外的不是伤病,而是错误的时间。伊萨扎在当天下午到场,准备参加预选赛,却被告知比赛已经在上午结束了。人们纷纷议论,伊萨扎肯定是睡过头了,于是他只得灰头土脸地回了国。

当斯内尔庆祝胜利,而且让自己的头像印在了纪念邮票上的时候,伊萨扎走到哪里都被人指指点点,遭人嘲笑。就连1976年苏里南代表队在蒙特利尔奥运会开幕式上出场的时候,解说员还不忘调侃他们是初次参加奥运会的时候一觉睡过去的国家。

2005年,伊萨扎已经70岁了,他终于在去世前两周等来了事情的真相。苏里南奥组委听说背负了许久骂名的伊萨扎患上了绝症,便决定重启调查,看看那天究竟发生了什么事。调查结果显示,伊萨扎迟到的原因并不是睡过了头,而是从苏里南奥组委秘书长弗雷德·格兰斯(Fred Glans)那里拿到的比赛时间有误。格兰斯如实记录了这一事故,但是奥组委并没有把实情上报。就因为这件事,伊萨扎在耻辱与遗憾中熬过了近半个世纪。

"罗马发生的事对我父亲的灵魂造成了不可弥合的伤害。"伊萨扎的儿子沃纳·伊萨扎(Werner Esajas)为父亲鸣不平,"本该属于他的人生巅峰时刻被人无情地夺走了。"

苏里南奥组委为了表达迟到的歉意,为伊萨扎立了一座碑,表彰他是苏里南史上首位参加奥运会的运动员,同时给他写了一封道歉信。最重要的是,委员会用行动恢复了伊萨扎的名誉。沃纳·伊萨扎在2005年接受奥联社采访时说:"他的眼睛泛起了光,脸上满是喜悦。我想官方的态度起码让他的心灵最终得到了安宁。"

9月3日,1939年

姑息养奸

1938年9月30日,神清气爽的英国首相内维尔·张伯伦(Neville Chamberlain)从德国返回英国,他确信自己刚刚签订的协议(即《慕尼黑协定》)会让英国避开战乱,明哲保身。张伯伦抵达伦敦郊区的赫斯顿机场(Heston Airfield)以后,对迎接他的群众宣读了他与希特勒签订的协议中的一部分,并斩钉截铁地保证:"英德两国人民自此永不为敌。"人群中爆发出一阵欢呼。

接着,张伯伦在白金汉宫受到英国国王乔治六世和伊丽莎白王后的盛情款待,然后一路徐行,回到唐宁街。张伯伦进入首相府之后打开二楼的窗户,对着外面的人群喊出了这句不朽的名言:那一天我为大家争取来了"属于我们这个时代的和平"。

《慕尼黑协定》让德国可以随心所欲地吞并捷克斯洛伐克,然后不再向其他地区扩张,从表面上看的确遏制住了希特勒领导下的第三帝国对别国的不断侵略。当时的英国人对20年前那场世界大战带来的灾难记忆犹新,整整一代年轻人都牺牲在了战场上,所以为国民争取到和平的张伯伦就是他们心目中的英雄。虽然张伯伦在协定中把友邦送进了纳粹的虎口,但是他在讲话中说过,这样一来,至少英国的年轻人不会再"为了远方与我们无关的国家之间的矛盾"无谓地去送死。

在举国上下空前一致的赞许声中,还是有人提出了异议,最响亮的声音来自未来的首相温斯顿·丘吉尔。丘吉尔认为舍弃捷克斯洛伐克的行径不仅有失体面，而且根本无法谋求真正的和平。"你们别以为这就是结局，"丘吉尔大声疾呼道，"这只是秋后算账的开始。"

没错，希特勒的贪婪和野心很快就藏不住了。《慕尼黑协定》签署不到一年，纳粹德国进军波兰。1939年9月3日，别无选择的张伯伦对德宣战。宣战当天，他在议会里痛心疾首地承认："今天对我们所有人来说都是不幸的，对我来说尤为不幸。一直以来我为之奋斗的事业、我对未来的期许还有我公开坚守的信念都毁于一旦。"

一夜之间，实现了"属于我们时代的和平"的英雄变成被魔鬼所迷惑而为虎作伥的狗熊。张伯伦在1940年11月曾追悔莫及地表示："几乎没有人像我一样在这么短的时间里经历了如此的大起大落。"三周以后他去世了。虽然有些历史学家对张伯伦的批判已不再过度严苛，但是他名声上的污点永远也洗不掉了。

9月4日，1957年

爱德索：福特史上的最大败笔

在美国这个巨大的市场上，很多前期宣传力度很大的产品都没能经得起时间的考验，比如说乐事食品（Frito-Lay's）曾推出的数款用蔗糖聚酯（Olestra）代替油脂的零食（口袋上依照联邦法律必须注明"本产品可能引起腹痛和腹泻")。同类产品包括"新"可口可乐（New Coke）*、芹菜口味的 Jell-O 果冻、麦当劳的 McDLT（以及 McPizza 和 McLean）†、美国橄榄球联盟（United States Football League）、苏珊·安东尼版的一美元硬币‡以及互联网电商时代兴起的无数破烂玩意儿。在这些很快被市场淘汰的创意中，福特汽车推出的爱德索（Edsel）型号轿车绝对是切尔诺贝利事故级别的惨败。这个耗资数十亿美元的项目由于太过失败，"爱德索"这个名字甚至被韦氏新世界词典收录为词条，意思为"尽管众人期望极高、推广费用巨大，但仍然没有被公众认可的产品或项目"。

爱德索本是亨利·福特（Henry Ford）儿子的名字，用在汽车型号的命名上，在当时略显奇怪，福特汽车公司在这个新型号的市场推广上下了一番心思，但是在设计上恐怕没那么认真。公

---

* 可口可乐公司于 1985 年 4 月在美国市场上推出了改良配方的可乐，口味上比较接近百事可乐，但是消费者并不喜欢，1992 年正式更名为可口可乐二代（Coke Ⅱ），2002 年停产。——译者注

† 麦当劳 1984 年在美国推出的产品，McD 为麦当劳的缩写，L 代表生菜（lettuce），T 代表西红柿（tomato）。采取双仓泡沫盒包装，一边装的是汉堡底下的面包和肉饼，另一边是蔬菜和上面的面包。此举是为了最大限度保证肉饼的温度和蔬菜的新鲜度。这个系列后来在美国本土与其他国家衍生出许多不同产品，但是后来麦当劳停用了泡沫包装，McDLT 于 1991 年下架。McPizza 是麦当劳在 80 年代晚期在美国市场推出的比萨饼产品，2017 年 8 月下架。McLean 是 McDLT 系列产品之一，里面用的牛肉饼为低脂类型。——译者注

‡ 美国铸币局于 1979 年至 1981 年投放的价值为 1 美元的硬币，正面图案为妇女民运先驱苏珊·B. 安东尼，背面是悬停在月球上方脚抓着月桂树枝的美国国鸟白头鹰。该硬币由于型号与材质与 25 美分的硬币非常相似，消费者使用起来感到不方便，遂停产。——译者注

9月

长篇大论的广告也没能为福特爱德索招来顾客

司市场部的能人们为爱德索投放了大批广告,把它誉为未来之车,成功地吊起了公众的胃口,然而广告里从来没有出现过爱德索的形象。

　　福特公司把爱德索公开亮相的日子定在 1957 年 9 月 4 日,同时把它称为 "E-Day"。当天,公司邀请各界人士去展示厅参加揭幕仪式。但当爱德索的真容展现之后,现场观众没有发出预期的惊叹,反而不是叹气就是窃笑。千呼万唤始出来的爱德索竟然长得如此滑稽,它最明显的特征是前散热器罩不是横向平铺而是纵向立起的,看上去像一个拉长的字母 O,这样的设计用在汽车上简直是汽车的不幸。福特公司的工程师们在研发过程中发现,他们必须数次扩大这种"新颖"时髦的立式散热罩的开口,才能保证它吸进足够的冷空气给引擎散热。《时代周刊》对爱德索成品的评价是:"好像愁眉苦脸的奥兹摩比

（Oldsmobile）*。"

爱德索更令人失望的地方在于它在核心设计上几乎没有原创的东西，取而代之的是三天两头出问题的部件，比如无端剥落的油漆、关不上的车门，还有经常按不动的按钮式换挡装置（"贴心"地装在方向盘的中央）。很快，在美国各地的汽车测评员之间流传起一个笑话，说爱德索其实是一句藏头话："Every Day Something Else Leaks（每天一个新毛病）。"

随着爱德索的销售量节节下滑，福特公司用尽办法，甚至举办了抽奖活动，让所有愿意试驾爱德索的人有机会赢一匹小马驹。然而大部分中奖的人都选择了与马驹等价的现金奖品，结果福特公司砸在手里的不光是一个新车系列，还有上千匹无人问津的马。爱德索在1959年黯然停产，它的巨大失败中倒是有一点亮色，因为在今天的汽车收藏界，曾经谁都爱答不理的爱德索如今的身价可是让人高攀不起了。

9月5日，1921年

造谣一张嘴，辟谣跑断腿

罗斯科·"小胖"·阿尔巴克（Roscoe "Fatty" Arbucle）曾是

---

* 通用汽车旗下的品牌，创立于1897年，主打中等价位的车，比如曙光（Aurora）、88、短剑（Cutless）等。该品牌在80年代受到了日系车和欧系车的冲击，逐渐衰败，2004年被通用汽车砍掉了。——译者注

好莱坞的票房保证，这位默片时代的明星用出洋相的方式逗得观众哈哈大笑，他的流派应该算作"优雅搞笑派"。别看他体形笨重，却能在各种险境中腾挪闪转，化险为夷，表演的观赏性很强。然而，阿尔巴克多年的演艺生涯在一天之内被毁了个稀烂。

1921年劳动节周末（美国的劳动节为9月的第一个星期一）前夕，三部电影刚杀青的阿尔巴克和派拉蒙电影公司（Paramont Pitcures）签订了一份三年期合同，酬劳为100万美元，这在当时是史无前例的天价合同。趁着劳动节周末，心情大好的阿尔巴克和一群朋友开车去旧金山庆祝。他们在那里开怀畅饮，纵情狂欢。到了星期一，也就是当年9月5日，有人出事了。她叫弗吉尼亚·拉普（Virginia Rappe），是一名新人。这位女演员在当天暴毙，死因是膀胱破裂引起的急性腹膜炎。至于她在死之前发生了什么，不同人给出了不同的说法。

阿尔巴克对此是这么叙述的：他回到自己的房间换衣服时，发现拉普在卫生间里呕吐。他简单地帮她清洗了一下，把她扶上床躺好。接着他自己换了衣服，出门继续庆祝了；再次回到房间时，拉普已经滚落到地板上，于是他再次把她搀到床上，用冰块给她降温，就赶紧出去找人帮忙了。酒店的医生赶到之后，做出的初步判断是拉普喝多了，睡一觉就好了。阿尔巴克在第二天返回了洛杉矶。

和拉普一起去参加狂欢的"小宝贝"·莫德·戴尔蒙特（"Bambina" Maude Delmont）则给出了完全不同的版本，声称大明星阿尔巴克残忍地强暴了年轻的拉普。在那个黄色文学满天飞的年代，各大媒体争相引用的自然是戴尔蒙特的说法，他们根本不在乎戴尔蒙特身后一长串敲诈勒索与血口喷人的劣迹。一时间，各大报纸都刊登了"肥猪色魔影星摧残新生代小花"的悲惨故事。他们想当然地说阿尔巴克的体重压死了可怜的女孩，还不怀好意地表示拉普生前还被人用酒瓶子侵犯过。这些内容劲爆的文章引起了购买狂潮，报业大亨威廉·兰道夫·赫斯特（William Randolph Hearst）曾得意地向喜剧演员巴斯特·基顿（Buster Keaton）吹嘘，说他们报道卢西塔尼亚号（*Lusitania*）沉没事件的报纸都没卖得这么好。

阿尔巴克在9月11日被逮捕，并被指控犯有过失杀人罪。初审过程中，陪审团的意见未能达成一致，10人认为他无罪，2人认为他有罪。案件进入二审，陪审团仍然没能给出结论。最后，第三批陪审团成员在讨论案件仅几分钟之后就得出了阿尔巴克无罪的结论。在几次庭审过程中，被媒体有意无意绕开的一些细节浮出水面，其中包括戴尔蒙特的黑历史和非自愿出庭的证人等，最重要的一点是拉普在出事前做过人流手术，这很可能是膀胱破裂的诱因。陪审团成员感到阿尔巴克受到了极其不公正的对待，罕见地给他写了一封致歉函。

只可惜陪审团的善举并不能平息民众的怒火，尽管阿尔巴克被无罪释放，但是曾经备受爱戴的他在后来的日子里只出演过为数不多的几个小角色，演艺生涯算是提前结束了。谈起自己人生中的巨大落差，阿尔巴克百思不得其解："上一分钟的我是人见人爱，下一分钟就人见人踹了。"

9月6日，1657年

不服老的代价

印度莫卧儿王朝的皇帝沙贾汗（Shah Jahan）为了纪念亡妻在阿格拉（Agra）建造的泰姬陵历久弥坚，但他另一种"历久弥坚"的"壮举"可就没那么体面了。1657年9月6日，沙贾汗病倒了，在宫廷记录里他的病情是"尿急尿痛"，而同时代其他作家就没那么客气了。原来年迈的皇帝爱上了某个年轻的新宠妃，急于与之圆房，于是吃了某种长效春药。

"沙贾汗的病完全是自找的。"意大利作家尼可罗·曼努奇（Niccolo Mannuci）在自己的书里写道，"他想重振雄风，于是吃了好几种壮阳药，结果三天排不出尿，险些把自己憋死。"沙贾汗这段有惊无险的经历本来不过是帝王纵欲史上的一个小脚注，但是他的四个彼此虎视眈眈的儿子趁着父皇龙体欠安的时候为了皇位大打出手，震得他们的孔雀宝座都抖了三抖。病怏怏的沙贾汗被四个皇子赶下皇位，还被软禁起来直到去世。在激烈的宫闱内斗中，一个皇子逃跑了，两个皇子战败，胜出的奥朗则布（Aurangzeb）杀掉了认输的两个兄弟，从沙贾汗手中篡了位，然后在全国范围内发动了宗教战争，最终杀掉数以百万计的国民。发生了这么多事情，起因仅仅是有个人老心不老的家伙惦记着尝尝鲜。

沙贾汗刚被关起来的时候，奥朗则布把杀掉的其中一个皇子的头送去给他过目。老国王奋力反抗，想要派人暗杀造反的奥朗

则布。然而经过一番徒劳的努力,沙贾汗在阿格拉皇宫的一间房子里一直被关到死,其间他每天只能从窗户里遥望泰姬陵。又过了7年,沙贾汗去另一个世界与爱妻团聚了。

9月7日,1303年

国王 VS 教皇

1302年,教皇卜尼法斯八世(Boniface Ⅷ)自我膨胀了,他颁布了名为《一圣教谕》(Unam sanctam)的教皇诏书,宣布自己是主宰世间一切的王:"对于每个人来说,想要得到救赎就必须臣服于罗马教皇。"教皇胆敢在精神世界和世俗界同时称老大,散发着前所未有的霸气。和他交恶已久的法兰西国王腓力四世(Philip Ⅳ)表示这成何体统,并迅速反击,公开讨伐卜尼法斯八世,给他安上了一堆罪名,比如宣扬异端、亵渎上帝、谋杀、鸡奸兽奸、施行巫术,甚至还有在斋戒日犯戒,等等。卜尼法斯八世被气得够呛,开始准备下诏,要把腓力四世逐出教会。可他的诏书还没写完,腓力四世派去的雇佣兵就杀进了教皇所在的阿纳尼镇(Agnani),在1303年9月7日那天把卜尼法斯八世关了起来。为了更彻底地羞辱天上地下、唯他独尊的未来超级王者，去抓教皇的人抡圆了胳膊，在他尊贵的脸上实实着着地扇了一个耳光（还有一种说法是他的脸被人抓烂了），在当时的欧洲这是犯上的典型做法。卜尼法斯八世只坐了三天牢就被放了出去，但是那种没齿难忘的屈辱是他永远无法承受的痛。没过几个月，教皇卜尼法斯八世就死了，然后在但丁笔下的第八层地狱里实现了再就业。

9月8日，1998年

人工催熟的胜利果实

在美国职业棒球史上，超越贝比·鲁斯（Babe Ruth）在单赛季中打出最多全垒打的不是米奇·曼特尔（Mickey Mantle），而是罗杰·马里斯（Roger Maris）（详见10月1日）。许多人都为此感到遗憾，但是马里斯赢得堂堂正正，无可指摘。但在1998年9月8日，打破马里斯本垒打纪录的马克·麦克格威尔（Mark McGwire）可就不一样了，他在多年以后公开承认，当时为了提高体能使用了激素。

9月9日，1087年

缩水的国葬

"征服者威廉"（William the Conqueror，即威廉一世）的马在战场上受惊了，前蹄腾空，马身立起。在惯性的作用下，威廉猛地扑在了马鞍的前桥上挤爆了内脏，那一下子肯定痛得要命。但是他在1087年9月9日因伤去世之后受的罪更大。威廉咽气之后，身边的战友们没有久留，立刻出发为各自的利益而战了。接下来的事情，编年史官奥尔德库利斯·维塔利斯（Orderic Vitalis）的记载是这样的：威廉的仆人们"麻利地剥掉了威廉身上的甲胄和胸甲，扯走了床上的铺盖，扛走了皇室家具，然后四散而去，把威廉那衣不蔽体的尸身扔在了地上"。

到了葬礼的环节。威廉在20多年前的黑斯廷斯战役中征服了不列颠，之后就开始发福了，给他下葬的人们在把尸体往石棺里塞的时候用力过猛，把他的肚子给挤破了，肠子肚子哗啦一下崩了出来。那股腐败的气味令人窒息，所以人们草草结束了葬礼，赶快把他埋掉了，不过事情还不算结束。

罗马教廷在1522年不知出于什么目的，命人给葬在卡昂（Caen）的威廉开棺。据说他的尸体保存完好（当然内脏早已扔掉了），人们甚至照着他的脸给他画了像。又过了40年，法国的加尔文派教徒（the Calvinists）毁了他的坟，并把他的尸骨四处丢撒。到最后，征服者威廉留在人间的只剩下一根大腿骨。

9月10日,公元前221年

"以水银为百川江河大海"

秦始皇(参见7月28日)是统一中国的传奇帝王,却无法长生不老,对于这位睥睨天下的君王来说,这个问题的确令人心焦。已经征服了那么多的人和国家,怎么就不能战胜死亡呢?渐渐地,秦始皇放下一切,专心致志地追求永生。于是一群游医和术士闻讯而来,为他献上各种各样的仙丹灵药。根据史料记载,时年49岁的秦始皇正是因为服用了某种含水银的丹剂,才在公元前221年9月10日驾崩的。

秦始皇虽然败给了生老病死的自然规律,但在生前已经为自己的泉下生活做了充足的准备。他命人修建了一整座城池,配上由数量庞大的兵马俑组成的禁卫军。根据史料记载,秦陵中"陪葬了宫殿、亭台和官府的模型,周边配有酒缸。墓中另有大量的宝石与珍奇之物"。除此之外,陵墓中还灌注了水银。当时的人们并没有把秦始皇的死与水银的毒性联系在一起,不然的话他们应该不会让水银在陵墓里挖好的河道中环绕,让秦始皇死后继续被它毒害。*

---

* 秦陵中的大批兵马俑是在20世纪70年代出土的,考古学家们到现在也没有对秦始皇的陵寝进行发掘。有些学者认为,虽然秦陵还未打开,不过在其周边地区探测出的高汞含量,从一方面可以证明史书中记载的水银河流确实存在。

9月11日，2001年

9·11

经 Marshall Ramsey and Creators Syndicate, Inc. 授权使用

9月12日，1876年

大伪善家

比利时国王利奥波德二世（Leopold Ⅱ）对自家的一亩三分地完全没有兴趣，在他的眼中，比利时的"小国小民"不值一提。比利时是君主立宪制国家，利奥波德二世被诸多规约缚住了

手脚，就把眼光投向了远在天边的广袤大地。很快，他心生毒计，想把今天的刚果民主主义共和国那片土地据为己有。但是利奥波德二世的手中既无钱也无权，不能硬闯进非洲去夺下一片地。经过一番盘算，他想到了一个"智取"的办法，把自己包装成一心想要解救非洲地区未开化的穷苦民众的大善人。利奥波德二世的表面功夫做得非常成功，给日后的"非洲大屠杀"做了万全的铺垫。

1876年9月12日，豪情万丈的利奥波德二世召开布鲁塞尔地理大会，与会者是全世界知名的非洲探险家、科研人员和慈善家。利奥波德二世亲自安排了会议的每一个细节，确保一切都按照他的计划进行。

在发给与会代表的私人信件中，比利时国王写道："事先和各位确定一下，我们的目的就是不求回报地搞科研、搞慈善，这一点必须保证。这不是商业活动，而是有志之士齐心合力把文明推广到非洲的伟大事业。"谈到自己的计划，利奥波德二世对去参加会议的代表们宣称，比利时目前"安于现状"，是个没有一丝殖民野心的小国，自己的国家为了让世界更美好而贡献出一份力，这让他由衷地感到喜悦。

满口仁义道德的比利时国王深深地打动了众多与会者。英国代表阿礼国勋爵（Sir Rutherford Alcock）在给英国皇家地理学会的报告中写道："这样慈悲为怀的君主，世上难寻第二个。科学与慈善携手共进，前途无限美好。他比欧洲其他的君主更注重做实事，更从国际层面上关心全人类的共同进步与福祉。奴隶贩卖一直以来是困扰非洲大陆的严重问题，沾满了非洲人民的鲜血，给他们造成了极大的痛苦,他在打开非洲大门和打击奴隶贩子等方面的行动来得太及时了。"

就这样,利奥波德二世披着纯粹利他主义的外衣欺骗了全世界,不费吹灰之力地拿下了刚果,在接下去的30多年里在那里恣意奴役人民,疯狂地掠夺橡胶和象牙,戕害了数以百万计的非洲人民。作家保罗·索鲁(Paul Theroux)曾把利奥波德二世在非洲的统治称为"世界上最反常、最暴力的一段帝国史"。

9月13日,1988年

适得其反的宣传照

在政界,个人形象是头等大事。约翰·肯尼迪在1960年和尼克松竞选总统的时候,就沾了电视的光。镜头前年轻帅气的参议员肯尼迪充满了自信和活力,对比之下,尼克松面容憔悴,汗珠都淌到了嘴唇上方,显得不那么可靠,也缺乏总统的气概。电视观众们认为肯尼迪赢了。不过收听广播的人对二人的印象正相反,觉得尼克松更胜一筹。

尼克松不上镜的问题和现代政治家们在媒体面前翻车的情况一比较就不算什么了。伊拉克战争给人间带去无数苦难的时候,总统小布什穿着飞行员的制服在亚伯拉罕·林肯号航空母舰上巡视,头顶上方悬挂着"使命完成"的标语;詹姆斯·丹·奎

9月

就是这张照片把原本有希望当总统的杜卡基斯变成了憨憨

尔(Dan Qayle)教小孩子 potato 的正确拼法*；前阿拉斯加州州长莎拉·佩林(Sarah Palin)在接受凯蒂·库里克(Katie Couric)采访时，本想证明自己紧跟时事，但是想破了脑袋也没列举出自己看了哪些新闻报道，还强调自己一直密切关注着近邻俄国的动向；而吉米·卡特(Jimmy Carter)做的每一件事几乎都可以拿到这里来讲（详见 12 月 29 日）。

有的时候一张照片足以毁掉一个人极力想维护的形象。1988年，美国总统竞选人之一迈克尔·杜卡基斯(Michael Dukakis)在 9 月 13 日摆拍了一张照片，结果栽了跟头。

民主党候选人杜卡基斯一直以来的短板是在国防方面的

---

* 1992 年 6 月 15 日，奎尔在访问一所小学时把一个 12 岁学童拼写的 potato 改成了 potatoe，被人嘲笑为不学无术。后来他辩解说学校提供给他的拼写卡片有误，他虽然觉得不对劲儿，但当时没有提出异议。——译者注

态度不够坚定，为了拍摄这张照片，他在密歇根的通用动力（General Dynamics）军工厂外登上了一辆 M1 艾布拉姆斯坦克（M1 Abrams）。杜卡基斯设想自己会表现出军事强者的威风形象，没想到在照片里反而像个傻子。他扣在脑袋上的高科技头盔太大了，让他的脸看上去小了一圈，有人说乍一看好像史努，而且他冲着镜头竖起大拇指的时候，动作也没做好，更显出一副不太机灵的样子。

杜卡基斯的一名助手在接受《洛杉矶时报》的采访时说明："他戴上那个大号头盔是想听听坦克里面的士兵在说什么。这没什么不可以的，但真的看上去很蠢。"杜卡基斯当年的竞争对手老布什的团队对此表示赞同，利用这张照片制作了许多竞选广告。从那以后，业内人士经常用"杜卡基斯坐坦克"来形容弄巧成拙的官宣拍照行为。

杜卡基斯在大选中输给了老布什，他在接受《美国新闻与世界报道》（U.S. News & World Report）杂志的采访时，对自己的行为进行了深刻的反思："我当时应该登上那辆坦克吗？如今看来也许不该。不过现在有人问我'您是乘坦克来的吗？'的时候，我都这么回答：'不是，而且我也从来没有吐在日本首相的身上。'"杜卡基斯揪着昔日竞选对手老布什出丑的事件（详见 1 月 8 日）不放的样子，比他在坦克上的窘态好不到哪儿去。

9月14日，1899年、1927年和1982年

历史的车轮来回碾

从汽车引发的交通事故史来看，9月14日这天有点邪门。1899年的这一天，纽约居民亨利·布里斯（Henry Bliss）不幸成为全美国第一个甚至全世界头一批死于汽车肇事的受害者，撞死他的是一辆出租车。1982年的这一天，摩纳哥王妃、前女星格蕾丝·凯利（Grace Kelly）驾驶的 Rover P6 在法国冲下了山崖，王妃香消玉殒。说到最诡异的车祸，大概是1927年9月14日导致著名舞蹈家伊莎多拉·邓肯（Isadora Duncan）丧命的那一起了。

那一天，邓肯坐上朋友开的敞篷赛车，脖子上围着另一位好友设计的华丽飘逸的大披肩*。赛车绝尘而去，披肩上的流苏不慎卷进了左后轮上的辐条。披肩拽着邓肯猛地飞出车子，她的身体在街上拖行了大约18米，朋友才把车子停住。邓肯的颈椎在事故发生的瞬间就被绞断了，所幸在生命最后一刻她没有受太大痛苦。作家格图鲁德·斯坦因（详见4月19日）对这条致命披肩的评价是"华而不实是危险的"。当然，也许这只是9月14日本身的问题。

---

* 邓肯在给披肩设计者的信中写道："亲爱的，这条披肩简直有魔力。我围上它能感到一波一波律动的电流……多么艳丽的红色啊，好像心脏里的鲜血一样。"

9月15日，2008年

论雷曼兄弟的倒掉

雷曼兄弟投行（Lehman Brothers）的CEO迪克·富尔德（Dick Fuld）对手下高管的一举一动都要指手画脚并强势干预，难怪他的外号是"大猩猩"。他要求雷曼人必须是华尔街衣着最光鲜的型男索女，他决定员工可以向哪些慈善机构捐款，他亲自划定员工的社交圈，甚至连员工的婚姻状况也在他的严密监控之下——雷曼人的婚姻必须是幸福美满的。

就在富尔德全方位地控制员工的时候，他的火眼金睛似乎漏看了一件事，那就是即将毁灭雷曼兄弟并引起近70年里规模最大的经济衰退的金融危机。

在富尔德任CEO的15年里，雷曼兄弟主营的次级贷款、资金杠杆等项目，以及在房地产领域的高风险操作存在许多潜在问题。不少人对富尔德提出了警告，但他对此一笑了之，既不正视也不重视，把手中的金融帝国一寸一寸地推向了崩塌的边缘。大厦将倾之际，数家公司对雷曼兄弟提出了收购建议，很有可能帮他们渡过难关，然而高傲的富尔德一一回绝了。

到了最后，不论富尔德有多鲁莽，账目做得多巧妙，也无法改变命中注定的结局。2008年9月15日，雷曼兄弟被迫宣布破产，是美国历史上涉及金额最大的一次破产，公司总债务达到了6130亿美元。富尔德当天的感受是"我好想吐"。雷曼兄弟的26000名员工肯定更想吐，公司垮台前的几个月里，高层们反复安抚员工的情绪，告诉他们一切安好，现在他们失去了工作，失去了福利，手中的公司股票也变得一文不值。

一位雷曼公司的前高管在接受财经新闻电视台（CNBC）的采访时说："几周以前还有一群员工情愿为迪克·富尔德抛头颅洒热血，现在不一样了，大家恨不得把他的脑袋拧下来。"

其实要是能在他的脸上揍一拳就能解气了。有名员工在雷曼兄弟宣布破产当天，真的冲上去打了富尔德一拳，为同事们出了一口恶气。

9月16日，2007年

天道好轮回

1994年，O. J. 辛普森（O. J. Simpson）因两项谋杀指控与前去捉拿他的警察展开了低速追逐战，2007年9月16日他又进了局子，虽然这次没有以前那么轰动，但是名声早已烂透的前橄榄球名将辛普森将受到法律的严正制裁。2007年9月13日，辛普森与同谋洗劫了拉斯维加斯一家饭店里某个体育纪念品贩售商的房间，有个目击证人把他们的抢劫行为描述为"武装入侵"，控方依此证词对他提出了包括抢劫、暴力袭击、入室抢劫以及预谋犯罪等10项指控，经过庭审全部成立。冥冥中自有天谴，尽管13年前辛普森涉嫌杀害前妻妮可尔·布朗·辛普森（Nicole Brown Simpson）及其好友罗恩·戈德曼（Ron Goldman）被无罪释放，13年后他还是进了监狱，再也不能优哉游哉地打高尔夫球消磨时光了。更重要的是，辛普森接到的最终判决确保他今后没有翻案的可能，他得在监狱里蹲到至少70岁才可能出来了。

9月17日，2002年

"语言大师"小布什

> 田纳西有句老话——我知道这是得克萨斯的说法，也可能是田纳西的——怎么说来着，骗我一次，那是，那是你不对。骗我——谁会上两次当啊。*
>
> ——前总统小布什

连任两届总统的小布什在执政期间什么大风大浪没见过，不过这位自封的"掘厕人"†在职业生涯中遇到的最大挑战，应该是如何把想法用大家都听得懂的话表达出来。经常"被人错误地小看"‡的总统先生，在很多次公开演讲中把话说得拧拧巴巴的，让听者一头雾水，上面提到的他在2002年9月17日纳什维尔发表

---

* 原本的谚语是 Fool me once shame on you, fool me twice shame on me，大意为"骗我一次算你狠，骗我两次算我笨"。——译者注

† 小布什自称"decider"，即决策人，但是正确的叫法是"decision maker"。——译者注

‡ 布什自创了"misunderestimated"这个词，他当时想表达的意思是"being underestimated by mistake"。——译者注

的讲话就是典型的例子。

9月18日，公元96年

吉时已到

罗马皇帝图密善（Domitian，又译多米提安）把自己封为神，但仍和俗人一样怕死，自从他的死期被精准地预测为公元96年9月18日的第5个小时，他就更加疑神疑鬼，心神不宁。可怕的日子越来越近，图密善的精神也越来越紧绷。作为警告，他处决了秘书官以巴弗拉提斯（Epaphroditus）。根据史料记载，此人在30多年前协助暴君尼禄自尽，图密善除掉他就是为了让身边的人记住，不论在什么情况下帮助君王寻死的做法都是不可以的。根据同时期史学家苏埃托尼乌斯（Suetonius）的记载，图密善在他的皇家体育馆里到处都竖起了打磨光滑的石头，这样他可以随时监视自己身后的情形。

在预言中他被暗杀的前一天晚上，仆人端上了一些苹果，他回应："明天再上吧，如果还有明天的话。"第二天一早，担惊受怕了一夜的图密善处死了一个来自日耳曼的占卜师，因为罗马前一段日子打过一阵雷，这位占卜师说是朝代更迭的预兆。然后，他挠破了额头上的一颗粉刺，看着流出来的血说："但愿今天流这点血就够了。"

图密善如坐针毡地挨过了整个上午，平安无事地度过了预言中的死亡时段,遂感心中一块大石头落了地。就这样,心情愉悦的皇帝立刻去泡了个澡,估计还在盘算着下一个该杀谁。然而,他并不知道,给他预测死期的人在具体时间上说了谎。他从浴池出来擦干身体的时候,刺客之一进入房间,佯装向他汇报某地预谋起义的紧急消息。就在图密善查阅报告的时候,刺客把匕首插进了他的下体靠近腹股沟的位置。

图密善与刺客展开了殊死搏斗,并大声呼唤少年男仆,让他把自己平日藏在枕下的匕首拿来,但已经有人事先把匕首拿走了。其他刺客听见图密善在寝宫里的求救声,一窝蜂地冲进去把他扑倒在地,在真正计划好的时间里把他杀掉了。

9月19日,1952年

卓别林:影片是黑白的,思想是红色的?

查理·卓别林(Charlie Chaplin)曾是最受美国人民喜爱的喜剧明星,在一段时期内风头无两,但在美国政府的眼里,他可不仅仅是个憨态可掬的笑星。卓别林常把社会底层的小人物塑造成令人怜悯的形象,同时对虚伪的上层社会进行一番调笑,看来这个"小流浪汉"(卓别林饰演的角色中最受观众喜爱的角色)暗藏反骨,所以美国当局嗅到了危险的气息。从1914年开始,FBI负责人埃德加·胡佛在卓别林演艺事业刚起步的时候就盯上了他,说他是"布尔什维克主义的宣传兵",并对他进行了长达数十年的追踪与调查,最终把他赶出了美国。

卓别林塑造的"小流浪汉"形象引起了美国观众的共鸣,美国政府曾借用这个形象在"一战"时期卖掉了大量的战争债券,不过这个深入人心的形象让政府对卓别林开始有所顾忌,因为他有能力潜移默化地挑起阶级斗争。负责在洛杉矶地区调查卓别林的FBI探员曾在1922年向上司汇报,说他参与了"以煽动劳工运动和革命为目的的政治宣传"。

随着好莱坞的默片时代走向终结,卓别林电影里传递的信息也从轻松逐渐变得严肃起来,内容从和平到公正,再到人的尊严等无所不包。在有些人看来,这样的举动带有危险的政治倾向。比如说在1946年的电影《大独裁者》(The Great Dictator)中,卓别林对希特勒和墨索里尼进行了入木三分的批判与讽刺,剧中角色高呼:"贪欲已经毒害了人类的灵魂,它用仇恨禁锢了世界,踏着正步把我们赶进了苦难的深渊和血腥的屠杀。"

《大独裁者》和卓别林同时期其他电影一部比一部沉重,那个时候,美国人仍生活在不知"二战"为何物的世外桃源中,这样的电影他们自然看不下去。影评人伯斯利·克罗瑟(Bosley Crowther)把观众们的情绪汇总了一下:"他作为一个喜剧演员玩什么深沉?观众们质问道。快把流浪汉的戏服穿回去,继续拍被人踢屁股的戏吧!观众们大声疾呼。别再让我们思考问题了,我们不想找罪受。"

美国观众对卓别林的不满在政府看来还远远不够。众议员约翰·兰金(John Rankin)叫嚣着要把卓别林驱逐出境,称卓别林"拒绝了美国公民的身份。他继续待在好莱坞会破坏美国的道德体系。如果他被驱逐出境……美国年轻一代就不用去看那些可恶的影片了"。

1947年，卓别林从报纸上看到自己即将被传唤至众议院非美活动调查委员会（House Un-American Activities Committee）接受调查，于是提笔给委员会的主席 J. 帕内尔·托马斯（J. Panell Thomas）写了一封信："我建议委员会的各位去看一下我最新的电影《凡尔杜先生》（*Monsieur Verdoux*），这样你们才能跟上我思想的步伐。这部影片的主题是反对战争，反对让我国的年轻人白白去送死。我相信各位不会认为这种人道主义的思想是龌龊的。各位在为我签发传票的时候，我不妨让大家知道我的立场到底是什么……我只是个和事佬。"

该委员会三度将卓别林的审讯延期，卓别林自始至终都没有露面，美国政府仍对他采取了终极手段。1952年9月19日，卓别林坐船赴英国举行新片首映仪式，美国司法部长托马斯·麦克格兰纳里（Thomas McGranery）吊销了他返回美国的签证。

麦克格兰纳里对此的评价是："如果关于卓别林的所有信息都是真实的，那么在我看来，他是一个道德败坏的人……我们国家用善意哺育了他，但是他却嘲笑着我们的慷慨，公开发表那些违背公序良俗的言论。"

从那以后，卓别林除了1972年

去美国领了一个奥斯卡奖之外,再也没有回去过。"就算耶稣去美国当总统我都不会回去的。"被拒之国门外的卓别林说过,"我最大的罪过就是我行我素。"

9月20日,1737年

不要指望殖民者守规矩

威廉·佩恩(William Penn)是远赴北美大陆的英国殖民总督中相对仁慈的一位,他治理的地区是以他的姓氏命名的,即宾夕法尼亚州(Pennylvania)。这片殖民地上的原住民是莱纳佩人(Lenape,又称特拉华人)。佩恩在管辖当地的时候尽可能地与他们和平共处,公平交易,可惜他的儿子们接班后并没有继承佩恩的遗志。佩恩的儿子托马斯和约翰一门心思地想从原住民手中攫取更大的地盘,就亮出了一份据称是他们父亲佩恩和原住民签订的协议,里面有这样一个条款——由殖民者派出的人能在一天半之内走多少路,原住民的居住地就要往后退多远。不少历史学家认为这份文件其实是托马斯和约翰伪造的。

莱纳佩人的首领们心有不甘地承认了协议,他们根本想不到殖民者在"步行购地"中为了将自己的利益最大化能多么狡猾。重赏之下,必有勇夫。托马斯和约翰在宾夕法尼亚地区招募了三名精壮男子,他们的行进路线已经有人提前清理过,确保畅通无阻。1737年9月19日清晨,那三个人起程了,他们拔腿就跑,因为光靠走路是抢不了多少地盘的。原住民对这种卑鄙的行为表示不满:"你们怎么跑上了!这不公平,你们只能走路才对!"然而抗议无效。到了第二天下午,他们跑了大约97公里的路,从原住民手里夺走了一大块地*。

9月21日,1327年

与皇室身份不符的死法

英格兰国王爱德华二世(Edward Ⅱ)除了长得挺帅之外几乎一无是处,他的统治期可以用"天下大乱"来概括:公开偏袒某些目中无人的男性官员;和英格兰的贵族老爷们不断交恶;打仗输给了苏格兰;被老婆和情夫联手赶下了台。1327年9月21日,爱德华二世被人杀死在巴克利城堡,假如那个时代史官的记载准确无误的话,谋杀的方式绝对是他坎坷的一生中最可怕的遭遇。根据《黄金史记》(Historia Aurea)中1346年收录的史料以及同时期其他资料的记载,爱德华二世"被人用一个夹着烧红的铁签的牛角从肛门捅进了身体"。†

说来大家可能不信,爱德华二世不是头一位被这种侮辱性极强的方式杀掉的英格兰君主。埃德蒙二世(Edmund Ⅱ)在1016

---

* 经过"步行购地",殖民者得到了大约4860平方公里的土地。——译者注
† 这个观点虽然广为流传,但是一些现代历史学家认为爱德华二世的死因并非如此,还有少数学者认为他不是被谋杀的。

年，被迫把英格兰的半壁江山拱手让给了入侵的丹麦王子克努特大帝（Cnut the Great），在缩水的国度里偏安一隅。国王毕竟是人，总要上厕所的。亨廷顿的史官亨利（Henry of Huntingdon）记录了他的下场：

> 一天晚上，刚勇的国王感到内急，遂出恭。贵族埃德里克（Eadric）之子在埃德里克的授意下事先藏身于厕所的便坑之中。待国王就位之后，此人用锋利的匕首从下方刺中国王两次之后逃跑了，匕首留在了国王的肠子里没有拔出。[*]

9月22日，1975年

头发长，射不准

1975年9月，林内特·"尖嗓门"·弗洛姆（Lynette "Squeaky" Fromm）——暴力邪教头目查尔斯·曼森（Charles Manson）的追随者——在加利福尼亚州的弗莱斯诺（Fresno）险些暗杀了当时的美国总统杰拉尔德·福特（Gerald R. Ford），大家都觉得在同一个州里，同一个月份中不会再有女性去刺杀总统了吧。然而17天以后，真的有一名女子在9月22日铤而走险，以身试法。

---

[*] 另一份来自中世纪的史料显示，躲在粪坑里的杀手用的是长矛；还有一种说法是，有人在粪坑里架设了带有机关的弓弩，埃德蒙二世坐在上面之后触发了机关，被当场射死。

第二次遇刺的福特总统

45岁的莎拉·简·摩尔（Sara Jean Moore）原本是个住在市郊的普通家庭主妇，在行刺之前不久接触了某种极端思想。那一天，当福特总统走出旧金山的一家酒店的时候，摩尔用当天早上新买的点三八口径左轮手枪朝他开了枪，动机不明。或许是因为新枪上手，用着不习惯，子弹从大约12米外穿越人群，差一点儿就打中了福特的头部。就在摩尔准备开第二枪的时候，名叫奥利佛·西普尔（Oliver Sipple）的路人手疾眼快地把她手中的枪打掉了，福特总统则被人掩护着离开了现场。

整个事件中最离奇的是，摩尔在当天动手前曾向警方自首，但警方只是没收了她带着的点四五口径左轮手枪。接着，美国特勤局对摩尔进行了审问，然而他们认为此女"不构成安全隐患，在总统到访期间不必监视"。特勤局的疏忽险些要了福特的命,不过没有影响他的幽默感。

"我之前是支持《平等权利修正案》的,现在得反思一下了。"大难不死的福特在事后幽了一默,"这帮女的是冲着我的命来的啊。"

9月23日,2008年

今朝有酒今朝醉

大家设想一下,如果政府掏出850亿美元,让你把危机中的企业盘活,你拿到钱之后要怎么用?美亚保险(AIG)的高管们在拿到这笔救命钱,一周之内就在加州君王海滩豪华度假胜地订了一周的放松假,挥霍掉了443343.71美元。账单中除了酒店房费之外,还包括15万美元的宴会支出、10000美元的酒吧账单、3000美元的小费、7000美元的高尔夫球场地费、23000美元的酒店水疗中心账单,以及1400美元的美容沙龙账单。狂欢过后,在国会为此事举行的听证会上,众议员以利亚·卡明斯(Elijah E. Cummings)声色俱厉地斥责道:"他们做了指甲、做了足疗、做了按摩、做了脸,替他们付账的是美国人民。"美亚保险的高层挨了批评之后,不得不夹起尾巴做人,取消了原本订在加州半月湾的豪华水疗中心丽丝卡尔顿(Ritz-Carlton)的下一次休假。就算是这样,他们仍然从那笔钱中分得了378亿美元作为奖金。

9月24日,1780年

两头受气

美国将军本尼迪克特·阿诺德为自由做出了牺牲,但他觉得自己没有受到应有的尊重,贡献也没有换来应得的回报。作为一个奸佞小人,他想到了一个报复的办法:把自己坐镇的西点军事要塞献给敌对的英军。然而,在1780年9月24日的早晨,早已投敌叛变的阿诺德听说自己的叛国阴谋已经暴露了,便屁滚尿流地从家里逃走了。那天他本来约好了要和从前的长官乔治·华盛顿共进早餐。在阿诺德看来,造成自己在美国人民中声望不高的关键人物就是华盛顿。

阿诺德从哈德森河边划着小船一路逃亡,这个自命不凡的再世犹大被名字极其贴切的英国战舰秃鹫号给接走了。就像托马斯·潘恩(Thomas Paine)描写的那样,"一只秃鹫投入了另一只秃鹫的怀抱",驶向罪恶的深渊。阿诺德并没有一走了之,他后来挥舞着英国的旗帜,率兵进攻康涅狄格,把新伦敦城烧了个精光。叛逃的阿诺德在对方阵营里并没有受到更多的尊重,真是太讽刺了。看来不忠不义之人走到哪里都没人喜欢。

9月25日，1980年

开玩笑也要有限度

2002年，在纽约修士俱乐部（New York Friars Club）举办的一场吐槽大会上，被吐槽的对象是喜剧演员切维·切斯（Chevy Chase）。那天上台吐槽的嘉宾对切斯比对以往的吐槽对象更加不留情面，他们针对切斯过气的现状、对某些药物和毒品的依赖行为，以及他没有喜剧天分等问题，把对方奚落得体无完肤，最后一个问题在现场被吐了最多次槽。脱口秀演员格莱格·吉拉尔多（Greg Giraldo）讥讽道："吸毒能让你的幽默细胞全部流失，切维就是活生生的例子。"这只是那天在现场迸发出来的大量刻薄话之一。前去吐槽切斯的嘉宾里没有几个是他的熟人，大部分是名气不大但嘴巴很毒的喜剧演员*，因为切斯的圈子里没有几个人肯屈尊参加这样的活动（或者是因为切斯本身人品不佳，身边的人不想自找麻烦）。切斯根本不好笑这件事不是2002年才被人揪住不放的，银幕巨星加里·格兰特（Cary Grant）早在20多年前就已经被他强行搞笑的言论恶心到了，并随手砸过去赔偿金为1000万美元的诉讼官司。

"您出演过40多部电影，但是今天到场的最大牌明星只是艾尔·弗兰肯（Al Franken）。"吉拉尔多在吐槽过程中毒舌不

---

* 名气大一些的明星也对切维·切斯进行过冷嘲热讽，比如约翰尼·卡尔森（详见1月22日）在谈论起做脱口秀失败的切斯（切斯主持《周六夜现场》之后收视率不佳，节目组很快就把他换掉了）时曾说："他就是刚吃了一顿烘豆都即兴崩不出一个屁来。"

断。是的,虽然当时切斯的事业已经大不如前,但是主持过《周六夜现场》的他也有辉煌的时候,有些人甚至预言他具有成为男主角的潜质,就像演喜剧出道的加里·格兰特一样。《明日》(*Tomorrow*)节目主持人曾就此观点采访过喜剧电影《疯狂高尔夫》(*Caddyshack*)的男主角切斯,节目于1980年9月25日播出,说话没有分寸的切斯深切地体会到了什么叫祸从口出。

"他的确是个了不起的喜剧人,而且据我所知他是个同性恋……真是个好娘们儿。"这是切斯在节目中对格兰特的评价。

切斯抖机灵开的玩笑没有逗笑格兰特,而是给自己招来了以诽谤为罪名的诉讼。回忆起那段往事,导演彼得·博格达诺维奇(Peter Bogdanovich)在自己的著作《与好莱坞演员们的对话》(*Who the Hell's in it: Conversations with Hollywood's Actors*)中写道:"加里真正动怒就那么一次。加里告诉我他'不会放过那个家伙',然后就把切斯给告了。'我一点都不反对同性恋,'加里说过,'问题是我真的不是同性恋。'"

据说格兰特最终拿到了100万美元的赔偿,这个金额是切斯在20多年后被人无情地吐槽了一晚上得到的酬金的10倍。

9月26日,1687年

帕特农神庙受难记

"地球佩戴着巴特农殿,非常骄傲,将它当作她腰带上最好的一颗珠宝。"诗人拉尔夫·沃尔多·爱默生曾为雅典卫城上方的废墟写下这样的诗句*。帕特农神庙气势磅礴，受到了爱默生等许多人的赞美，不过他们所看到的神庙只剩下一个空壳了，因为在1687年9月的一天，厄运降临在象征着西方文明的大理石圣殿上，帕特农神庙在战争中变为残垣断壁。

1687年，雅典被奥斯曼帝国的土耳其人占领了，威尼斯共和国联合几方力量建立了神圣同盟与之对抗。双方在9月26日的交锋中把帕特农神庙几乎彻底毁掉了。土耳其人把神庙作为军火库和妇幼庇护所，其中的原因根据一些历史学家的分析可能是这样的：罗马教廷曾一度宣布帕特农神庙为教堂，那么信奉基督教的军队应该不会攻击那里。可惜的是进攻的神圣同盟军根本没有投鼠忌器的顾虑，直接朝神庙开了炮。

击中帕特农神庙的上百枚炮弹之一引燃了神庙里储存的火药，整个建筑瞬间就爆炸了。墙壁和石柱轰然坍塌，屋顶砸向地面，神庙里安置的雕像等文物被炸成了碎片。在室内避难的300多人当场死亡，爆炸引起的大火足足烧了两天两夜。一位目击证人记录，"就这样，经历了数百年岁月与战争洗礼的密涅瓦†神殿终于还是被毁掉了"。‡

---

* 此处引用张爱玲的译本，巴特农殿现在译名为帕特农神庙。——译者注
† 罗马神话中对女神雅典娜的称呼，帕特农神庙供奉的神明。——译者注
‡ 威尼斯共和国的指挥官弗朗西斯科·莫罗西尼（Francesco Morosini）将军在爆炸之后搜刮大型雕像时，对帕特农神庙造成了进一步的破坏。他在拆除神庙西侧顶部三角楣饰上的石雕时，由于手法过于粗鲁，波塞冬的雕像和雅典娜战车前的石马等从12米高的地方掉落到了下方的雅典卫城，摔成了碎片。当然，额尔金伯爵也为帕特农神庙的毁坏做出过"贡献"（详见7月31日）。

9月27日,1942年

"别开枪!自己人!"

如果船有大脑的话,美国海军中的威廉·D.波特号驱逐舰(*William D. Porter*)[*]应该是最愚钝的那艘。该驱逐舰外号为威利·迪号(*Willie Dee*),正式下水那天是1942年9月27日,之后它就事故频发,险象环生。

1943年11月,崭新的威利·迪号接到了一项至关重要的秘密任务——护送前去参加德黑兰会议的总统富兰克林·罗斯福乘坐的战舰爱荷华号(*Iowa*)横渡大西洋。这个任务看似简单,但是对于威利·迪号来说显然不够简单。在加入舰队之前,威利·迪号从弗吉尼亚的诺福克港口倒退出港的时候就撞上了另一艘驱逐舰,接下来的情况越来越离谱。

编入护航舰队之后,威利·迪号本应尽量保持安静,因为当时的海里到处都是敌军的潜水艇,结果舰上搭载的一枚深水炸弹没有固定好,滑进了海里并且爆炸了,引起了很大的骚动。接着,一阵大浪把一名船员卷进了海里,引擎也突然失去了动力,威利·迪号很快就被爱荷华号甩在了后面。一连串的问题把威利·迪号的舰长维尔弗莱德·沃尔特(Wilfred Walter)搞得心力交瘁。他是个事业心很强的人,执行这次任务的时候盯着他的不

---

[*] 美国南北战争时期的一位海军准将的名字,这艘驱逐舰为了纪念他采用了他的名字。——译者注

光是他的上级,还有海军的总指挥官,因此他感到羞愧万分。也许实战演习能够让他挽回一点面子。

经过一番部署,沃尔特组织了一次鱼雷演习,假设的目标是前方的爱荷华号。在演习之前,鱼雷兵拆除了威利·迪号上四条鱼雷发射管中的底火装置,这样鱼雷不会被真正发射出去。哎,可惜他们没有拆全。随着"开火"的命令,第一枚鱼雷没有发射出去,第二枚也留在了原位。但是到了第三枚的时候,意外发生了。演习发射之后本该什么声音都没有,但是人们听到了明显的呼啸声和水声。威利·迪号向总统和美国参谋长联席会议(Joint Chiefs of Staff)全体成员乘坐的爱荷华号发射了一枚鱼雷。

威利·迪号上的官兵急得团团转,鱼雷在几分钟之内就要击中目标,他们必须向爱荷华号发出警报。但是警报要怎么发呢?这次护航任务为了躲避敌军的侦察,所有战舰都禁止使用无线电联络,他们只有依靠信号兵用灯光信号向前方的巨型战舰发出立刻转向的命令了。年轻的信号兵在业务还不熟练的情况下发出了错误的信号:第一个信号表达的意思是"鱼雷在朝爱荷华号相反的方向前进";然后他在慌乱之中发出了第二个信号:"威利·迪号正在全速后退";最后实在没有办法了只得启用了无线电。爱荷华号接到警报之后只有很短的时间做出应对,在全速的情况下紧急打了个右满舵,并把船上的大炮对准了威利·迪号。罗斯福总统当时在战舰的一侧观察鱼雷的轨迹,由于转弯太过突然,他差点儿从轮椅中跌落。鱼雷与爱荷华号擦肩而过,在它的尾流中爆炸了,危机就此化解。

乌龙过后,威利·迪号被开除出护航舰队,奉命返回百慕大基地,因为美国军方怀疑船上藏着企图暗杀总统的人。全体船员在到达百慕大之后被抓了起来。忘记拆除鱼雷发射管底火并在事后撒谎的倒霉鬼被判处14年劳役,不过罗斯福总统大人有大量,没有让他去服刑。虽然这些事故都是无能之人造成的,但是威利·迪号为那群废物背了黑锅,其他船上的人在海上遇见它,常用的问候语是:"别开枪!咱们是共和党人!"*

9月28日,1597年

一段残酷的往事

名为"耳冢"的坟墓里面埋的大部分是鼻子,成千上万个鼻子,它们是日本在16世纪入侵朝鲜半岛时从朝鲜士兵、中国明朝士兵和平民的尸体上割掉的†。按照常规,日本的武士会把敌人的头割下带回去领赏,但是在那场屠杀中要割的头太多了,无法全部随身带回日本,所以他们就地想出了简化的方案。历史学家塞缪尔·豪利(Samuel Hawley)在他的著作《临津江之战》(*The Imjin War*)中写道:"日本的武士们杀了人之后就把受害者的鼻

---

* 1945年,这艘船在太平洋战场上被日本的神风特攻队击沉了。虽然这艘驱逐舰的事故记录很长,但是它在沉没的时候,舰上的官兵全部得以逃生。

† 位于日本京都府京都市东山区丰国神社门前,据日本史料记载,耳冢里有20多万人的鼻子或耳朵,其中朝鲜人的185738个,明朝人的29014个,全部来自爆发于1592年的万历朝鲜战争。——译者注

子割掉，统一交给征途沿线设立的鼻子收集处，好几千好几千地上交。收集处的人仔细地对鼻子进行清点和记录，然后用盐把它们腌起来，最后分批装好。"成桶的鼻子运到日本之后，于1597年9月28日被埋葬在京都的一处神社。时至今日，它们仍然埋在那里，见证着日本在战争中犯下的罪孽。然而日本政府并不这么认为。在几乎没什么人去游览的耳冢前曾经挂着一块牌子，上面写着"从历史的角度来看，割掉鼻子的行为不算过分残忍"。*那块牌子现在已经摘掉了。

9月29日，1227年

开……开……开除你哦！

被罗马教廷逐出教会对于中世纪的欧洲君主来说是很严重的事。脱离教会之后，该君主的臣民可以不再对他效忠，而且可以用任何方式夺走他的王位。神圣罗马帝国的皇帝腓特烈二世（Frederick Ⅱ）在1227年9月29日受到这样的制裁之后肯定恐慌了好一阵子†，之后的第二次和第三次被驱逐的经历估计也不太

---

* 耳冢最初的名字就是"鼻冢"，但是在建成的几十年后更名为耳冢，原因是鼻冢听上去过于残暴。
† 腓特烈二世第一次被驱逐出教会的原因从表面上看，是因为他没有按照约定参加十字军东征，去讨伐占领了圣地耶路撒冷的穆斯林。实际上腓特烈二世和当时的教皇（英诺森三世）在领土问题上争执不下，处于敌对的状态。教皇对他后面的几次惩戒的原因也与此密切相关。

好受。但是第四次被开除教籍之后,腓特烈二世对教皇终极手段的感受大概是不过尔尔。

9月30日,2006年

价值5400万美元的肘击

如果把令人大呼"哎呀"的瞬间结集成册的话,史蒂芬·永利(Steve Wynn)在2006年失手捅破了自己收藏的毕加索画作这件事应该能排在前几名。在此事发生的前夕,拉斯维加斯的博彩业大亨永利刚刚找到了买家,谈妥了价格,将以1.39亿美元的天价卖掉毕加索的《梦》(*Le Rêve*),这幅画是毕加索为情人玛丽-特蕾丝·沃尔特绘制的肖像。在画作转手之前,永利邀请了几位朋友去办公室赏画。永利针对《梦》里包含的情色内涵发表了即兴演说,比如说从画面人物的下巴往上延展出的形似阳具的东西。说到兴奋之处,永利伸出胳膊在画前指指点点。突然,"我们听到了吓人的'扑哧'一声",在场宾客之———作家诺拉·艾弗隆(Nora Ephron)在发表于《哈芬顿邮报》(*Huffington Post*)上的文章中写道。

永利从画前后退了几步,我们看到画上玛丽-特蕾丝·沃尔特那丰满而诱人的上臂处多了一个黑窟窿,大小有1美元的银元那么大,说得再确切一点,应该是永利的胳膊肘尖那么大，洞的旁边有两条两到三英寸长的裂口。史蒂夫·永利本身患有一种视网膜色素变性症，那种病会缩小他的余光范围，但这个意外他看得格外清楚。"哎呀，该死！"他说，"我都干了些什么！"

可想而知，交易取消。永利雇人把《梦》修补好之后，它的价值骤跌5400万美元。不过一切还有挽回的余地。法定盲人（legally blind）*永利和保险公司谈妥之后决定永久收藏《梦》。†

---

* 指经过框架眼镜或隐形眼镜的矫正之后，视力仍然达不到某个水平的视力残障人士。——译者注

† 因丰富的肢体语言而受损的《梦》和其他遭到过破坏的毕加索画作比起来还不算太糟。2010年有个参观者在纽约大都会艺术博物馆中一个跟头跌在了《演员》（The Actor）那幅画上，造成画布撕裂；2012年《红扶手椅上的女人》（Woman in a Red Armchair）在休斯敦展出时，被人喷了油漆。

October

10 月

当你咯吱咯吱地踏着斑驳陆离的落叶赶路时,
寒秋会让你不由自主地加快脚步。
凛冽的秋风能吹透骨头,
让你的身体隐隐作痛。
这寒风大概是触发了我们祖先
留在我们灵魂中的讯息或是种群的集体记忆,
告诉我们:
"不迁徙就会死,不迁徙就会死。"

——《撒冷镇》(*Salem's Lot*),史蒂芬·金(Stephen King)

10月1日，1961年

棒球界的"傲慢与偏见"

巨大的成就有时候并不是好事，反而会毁掉一个人，比如纽约洋基队的罗杰·马里斯。1961年10月1日，外野手马里斯打破了贝比·鲁斯在1927年创下的单赛季内全垒打纪录（鲁斯的纪录是60支全垒打，马里斯打出了61支），然而这么大的成就居然谁都不愿意看到，更别提庆祝了。这也许就是"苦乐参半"吧。

马里斯性格内向，甚至有点阴郁，才加入洋基队没多久，根本不能和传奇人物贝比·鲁斯相提并论，后者创下的纪录在众人眼中是神圣不可超越的。论个人魅力，马里斯更比不上队友米奇·曼特尔（Mickey Mantle），他们两人在那个赛季中都对鲁斯的纪录进行了挑战。棒球界的另一个重量级人物罗杰斯·霍恩斯比（Rogers Hornsby）一语道出了大家的心声："马里斯无权打破鲁斯的纪录。"

赛季进行到1961年7月，马里斯稳扎稳打，初步显露出可能超越鲁斯的迹象。美国职业棒球大联盟（MLB）主席福特·弗里克（Ford Frick）连忙站出来维护鲁斯的纪录，因为他和鲁斯的交情很深（甚至鲁斯的"自传"也是他代笔的）。在鲁斯打球的年代，每个赛季有154场比赛，到了马里斯的时代则增加到了162场。于是，弗里克宣布马里斯的成绩只有在前154场比赛中的才作数，之后比赛中的成绩需要另算，并加星号以示区别（实际上并没有启用这个符号）。《纽约时报》认为弗里克在鲁斯的纪录上"罩了保护网"，在马里斯取得辉煌成就之前遮住了他的光芒。

马里斯面对的最大恶意不是官方对他成绩的百般刁难，也不是在即将破纪录之前收到的恐吓信，而是体育新闻写手们不怀好意的臆想。他们似乎对马里斯即将取得的巨大突破难以容忍，使出看家本事丑化马里斯的形象，以泄私愤。"他那自高自大的态度真让人厌恶。"奥斯卡·弗莱利（Oscar Fraley）故作轻蔑地写道。吉米·加农（Jimmy Cannon）则刻意在马里斯和曼特尔之间制造矛盾："有一件事是很明确的，马里斯不是鲁斯也不是迪马乔（Joseph Paul DiMaggio）。他更不是曼特尔。这才是他一天到晚生闷气的主要原因。"*

马里斯原本是个不擅长和外界打交道的人，无孔不入的媒体让他无法招架。回忆起那段往事，马里斯写道："当时我就像落入陷阱中找不到出路一样。我真的受不了了，连出门理发都不敢。"后来马里斯倒是不用担心理发的问题了，因为压力开始让

---

* 马里斯和曼特尔之间的关系与媒体捏造出来的谎言正相反，他们私下是好哥们儿。"世界上也许有比他更好的棒球手，但是不会有比他更好的人。"曼特尔对马里斯由衷地赞叹道，"罗杰打出第61支全垒打的时候，世界上第二高兴的人是我。"

他脱发。他的队友克里特·鲍伊尔（Clete Boyer）回忆道："罗杰开始掉头发了，我们才意识到他背负的压力有多大。"

重压之下，马里斯对好友曼特尔大吐苦水："我快疯了，米克，我坚持不了多久了。"

"在那关键的六周里，马里斯经历了任何一个运动员都没经历过的严峻考验。"作家阿瑟·戴利（Arthur Daley）在《哥伦比亚》(Columbia) 杂志中撰文道，"他被人骚扰、嫌弃、挖苦、折磨、诅咒、妨害，这一切都让他迷惑不已。日复一日，这些撰稿人和广播电视主持人无孔不入地从他身上挖新闻，探究他的真实想法。有些问题还算犀利深刻，但是绝大部分问题都分布在'变态'和'极具侮辱性'之间。马里斯不得不小心翼翼地躲避着问题的陷阱，还得忍受侮辱性问题对他的伤害。"

棒球名人堂里至今只展出了马里斯封神的第61支全垒打中用的棒球和球棒，这和体育新闻界对洋基队新星马里斯本人的打压以及对他成就的负面态度不无关系。马里斯与自己创造的辉煌历史被人为地割裂了。

10月2日，2013年

又要马儿快快跑，又要马儿不吃草

事件回放：在华盛顿广场上的第二次世界大战纪念公园大门口，领子上插着好大一面国旗的得克萨斯州的参议员兰

迪·纽格鲍尔（Randy Neugebauer）摆出义不容辞的架子，质问一名国家公园的管理员。该纪念公园由于美国政府削减了财政补贴不得不关门谢客。

"你怎么能心安理得地看着他们……不让他们进去呢？"纽格鲍尔对被游客团团围住的管理员打起了官腔，而管理员当天的工作正是要把他们挡在公园外。（关门后的公园仅对"二战"老兵开放。）

"我也很为难。"管理员答道。

"哼，你们是该觉得为难。"议员先生火气不小。

"我们真的很为难，"管理员继续说道，"十分抱歉，先生。"

"你们公园管理处应该对此感到惭愧。"纽格鲍尔不依不饶。

"该惭愧的不是我。"管理员不卑不亢。

事件原因：就在几天以前，纽格鲍尔就财政拨款问题投票赞成政府削减开支，造成了该纪念公园等诸多公共设施的关闭。好在上述情形全程有录像，让人们有幸见识到纽格鲍尔既蠢又坏的虚伪本质。

10月3日,1977年

相见不如怀念

1977年10月3日,CBS电视台分几次播放了"猫王"埃尔维斯·普莱斯利生前最后一场演唱会(举行于1977年6月26日)的实况录音,多亏他那时已经不在了,不然他已经开始走下坡路的事业很可能会受到重创。虽然他的嗓音保持得不错,但是现场的"摇滚之王"看上去身形臃肿,大汗淋漓,神智也有些模糊,有些歌词唱得含糊不清,还有些歌词干脆忘了,总之他的衰败之相十分明显。在猫王去世之前(具体去世日期为1977年8月16日),CBS原本不想让广大观众看见他老态龙钟的样子,考虑过将播放计划搁置,但是巨星陨落之后,CBS看到了不可估量的收视率,决定让观众一饱眼福。好在为猫王处理后事的代理人比CBS更有远见,坚决不同意公开现场的影像资料,只同意他们播出录音,算是给猫王保留了最后的尊严。如果他们能把猫王生前演过的那些烂片子也埋掉就更好了。

10月4日,1976年

万事开头难

1976年,美国著名电视人芭芭拉·沃尔特斯(Barbara

Walters）的事业本该更上一层楼，但事与愿违，她的转型并不成功。那年，ABC 电视台为了挽救哈里·里森纳（Harry Reasoner）主持的晚间新闻节目不断下滑的收视率，从 NBC 电视台的《今日》（Today）节目中挖来了芭芭拉·沃尔特斯。作为《今日》资深主持人之一，沃尔特斯已经在节目组待了 13 年，ABC 电视台将为她提供成为全美首位新闻节目女主播的罕见机会。同时在薪资方面，ABC 亮出了年薪百万美元的天价合同。然而沃尔特斯跳槽的消息在当年 4 月刚一公布，各种负面声音扑面而来。

各大媒体抓住"百万年薪"大做文章，却只字不提这个金额中只有一半是沃尔特斯主持新闻节目的工资，另一半是她将在同台的娱乐节目组主持一组特别节目的报酬。《华盛顿邮报》的文章标题看上去很刺眼："身价百万的宝贝儿，播报一毛钱一筐的新闻"。CBS 电视台的理查德·萨兰特（Richard Salant）的问题也很刺耳："芭芭拉·沃尔特斯到底是干新闻的还是歌星雪儿（Cher）？"主流媒体集体发酸的时候，女笑星吉尔达·拉德纳（Gilda Radner）在 NBC 电视台的《周六夜现场》（Saturday Night Live）里创造了一个新形象，她的名字叫"芭芭娃娃"（Baba Wawa），和沃尔特斯一样，说话带有轻微的构音障碍。

拉德纳借芭芭娃娃的角色以沃尔特斯离开《今日》节目的告别致辞为主题，进行了恶搞性质的发挥："Hewwo! This is Baba Wawa hewe to say fawewell. This is my wast moment on NBC. I want to wemind you to wook fow me awong with Hawwy Weasoneh weeknights at seven o'cwock… I want to take this oppohtunity to apowogize to

NBC. I don't wike weaving. Pwease twust me—it's not sowuh gwapes，but, rathaw, that anotheh netwohk wecognizes in me a gweat tawent for dewivewing wevevant news stowies with cwystal cwahity to miwwions of Amewicans. It's the onwy weason I'm weaving." *

　　沃尔特斯在1976年前几个月受到的嘲讽向她预示了和里森纳共事的实际情况。里森纳从一开始就表示自己不愿意和资历不够的女性共同播报新闻，老播音员对这个安排强烈反对，沃尔特斯则把这次合作形容为包办婚姻。他们共同出镜的日子一天天临近，沃尔特斯的精神近乎崩溃，她在自传中写道："我转职ABC掀起了那么大的波澜，全国好几百万的观众都等着看我到底会成功还是会摔个狗啃泥。"

　　1976年10月4日，貌合神离的新闻搭档首次合作。当晚ABC的新闻节目收视率确实提高了不少，许多以前不看这个节目的人都特意转台过去，看看气氛紧张的播音室是什么样子的。

---

* 沃尔特斯的轻微构音障碍是欧美比较常见的把r或l用w代替的问题，事实上沃尔特斯的障碍程度并不严重，几乎无法察觉，这段台词的正确形式是："Hello! This is Baba Wawa here to say farewell. This is my last moment on NBC. I want to remind you to look for me along with Harry Reasoner weeknights at seven o'clock… I want to take this opportunity to apologize to NBC. I don't like leaving. Please trust me—it's not sour grapes, but, rather, that another network recognizes in me a great talent for delivering relevant news stories with crystal clarity to millions of Americans. It's the only reason I'm leaving." 大意为："大家好！芭芭娃娃在这里和大家告别。这是我在NBC的最后时刻了。和大家说一下，以后周一到周五每天晚上7点我将出现在哈里·里森纳的旁边……借此机会我向NBC道个歉。我也不想离开，相信我，这不是酸葡萄的问题，只是另一个电视台看出了我的潜质，认为我能清晰地向广大美国观众播报新闻事实。这是我离开的唯一原因。"——译者注

在当晚新闻的结尾处，里森纳当着全国观众的面对沃尔特斯说："你播报的时长和我的时长我都记下了，你欠我4分钟。"

"我当时希望他是在开玩笑，然而他是认真的。"沃尔特斯后来在书里写道。

就这样，播音室里的气氛一天紧张过一天，里森纳和沃尔特斯在镜头里的关系和节目收视率一样越来越差，业内人士适时地为他们的合作鸣起了丧钟。《纽约》(New York)杂志曾说他们两个的播音组合是"一大败笔"。在沃尔特斯的回忆中，她后来偶然遇见该杂志的编辑克雷·菲尔克（Clay Felker）时，两人进行了这样的对话："我认识克雷很久了。'你写的文章很伤人啊。'我对他说。'哎，你们就是败笔啊。'他耸了耸肩。"*

10月5日，1988年

杰克？杰克是谁？

参议员先生，我和杰克·肯尼迪共事过。我认识杰克·肯尼迪。杰克·肯尼迪是我的朋友。参议员先生，你又

---

* 里森纳和沃尔特斯这对"拉郎配"搭档在1978年双双离开了ABC的主播台。里森纳重返CBS的《新闻60分》(60 Minutes)（他在1970年被ABC挖走之前，曾在CBS从事了14年的新闻播音工作，而且是《新闻60分》节目自1968年开播以来的首位主持人）。沃尔特斯则在其他节目中渐入佳境，事业蒸蒸日上，她后来主持的节目包括ABC的新闻杂志点评节目《20/20》和全女性嘉宾阵容的访谈节目《观点》(The View)等。

不是杰克·肯尼迪。

在 1988 年 10 月 5 日举行的副总统竞选中，共和党参议员丹·奎尔（详见 9 月 13 日）在辩论中，把自己在国会的资历与前总统约翰·肯尼迪做了对比。与他同台竞争的民主党参议员洛伊德·本岑（Lloyd Bentsen）在辩论时不慎出现了口误，说错了肯尼迪总统的名字。

"没必要把话说得这么难听吧。"奎尔慌乱之中没听出来，只做了这样的反击。在场观众们也没听出本岑发言的问题，一个劲儿地给他鼓掌喝彩。

10月6日，公元23年

有谋无勇

在历史的长河中，无数英雄男女在希望破灭的时候都能直面绝境，坦然赴死。中国古代新朝的第一位也是唯一的皇帝王莽却不是。在王莽的统治下，各地民众揭竿而起。然而他选择了逃避，躲在后宫里自成一统。根据历史学家的考证，他还大量服食丹药，追求飘飘欲仙的感觉。

王莽曾经也是个精神抖擞的改革家，如今左拥右抱着后宫妃子，在丹药的作用下不务正业，整日与江湖术士为伍，忙着更改军中将领的称号，而且越改越不知所云，比如"执大斧，伐枯

木"的"右庚刻木校尉",还有"岁宿申水为助将军"等。*

王莽的下场十分悲惨,就算他头脑清晰也未必能想象得到,所以"难得糊涂"也许是他大限之前的最佳状态。公元23年10月6日,起义军攻入了皇宫,杀死王莽之后将他分尸,把他的头拎到集市上示众。当地百姓朝王莽的脑袋投掷石头和秽物,接着有人上前把他的舌头从嘴里拽出来扯断,当场吃掉了。

10月7日,1974年

华盛顿肉弹:与议员共舞

1974年10月7日凌晨,众议员威尔伯·米尔斯(Wilbur Mills)和脱衣舞女范妮·狐克丝(Fanne Foxe)及其他几位朋友酒后在华盛顿的街上飙车,快活极了。他们的车子行驶到国家广场附近被一名公园警察拦了下来,狐克丝小姐在情急之下冲出车子,跳进了旁边的潮汐湖(Tidal Basin)。这场沸沸扬扬的桃色闹剧溅起的水花,让时任众议院筹款委员会(House Ways and Means Committee)主席的米尔斯没脸见人,但是并没有毁掉他的事业,这一点非常令人不解。米尔斯代表的阿肯色州的选民在当年11月的选举中,还是宽宏大量地把票投给了他。到了12月,不知悔改的米尔斯再度喝得酩酊大醉,在芝加哥爬上了老相好狐

---

* 出自《汉书·王莽传》。——译者注

克丝演出的舞台与之共舞，此时狐克丝的花名已经是"潮汐湖肉弹"了。

舞女狐克丝在接受《华盛顿邮报》的采访时说："我告诉他不要上台。但是我觉得他想让观众们看见他……他当时说过：'我没什么见不得人的。'"

这下米尔斯放荡得太过火了，就连对他忍耐度极高的故乡选民也看不过去了。《阿肯色公报》(Arkansas Gazette)以社论形式发表了檄文："如果米尔斯先生无法舍弃这种灯红酒绿的生活，并且喜欢演艺圈超过国会山的话，我们应该让他弃政从艺，去全新的领域施展才华。不论米尔斯先生更中意哪条职业道路，他也该做出选择了。"

形骸放浪的议员先生那晚从舞台跳进了医院，并且声明自己当时喝断片了，什么都不记得了。尽管如此，他仍然平稳地度过了剩余的任期，只是被人从筹款委员会主席的位子上抹下去了。1976年，米尔斯的同僚韦恩·黑斯（详见5月23日）爆出比他的花花事更惊人的丑闻时，米尔斯仍然在国会里上班，同时接受着戒酒治疗。

10月8日，1871年

替罪"牛"

作为一个普通人，你日复一日地过着普通的日子，除了家人

和朋友之外没什么人知道你,突然从某一天开始,有人在报纸上诋毁你,于是你成了人人喊打人人恨的坏人,想想都觉得可怕。1871年,凯瑟琳·奥莱利(Catherine O'Leary)就遭遇此等无妄之灾。人们把在芝加哥造成近300人丧生的一场火灾归咎于她,使她的名誉和芝加哥这座大城市一起被毁掉了。

奥莱利太太原本是上门卖牛奶的商贩,起火地点就在她养牛的牛棚里,不过当时起火的原因和具体时间无从知晓。奥莱利声称起火的时候她睡得很熟,并不知道发生了什么,但是芝加哥各大报纸可不管这一套,他们把爱尔兰移民奥莱利当成再合适不过的替罪羊,或者说替罪牛。在那个年代,爱尔兰移民在美国备受歧视,经常被人泼脏水。

有些报纸把奥莱利描绘成蠢蛋,在喝醉的情况下眼看着牛踢翻了灯也不去灭火,任凭大火蔓延。《芝加哥时报》(Chicago Times)甚至把她污蔑成心胸狭窄的恶人:"这个可恶的老妖婆(事发时奥莱利只有44岁)曾发誓,要报复所有没施舍她一点木材或是1磅咸肉的城市。"

芝加哥警察局和消防委员会就火灾原因进行了调查，但是没能得出结论。即便是这样，在市民的眼里奥莱利就是纵火的真凶。这个罪名一直折磨了她23年之久。面对平白无故找茬儿的人，她一直都在反抗。1895年，奥莱利去世了，亲友们说她肯定死于伤心过度。在她去世之前，医生曾对媒体这样说过：

"奥莱利太太对于自己被评价为'历史罪人'一事所感到的悲哀和耻辱不是我能够讲清楚的。被当成不论是有意还是无意烧毁芝加哥的人，是她一生的痛。人们如此轻率地指责她，取笑她，这让她震怒。"

10月9日，1919年

要怪就怪那个左撇子

1919年的棒球世界大赛（World Series）有人造假，大家私下都这么说，据说芝加哥白袜队里有8名球员收了地下赌博集团的黑钱，故意输掉比赛，然而直到比赛的第8局，这种迹象仍然不明显。在与辛辛那提红人队的对决中，白袜队打赢了第6局和第7局以及开场不久的第3局，结果人们又疯传要么是"（收了）黑（钱的白）袜队"良心发现，要么是金主的钱没有到位。现在辛辛那提红人队仅以4比3的微弱优势领先，策划这场假球的黑帮老大阿诺德·罗斯斯坦（Arnold Rothstein）坐不住了。为了把赌局拉回"正轨",罗斯斯坦派人去提醒白袜队的投手克劳德·"左撇子"·威廉姆斯(Claud "Lefty" Williams),为了妻儿的健康他必须好好发挥。这个前去游说的人物,在作家艾略特·阿西诺夫(Eliot Asinof)《八人出局》(*Eight Men Out*)中的名字是"哈里·F",他是"一个话术高超的人"。在那之后的一百年里,人们一直猜测威廉姆斯是否听了那个神秘人的劝,不过1919年10月9日赛场上的实况是,芝加哥输掉了第8局,从而输掉了那场冠军赛。美国人最喜爱的体育项目为此染上了洗刷不掉的污点。

10月10日,1793年

打着理智旗号的疯狂

法国大革命过后,全国上下进入了雅各宾专政时期(也称恐怖统治时期),只要被新政府看作敌人,都会遭到雅各宾派的追杀与惩戒,连上帝都算在内。一时间,数千人被送上了断头台,上帝也被拉下了神坛。1793年10月10日,革命激进领袖之一约瑟夫·富歇(Joseph Fouché)昭告全国,称"理性"是法国新生的神,从此以后法国人只能崇拜"普世伦理"。富歇立志清除旧世界的神,连墓地都不放过,许多墓地门口常见的关于复活的铭文,在富歇的命令下,被人换成了无神论意味十足的"死亡即长眠"。接着,富歇把巴黎圣母院和其他宗教场所强行改成"理性圣殿",还亲自奔赴里昂去传播他的"普世伦理"。

里昂是法国第二大城市,这里的居民思想守旧,并敢于反抗雅各宾派的统治。富歇此行的目的是引导他们回归理性。首先,富歇把当地主教推出去骑驴游街,驴子穿戴着主教的法袍和法冠,尾巴上拴着一本弥撒书。接下来真正的恐怖开始了,富歇仿佛醍醐灌顶一般狂热地履行着自己的使命。"让我们以雷霆万钧之势向敌人出击。"富歇高声宣布,"让自由之风吹散他们的灰烬。"

南部名都里昂的叛民被富歇拉出来,几百人一批被集体处决。使用的武器是装填葡萄弹的火炮,虽然看上去非常具有震慑力,但正如历史学家大卫·安德雷斯(David Andress)在书中阐述的那样,那种弹药"杀伤力低得吓人"。叛民们接连倒下却没有死,"成堆的伤残者痛苦地尖叫着,士兵们不得不上前用弯刀或是火枪完成任务,很多士兵由于受到了极大的刺激当场呕吐不已"。里昂的街巷很快血流成河,污物满地,这是大规模屠杀带来的另外一个问题。富歇的解决方案是把处决地点转移到城外。

尽管实际操作中遇到这么多问题,"里昂的屠夫"富歇对自己为了推行"自由、平等、博爱"做出的努力非常自豪。

"恐怖手段,这个时代必须靠它才能好起来。"富歇以胜者的姿态写道,"它能驱散邪恶,能撕掉各种罪行披着的外衣和掩护!……我们的行动让不洁之人的血液横流,但这正是我们的职责,我们是在造福全人类。"

10月11日,1991年

我就犯错了,你能把我怎样

借电视传播福音的牧师吉米·斯瓦加特(Jimmy Swaggart)对犯下色戒的同行从不留情,他公开宣称,凡是管不住"那东西"的人都该被地狱烈火烧尽。另一位电视传教士吉姆·巴克(Jim Bakker)被美貌的秘书所引诱,做了错事,斯瓦加特立刻站出来称他是"耶稣圣体上的癌瘤"。

那么斯瓦加特作为世界上最大的五旬宗(Pentecostalism)*教区的精神领袖,他自己是否一尘不染呢?反正他自诩没人能从他身上挑出错来。"我绝不可能和别人去胡搞。"斯瓦加特言之凿凿,"我的太太弗朗西丝一直陪在我的身边。如果她不能随我出去布道,自有其他人陪我去。我从来都不单独行动。"

斯瓦加特把纯洁当作武器,向竞争对手马文·戈尔曼(Malvin Gorman)开炮了。戈尔曼也是电视传教士,和巴克一样出轨了,而且事发之前在事业上有超越斯瓦加特的迹象。1986年7月,斯瓦加特抛出了戈尔曼多次背叛家庭的证据,并煽动教区革除了戈尔曼的神职。斯瓦加特的态度很明确,对戈尔曼那样面目可憎的罪人绝不手下留情。戈尔曼声称自己被一群乱用私刑

---

* 20世纪在基督教新教中兴起的一种思潮,信徒们更加重视圣灵在三位一体中的作用,认为信仰必须是经过切身体验形成的,而不是通过冥想或参加仪式养成的。圣灵点化凡人的体验主要有让人说舌音(speaking in tongues,发出类似语言的声音,但不是任何已知语言)、预知未来和治愈疾病等。——译者注

在摄像机前假意忏悔的吉米·斯瓦加特

的暴民毁掉了一生,不过他很快就等到了复仇的机会。

不知是谁陆续给戈尔曼送去了小道消息,告诉他斯瓦加特是妓院的常客。戈尔曼根据情报在斯瓦加特的家庭祷告中心附近的一家不怎么正经的汽车旅馆门前埋下了眼线。经过一段时间的监视,戈尔曼拿到了斯瓦加特买春的照片。清算的时候到了。1988年2月21日,斯瓦加特涕泪交加地对着教民、妻子和全世界忏悔道:"我有罪。主啊,我亵渎了您,请您用圣血洗清我身上的每一处污点,请宽恕我,让世人永不再记起我的罪孽。"

因为这种事情而公开忏悔,对于斯瓦加特这种道貌岸然的伪君子来说真是罪有应得,然而从后面发生的事来看,他一点儿也没学乖。三年以后,1991年10月11日,斯瓦加特召妓时又被人抓住了，二度翻车，加倍愚蠢。和上次不同，这回他没有当众抹眼泪，而是理直气壮地对平日没少给他捐款的教民说："上帝对我说了，这事轮不着你们管。"

10月12日，1492年

哥伦布的如意算盘

1492年10月12日，代表西班牙开拓疆域的克里斯托弗·哥伦布首次到达新大陆的时候，受到了当地原住民的热烈欢迎。巴哈马群岛的原住民远远地看见他们的船之后，兴奋地下海游过去迎接。当地人淳朴好客的天性让哥伦布十分享受：

> 他们……给我们献上了鹦鹉、棉花球、长矛等各式各样的东西，换走了我们带去的玻璃球和拴在鹰脚上的铃铛等杂物。他们倾囊而出，毫无保留地和我们交换……他们体魄健壮，外表俊美……他们身上没有武器，也没见过武器。我给他们展示自己的佩剑，他们无知地用手去握剑刃，结果被割伤了。他们没有铁器，他们的长矛就是用木棍做的。

在这个原住民苦难的开始之日，哥伦布从他们身上看出了其他利用价值："他们做仆人再好不过了……我们只要派出50个人就能把他们制服，并尽情奴役他们。"

心动不如行动,哥伦布把罪恶的想法变成了行动,并且成功了。

10月13日,1992年

海军中将的遭遇战

我是谁?我为什么在这儿?

1992年10月13日,美国海军中将詹姆斯·斯托克戴尔(James Stockdale)作为独立参选副总统的H.罗斯·佩罗(H. Ross Perot)的竞选搭档,在当天竞选辩论中做的开场白。初登政坛的斯托克戴尔笨拙的表现让人们对他的印象从高级海军军官变成了滑稽的老糊涂。

10月14日,2007年

瓦釜雷鸣

在美好的旧日时光里,想出名就要先取得成就,哪怕只是微小的成就。但是卡戴珊(Kardashian)家族跳出来证明,靠真本事才能成功这种陈旧的思想被时代淘汰了。以卡戴珊家庭成员为拍摄对象的真人秀节目在 2007 年 10 月 14 日首播，撰稿人吉妮娅·贝拉方特（Ginia Bellafante）在《纽约时报》发表了自己的观后感："《与卡戴珊一家同行》（Keeping Up With the Kardashians）这个节目，直白地在他们的私生活上给大家开了一扇窗。卡戴珊一家无一例外都是唯利是图的投机者，他们配合默契，心有灵犀。"卡戴珊家族成员包括靠着"不慎被盗"的性爱录像和超级丰臀爆红的大姐金·卡戴珊（Kim Kardashian），然后是她头脑空空的妹妹柯特妮（Kourtney）和克罗伊（Khloe），还有她们的母亲兼经纪人克里斯·詹纳（Kris Jenner），她在节目第一集中把母亲的保护欲和迫不及待想从女儿的性爱录像中获利的贪欲表现得淋漓尽致。无奈地旁观卡戴珊一家丑态的是克里斯的丈夫——前奥运会冠军布鲁斯·詹纳（Bruce Jenner），贝拉方特认为他是"整个家庭中唯一有点真材实料的人"。

10 月 15 日，1863 年

谁主沉浮

古往今来，许多科技先驱都和科幻小说中的弗兰肯斯坦博士（Dr. Frankenstein）一样，死于自己的发明创造，结局令人扼腕。泰坦尼克号的设计总监托马斯·安德鲁斯（Thomas Andrews）在 1912 年随船一起沉入海底；两次获得诺贝尔奖的放射性元素专家玛丽·居里（Marie Curie）在 1934 年死于放射性元素的致命

毒性；秦始皇统一六国以后，中国的首任丞相李斯设计了残酷的"具五刑"（受刑的人先被割掉鼻子，然后砍掉手足和生殖器，最后被腰斩），结果他自己在公元前208年被人构陷谋反，以"具五刑"的方式被处死了。

同样被自己的发明所累的还有荷里斯·罗森·亨利（Horace Lawson Hunley），他在南北战争时期效忠南部邦联，亲自出资并研发了第一艘作战用潜水艇。一眼望去，初代潜水艇的造型很粗犷，主体是个圆柱形的锅炉，需要8个人操控，其中1人负责方向，另外7人摇动曲柄驱动螺旋桨。人们当时管它叫"鱼艇"，它在亚拉巴马州的莫比尔湾（Mobile Bay）下水测试时运转良好，南部邦联将军P. G. T. 布尔加德（P. G. T. Beauregard）确信这艘潜水艇是突破北方联邦军在查尔斯顿港设下的海上防线的不二选择。

为了表彰发明人，潜水艇的正式名字定为H. L. 亨利号，然后被火车运往南卡罗来纳州准备参战，但是问题接踵而来。到达目的地以后，潜艇初次下水试运行的时候，一名船员不慎卡在了传动装置上，结果潜艇入水的时候有两个舱门没有关上，海水进入舱内，潜艇迅速沉底，只有一名船员死里逃生。等人们把潜艇从港口的海底打捞上来并清理干净以后，几乎没有人愿意冒着生命危险进舱下水了，因为它就是个随时可能把人淹死的死亡陷阱。关键时刻，亨利挺身而出。为了打消人们的疑虑，亨利打算和他从莫比尔招来的一组船员一同下水。1863年10月15日，H. L. 亨利号在众目睽睽之下滑进了水中，但是它再也没有自动浮起。

惨剧发生以后，布尔加德将军在电报中表明了自己的态度：

"这艘潜水艇我不要了。它对自己人的杀伤力比对敌人的还大。"

经过对尸体的勘验,人们得知亨利和他的船员死于慢性窒息,生前一定很痛苦。但是他们的潜水艇还是迎来了大显身手的时刻。布尔加德将军后来改变了主意,决定在战争中启用 H. L. 亨利号。1864 年 2 月 17 日,它在浅水区击沉了北方联邦海军的侯萨托尼克号(*Housatonic*)战舰,展示了潜水艇在实战中的作用。令人叹息的是,H. L. 亨利号首战大捷之后再度消失在海中,带走了又一组船员。150 多年以后,人们终于在港口的海底搜寻到了它,如今大家可以去查尔斯顿参观这个世界上第一艘潜水艇。

10 月 16 日,1998 年

敝帚自珍

"我的宝贝要诞生啦!"奥普拉·温弗瑞向她的电视观众自

豪地宣布。为了宣传即将上映的电影《挚爱》(Beloved)，奥普拉在电视上做了好几期特别节目。十几年前，奥普拉从作家托尼·莫里森（Toni Morrison）的手中买下了描写黑奴悲惨往事的小说《挚爱》的电影改编权，然后从零开始精心雕琢，终于捧出了如亲生孩子一样的心血大作。

奥普拉为《挚爱》投入了8300万美元并亲自主演，为了让大家更好地体会该片超高的艺术水准，她在接受采访时自信地说："这是我的《辛德勒的名单》。"对奥普拉来说，这部电影只要顺利拍完就足够了，她曾说过："来看电影的不论是两个人还是二百万人对我来说都是一样的。"只可惜奥普拉并没有这样的觉悟，否则《挚爱》在票房上的惨败也不会给她造成那么大的打击。1998年10月16日星期五，《挚爱》首映，却完全不上座，经过一个周末的考验，它在票房上败给了恐怖喜剧《鬼娃娃的新娘》(Bride of Chucky)。看来奥普拉的宝贝生下来就是死胎，只在电影院里撑了4周就匆匆下线了。

按理说《挚爱》应该大卖特卖。首先，它可是奥普拉强推的作品，经过她的"开光"，多少原本不怎么样的书都能荣登畅销榜首，多少日常用品突然脱销，就因为它们是"奥普拉的最爱"。而且为影片做推广的是强大的迪士尼公司，他们的宣传几乎不间断地出现在人们眼前，其中包括各个媒体上的广告和一轮接一轮的访谈节目，奥普拉则登上了包括《时尚》在内的11本杂志的封面。（其中某一档访谈节目的主题就是奥普拉回忆自己为了给《时尚》拍封面如何辛苦地减肥。）

然而这些手段都没能换来票房的成功，奥普拉为此黯然失色，一度沉沦不起。作为《挚爱》的导演兼主演，奥普拉曾放下架子，承认这是她事业的谷底。在 CNN 电视台的《皮尔斯·摩根秀》(Piers Morgan) 中，奥普拉爽快地说："那件事让我特别抑郁，暴饮暴食，完全失控了，真事儿！"

至于观众们为什么不想去看《挚爱》，奥普拉认为影片涉及的奴隶制内容让美国人深感内疚，所以他们才逃避。"整个美国都不肯承认那段不光彩的历史。"奥普拉对英国的《星期天快报》是这么说的。她似乎忽略了 20 年前收看电视系列剧《根》(Roots)* 的美国观众可是有 1.3 亿人之多，他们心中的负罪感一点儿不比现在低。

旁观者对《挚爱》的失败给出了相对简单的答案：奥普拉把电影变成了以自我为中心的独角戏。"这是我的历史。这是我的传奇。这是大写的'我是谁'。"她曾夸下海口。有一次奥普拉在某个场合发言，黑人民权运动先锋罗莎·帕克斯 (Rosa Parks)†就坐在第一排，奥普拉深情地对帕克斯宣布："《挚爱》是我为您呈上的献礼。"

影评人弗兰克·里奇 (Frank Rich) 在《纽约时报》上对《挚爱》失败做出了总结："这个电影面临的真正问题从一开始就很明显了，那就是人们害怕这部片子里的说教多于剧情，因为奥

---

* 根据黑人作家亚历克斯·哈里 (Alex Haley) 的同名小说改编的短篇电视系列剧，描写了几代黑人被贩卖到美国到落地生根的血泪史和精神寻根之旅。于 1977 年 1 月 23 日至 30 日连续 8 晚播出，收视率空前。——译者注

† 1955 年，罗莎·帕克斯坐在了公共汽车上的白人专座区，并拒绝给白人让座，因此遭到逮捕，引发了一系列反种族隔离运动。从此她被世人尊称为"现代民权运动之母"。——译者注

普拉越来越好为人师,逮着机会就要对别人谆谆教诲。这个'一开始'指的是从影片筹划的那天开始,而不是上映以后,所以剧透不是问题。"然后他引用了评论家同行汤姆·谢尔斯(Tom Shales)发表在《华盛顿邮报》上的观点作为文章的结尾:"温弗瑞这种国民保姆的形象人们已经看够了。"

10月17日,1733年

写不过你就写死你

本杰明·富兰克林在筹划出版《穷查理年鉴》(*Poor Richard's Almanack*)的道路上遇到了一个障碍——泰坦·利兹(Titan Leeds)。好巧不巧,利兹也是编年鉴的,而且他的年鉴卖得很好。于是富兰克林"杀"了利兹,并不是真刀真枪地把他干掉了,而是用笔把对方写死了。

富兰克林用穷困潦倒的主人公查理·桑德斯(Richard Saunders)的语气对"同窗好友泰坦·利兹先生"假惺惺地夸赞一番,同时把自己的年鉴迟迟没有出版的原因归结于对利兹的尊重。然后话锋一转,富兰克林说"这个障碍(我一点也没有幸灾乐祸的意思)很快就要被除去了,因为从不怜惜才华的死神说一不二,已经准备好了夺命的飞镖,取人性命的残酷女神已经磨好了利刃,即将把大才子从我们身边夺走"。富兰克林进一步预测了竞争对手的死亡时间:1733年10月17日下午3点29分。

利兹平安地度过了富兰克林预测的死期，自然而然地在自己编纂的1734年年鉴里把富兰克林狠狠地抨击了一番，称他是"自恋的低级写手，其实就是个傻瓜和骗子"。穷查理对此早有准备。真正的利兹肯定是在他预测的那个时间死掉了，现在的这个是别人冒名顶替的，因为挚友不会对他如此恶言相加。

"利兹先生家教良好、品行端正，哪能对别人出言不逊或是诋毁他人的名声。"富兰克林写道，"而且他对我的崇拜和感情无与伦比。"

从那个时候起，直到1738年利兹真的去世的那天，富兰克林不停地发表着对方的死讯。利兹死后，穷查理表扬了所谓假冒利兹的人终于停止了恶作剧，并且发表了一封利兹的鬼魂寄来的信，信中承认："我的确在你预测的那个时候（1733年10月17日）死掉了，只不过在具体时间上差了5分53秒。"

10月18日，1976年

露出獠牙之前的邪教

1976年对牧师吉姆·琼斯（Jim Jones）是顺风顺水的一年，首先他被《洛杉矶先驱调查报》（*Los Angeles Herald Examiner*，已于1989年停止发行）提名为"本年度人道主义者"，然后在加利福尼亚参议院的支持下走向了更大的辉煌。该州参议院在1976年10月18日通过了一项决议，大力赞扬琼斯及其领导的人民圣殿教的成员"勤勉热情,关爱教民,不光在美国,在全世界都是优秀的典范"。然而还没过去两年,伟大的"人道主义者"琼斯就在圭亚那的琼斯镇,组织了900余名教民集体自杀了。

10月19日,1938年

孤鹰坠落

看完伟大的飞行员查尔斯·林德伯格(Charles Lindbergh)[*]的一生,我们很难找到他从"民族英雄"到"头号公敌"之间明确的命运转折点。林德伯格曾公开宣扬"种族纯粹优越性",并且在希特勒的铁蹄践踏欧洲的时候坚决反对美国参战,昔日被人们尊称为"孤鹰"的林德伯格就这样渐渐失去了群众基础,名声越来越差。他发表的一些言论令人不悦,也在很多时候不知避嫌,结果授人以柄。其中有两件比较突出的事,耗尽了他所有的好运,毁掉了他一生的修为。

林德伯格在1927年成功地驾驶圣路易斯精神号(*Spirit of St. Louis*)单独飞越大西洋,成为世人仰慕的英雄。在那次飞行壮举的十几年前,他曾经多次前往纳粹德国参加活动。作为柏林奥运会的特邀嘉宾,林德伯格对德国的空军实力赞不绝口(其中不

---

[*] 美国飞行员、作家、社会活动家。他是全球首个独自驾驶飞机不停歇地横跨大西洋的人。——译者注

乏夸张的成分），而且吹捧希特勒治国有方。"德国那种井然有序的活力让我难以忘怀。"林德伯格在自传里留下了他对德国的印象，"德国人民的干劲永远高涨，他们在唯一领袖的指导下，不知疲倦地建设着工厂、机场和各种实验室。"*

1938年10月19日，赫尔曼·戈林（Hermann Göring）"依照元首的旨意"向林德伯格授予了日耳曼之鹰荣誉十字勋章，林德伯格欣然接受。当时德国还没有正式与美国敌对，但是眼看自家的英雄和泯灭人性的纳粹走得那么近，美国的批评家纷纷站出来谴责他。

许多人建议林德伯格把勋章退回去，但是他拒绝了。"在我看来，归还在和平时期收到的友谊象征是没有实际意义的。如果我把德国的勋章还回去，会让对方感觉受到侮辱，而且完全没必要。即便我们两国之间以后开战，那在战前互相吐口水又有什么用呢。"

这种态度一石激起千层浪，引起许多人的反对，美国内政部长哈罗德·艾克斯（Harold Ickes）就是其中之一。"如果林德伯格先生听不得别人说他是效忠于日耳曼之鹰的骑士的话，为什么不把那枚不祥的勋章送回去呢？我们美国人民可清晰地记得他向总统辞去陆军航空兵团预备役军官那件事。实际上林德伯格先生（在1941年）执意退役的时候迫不及待的样子十分可疑，而且没

---

* 林德伯格对德国喜爱的范围显然包括德国女性。在1974年去世以后，这个美国汉子在德国的风流韵事浮出水面，他曾和三名德国女子发生过密切关系，并留下了子女，其中两名女子还是姐妹。

有一丝感恩之心。*现在他却攥着纳粹的奖章不放手。"

林德伯格在1941年9月11日跌进了事业的最低谷,那一天他毫不避讳地公开发表演说,对英国、犹太人和罗斯福政府进行了攻击。这让他迅速成为公众谴责的对象,同时也彻底毁掉了他的形象。在他的传记作家斯科特·伯格看来,这位昔日英雄"收到了排山倒海的恶评……美国历史上几乎没有像他那样令人恨之入骨的人"。《自由》(*Liberty*)杂志给林德伯格贴上了"美国最危险的人"的标签。在林德伯格的故乡——明尼苏达州的小瀑布城(Little Falls),市民们把他的名字从纪念水塔上抹掉了。

不知悔改的孤鹰就此坠落。

10月20日,1986年

"爱国如家",挥金如土

1986年10月20日,婆罗洲海岸的产油国文莱(Brunei)的苏丹任命自己的弟弟杰弗里·博尔基亚(Jefri Bolkiah)为财政部长。杰弗里王子从取之不尽、用之不竭的国库中盗用了相当于

---

* 林德伯格退役,是因为罗斯福总统公开批评他在希特勒的侵略行径面前"打退堂鼓,卖国求荣"。虽然林德伯格不是唯一主张不干预欧洲战场的美国人,却是引火上身最严重的人。当时和他持相同观点的包括同样被德国授勋的汽车大王亨利·福特,还有肯尼迪家族的初代掌门人、美国驻英国大使约瑟夫·肯尼迪等。

150亿美元的财产,这应该是史上最大的贪污金额了。既然搞出来这么多钱,王子当然要挥金如土地潇洒一把,根据统计,他在某段时间里每月要花掉5000万美元去购买"生活必需品",比如游艇——其中一艘被他命名为"奶子"(两条配套的补给船则是奶头一号和奶头二号),足以彰显他不凡的品位,还有玩马球用的宝马良驹、按重量购买的珠宝首饰(包括总价值1000万美元的一批表盘设计为春宫图的手表)、私人飞机,以及由2000多辆豪车组成的车队,涉及的品牌有宾利、法拉利和劳斯莱斯。可惜的是,这些好东西后来还是得上交国家,因为他的苏丹哥哥对他的挥霍行为感到不快,终于查了查账本,揪出了这条大蛀虫。

10月21日,1973年

抠门世家

世界巨富之一石油大王J. 保罗·盖提(J. Paul Getty)的孙子约翰·保罗·盖提三世(John Paul Getty III)在意大利绑架者的手上情况危急,但是爷爷盖提似乎并不觉得有什么不得了的,或者说他对身处险境的孙子并不关心。毕竟老盖提积累财富的手段和他六亲不认的品性不无关系。他的儿子J. 保罗·盖提二世(J. Paul Getty II)完美继承了老父亲的精神,因为他也不想花钱去赎儿子,掏钱这件事对盖提二世来说,岂不是要割他的肉。据说他曾对情妇抱怨:"你知道吗,如果让我去付赎金的话,我就得为了那个废物卖掉私人图书馆。"

盖提一家迟迟不肯就范，绑架者十分气恼，他们从一开始就宣称，如果收不到赎金就要把 16 岁的盖提三世一点一点地肢解，直到收到钱为止，这下必须动真格的了。1973 年 10 月 21 日，绑匪们给盖提三世吃了几块

牛排，算是一顿好饭，然后蒙上了他的眼睛。盖提三世心中恐惧万分，他知道下一步是什么。"会很疼吗？"他战战兢兢地问道。"当然会疼了。"绑匪答道，然后塞住了他的嘴。少年的耳朵被锋利的剃刀分两刀割下，然后被泡在福尔马林里。绑匪们把耳朵寄给了罗马的一家报社，同时附上了警告信，声称若盖提家再这么拖下去，还会有更多的器官被割掉。

盖提家族再也不能冷眼旁观了，老盖提终于极不情愿地同意出钱，不过他只出保险公司能够赔付的部分。剩下的钱他以贷款的方式提供给儿子盖提二世，利息为 4%。盖提三世重获自由之后，不顾伤残给爷爷打电话感谢他的救命之恩。接电话的人问老盖提是否要和孙子通话，当时正在看报的老头儿眼睛都没抬，冷冰冰地说："不要。"

10月22日,2012年

一失足成千古恨

2012年10月22日,传奇自行车手兰斯·阿姆斯特朗(Lance Armstrong)获得的7次环法自行车赛冠军的头衔被一起剥夺,世界上又少了一个英雄偶像。他的第一个环法自行车赛冠军是在1999年拿下的,1996年他被诊断为睾丸癌,而且已经扩散到了肺部和大脑,三年以后能取得这样的成绩实属不易。在很长的一段时间里,外界一直质疑阿姆斯特朗使用了违禁药物,但他对此坚决否认,同时签下了大量高价的商业代言合同,创立了癌症治疗基金会,并且以百折不挠的勇气和坚韧不拔的毅力闻名全球。经过长期调查,美国反兴奋剂组织(United States Anti-Doping Agency)拿出了一份长达202页的报告,详细记录了阿姆斯特朗和多名队友长期使用违禁药物的情况,阿姆斯特朗因此受到惩罚,国际自行车联盟对此没有进行上诉。联盟主席帕特·麦克奎德(Pat McQuaid)对此的态度是:"自行车界没有兰斯·阿姆斯特朗的容身之地。他在这项运动中取得的成绩应该被所有人遗忘。"

10月23日，1812年

冰雪坟墓

法国大革命过后，拿破仑·波拿巴迅速登上政治舞台，大权在握之后，他把贪婪的目光投向欧洲大陆，如饕餮一般吞并了周边数个国家和地区，偶尔停下脚步打个饱嗝儿，然后继续踏上征服之旅。肚量极大的拿破仑被与日俱增的胃口一路牵引，迈进了俄罗斯张开的血盆大口，从猎人变成了猎物。

1812年6月24日，拿破仑率军跨过尼曼河（Neman River）闯入了禁地，不久以后他引以为豪的大军团将在此折戟并几乎全军覆没。当他们到达立陶宛的维尔纳城的时候，城里已经空无一人，所有粮草都被撤退的俄军烧毁了。饥肠辘辘的法军战士和战马在当地找不到任何食物，一个当时在场的人回忆道："他们像苍蝇坠地一样成片成片地死去，尸体被人扔进河里。"法军在接下去的远征中，一直处于饥寒交迫的状态。其实这是俄罗斯沙皇亚历山大一世（Alexander Ⅰ）的策略，自己的军队在撤退途中使用焦土政策，毁掉一切物资，把拿破仑引入俄罗斯的腹地，然后将剩下歼灭的任务交给天气。"我们的气候和寒冬会替我们战斗。"亚历山大一世如是说。

经过艰难的长途跋涉，法军来到了世代沙皇的大本营莫斯科，然而那里也是人去楼空一片萧瑟，城中没有补给也没有军队。俄军的总指挥官对此胸有成竹："拿破仑就像奔涌不停的洪流，莫斯科这块大海绵会把他吸得一滴不剩。"法军刚开始四处

拿破仑从莫斯科撤退的狼狈相,阿道夫·诺森(Adolph Northen)绘

搜寻可用之物,莫斯科就着火了。大火一连烧了好几天,火光把天空映得通红,好几公里外都能看见,空中回荡着龙卷风一般的呼啸声。

"现在那群野人困在了我们美丽首都的废墟中。"俄罗斯皇后伊丽莎白写道,"拿破仑在俄罗斯每前进一步就朝深渊更近了一步。我们倒要看看他怎么过冬!"

那个时候的拿破仑急切地想结束在俄罗斯的远征,希望与俄罗斯休战。可是亚历山大一世才不会让"科西嘉的怪兽"如此轻易地解脱。进退维谷的拿破仑只剩下一条路可走:撤军。于是在1812年10月23日,拿破仑在蹚过尼曼河4个月以后,垂头丧气地撤出了莫斯科。

冬天——亚历山大一世的得力盟军——如期而至,俄罗斯彪悍的民众也加入了追杀。俄罗斯成了曾经不可一世的法国大军团的"巨型墓场"。在远征俄罗斯的过程中,共有40万法军战士失去了生命,另有10万人被俘。有些侥幸活下来的战士向世人描述了撤军途中的人间地狱:冻得僵硬的尸体,被狼群啃食的同伴,当地农民的疯狂屠戮,极度饥饿下战士们食粪充饥。

"大军团朝着斯摩棱斯克(Smolensk)的方向急行,沿途丢下无数冻僵的尸体。"一名法国士兵记录道,"大雪像裹尸布一样很快就把他们盖住了,地上隆起一个个鼓包,仿佛上古时期的墓地,我们只能依稀分辨出牺牲的战友们的轮廓。"

10月24日,1601年

有些事真的不能忍

第谷·布拉赫(Tycho Brahe)是16世纪晚期杰出的天文学家。他还是个文武双全的人,曾在决斗中被对手削掉了鼻子(决斗的原因和某数学公式有关,真是超凡脱俗)。在没有天文望远镜的时代,第谷通过认真细致的观察,对天空提出了全新的构想,为他的助手约翰内斯·开普勒开拓了天体运行的研究之路。不幸的是,第谷没有像对待科学研究那样严谨地对待人体的生理需求,说得具体一点儿,就是他由于不好意思去小解,把自己活活憋死了。

事情的发生是这样的:第谷应某贵族的邀请去布拉格参加宴会,席间他尿意袭来,急需解决,但是根据当时的礼节,主人用餐完毕之前客人是不该离席的。

根据开普勒的记载,"第谷没有像平时一样去小解,一直坐在桌前。虽然他喝酒有点过量,而且膀胱感到了不小的压力,但在礼节和健康之间,他选择了前者。回到家之后彻底尿不出来了。"

无法排出的毒素在第谷的身体里循环了起来,折磨了他11天。1601年10月24日,第谷去世了,据说他给自己写了个墓志铭:"此人活着的时候是个智者,死得却像个傻瓜。"*

10月25日,1944年

超级票友

1944年10月25日,76岁的"歌剧明星"佛罗伦斯·福斯特·詹金斯(Florence Foster Jenkins)第一次也是最后一次登上了著名的纽约卡耐基音乐厅的舞台。本应是登峰造极的艺术成就,

---

* 这个不寻常的故事告诉我们"人有三急,必须得急",按理说到这儿就结束了,不过1901年第谷的尸体被掘出,经过一番查验,第谷的死因或许没有那么简单。验尸人员从他的胡子里验出了微量的汞,因此人们怀疑第谷也许是被人毒死的。第一下毒嫌疑人是开普勒,因为他觊觎第谷严密保管的观测笔记很久了,想早点儿拿到手,功成名就。另外一个有可能对第谷下手的是丹麦国王克里斯蒂安四世(Christian Ⅳ),由于第谷曾经和他的母亲有染,他很可能派人去暗杀了第谷以出恶气(据说莎士比亚从这段宫廷艳史中找到了灵感,创作出了《哈姆雷特》)。
2010年科研人员再次挖出第谷的尸体进行检测,推翻了他死于谋杀的假设。除此之外,他们还发现第谷佩戴了多年的人造鼻子不是银质而是铜质的,而且第谷体内的汞含量不足以致命。最终确定,第谷的死因和最初的结论一样,就是膀胱破裂。

但是这次真的不算。观众席上黑压压地坐满了观众,可他们不是来欣赏这位"女高音"清脆婉转的歌喉的,而是来看笑话的。詹金斯在卡耐基首演之前,所有观众都是抱着这样的心态去看的,因为她并不会唱歌,一个音都唱不准。然而这位家境富裕的名媛相信自己能唱,这就是她的魅力所在,也是人们争先恐后看她认真演出的原因,每次登台她都会频繁地换上好几套华丽的礼服,尽显天后气质。

被人们在背后取笑为"恐怖 High C"的詹金斯,那晚在卡耐基的表演一票难求。这位年逾古稀的老夫人一如既往地让观众们获得了顶级的视听享受,她身穿金光闪闪的天使裙装,身后背着金色翅膀,吊着嗓子为大家献上了最拿手的《灵感天使》(*Angel of Inspiration*)。一曲终了,詹金斯换装为西班牙女郎,头上插着珠光宝气的发梳和红玫瑰,提着一篮子花瓣向观众们抛洒。观众们的喝彩在詹金斯听来就是对她唱功的肯定与赞扬,所以她返场好几次之后才正式谢幕,并为自己再次让观众们满意而归感到非常高兴。她水平欠佳的歌唱生涯就此登上顶峰。一个月以后,她去世了,应该没有留下任何遗憾。

10月26日,1928年

这个孤独的人果真是可耻的

说是幸灾乐祸也好,纳粹的坏日子就是我们的好日子,比如希特勒的宣传部长约瑟夫·戈培尔（Joseph Goebbels）日记中的1928年10月26日：

> 我没有朋友也没有妻子。我正在经历精神层面的危机。脚部的老毛病还没治好，总是疼，非常不舒服。还有传闻说我是同性恋。反对者们企图破坏我们的运动，而我每天还得处理各种琐碎的杂事。闻者伤心，听者落泪。

嘤嘤嘤！

10月27日，1921年

来自国会的惩戒

1921年10月27日，美国众议院议长像希腊神话里的蛇王巴西利斯克（basilisk）一样耸立在议员托马斯·布兰顿（Thomas L. Blanton）的面前，他即将宣读处罚，其严厉程度和把他开除出国会没什么太大的差别。"布兰顿先生，"议长威严的声音响起，"我受命向您宣布，国会向您发布了惩戒令。"据《纽约时报》报道，平日里争强好胜的得克萨斯州参议员布兰顿听了这番公文式的问责之后"面如死灰地跑了出去"。

布兰顿犯了什么错呢？原来他的个人行为导致《国会议事录》（Congressional Record）中出现了一封信，里面的语言用他一位同事的话来形容就是"让人羞于启齿、恶毒肮脏、亵渎宗教、无耻下流"。*他这么做的原因比较无聊（起因是工会和非工会出版商之间的矛盾），而且他的用词从现代的标准来看还算温和了（更何况那封信在打印之前已经做过马赛克处理）。†

布兰顿为此承受了十分严重的后果。在国会关于他去留问题的投票表决中，他以8票的微弱优势留了下来。布兰顿听到惩戒令的时候反应已经那么大了，投票结果更是差点儿要了他的命。内心很受伤的布兰顿"精疲力竭地（在众议院大厅门外）倒下了，脑袋重重磕在大理石地板上。"《纽约时报》的文章称，"他在走廊的沙发上休息了几分钟，向人表示他不需要治疗，然后一步一挪地向自己的办公室走去。他拨开围观的人群和刚刚结束会议的同事们艰难前行，泪水像断了线的珠子一样滑过他的脸庞。"

等到布兰顿终于能够静静地独处的时候，他的脑海中大概会闪过许多"让人羞于启齿、恶毒肮脏、亵渎宗教、无耻下流"的念头，以恰如其分地表达他对整个事件的看法。

---

* 布兰顿冒用一名非工会出版商的名义，给美国政府出版局的负责人联邦公共印刷官写了一封信，信中描写了被他冒名的出版商与一名隶属于工会的出版商之间的争吵，信中二人在争执中辱骂了公共印刷官。政府出版局的一名工作人员把这封信组为档案归入了《国会议事录》。——译者注

† 以下是《国会议事录》中那封信的节选（感兴趣的读者可以试着填空）：
G_d D_ _ n your black heart, you ought to have it torn out of you, you u _ _ _ s _ _ of a b _ _ _ _. You and the Public Printer has [sic] no sense. You k _ _ _ _ _ his a _ _ and he is a d _ _ _ _ d fool for letting you do it.

10月28日，1871年

从疏于管理到昏聩无能

美国历史上杰出的军事家尤利西斯·格兰特当上总统之后跌进了差等生的行列，这一切要怪那些腐败成性的内阁成员，还有他对手下长期以来的放任自流。虽然格兰特本人从未参与假公济私的勾当，但是联邦政府包括战争部、财政部、内政部和国务院在内的众多部门在他的任期内出现了玩忽职守和贪污公款等重大渎职问题，参议员查尔斯·萨姆纳把这个现象称为"格兰特主义"泛滥。其结果就是美国第18任总统格兰特威信扫地，失去了民心。

"格兰特的人缘比安德鲁·约翰逊最落魄的时候还差。"这是副总统亨利·威尔逊（Henry Wilson）在1875年对未来总统詹姆斯·加菲尔德说的话，当然威尔逊自己也不是多么清白的人。格兰特在人事任免方面的水平"每况愈下"，威尔逊认为"他是套在我党（共和党）脖子上的磨盘，早晚会坠着我们沉入深渊"。

在格兰特执政的8年里，各个部门的违法乱纪行为猖獗到了几乎每一天都有人在他眼皮底下犯罪的地步，我们随便地挑出1871年10月28日来看看吧。格兰特内阁的战争部长威廉·贝尔纳普（Willimam W. Belknap）任命了一个叫约翰·埃文斯（John Evans）的人担任西部前线西尔堡的特许随军商，并从他手里不断地接受回扣，中饱私囊。埃文斯胆子大起来之后，开始在印第安人的领土内大肆销售烈酒，引起了官方的注意。

1871年10月28日，美国财政部就埃文斯是否拥有贩酒执照一事向贝尔纳普进行了询问。贝尔纳普不想失去这份灰色收入，于是在当天签发了埃文斯的执照。后来给他作传的爱德华·库珀（Edward S. Cooper）对此评价道："贝尔纳普为了每季度1500美元的进项就能出卖自己。"*

贝尔纳普在签发执照的两周内致函财政部的法律顾问："我谨向各位通告，埃文斯先生……托人转告我，他并没有在没有经营许可的前提下在印第安人领土内卖酒……我在此申请贵部门停止对他的调查。"

10月29日，1929年

天有不测风云

1929年10月29日，史称"黑色星期一"，那一天发生了股灾，数不清的人损失惨重，其中有一群华盛顿的银行家不光丢了钱还丢了脸。在股市大崩盘10个月以前，20年代一片繁荣，《华盛顿邮报》采访了一组金融界的领军人物，让他们对未来一年的走势进行了预测。他们对未来充满了信心，态度非常乐观，于

---

* 库珀在书中还提到贝尔纳普其实不用"出卖自己"，只要他查过档案就能看见埃文斯已经拥有相关执照了。战争部长贝尔纳普后来被人在国会弹劾，但是赶在程序启动之前火速辞职了。这样一来，他作为普通人逃脱了所有罪责。

是报纸把他们的访谈登载了头版头条,并配上了醒目的标题:"1929,前景大好"。

10月30日,1924年

危险的化学家

作家比尔·布莱森(Bill Bryson)在《万物简史》(*A Short History of Nearly Everything*)中提到托马斯·米基利(Thomas Midgley)"接受的培训是工程师专业,如果他一直待在机械领域的话,世界也许不会像现在这样危险"。他这样说,是因为在化学方面自学成才的米基利发现,在汽油中加铅可以解决汽油燃爆的问题。当然他不可能预知自己的创新会给地球母亲造成多大的灾难,但是米基利在1924年10月30日媒体前的表现显示,即便他知道铅的危害,也不会在意后果。

在含铅的汽车尾气成为环境卫生和公共健康的重大问题之前,差不多有半个多世纪,铅对炼油厂的工人造成的神经毒性渐渐引起了人们的注意,1924年关于此类职业病的报告已经相当多了。面对口诛笔伐的媒体,米基利想到了对策。那年10月30日,化学家米基利站在纽约市的标准石油总部的大门前,当着在场的记者往自己的胳膊上浇了一种黏稠透明的含铅溶液。然后他把胳膊擦干,把鼻子凑到盛溶液的罐子前深呼吸了一分钟。他以此向公众证明,短时间接触稀释过的含铅溶液是没有危害的,那些死伤的炼油厂工人肯定是没有遵守基本的安全生产条例。

米基利没有告诉大家,就在一年前他自己也因铅中毒病得很重,不得不请假休息了六个星期。那次新闻发布会之后的几个月里,米基利再次出现了铅中毒的症状,但是这位不计后果的科学家养好病之后高调复出,为地球献上了一种全新的冷却剂:臭氧杀手氟利昂。*

10月31日,2000年

历史上的今天……长明火灭了……

2000年10月31日,德国总理格哈特·施罗德(Gerhard Schröder)按计划前往以色列犹太人大屠杀纪念馆进行凭吊,他此行的目的是借这场庄严肃穆的仪式,弥合德以两国之间的历史伤痕。

然而事与愿违。施罗德总理一不小心把纪念馆前长明火的旋钮调反了方向。他本想让火焰燃烧得更旺,结果却把它熄灭了。

---

* 米基利于1944年去世,他对自己的破坏力一无所知,但最终还是没有逃过自己的发明创造。米基利在逝世前不久染上了脊髓灰质炎,为了辅助自己上床下床,他制造了一套复杂的滑轮装置。1944年11月2日,他的脖子被装置的绳索缠住,不幸窒息而死。

November

11 月

没有温暖，没有欢乐，
没有延年益寿的功能，
没有人觉得舒适喜悦——
没有阴凉，没有阳光，
没有蝴蝶，没有蜜蜂，
没有果实，没有花朵，
没有树叶，没有鸟儿——
这就是 11 月！

——《十一月》（No!），托马斯·胡德（Thomas Hood）

11月1日,1861年

尸位素餐

1861年11月1日,美国总统亚伯拉罕·林肯给自己添了个大麻烦。他在那一天任命波多马克军团的指挥官B.麦克莱伦(B. McClellan)将军为整个联邦军队的最高将领。"一切都包在我身上。"麦克莱伦拍着胸脯对总统先生发了誓。然而这位人称"小拿破仑"的麦克莱伦将军实际上什么事都没做,而且态度还十分不端正。

麦克莱伦升迁未满两周之时,林肯去他家做客,亲自感受到此人性格粗鲁且不服管教的一面。林肯到达麦克莱伦家的时候,仆人告诉他,主人出去参加婚礼了,一会儿就回来。半个小时以后,麦克莱伦返回家中,被告知总统在等他。麦克莱伦对此置之不理,径直从林肯身边路过,上楼进了卧室,然后再也没有出来。

一向宽宏大量的林肯没有追究麦克莱伦的不敬,然而北方联邦军在布尔河战役(又称马纳萨斯战役,一共发生过两次,均以北方联邦军失败告终)中失利之后,南方邦联军进攻到了离联邦首都很近的地方,麦克莱伦却没有任何战略举措,这一点让林肯无法坐视不管。

麦克莱伦懒散地晃悠了几个月之后感染了伤寒，林肯召见麦克莱伦手下的两名将军欧文·麦克道威尔（Irving McDowell）和威廉·富兰克林（William B. Franklin）。林肯对他们说自己"对时局很是担忧"，然后向他们提出，如果麦克莱伦将军不想调配手中的军队，那么他"可否借来一用，总比闲置着好"。

他们的秘密会谈引起了麦克莱伦的警觉，他拖着病体参加了在行政官邸举行的第二次会议。但是他此去的目的绝不是向"大猩猩"（麦克莱伦给林肯起的外号）提交战略部署的。在会议中，司务长蒙哥马利·梅格斯（Montgomery Meigs）敦促麦克莱伦向林肯汇报他的具体作战计划，但是他拒绝了，还说如果今天告诉大家了，明天他的军事秘密就会登上报纸的头版头条。

麦克莱伦对自己的最高长官林肯守口如瓶，第二天却把军事计划向《纽约先驱报》（New York Herald）和盘托出。从走马上任到被解除职务，"小拿破仑"麦克莱伦从1861年11月到1862年3月一直按兵不动，不知道他图个什么。

11月2日，1932年

士兵+机枪 VS 鸸鹋

澳大利亚珀斯坎培恩区（Campion）的农民正在与强大的"敌军"对垒，它们的数量有两万多，个个身高1.8米左右，它们羽毛丰满,瞪着棕红色的大眼睛,爪子锐利,只需一挥就能把人开膛破肚,它们把麦田里的庄稼糟蹋得够呛。不过当地很多务农的人是参加过"一战"的老兵,他们觉得用当时最先进的武器机关枪可以易如反掌地打败这些大鸟。于是不想颗粒无收的农民向澳大利亚国防部长乔治·皮尔斯(George Pearce)爵士求助。皮尔斯雷厉风行地指派澳大利亚皇家炮兵部队第七炮兵连的G. P. W. 梅利迪斯(G. P. W. Meredith)少校带领两名士兵前去解决鸟患。1932年11月2日,"鸸鹋战役"正式打响。

从战斗的一开始,那些不会飞的鸸鹋勇士就显出了卓越的优势,尤为突出的是它们灵巧的步伐和坚不可摧的躯体。机关枪开火的声音让鸸鹋迅速分散成小型团队,让人更不好瞄准,它们用矫健的步伐嘲笑着人类的无能。中弹的鸸鹋仿佛刀枪不入一般照样奔跑,一场混战下来只有很少的鸸鹋死掉了。

冲突进入第三天,梅利迪斯少校让两名士兵躲在一处篱笆后面准备伏击。然而当一大群鸸鹋进入射程之后,它们的机关枪只射了几梭子子弹就卡壳了,绝大多数鸸鹋全身而退。屡战屡败的梅利迪斯又想出一个办法,让士兵把机枪架在了卡车驾驶室的顶上,想边开车边追杀。可惜鸸鹋跑得比卡车还快,而且卡车开起来不断颠簸,士兵几乎无法正常开枪。他们打不赢一群

鸟,没坚持一周就停火了。到了下一周再次尝试开火,然而战果并不比上周好多少。他们浪费了无数子弹,只打死了为数不多的鸸鹋。

梅利迪斯少校后来说过:"如果咱们有一支像那些鸟一样抗子弹的部队,那就走遍天下都不怕了。在机关枪面前,他们能像坦克一样打不透。"*

11月3日,1988年

咎由自取

在新闻界滥竽充数的杰拉尔多·里维拉对能引起轰动的事情有着十分灵敏的嗅觉,然而他的鼻子在某次节目中被人打断了。里维拉主持完阿尔·卡彭秘密地库揭秘的那次虎头蛇尾的特别节目之后(详见4月21日)拥有了自己的电视节目,为了追求收视率,他在节目里展示的都是些怪人。比如某期节目的标题就是恶俗到极点的《穿蕾丝内裤的男人和爱他们的女人》。不管内容再怎么不堪,蕾丝内衣也不能把里维拉怎样,但是极端种族主义者们的危害性可就不一样了。1988年11月3日,里维拉在节目中安排了一群这样的祸害与黑人民权运动家罗伊·因尼斯(Roy

---

* 虽然澳大利亚军方输掉了"鸸鹋战役",但在接下来的几年里,当地的农民用政府提供的武器成功地射杀了上万只鸸鹋。

Innis）同台辩论，节目现场毫无悬念地发生了打斗。里维拉当时冲进战场，与其中一名白人至上主义极端分子扭打了起来，他为了提高收视率，虚张声势地管他们叫"蟑螂"。另一名种族主义者抄起椅子砸在了里维拉的肩膀上，然后一拳打在了他的脸上，把他的鼻梁打成了三截。

里维拉在上一期节目里没有被恶灵附体看来还算幸运了，因为那期《杰拉尔多》(Geraldo) 节目的标题是"恶魔崇拜：地下撒旦魔境揭秘"。

11月4日，1979年

不能随机应变的人是当不了总统的

这次电视采访断送了泰德·肯尼迪参选总统的梦想。1979年秋天，马萨诸塞州的参议员泰德·肯尼迪接受了CBS电视台新闻主持人罗杰·马德（Roger Mudd）的数次采访，结果语无伦次地败下阵来，在正式宣布参选总统之前就输了。

在那年11月4日播出的特别节目《泰迪》(Teddy) 中，马德提出了一个问题："参议员先生，请问您为什么想当总统呢？"如此简单的问题让泰德·肯尼迪犯了难，他磕磕巴巴地答道："呃，我……啊……我要是……啊……宣布参选……"然后他前言不搭后语地絮叨了半天，仿佛从来没有正式考虑过是否要参选。

马德接着问他对十年前发生的查帕奎迪克（Chappaquiddick）事件有没有什么想补充的，泰德·肯尼迪更加窘迫，看上去很不舒服。事情是这样的：泰德·肯尼迪在查帕奎迪克岛开车通过一座很窄的桥时，车子冲进了水里，他挣脱出来安全地回到了酒店的房间，但是和他同车的年轻女性玛丽·乔·科佩奇尼（Mary Jo Kopechne）不幸溺毙。泰德·肯尼迪在车祸发生十个多小时之后才报警。

"哦，那……问题是……那个晚上以后……我觉得我的行为，那个，呃，啊，呃，我很难相信自己做出了那样的事。我的意思是事情就那么发生了。那……那件事就是那个样子的。现在我发现，就像我说过的那样……我的行为……那天晚上……事故的后果……造成的损失，人们对我的期望和……悲剧还有全部的……情况，我的行为，呃，啊，是无法解释的。"

节目播出以后，泰德·肯尼迪受到了来自各大媒体和其他方面的挖苦与谴责，两周以后他成为肯尼迪家族中第三位问鼎白宫的成员，然而在民主党内的选举中输给了任上的总统吉米·卡特。事情过去三十多年以后，泰德·肯尼迪对主持人罗杰·马德的怨恨仍然未能消解。

在泰德·肯尼迪死后出版的自传《真正的指南针》（*True Compass*）里，他提到那次访谈节目是马德给他下的套，而且他出席节目是帮马德一个忙，因为马德当时正在CBS里和同事们竞争沃尔特·克罗恩凯特（Walter Cronkite）退休以后会空出来的新闻主播的位置，急需做出一些成绩。至于节目的内容，泰德·肯尼迪本以为侧重点是他的母亲、肯尼迪家族在航海方面的历史以及他们和鳕鱼角（Cape Cod）周围海域的渊源。"当时我应该伸出政治触角的。"泰德·肯尼迪在自传中写道，"回想当初，我真应该警惕一点儿。"

马德对泰德·肯尼迪的说法一点儿都不认同，他在写给《纽约时报》的信中说自传里的内容"完全不实"。马德坚称采访的主题从一开始就很明确，泰德的母亲罗斯·肯尼迪和大海之类的话题不在选题的范围内。"参议员先生在人生的最后说出如此虚假的话让我感到迷惑不解，既生气又伤心。"

11月5日，1688年

众叛亲离的詹姆士二世

詹姆士二世的父王查理一世（Charles I）死于砍头，他应该从中看出英国人对专制的君主不会太客气，可惜詹姆士二世并没有吸取教训。他的臣民忍受了三年多的高压统治之后，决定不再忍了。英格兰人民铁了心地要铲除暴君，不惜打开国门迎进荷兰侵略者。

1688年11月5日，詹姆士二世的外甥——奥兰治王子威廉（William of Orange）率领荷兰大军登陆英格兰，詹姆士二世要对付的麻烦不止一件，让他更心焦的是威廉的王妃偏偏是自己的女儿玛丽。

威廉的舰队渐渐逼近的时候，詹姆士二世提笔给远在荷兰的

画家彼得·莱利（Peter Lely）笔下的詹姆士二世与日后背叛他的女儿玛丽和安妮

女儿写了一封信："奥兰治王子的不义之举现在尽人皆知，我相信你一定不好意思给我写信。我相信你虽然是个贤妻，但仍然是父亲的乖女儿，你的父亲永远爱你，绝不会做出让你质疑这份深沉的父爱的事情……我就此搁笔，我知道你心情一定很复杂，既要为夫君着想还要牵挂着父亲。只要你还需要我的仁爱，我永远不会变心。"

玛丽根本没有给父亲回信。

詹姆士二世不忍心在战场上和外甥对决，抽身逃回了伦敦，却发现小女儿安妮（Anne）已经倒戈到威廉那一边。"上帝啊，救救我吧！"詹姆士二世不禁老泪纵横，"我的孩子们都弃我而去了。"

安妮在威廉进攻之前曾给他写信,预祝姐夫"旗开得胜,马到成功"。威廉攻入英格兰以后,安妮身穿装饰着橙色彩带(奥兰治的英文拼写是 Orange,和橙色是一个词)的裙子迎接他。不过这些詹姆士二世并不知道,没有让他徒增烦恼。

众叛亲离的詹姆士二世在那个时候已经逃往法兰西自我流亡去了,他的外甥威廉和女儿玛丽携手加冕成为统治英格兰的威廉三世和玛丽二世。安妮公主在未来也会成为女王,她对父王有失皇室体面的不辞而别没有任何感想。她的舅舅克拉伦登男爵(Earl of Clarendon)曾说她"表现出一副事不关己的样子"。

11月6日,2012年

预测是个技术活儿

对,没错。罗姆尼(Mitt Romney)将取得压倒性的胜利,就和当年奥巴马战胜麦凯恩(John McCain)一样。这就是我对今年大选的预测。

——迪克·莫里斯(Dick Morris)发表在《国会山报》(*The Hill*)上的预测

"没人比迪克·莫里斯就 2012 年的总统大选做出过更多错误、荒唐且愚蠢的预测。"戴夫·魏格尔(Dave Weugel)在《石板》(Slate)网络杂志中对莫里斯做出了这样的评价。虽然没有统计数据表明是否真的没人在这方面超越莫里斯，但是读者们都能会心一笑。没有一点真功夫却自诩为政界"知情人士"的莫里斯在 2012 年 11 月 6 日《国会山报》的大选日专栏里做出了大胆的预测，为自己频繁出错的一年做了个年终总结。

胖乎乎的莫里斯在预测中踌躇满志地写道："周日我们从夏令时换到了冬令时，周二我们就要换总统了……米特·罗姆尼在竞选中做了哪些正确的决策，我会再详细地写在周四发表的大选后专栏。现在让我们为即将当选的总统送上美好的祝福。"

（若要把莫里斯失败的预测比作某个灾难的话，11 月 12 日那件事就很贴切。）

11 月 7 日，1848 年

一连串的烂牌

1848 年 11 月 7 日，扎卡里·泰勒（Zachary Taylor）当选美国第 12 任总统，从他开始，一长串非常差劲儿的总统接踵而至，许多历史学家认为那些总统都能排进史上十大最差总统的行列。泰勒死在了任上，所以没来得及犯过多错误。接班的是米勒德·菲尔墨尔，也就是南北双方都不买账的《1850 年妥协案》*的推行人。下一位是老酒鬼富兰克林·皮尔斯,他的政敌直白地称他为"抢酒英雄"。接下来詹姆斯·布坎南加入了"男子四重唱",他的主要政绩就是眼看着国家内战将起却袖手旁观。谢天谢地亚伯拉罕·林肯从布坎南手中接过了国家大权,止住了这一股来自白宫的泥石流,只可惜他执政的时间实在是太短了。林肯之后又是两个不怎么样的总统:安德鲁·约翰逊(详见2月24日)和南北战争时期的战斗英雄尤利西斯·格兰特(详见10月28日和12月17日)。

11月8日,1519年

要提防贪心的西班牙人

西班牙殖民者埃尔南·科尔特斯(Hernán Cortés)在入侵墨西哥的进程中,一路烧杀抢掠,无恶不作。他毫不掩饰的白人文

---

* 19世纪40年代,美墨战争以后大片土地并入美国,其中包括加利福尼亚和新墨西哥等州。美国南北双方就这些州究竟是蓄奴州、自由州还是禁奴州的问题展开了激烈的辩论。国会在1850年9月9日通过了一系列法案,即《1850年妥协案》,其主要内容包括准许加利福尼亚作为自由州加入联邦,在新墨西哥州与犹他州加入联邦时由该地居民自行决定是否成为蓄奴州,制定全新的逃奴追缉法案,规定各州司法机构及地方政府必须竭力协助奴隶主追捕逃亡奴隶,在哥伦比亚地区废除奴隶贸易,调整得克萨斯州与新墨西哥州的边界,从得州划出32.4万平方公里土地并入新墨西哥州,并由联邦政府补偿得州1000万美元,等等。该法案令南北双方都感到不满,加剧了南北分裂的进程。——译者注

化优越感、对当地人的蔑视和他对黄金的贪欲不相上下。* 虽然科尔特斯不怀好意，但是阿兹特克（Aztec）原住民的首领蒙特祖玛二世（Moctezuma Ⅱ）却出于某些原因在1519年11月8日把西班牙侵略者迎进了首都特诺奇蒂特兰（Tenochtitlan）。

一般来说，人们认为蒙特祖玛二世错把到访的白人认成了羽蛇神（Quetzalcoatl）的化身，不过许多历史学家对此并不认同。具体是什么原因已经不重要了，总之首都的大门对西班牙人敞开，造成了不可挽回的后果。科尔特斯受到蒙特祖玛二世的热情招待，收到了丰盛的礼物（但他没有动国王送给他的女子，因为那样就要犯下色戒了）。作为"回报"，科尔特斯把蒙特祖玛二世软禁在皇宫里。七个多月以后，蒙特祖玛二世死了†，阿兹特克帝国离覆灭也不远了。

11月9日，2001年

过于小众的科学文献

科学期刊上发表的文章，普通人一般不会觉得有趣。（有人想看《苏门答腊沙虱的基因测序》吗？）荷兰鹿特丹自然历史博

---

* 一个和他们同行的人记录下了科尔特斯与手下接到黄金赠品时的样子："他们笑逐颜开，喜悦之情溢于言表。他们像猴子一样抓住黄金不放手。好像这样他们就得到了极大的满足。他们极度渴望黄金，拼命攫取黄金，像贪吃的猪一样不停索取。他们摆弄着手中的金片互相炫耀，聒噪个不停。"

† 蒙特祖玛二世的死因目前众说纷纭。西班牙史官说，他是被对他的投降行为感到愤怒的自己人干掉的。据当地人的记载，凶手是科尔特斯。

物馆的馆刊 *Deinsea* 在 2001 年 11 月 9 日发表的一篇文章让"小众化"达到了一个新层次（也有人说是令人担忧的层次），因为文章的题目是视觉冲击力极强的《首次观察到的绿头鸭同性间的奸尸行为》(The first case of homosexual necrophilia in the mallard *Anas platyrhynchos*)。

在该博物馆工作的科学家 C. W. 莫里克（C. W. Moeliker）在文章中记述了他在 6 年前偶然看到一只雄性绿头鸭在死后，被另一只雄性同类"强有力地"当作交配对象的事件，死去的那只倒霉鸭子在文章中的编号为"NMR 9997-00232"。事发当天，NMR 9997-00232 在飞行时撞到了博物馆反光的玻璃窗，当场坠亡。没过一会儿，它的同伴俯冲下来在它的尸体上开始交配。

莫里克在文章中写道："我对此感到震惊，在关闭的窗户后面观看了全程（历时 75 分钟！），结束时间为 19 点 10 分。我拍摄了一些照片，那只绿头鸭几乎无间断地与死去的同伴交配。它中途只跳下来两次，用嘴啄了啄死鸭子的脖子和头部，然后又骑上去了。第一次停顿（发生在 18 点 29 分）持续了 3 分钟，第二次停顿（发生在 18 点 45 分）持续了不到 1 分钟。"

11 月 10 日，1879 年

西联-句号-你搞砸了-句号

现在人们熟知的西联汇款（Western Union）在南北战争过

后其实是主营电报业务的通讯业巨头,公司老板威廉·奥顿（William Orton）曾经自豪地宣称西联是"商业活动的中枢神经系统"。1876年秋天,亚历山大·格拉汉姆·贝尔（Alexander Graham Bell）与合伙人一起找到西联公司,想以10万美元把手中的电话专利权卖给他们。西联当时是全世界实力最雄厚的公司,高层们觉得电话充其量算是"玩具",不屑一顾地把贝尔他们打发走了。

"这个东西看上去就好蠢。"西联公司当年的备忘录里写着这样的话。[*]"再说了,大家可以派人去电报厅把意思清晰的书面消息发送到美国任何一个大城市,为什么要使用电话那种又笨重又不实用的设备呢？"

西联公司的拒绝对贝尔的团队是个不小的打击,不过贝尔的助手托马斯·沃森（Thomas Waston）后来发现这件事"塞翁失马,焉知非福。两年以后就是有人出价2500万美元我们都不会卖的"。

沃森说的没错。西联很快就意识到自己错过了什么,并开始后悔,然而为时已晚。西联公司孤注一掷地与艾利沙·格雷（Elisha Gray）和托马斯·爱迪生联手,企图与贝尔团队争夺电话的专利权,这一招既恶劣又徒劳。艾利沙·格雷在早些时候曾与贝尔进行过电话专利的竞争,但是败给了贝尔,爱迪生则对电话的传声器做出过重要的改进。这三股势力联合起来宣布贝尔窃

---

[*] 究竟有没有这样的备忘录是不少历史学家争论的焦点,不过西联当时给贝尔团队的答复是非常清楚的：不买。

取了他们发明的电话技术,然后他们开始推销自己生产的电话系统。贝尔在给妻子的家书中对此无可奈何地表示:"一个人发明的东西越出名,他就越容易成为世人攻击的目标。"

贝尔对肮脏的商业运作手段感到不齿,想就此放弃,但是与他合伙创立了贝尔电话公司的伙伴们没那么容易气馁。他们起诉西联公司侵害了自己的专利权,并劝说贝尔与大家并肩作战。贝尔虽然不情愿,但是仍然向法庭提交了申诉,而且刚好赶上了起诉的时间。贝尔打起精神以后作为证人在法庭上做出了非常出色的陈述,西联公司一败涂地。

1879年11月10日,西联公司同意从电话市场撤出。今天的西联半死不活地经营着电汇和转账等金融业务,而贝尔保住的电话专利成了美国史上最昂贵的专利之一。

11月11日,1861年

牝鸡司晨

1861年11月11日,慈禧太后开始垂帘听政,这名从低级嫔妃一路飞升为中国统治者的女子在铲除异己方面相当有手段。慈禧首先发动政变,一网打尽先帝咸丰为幼子载淳安排的顾命八大臣。然后就该处置他们了。由于妨碍了慈禧掌权,八位权臣的罪名当然是谋反。当时犯了此罪的人理应被剐刑处死,听上去就是一种既缓慢又痛苦的死法。慈禧在此时表现出了"仁慈"的一面与女性特有的"温柔"。八大臣之首肃顺被判斩立决。肃顺在刑场上曾高声叫骂,不是因为疼,而是因为"受了小娘们儿的算计"。剩下的六人里,怡亲王载垣和郑亲王端华被赐三尺白绫,免受公开处刑之辱。就这样,慈禧用阴柔且简约的手法完成了血腥而残暴的夺权大业。

11月12日,1970年

"鲸"天动地

现场观众不是那么好当的,有的被棒球击中,有的被冲出赛道的赛车撞到,有的被烟花烧到,在古罗马有的甚至被暴君从观众席上拖到斗兽场中央喂了野兽。1970年11月12日,美国俄勒冈州一群看热闹的观众感受了一次罕见又恶心的现场遭遇，他们被爆炸的抹香鲸尸体崩起来的血肉碎片和内脏骨骼等污物，从头到脚浇了一身。

从俄勒冈州的佛罗伦萨城向南走一点儿就是太平洋的海岸，一条重达8吨、身长大约14米的抹香鲸死后被海浪冲上了陆地，很快尸体发出的臭味就让人受不了了。处理鲸鱼尸体的工作交给了该州高速公路管理部门。可是具体该怎么处理呢？就地掩埋是不行的，因为潮汐会把它冲刷出来。所以他们想了一个简单直接的办法，那就是把巨大的鲸鱼炸开，让海鸥把尸体碎片慢慢吃掉。从理论上讲，这个主意还是不错的。

负责执行任务的是区域助理工程师乔治·松顿（George Thornton），他对波特兰KATU-TV电视台的记者保罗·林曼（Paul Linnman）胸有成竹地说："我可以胜任这项工作。唯一需要考虑的问题是，用多少炸药才能把那么大的家伙给炸开。"啊，这确实是个大问题。松顿在炸药方面是个外行，经过一番测算，他认为半吨炸药应该足够了。

刚好路过该地的商人沃尔特·乌曼霍佛（Walter Umenhofer）看了松顿的计算结果，一眼就发现了问题。乌曼霍佛在"二战"期间接受过爆破培训，所以他知道如果想把鲸鱼的尸体送回海里需要少放些炸药，而要把它炸成足够细小的碎块则需要多放一些炸药，总之半吨是不合适的数量。然而乌曼霍佛说，松顿没有理会他发出的警告。

时隔25年，乌曼霍佛在接受旧金山KGO电视台的采访时回忆起那段往事。"那家伙对我说：'到时候我会让看热闹的人远远地站在沙丘上。'我说:'行吧,我会是离现场最远的傻×。'"乌曼霍佛千算万算,却忘了把自己崭新的奥兹摩比88摄政小轿车挪远点儿。

松顿在预定好的时间引爆了事先在鲸鱼体内和周围安放的半吨炸药。"一下就炸了。"佛罗伦萨当地居民吉姆·"斯齐普"·柯蒂斯(Jim "Skip" Curtis)对《尤金观察家报》(*Eugene Examiner*)的博客作家戴夫·马斯科(Dave Masko)形容了当时的情形,"鲸鱼的尸体向内塌陷,原地升腾起30米高的沙柱,浓烟四起。然后我记得,鲸鱼的内脏和骨头什么的脏东西啪嗒啪嗒往下掉,我和大家尖叫着四散而逃,寻找掩体。真是既恶心又惨烈。"

现场观众从头发和身上往下摘鲸鱼碎块的时候,乌曼霍佛回到了新车旁,发现一大块鲸鱼的残骸砸在了车顶上,车子几乎废掉了。几天以后,他提到了那辆车的情况:"那车我真的不想要了,整个车子都是烂鲸鱼的味道。我前两天去汽修厂从车里取点东西,发现他们用苫布把我的车罩住了,因为它太熏人了。"

路管部门通过保险渠道赔偿了乌曼霍佛的损失,但是松顿的自尊心就没那么好修补了。那件事过去好几年以后,他始终不能面对现实。保罗·林曼在几十年后重新就此事做节目的时候联系过松顿,问他当时哪些环节出了差错。松顿的回答是:"你这是什么意思?什么叫'哪里出错了'?"

11月13日，2013年

哎呀，砍错头了！

2013年11月13日，叙利亚境内的一群恐怖分子举着一颗砍下的头颅狂欢不已，这些狂徒的目的是向什叶派的总统巴沙尔·阿萨德（Bashar al-Assad）复仇，被砍头的人名叫穆罕默德·法勒斯·马洛什（Mohammed Fares Maroush）。"他们（什叶派）打进来以后先强奸男的再强奸女的，他们异教徒都这么干！"恐怖分子中有个与基地组织关系密切的圣战主义分子对着围观的人狂叫道："真主会指引我们战胜他们的！"当众砍头的震慑力不小，但是有个问题：他们一不小心杀了个自己人。

马洛什在对抗阿萨德政府的战斗中负伤进了医院，也许是在麻醉的作用下，他念叨出什叶派的经文。他的逊尼派同伴们做出了任何一个宗教狂热分子都会做的事，把他拉出去砍了头。反对派发言人奥马尔·卡塔尼发现杀错人之后，在推特上发文恳求同伴的原谅："哦，尊敬的读者们，我谨在此提醒各位，圣战主义者们知道，在战场上和圣战地区这样的错误是避免不了的。"

11月14日，1908年

剪不断，理还乱

1908年11月14日，德意志帝国军事内阁的头目迪特里希·格拉夫·冯·胥尔森·哈赛勒（Dietrich Graf von Hülsen-Haeseler）在皇帝威廉二世（详见6月15日）的私人聚会上，穿着芭蕾舞裙表演时突然倒地猝死。威廉二世的高层军官圈以及他自己刚刚从同性恋丑闻中缓过一口气来，这下又添了新愁。

长久以来，同性恋问题在德国是见不得光的，媒体对这个主题唯恐避之不及。到了1906年，一切都变了。有个名叫马克西米利安·哈登（Maximilian Harden）的记者在那一年站出来揭露了皇帝威廉二世圈子里男风盛行的秘密。他的消息主要来源不是别人，正是铁血首相俾斯麦。俾斯麦和哈登一样，跟威廉二世公开对着干，结果被免了职。俾斯麦在写给儿子的信中描述过威廉二世和密友欧伦堡与赫特菲尔德大公腓力·弗雷德里希·亚历山大之间不可告人的关系，个中细节"不能托付纸笔"。

哈登知道，直接公开皇帝和欧伦堡大公的私生活无异于自掘坟墓，所以他采取了迂回策略，大肆报道欧伦堡大公和柏林军事指挥官库诺·冯·莫尔特克（Kuno von Moltke）伯爵的私情，此人是威廉二世的得力助手之一，这样一来等于让皇帝蒙羞，哈登在文章中给这位伯爵起的代号是"甜心"。在历史学家亚历山德拉·里奇（Alexandria Richie）的眼中，哈登用实际行动"打破了日耳曼帝国最神圣的禁忌"。

威廉二世为了和丑闻撇清关系，刻意疏远了欧伦堡大公，同时撤掉了莫尔特克伯爵在军中的职位。但是这两个核心人物不会轻易退场，威廉二世也险些身败名裂。这件事引出了一连串的诽谤诉讼，呈堂证供中充斥着香艳的细节，各大媒体在这潭污水中兴奋地灌了个饱。

"德国的报纸上全都是这件事。"历史学家詹姆斯·斯泰克利（James Steakley）在书中写道，"它占据了好几个月的头版头条。德国掀起了类似于猎巫狂潮的大规模反同性恋清洗运动。几乎所有政府高官和军界要人都被怀疑是同性恋。"有些被扣上同性恋帽子的人不堪侮辱而自杀了，威廉二世的精神遭到重创，曾一度崩溃。

"今年过得尤为艰难，让我忧心忡忡。"威廉二世在1907年12月做了年终总结，"我信任的朋友们突然被中伤、谣言和谎言搞得人人自危。我眼看着朋友们的名字被冲进了欧洲下水道的脏水里却无能为力，心里难过极了。"

就在丑闻稍微平息的时候，迪特里希·格拉夫·冯·胥尔森·哈赛勒献上了死亡之舞。由于尸僵现象发生得太快，旁人给他脱裙子费了不少力气，让原本就很糟糕的情况更加不堪。

11月15日，1986年

该收手时就得收手

1986年11月15日，美国ABC电视台播出了《与露西生活》

(*Life With Lucy*)第8集之后决定终止这个节目,女明星露西尔·鲍尔(Lucille Ball)本想借着这个情景喜剧回归屏幕,但是原本人见人爱的露西*居然没人喜欢了,鲍尔的事业不得不就此结束,不禁令人叹息。《与露西生活》其实还有5集没来得及播,但是由于收视率过于惨淡,观众对它的评价也很差,于是电视台当机立断把节目停了,算是给75岁高龄的女星鲍尔留了一点儿面子。据说鲍尔为此深受打击,她觉得自己被忠实的影迷抛弃了。其实鲍尔璀璨的一生早已记录在胶片上,让她成为誉满全球的明星,但是经过这次失败,她再也没有找回那份勇气与自信。

11月16日,1849年

沙皇的残酷玩笑

俄罗斯沙皇尼古拉一世(Nicholas I)为陀思妥耶夫斯基准备了一个"惊喜",让他经历了一段大悲大喜。沙皇的目的很明确,就是要让他感到惊吓。1849年11月16日,身为作家的陀思妥耶夫斯基和其他几名知识分子被判处枪决,罪名是参与造反。定罪之后的一个月里,死神的脚步渐渐靠近,让人焦虑不已。到了行刑的那天,陀思妥耶夫斯基一行在严寒中被带到圣彼

---

* 露西尔主演的最著名的电视喜剧为《我爱露西》(*I Love Lucy*),1951年到1957年一共播出了180集,深受美国观众的喜爱。——译者注

陀思妥耶夫斯基在最后一刻被特赦,拉尔夫·布鲁斯(Ralph Bruce)绘

得堡的赛门诺夫斯基广场,那里已经竖起了三根捆绑死刑犯的木桩。

"死亡的倒计时开始了,那几分钟的恐怖是无法衡量的。"陀思妥耶夫斯基回忆起那段经历时说,"那天很冷,冷到极致。他们不光剥掉了我们的大衣,还脱掉了我们的上衣。外面大概是零下20摄氏度。"

陀思妥耶夫斯基和其他死囚站在黑布搭起的棚子下瑟瑟发抖地等待,第一组的三个犯人被捆在了柱子上,他们的头被布袋子蒙住了。"我们被分成三人一组,我在第二组。那个时候我只有不到一分钟的活头了。"就在行刑队举起枪的时候,沙皇的特赦令从天而降。看来尼古拉一世并不想让他们为了自己的独立思想付出生命的代价,但是他这种自导自演的方式传递的信息是一样的,那就是他们的思想很危险,如不收敛必将招致杀身之祸。

"听到取消行刑的消息时,我整个人都是麻木的。"陀思妥耶夫斯基继续回忆道，"我并没有感到重返人间的狂喜。旁边的人喊叫个不停，我却无动于衷。我经历了最糟糕的日子，糟到了极点。可怜的格里高耶夫（Apollon Grigoryev）像疯了一样……也不知道别人是怎么挺过来的。我们居然都没有感冒。"

陀思妥耶夫斯基被押送回牢房之后，才体会到宛如死而复生的喜悦。尽管等待他的是在西伯利亚的四年苦役和强制入伍的命令，但毕竟活着才是最重要的。俄罗斯文学也因为陀思妥耶夫斯基的存在而大放异彩，《罪与罚》和《卡拉马佐夫兄弟》等巨作都是在他出狱之后才写成的。

11月17日，1968年

电视台出错，海蒂背锅

这个世界上有谁会恨海蒂呢？1968年11月17日，美国NBC电视台的节目安排让好几百万观众对来自瑞士的小姑娘海蒂产生了巨大的厌恶之情。那天晚上，橄榄球迷们守在电视机前准时收看那个赛季中最激动人心的一场比赛：纽约喷气队（New York Jets）与奥克兰突击者队（Oakland Raiders）的角逐。这两支队伍在该赛季前八场比赛中轮流领先，实力相当。在距离比赛结束不到一分钟的时候，喷气队在24米开外一记射门，在比分上以32比29暂时领先。突击者队在9秒内两次射门成功，以43比32的比分赢得了比赛，如此扭转乾坤的表现在橄榄球史上可以说是空前绝后的。然而这个高潮迭起的结局，除了现场观众之外谁也没看见，因为当天晚上7点，NBC准时播出了他们台根据乔汉娜·斯佩里（Johanna Spyri）的小说改编的电视电影《海蒂》，小姑娘在阿尔卑斯山上奔跑着进入了大家的屏幕。

美国全国上下的橄榄球迷的愤怒可想而知，他们把怒火撒在了孤儿海蒂和电视台负责人身上。"那些平时就算地震也不会起身的男人，此时一齐冲到电话机旁，向电视台切换节目的人致以最恶毒的辱骂。"幽默专栏作家阿特·巴克瓦尔德（Art Buchwald）如此形容当晚的情形。

被骂的人叫迪克·克莱恩（Dick Cline），是NBC电视台里节目部的员工，当天晚上执行的是NBC高层下达的任务：让前期宣传投入很大的《海蒂》准时播出。然而比赛进行到第四节的时候，激烈的赛况让高层改变了主意，克莱恩却一无所知。由于电话占线，高层的命令没能下达到克莱恩的部门。"我等啊等啊，仍然没有得到任何通知。眼看就要7点了，我心想既然没得到其他指示，我就必须执行之前敲定的方案。"克莱恩事后回忆道。

NBC电视台为了补救这个天大的错误，在电影中插播了一条滚动新闻，向观众们宣布突击者队取得了胜利，插播的时机刚好在海蒂的表姐克拉拉从轮椅中站起来准备迈出第一步的时候。体育专栏作家杰克·克拉里（Jack Clary）对此的看法是："橄榄球迷为自己错过的精彩比赛十分不满，《海蒂》的影迷为自己在电影最感人的一刻不得不看的比分插播更是火大。NBC电视台在那天晚上得罪了无数观众，就算他们把《海蒂》换成三级片结果也是一样的。"

11月18日，1985年

令人过目不忘的骨折

ESPN体育台曾经做过一个排行投票，让大家选出橄榄球史上最震撼的时刻，根据投票结果，第一位的是一次比赛中的队员受伤事件（《海蒂》风波也上榜了）。橄榄球本来就是一项激烈的运动，这说明那次伤情不一般。事件中受伤的是华盛顿红人队（Washington Redskins）的四分卫乔·赛斯曼（Joe Theismann），他在1985年11月18日的比赛中腿部骨折，断骨穿破皮肉露了出来，他的职业生涯不得不因此提前结束。那天晚上美国各地的观众在《周一晚间橄榄球》（Monday Night Football）节目中目睹了事故的全程。《华盛顿邮报》为此配发的文章标题是《令人过目不忘的赛场事故》。赛斯曼在比赛中被纽约巨人队的线卫劳伦斯·泰勒（Lawrence Taylor）擒杀之后重重地摔在了地上，他的腿向外侧扭曲之后被压在了身下，接着双方队员为了抢球重重地压在了他的身上，然后就是恐怖的咔嚓一声。泰勒在赛后心有余悸地说道："我听见了骨头断裂的声音，感觉贯穿了我的身体，好像骨折的是我一样。那个声音让我觉得恶心想吐。"*

---

* 发生在赛斯曼身上的开放性腿部骨折实在是太令人难忘了，ESPN体育台的专栏作家大卫·弗莱明（David Fleming）在描述1978年的一次赛场事故时，把两次事件做了比较。1978年赛季中，芝加哥熊队（Chicago Bears）的角卫维吉尔·利沃思（Vigil Livers）在赛场上被人用膝盖顶到了裆部，造成一颗睾丸当场破裂。弗莱明把利沃思受的伤形容为"赛斯曼式睾丸损伤"。

11月19日，1919年

壮志未酬

在"一战"结束后的巴黎和会上，美国总统伍德罗·威尔逊在法国、英国和意大利这三个极度以自我为中心且完全不能听从别人指挥的盟友之间斡旋调停，终于促成了一份充分体现威尔逊的政治主张的和平协议（《凡尔赛条约》）。威尔逊在会议中遭到各种为难，当他带着来之不易的胜利果实回到美国之后碰的钉子更多，美国参议院在1919年11月19日直接毙掉了《凡尔赛条约》，让威尔逊的努力付诸东流。

《凡尔赛条约》对威尔逊来说弥足珍贵，它在国际联盟中的作用更是不可小觑，威尔逊曾把该条约称作"人类历史上最伟大的文件之一"，因为他对新世界秩序的理念就蕴含其中，即全世界各国团结起来，不要重蹈覆辙地再次开战（有些人觉得威尔逊还是太过理想化了）。由于威尔逊一度像布道的圣子那样不遗余力地四处推行《凡尔赛条约》，当时的法国总理乔治·克列孟梭（Georges Clemenceau）真的把威尔逊比作"耶稣基督"。

威尔逊在国内的反对党面前就没有这么大的神通了，尤其是参议院中占多数席位的共和党领袖亨利·卡伯特·洛奇（Henry Cabot Lodge），威尔逊个人非常讨厌他。洛奇也对威尔逊没有一点儿好感，他曾经对可以推心置腹的密友西奥多·罗斯福说过："在政坛上我大概不会像恨威尔逊那样去恨别人了。"

威尔逊在巴黎构想《凡尔赛条约》的时候完全没有征求洛奇

或其他共和党人的意见,这个不明智的举动为他在国内的失利埋下了祸根。当时担任海军助理部长的富兰克林·罗斯福对此做出了如下记录:"黑斯(即共和党主席威尔·黑斯)、洛奇和其他共和党的成员在对《凡尔赛条约》的内容和国际联盟的性质一无所知的情况下就已经对它们抱有成见,而且决定不顾良心的谴责毁掉条约和联盟。"

1919年7月10日,威尔逊亲自去国会提交《凡尔赛条约》,以往历任美国总统都没有如此亲力亲为。威尔逊当天在国会发表了演讲,宣称《凡尔赛条约》"能够让全世界达成共识",并且能够让国际联盟中一心向善的人们明确自己的职责所在。威尔逊在发言的结尾问道:"不论是我们还是任何拥有自由意志的人在受此大任之前需要犹豫吗?我们怎么敢拒绝条约而让世界失望呢?"

共和党对以上两个问题的答案均是"Yes",即"必须犹豫"和"我们就敢"。洛奇原本就对国际联盟持反对意见,因为他觉得美国加入国际联盟就要被迫插手与本国利益无关的国际争端,而且不需要国会的同意。"我只热爱一面旗帜,所以我不能把这份忠诚分给联盟的那面杂烩旗子。"洛奇决心已定。

眼看自己奉若圭臬的《凡尔赛条约》遇到了阻挠,威尔逊决定一路向西进行巡回演讲,把自己的理念直接传达给美国民众。然而他的身体状况不允许他履行如此繁重的任务。在此之前他中风过几次,健康方面还出现了其他问题,医生劝他原地静养。

1919年9月3日,威尔逊总统不顾劝阻踏上了征途去完成他一生中最重要的事情。巡讲的效果立竿见影,他所到之处,热情的民众夹道欢迎,让他觉得美国接受《凡尔赛条约》的时刻就在眼前。然而巡讲的代价是非常大的，在只差几站就要完成伟大壮举的时候，威尔逊的身体终于承受不住了，于是他不得不返回华盛顿。"这是我这辈子最大的遗憾。"威尔逊对医生说道。没过多久，他再度中风，这一次失去了自理能力。

威尔逊瘫痪了，美国也瘫痪了，更重要的是《凡尔赛条约》的命运未卜。洛奇面前有两个选择：一个是借机把条约按照自己的意思进行改造，但是威尔逊恐怕绝对不会同意；还有一个，就是彻底让条约无效。

1919年11月19日，美国参议院对《凡尔赛条约》投了反对票，而且同时毙掉了洛奇提出的修改版和原版，这是美国首次对和平协议说不。次年3月，参议院再次投票，结果还是一样的，美国同时对国际联盟说了不。又过了4年，曾经为全人类和平大业摇旗呐喊的威尔逊去世了。

洛奇本要代表参议院外交委员会去参加威尔逊的葬礼，但是威尔逊夫人给他送去了一封言简意赅的拒信："您若出席，您会尴尬，也会让我不快，所以我谨以此信请求您不要出席。"

11月20日，1992年

火烧温莎堡

1992年11月20日，英国的温莎堡失火了，个中意义非同寻常。温莎堡始建于11世纪晚期，为它奠基的是征服者威廉

（即威廉一世），后世的君主不断地对它进行修缮和维护。如今，以石块为主要建筑材料的温莎堡屹立在山顶，俨然成为英国王权的象征。近百年内历代国王、王后和女王都在温莎堡中居住过，目前的皇族还以温莎作为家族姓氏。在位40年的（截至1992年）英国女王伊丽莎白二世在那段日子里原本就时运不济，接二连三的家族丑闻让她应接不暇，其中最引人注目的就是王储查尔斯王子和王妃戴安娜的婚姻破裂一事。温莎堡的火灾偏巧发生在这个时候，不免让人产生各种联想。

起火的地点是女王的私人礼拜堂，起火原因是礼拜堂里的一盏电热灯引燃了垂帘。迅猛的火势以惊人的速度蔓延到其他地方，波及100多个房间，其中不乏具有重大历史意义的场所。从事故现场的录像上，我们可以看到消防队员奋力救火的时候面色凝重的女王也在帮忙从火场中抢救文物和艺术品。大火在当天晚上终于被扑灭，温莎堡看上去严重受创。*

火灾过去四天以后，偶然感冒声音沙哑的女王在伦敦市政厅出席某仪式时说道："今后我回顾1992年的时候肯定不会特别愉快。"她的气度一如既往地举重若轻，"用一位对此深表遗憾的朋友的话来形容，这一年真是灾年。"

---

* 这场灾难中还是有一些值得庆幸的地方。就在着火的前一天，温莎堡里大部分的珍贵收藏品因电路改造工程被移往别处。只有为数不多的画作在大火中烧毁，其中包括威廉·比奇（William Beechey）爵士绘制的《乔治三世骑马阅兵图》（King George III at Review）。这幅画由于太大，无法从画框中取出，所以留在原地。温莎堡经历了烈火与水的考验仍然坚不可摧，并且在接下去的5年内在能工巧匠的手中恢复了原貌。

11月21日，1916年

命运乎？诅咒乎？

世界各国的君主鲜有像奥地利皇帝弗朗茨·约瑟夫那样把皇位坐得那么稳的，也极少有人像他那样尝遍了人间的辛酸。他在将近七十年的统治期内，先后经历了皇后伊丽莎白（即茜茜公主）被无政府主义者刺杀的丧妻之痛、儿子鲁道夫（Rudolf）杀了情妇并自杀的丧子之痛、去墨西哥做傀儡皇帝的弟弟马克西米利安被当地人枪决（详见6月19日）的手足之殇、侄子弗朗茨·斐迪南在萨拉热窝遇刺的家国不幸（详见6月28日）。除此之外，奥地利哈布斯堡皇族的其他皇亲国戚也很不让人省心，比如弗朗茨·约瑟夫有个叫路德维希·维克多（Ludwig Viktor）的弟弟，他非常爱穿女装，花名为"露奇伍奇"（Lutziwutzi），由于他经常在公众场合做一些大胆出格的事，他的皇兄最后实在无法忍受，把他驱逐出了维也纳。皇帝陛下还有个名叫奥托（Otto）的侄子，此人身患梅毒，而且动不动就出去裸奔。

或许弗朗茨·约瑟夫活得太长才没完没了地触霉头，不过匈牙利的卡罗利伯爵夫人（Countess Károlyi）的诅咒也许让他的人生拐上了悲惨的道路。在弗朗茨·约瑟夫刚刚当政的时候，匈牙利国内曾出现反抗奥地利统治的叛乱，卡罗利伯爵夫人的儿子为此被处决，于是她自然对奥地利皇室怀恨在心。据说在维也纳举行的一次皇家舞会上，卡罗利伯爵夫人对年轻的弗朗茨·约瑟夫皇帝尖叫道："愿天堂和地狱联手摧毁你的幸福人生！愿你的家族从此绝后，愿你最爱的人伤你最狠，愿你的子女自取灭亡，愿你的生活被彻底颠覆。希望你孤苦伶仃地活得比谁都长，一辈子沉浸在无法摆脱的悲痛之中，你不论什么时候听到我卡罗利的大名都会不寒而栗！"

说是伯爵夫人的诅咒太厉害也好，说是纯属巧合也罢，反正可怜的弗朗茨·约瑟夫去世以后仍然无法从厄运中解脱出来。1916年11月21日，86岁高龄的老皇帝死于肺炎。处理遗体的人用新发明的手段为他进行了防腐处理，然而中间出了差错，他的遗体变得面目全非，结果葬礼上的棺材只得盖上了盖子，使前来为他送行的臣民无法瞻仰他的遗容。说不定这就是克罗利伯爵夫人的最终胜利。*

11月22日，1963年

水火不容

> 让你做你就去做。肯尼迪总统已经不是总统了。现在我才是总统！
>
> ——林登·约翰逊向罗伯特·肯尼迪发号施令

---

* 尽管弗朗茨·约瑟夫一生坎坷，但是死亡没有让他亲眼见证"一战"之后奥匈帝国的瓦解，也算是命运对他的最后一点仁慈了。

肯尼迪总统遇刺身亡以后，美国司法部长罗伯特·肯尼迪一边要忍受失去兄长的痛苦，一边还要应对原本就合不来的新总统林登·约翰逊。1963年11月22日，肯尼迪遭遇不测之后，罗伯特·肯尼迪曾经如此评价接班人约翰逊："此人卑鄙、刻薄、冷血无情，可以说他在很多方面都是个野兽。"约翰逊也看不上罗伯特·肯尼迪，认为他不过是个"幼稚的小混蛋"（这还算是比较高的评价了）。二人之间的敌意不断升级，最后罗伯特·肯尼迪辞去了司法部长的职位，并且在民主党内反对推选约翰逊为下一届总统的候选人。*

11月23日，1921年

为禁酒令干杯

在美国施行禁酒令的年代，国会通过了《威利斯-坎贝尔法案》（Willis-Campbell Act），严格规定了医生能够在处方中给病人开烈酒的数量，从此封住了禁酒令中一直存在的漏洞。1921年11月23日，总统沃伦·哈定（Warren Harding）正式签署该法案，他签字的时候大概偷着乐了好一会儿，因为这位本该在全国贯彻禁酒令的总统先生，自己在白宫的壁橱里永远备满了各种"良药"，随时供他的那群牌瘾极大的狐朋狗友享用。

---

* 约翰逊本人拒绝参选，罗伯特·肯尼迪在成为候选人之前被人暗杀了。

西奥多·罗斯福总统的女儿爱丽丝·罗斯福·朗沃斯（Alice Roosevelt Longworth）是个心直口快的人，她亲眼见过哈定在白宫里的聚会，并为我们做出了生动的描述："书房里全是他的熟人……屋里随处可见装着各种威士忌酒瓶的托盘，扑克牌和筹码早就准备好了。在那种气氛下，他们早早解开了马甲上的纽扣，自来熟地把脚搭在了桌子上，放眼望去地上到处都是痰盂。"

酒鬼哈定总统在签署了上述法令一年以后，还在国会毫不脸红地发表了以下讲话："有些人以蔑视禁酒令的行为破坏着我国的道德准绳，因为他们觉得这个法令限制了他们的人身自由。大家不要忘了他们给别人做出了坏榜样，煽动起蔑视法令的情绪，若放任他们胡闹，总有一天我们的国家会垮掉。"

11月24日，1832年

一山不容二虎

1832年对于美国总统安德鲁·杰克逊来说是个多事之年。那年的年底，南卡罗来纳州政府和美国政府之间的矛盾几乎到了不可调和的地步，对立双方的代表人物正是出身于南卡罗来纳州的副总统约翰·卡尔霍恩（John C. Calhoun）和总统杰克逊。正副总统的分歧所在是州政府是否有权宣布联邦政府颁布的法律无效，对于刚成立不久的美国来说这个核心问题在未来会具有相当深远的意义。卡尔霍恩坚定不移地认为州政府拥有否决一切错误法律的权力，而且在必要时刻甚至可以脱离联邦。在杰克逊的眼里，这样的主张无异于叛国。

在1830年的杰斐逊纪念日（4月13日）晚宴上，杰克逊总统举杯祝酒道："愿联邦政府千秋万代。"卡尔霍恩不甘示弱地回应了一句："联邦第二，自由第一。"山雨欲来，这两人的表现已经算是相敬如宾了，尤其是火爆脾气的总统杰克逊，能够如此克制实属不易。

1832年11月24日，南卡罗来纳州政府集会并通过了《废止法令条例》（Ordance of Nullification）*，这个大胆的举动点燃了杰克逊的怒火。他曾放话要把包括卡尔霍恩在内的主张州政府

---

* 这个条例废除的是联邦政府的税收政策，因为当时的联邦税收制度对北方以工业为主的州比较有利，对南方的农业大州不利。——译者注

有权废除联邦政府法律的几个带头人按照叛国罪抓起来吊死。卡尔霍恩则在事发后第一时间辞去了副总统职位，回南卡罗来纳州当参议员以回馈故乡。鉴于杰克逊总统在杀人方面从来没有手软过，所以大家并不觉得他当时只是过过嘴瘾，恐怕是真的动了杀心。*

"那些罪魁祸首的邪恶、疯狂和愚蠢程度以及中了邪的追随者们拼命地想要毁灭自己和联邦政府的行为，在这个世界上可谓独此一份。"杰克逊总统愤然挥笔，"联邦政府必将千秋万代地保留下去。"为了捍卫自己的理念，杰克逊总统已经做好了动用军队"把各路妖魔扼杀在襁褓之中"。

尽管杰克逊总统心中憋着一股火，但是作为政治家，他仍然知道要在处理事件中掌握分寸。如果操之过急，南方各州很可能加入南卡罗来纳的叛乱阵营，继而引发内战。所以杰克逊收敛锋芒，尽可能温和地劝说已经有了二心的南卡罗来纳州恢复理智，向人民展示团结的力量，以及美国这个新生国家必须靠万众一心的精神才能渡过难关。杰克逊恩威并施地指出，叛贼必将受到讨伐，哪怕造成国民的流血牺牲，他也言出必行。

这场危机最终因双方各自让步而得以化解：联邦政府为南卡

---

* 除了查尔斯·迪金森之外（详见5月30日），美国的第七任总统杰克逊还间接地杀过两个人。他在1818年率兵与原住民塞米诺尔人在佛罗里达交战的时候曾经下令逮捕两名英国公民，让军事法庭对他们进行审判并判处他们死刑。他们的名字是亚历山大·阿尔布斯诺特（Alexander Arbuthnot）和理查德·安布李斯特（Richard Ambrister），罪名是在战争中协助塞米诺尔人，杰克逊将军说他们是"道德败坏的恶徒"。尽管后来美国众议院军事委员会裁定那次行刑在美国没有任何法律依据，而且违背了《战争法》，但是杰克逊却没有受到任何制裁，反而成了大多数人心目中的英雄。

罗来纳州所憎恨的税收政策做出了调节，该州作为回应撤销了《废止法令条例》。看来至少在那一年不会打内战了。虽然事情解决了，但是总统的怒气还没有完全消散。在杰克逊的弥留之际，有人在他的床边问他此生还有什么遗憾，他的回答是："没把约翰·卡尔霍恩吊死！"

11月25日，1970年

末路武士

日本武士切腹自杀的行为始自很久以前的12世纪，过了八百多年以后，这种自裁的方式早已被人摒弃了，但曾获得诺贝尔文学奖提名的小说家三岛由纪夫（本名平冈公威）在1970年11月25日，搞了这样一场"复古"。然而他的切腹过程并不顺利，因为这个仪式所代表的武士道精神在日本已经没落许久了，而且他们那代人并不具备切腹所需要的精准刀技。

三岛由纪夫不光是小说家，还出演过电影，而且反响不错，未来或许能成为影星，但是他逐渐蜕变成一个极端民族主义者，一心想让日本恢复"二战"之前的辉煌。他幻想着重塑天皇的威严，重新组建军队，并推翻钳制了日本发展的宪法。看上去这是一个相当宏伟的计划，深信自己能够成功的三岛由纪夫为了追求信仰发动了政变。1970年11月25日，三岛由纪夫带领几名狂热的追随者进入日本陆上自卫队的东部总监部，他们并没有硬

三岛由纪夫在切腹前为了激发围观士兵的民族自豪感发表了演讲

闯,而是摆出带着随从的名人派头堂而皇之地举着刀进去的。

三岛由纪夫进入总监的办公室,并把总监绑在了椅子上,然后走上阳台,激情澎湃地对着楼下聚集的自卫官发表了演讲。听众却对他报以嘘声。三岛由纪夫没想到自己会受到此等冷遇,但是他不畏挫折,向楼下继续喊话:"现在我要为天皇高呼万岁!"然后回到了总监的办公室,准备像武士一样以身殉国。

如何利索地完成切腹是个大问题。根据传统,切腹之后需要有另一名武士砍下切腹者的头,那个人就是切腹仪式中的"介错人",他需要砍得又快又准,以迅速结束切腹者的痛苦。三岛由纪夫选择的介错人是森田必胜,但他大概是有史以来水平最差的介错人,砍了好几下都没砍断三岛由纪夫的脖子。最后同行的古贺浩靖不得不接过了介错的重任,他不光砍下了三岛由纪夫的头,还砍下了追随三岛切腹的森田必胜的头。

三岛由纪夫的壮举虽然引起了轰动,却并没有起到任何实际作用。当时的日本首相佐藤荣作对他的评价是:"我认为他大概是精神失常了。"

11月26日,1095年和1648年

在并不仁慈的基督教世界冒险 第三部:
嗜血的教皇

1095年11月26日,教皇乌尔班二世(Urban Ⅱ)喊出了那句著名的宣战口号:"这是上帝的旨意!"就此吹响了第一次十字军东征的号角(同时拉开了历史上一系列凶日的序幕)。历史上一共有七次大型十字军东征,讨伐的目标是居住在圣地*的穆斯林。五个半世纪之后,梵蒂冈的战斗意志仍然高涨,发动了三十年战争†,但是这一次基督徒们却要自相残杀。那次战争发生在欧洲的启蒙时代,是欧洲大陆上爆发的最具破坏性的战争之一,一些人类历史上最残暴的恶行皆出于此。

---

* 位于约旦河与地中海之间的区域,包括今天的以色列、巴勒斯坦、约旦西部、黎巴嫩南部和叙利亚西南部,是犹太教、基督教和伊斯兰教的圣地。——译者注
† 1618年至1648年爆发在欧洲的一场大规模战争,起因是神圣罗马帝国的内战。参战的双方是天主教联盟与新教联盟。那场战争给欧洲造成了惨重的人员伤亡和经济损失。——译者注

当时的教皇英诺森十世（Innocent X）和黑暗的中世纪的前辈一样，笃信圣战是上帝旨意的体现，因此当欧洲各国签订了《威斯特伐利亚条约》（Treaty of Westphalia），停止了战争准备重建家园的时候，教皇跳出来反对了。1648年11月26日，在乌尔班二世发动第一次圣战的553周年纪念日那天，英诺森十世对侵犯了他的利益的停战协议进行了严厉的声讨。他当众宣布《威斯特伐利亚条约》是"无效的、空洞的、不合法的、罪恶的、不公正的、可憎的、不道德的、荒唐的、在任何时间都不具有任何效力的一纸空文"。嗯，这一定是耶稣的旨意。

11月27日，1917年

粉饰太平

1915年，由D. W. 格里菲斯（D. W. Griffith）导演的电影《一个国家的诞生》（*The Birth of a Nation*）用巧妙的手法歌颂了美国内战之后三K党的崛起史。这部电影非常卖座，成为史上第一部商业大片。在格里菲斯身边参与了电影制作的罗伯特·戈尔德施坦因（Robert Goldstein）从中找到了灵感，自己也拍摄了一部以独立战争为题材的大制作影片《1776年之魂》（*The Spirit of '76*）。《一个国家的诞生》由于主题极具争议曾在某些地区引起了游行示威，而《1776年之魂》不一样，戈尔德施坦因只是忠实地还原了独立战争中一幕一幕感人的往事（虽然有些人觉得他过分煽情），其中包括保罗·里维尔的午夜骑行（详见8月14日）、福吉谷大本营的军民鱼水情*等，当然还要有签订《独立宣言》的伟大时刻。影片同时展现了英军残暴的一面，比如用刺刀捅死婴儿或是拽着美国妙龄少女的头发把她们拖走糟蹋之类的情节。正是这些内容让戈尔德施坦因在美国政府那里惹了麻烦，之后发生的事情用历史学家大卫·哈克特·费舍（David Hackett Fischer）的话来形容就是"美国历史上最反常的联邦政府实行暴政的事例之一"。

1917年5月，《1776年之魂》在芝加哥首映，那时美国刚刚加入"一战"的战场。在这个特殊的时间点上映这样一部充满了爱国主义和美国元素的电影再合适不过了，但是美国当局却有不同的看法。首映之后，戈尔德施坦因接到通知，责令他必须把英军负面形象的片段剪掉，以免引起公众的愤怒，因为英国是美国在欧洲战场上的盟友。戈尔德施坦因表面上同意了，但在同年11月27日洛杉矶地区的首映式上播放的仍然是一刀未剪的原版。戈尔德施坦因为此被逮捕，当局依据刚刚通过的《间谍法》给他判了刑。也就是说他在影片中展示英军在一个半世纪前犯下的罪行使他在1917年变成了美国的国家公敌。戈尔德施坦因被判处10年有期徒刑（后来他通过上诉翻了案）并处以巨额罚款，

---

* 福吉谷（Valley Forge）位于宾夕法尼亚州，是独立战争时期美国大陆军的根据地。1777年冬天，乔治·华盛顿率领的军队在该地驻扎，由于财政吃紧无法为战士提供医疗和食品等必需品，军队一度陷入困境。1778年，费城的妇女们机智地躲过英军的监视向福吉谷地区输送了大量物资，解了燃眉之急。同时许多战士的家眷随军在此定居，为军队提供了后勤保障和医疗护理等服务。——译者注

涉事的电影拷贝被全部收缴，一分赔偿金都没有。

戈尔德施坦因在三年后被放了出来，他的人生全毁了。戈尔德施坦因在1927年写给美国电影艺术与科学学院（Academy of Motion Picture Arts and Sciences）的申诉信中叫苦不迭："我受了天大的冤屈，孤立无援，你们忍心不帮我讨回公道吗？人们对我的迫害与偏见毫无根据，简直是要把我往绝路上逼。请各位用常理判断一下，这种不公正的待遇究竟有什么依据？"

11月28日，2000年

吸烟救国论

烟草业巨头菲利普莫里斯公司（Philip Morris）曾委托里特咨询公司（Arthur D. Little International Inc.）在捷克共和国做过一次市场调查，后者在2000年11月28日提交的报告让菲利普·莫里斯大为振奋。原来在捷克，吸烟对经济居然起到了"积极作用"。根据里特公司的调研结果，吸烟者在一生中会向国家上缴烟草类商品附加的重税，而且"国家在医疗方面的支出也因为烟民较短的寿命而大幅度降低"。研究人员从医疗支出的结余中减去治疗吸烟引起的疾病的花费和死去的烟民们无法继续缴纳的税金之后，发现捷克政府实际上还是省了不少钱，报告中给出的数字是大约1.47亿美元。

菲利普莫里斯公司生产的烟草产品在捷克市场上占了80%

的份额，这么大的好消息他们当然要在该国广而告之。为此，菲利普莫里斯公司国际烟草部的官方发言人罗伯特·卡普兰（Robert Kaplan）特意在《华尔街日报》上澄清他们的动机："这个研究是从经济学角度展开的，仅此而已。我们从来都没有说过吸烟导致的疾病对社会有益。"

没错，你们当然没有明说了。

11月29日，1968年

打着前卫的旗号制造垃圾

1968年11月，甲壳虫乐队发表了一套双唱片专辑，名称就是乐队的名字，封面为纯白色，堪称经典巨作。乐队成员约翰·列侬与当时还是他情妇的小野洋子在同年同月也发售了一张专辑，题目为《未完成音乐第一辑：两个处子》(*Unfinished Music No.1: Two Virgins*)，如果他们在专辑封面的设计上能够向甲壳虫乐队学习一下就好了，那样的话也不至于闪瞎公众的眼睛，大家唯一需要忍受的就是约翰·列侬的实验性编曲和小野洋子的鬼叫了。可惜这对神仙眷侣决定把专辑封面做得和他们的"音乐"一样前卫，所以封面是二人正面全裸的照片，封底是他们展示略显下垂的臀部的背面全裸照片。总之，不论是谁看见这样的封面都会惊掉下巴。

约翰·列侬说这张专辑是他俩第一次偷欢之前的晚上录制的

（不过小野洋子的嘶鸣和抽噎让人觉得也许是在他们上床的过程中录的）。"她发出各种怪叫，我忙着在录音机上按不同的按钮以得到理想中的音效。"列侬回忆道，"后来太阳出来了，我们就去做爱了。这就是《两个处子》的来历。"

甲壳虫乐队的签约公司百代唱片拒绝与这张唱片扯上关系，所以列侬和洋子另找途径独立发售了他们的作品。据说百代唱片的董事长约瑟夫·洛克伍德（Joseph Lockwood）对他们全裸封面的评价是："你们为什么不找保罗·麦科特尼来拍呢？他起码还好看一点。"美国方面，许多辖区的警方把漂洋过海的唱片作为淫秽出版物全部扣押封存，算是为人民排除了一大隐患。真正拿到唱片的人也没能听出列侬和洋子想传达的任何信息，他们只听见了噪声。《滚石》杂志的乐评人莱斯特·邦斯（Lester Bangs）的评语是："半吊子搞出来的垃圾。"尽管如此，他俩在某方面却非常成功地达到了目的。

"我们故意没把照片拍得多好看。"列侬事后解释道，"我们没有通过打光的手段让自己看上去很性感或很养眼……我们用最直白、最难看的照片向大家展示我们作为人类的一面。"

11月30日，1977年

爸爸去哪儿了？

古往今来，许多名人爸爸离开了原来的配偶和别人组建了家庭之后，很容易忘了自己在上一段关系中生的孩子。英格兰国王亨利八世娶了第二任王后安妮·博林之后立刻就把昔日的"掌上明珠"玛丽公主狠心地丢在一旁。他和安妮的孩子伊丽莎白公主也因为安妮被砍头而遭受了和姐姐玛丽一样的待遇。亨利八世直到第三任王后简·塞穆给他生了个梦寐以求的儿子之后才变成了慈父的模样。俄罗斯也出现过类似的情况，彼得大帝对第二任皇后生的孩子们宠爱有加，却对第一任皇后生的长子不理不睬，只因为他很讨厌上一任皇后。到了1719年，他随便找了个理由把长子折磨死了。

时过境迁，各界名流从皇族爸爸的手中接过了偏心眼的传统。约翰·列侬（没错，又是他）把次子肖恩（Sean）宠上了天，因为他的妈妈是小野洋子，而他的长子朱利安（Julian）则被完全冷落。由于披露水门事件而名噪一时的《华盛顿邮报》传奇主编本·布拉德利把自传作为给幺子奎恩（Quinn）的献礼，全然不顾自己在之前的婚姻中带到世界上的两子一女。布拉德利甚至和奎恩单独合作写了一本书，题目是《一生的杰作：父亲们和儿子们》，其他的子女都没有参与，这事想想真是令人忍俊不禁。还有宾·克罗斯比（Bing Crosby），令人意想不到的健忘父亲，这位深受美国大众喜爱的明星曾经被评为年度最佳银幕父亲，他却把第一段婚姻中的4个儿子完全从生活中抹去，专心致志地抚养和第二任妻子凯瑟琳生的孩子们。有幸与克罗斯比出现在所有圣诞特别节目和一系列橙汁广告中的子女们，都是他和凯瑟琳的孩子。

1969年，克罗斯比罕见地和长子加里（Gary）一同上了电

视。加里在节目中对父亲进行了赞美,克罗斯比回了一句说者无心却伤人的话:"这位陌生人给我的评价好高啊。"然后这对父子合唱了一首歌,就是那首保罗·麦卡特尼写给被约翰·列侬忽视的长子朱利安的《嘿,裘德》(*Hey Jude*)。

1977年11月30日,参与录制最后一期《宾·克罗斯比圣诞特别节目》的只剩下他的后三个孩子了。克罗斯比在节目播出前几周去世了,有朝一日他和7个孩子共度白色圣诞节[*]的希望化作了泡影。

---

[*] 《白色圣诞节》(*White Christmas*)是克罗斯比最具代表性的金曲之一。——译者注

December

12 月

———

来吧，12 月的寒风，
把树上的枯叶一扫而光！
死亡，如情思，似闪电，
贯穿了我，
带走我的生命吧，
别叫我再心慌。

——《碎片 3》(Fragment 3)，塞缪尔·泰勒·柯勒律治
（Samuel Taylor Coleridge）

12月1日，2006年

拳打脚踢的就职仪式

墨西哥前总统费利佩·卡尔德龙（Felipe Calderón）的就职仪式就跟舞厅斗殴一样热闹，实际情况就是如此混乱。典礼当天，示威者在街上四处乱窜，反对卡尔德龙当选的议员们在国会现场和对立派政客大打出手，室内一度椅子乱飞。当时出任美国加州州长的前影星阿诺·施瓦辛格刚好被邀出席就职仪式，他对此的评价是"精彩纷呈"。卡尔德龙抽空上台宣誓，迎接他的是此起彼伏的口哨声和"滚下台！"的喊声。4分钟以后，新总统被掩护着撤到安全地带。卡尔德龙的就职仪式大概是世界上最短的一次，也是最暴力的一次。

12月2日，1974年

"君子"动口也动手

1974年的一期《迪克·卡维特访谈节目》（*Dick Cavett Show*）

的录制现场爆发了一场争斗，那时以低俗为卖点的《杰里·斯普林杰》（Jerry Springer）等谈话节目还要好多年才会问世。在台上过招的不是怀孕的小三也不是出轨的丈夫，而是美国文坛的两位巨匠——戈尔·维达尔（Gore Vidal）和诺曼·梅勒（Norman Mailer）。这场争吵就像是文弱书生版的职业摔跤一样。

两位嘉宾在上镜前就已经彼此心存芥蒂了。梅勒批判女权主义的作品《性别的囚徒》（The Prisoner of Sex）以言辞激烈著称，维达尔对它做出了毫不留情的评价，在《纽约书评》（New York Review of Books）上发表文章，称之为"就像流了三天的月经一样难看"。这让梅勒很是不快。在卡维特访谈节目录制之前，梅勒在后台喝了几杯鸡尾酒之后有点儿上头，结果在候场室里给维达尔来了一记头槌。

梅勒后来说自己希望用那一下子震慑住维达尔，让他在节目中乱了阵脚，但他不过是白费劲儿。维达尔在镜头前没有表现出刚刚挨揍的慌乱，让梅勒的企图落了空。梅勒对维达尔的文笔一通挖苦，说他写的东西"还不如读过书的牛的胃容物有趣"，结果现场观众给他喝了倒彩。梅勒没有气馁，继续对维达尔发起挑衅，说如果维达尔能在写作方面教他一些真本事的话自己倒也不是不能尊敬他。维达尔机智地反诘说自己不是开"名作家学校"的，观众们哄堂大笑，把梅勒气得够呛。

"你就不能不要花招好好说话吗，戈尔？"梅勒嫌弃地说道，"为什么你不和我对话而是和观众互动呢？"

维达尔回答："你看，由于命运的捉弄，咱们俩不是在温馨的小酒馆里偶遇扯闲篇儿的，而是被人选中和观众们坐在一起的,所以咱们还假装个什么劲儿呢?"

梅勒在这一轮的嘴仗中输了,就把矛头引到了维达尔对《性别的囚徒》一书的评论上。梅勒在维达尔的评论文章中挑出了许多让自己感到被冒犯的事情,更是咬住一件事让维达尔道歉,因为维达尔在文章里把梅勒比作杀人狂魔查尔斯·曼森。因为早些年梅勒把妻子阿黛尔(Adele)刺伤过,她是梅勒一生中六任配偶中的第二位。

维达尔对此的回应是:"如果那句话伤了你的感情的话我就道歉,我当然会道歉。"

"那就不必了。"梅勒步步紧逼,"这不是伤感情的事,这是一种精神污染。"

"好吧,"维达尔在观众大笑的间歇见缝插针,"您毕竟是精神污染的专家。"

梅勒此刻已经有点心虚了,但是仍然反唇相讥:"可不是吗,我一次又一次捏着鼻子欣赏您的大作,久而久之可不就成了精神污染的专家了吗?"

接下去,梅勒不光攻击维达尔,还开始对主持人迪克·卡维特不客气起来,让节目中的火药味更浓了。"你就不看一眼列好的问题单子然后提个问吗?"梅勒反客为主地对卡维特说道。卡维特也不是吃素的,立刻答道:"你那么喜欢这个单子不如叠一叠拿去擦屁股。"

在场的观众沸腾了,梅勒转向观众席发问道:"你们真就这么傻吗?还是只有我这么认为?"

"只有你!"观众们齐声喊道。

卡维特插了一杠子:"哦,看来他们是挑了个简单的答案。"*

12月3日,1992年

那一天,语言开始崩坏

1992年12月3日对于英语来说是个坏日子,因为尼尔·帕普沃思(Neil Papworth)发送了世界上第一条手机短信。从那以后全世界的青少年不再彼此交谈,拼写规则也被人抛到脑后,开车时发短信已经超过酒后驾车成为最危险的马路杀手。"4COL!"†

12月4日,1977年

大口喝酒,大口吃(人)肉

1977年12月4日,一个涉嫌吃过人的家伙自封为中非共和国的皇帝。中非是个很穷的国家,即将成为国家首领的让-贝

---

* 多年以后,梅勒还在生维达尔的闷气,终于在纽约的一个聚会上没忍住打了维达尔的脸一拳。维达尔以文对武:"诺曼·梅勒再一次无法用语言表达自己了。"

† For crying out loud 的短信惯用缩略语,是人们表达厌恶或惊讶的短语。——译者注

12月

自封为王的让－贝德尔·博卡萨站在土豪风格的宝座前

德尔·博卡萨（Jean-Bédel Bokassa）应该让加冕仪式朴素一点，但是这位王者另有想法。博卡萨心目中的偶像是拿破仑，而且他比拿破仑还要自傲，他的加冕典礼必须和150多年前拿破仑登基时一样奢华。肯尼亚的《周日国家报》（*Sunday Nation*）把博卡萨的加冕典礼比作"沐猴而冠"，那场仪式花费了2500万美元，相当于中非共和国年均总产值的四分之一，从而让自封为王的博卡萨变成了国际笑料。

博卡萨为了满足私欲，请法国协助他设计盛大的典礼，因为法国是在1966年支持他政变并开始血腥暴政的幕后黑手。雕塑家奥利维耶·布里斯（Olivier Brice）受雇为他打造了重达两吨的镀金王座，造型是向上展翅的雄鹰，还给他造了皇室风格的马车，让他在仪式当天载着最宠爱的妃子到达现场。接着，博卡萨从刚更名为中非帝国的军队中抽调出数十名士兵送往诺曼底进行马术培训,因为他们要在典礼上以拿破仑时期的轻骑兵形象出场。

博卡萨加冕当天炎热无比,作为皇帝特权之一,他故意迟到了,让来宾们在毒辣的日光中暴晒。终于,皇帝陛下大驾光临,身上穿着从法国一家二百年老字号服装店定制的衣服,那家店的顾客包括拿破仑本人。博卡萨站在众人面前,骄傲得像只孔雀。他身上拖地的托加长袍上缀满了珍珠,外面罩着 9 米长的深红色天鹅绒披风,上面绣着象征帝国的金鹰,披风的外圈缝着很宽的貂皮。博卡萨的头上效仿恺撒大帝戴着金色的月桂冠,过一会儿就换上了由法国珠宝商阿蒂斯－贝特朗(Artus-Bertrand)为他提供的镶满珠宝的皇冠。

博卡萨本来盼着当时的教皇保罗六世能出席自己的加冕典礼,就像当初庇护七世(Pius Ⅶ)出席拿破仑的加冕典礼一样,但是教皇毫无悬念地拒绝了他的邀请,世界上大部分国家的领导人也纷纷婉拒了他的邀请,其中包括许多非洲国家的元首。"这是嫉妒,因为我拥有自己的帝国而他们没有。"博卡萨事后是这么评价的。

拿破仑式典礼结束以后,出席的宾客被 60 辆奔驰汽车组成的车队送到宴客处,这些车都是为此特意进口的。皇帝的车队在路上没有受到人民的热烈欢迎,大概因为他们早已食不果腹,无心庆祝了。博卡萨的贵宾们则享用了鱼子酱和鲟鱼等珍馐美味,畅饮陈酿葡萄酒和香槟,当然,这些都是法国货。

据说当天的菜单上有一道特殊的料理。当加冕宴会上的宾客们酒足饭饱之后,皇帝博卡萨在法国协调官员罗伯特·加里(Robert Galley)的耳边低语道:"你一点儿都没察觉吧,刚才你吃了人肉哦!"

12月5日,1484年

在并不仁慈的基督教世界冒险 第四部:
大家一起抓女巫

海因里希·克莱默的日子有些不顺心:中欧地区大批巫师在各地兴风作浪,教会却拒绝了他铲除巫术的计划。作为一名忠心耿耿的异端审判者,克莱默上书教皇寻求帮助。1484年12月5日,教皇英诺森八世(Innocent Ⅷ)拗不过这位忠诚猎巫人的请求,颁布了《最高愿望令》(Summis desiderantes affectibus)。

教皇在圣谕中不光承认了巫师这种恶人的存在,他们"不光煽动全人类的劲敌(即魔鬼)来攻击人类……也会亲自去做最邪恶最肮脏的勾当",还警告各地主教不要干涉克莱默完成他的神圣使命,否则他们将受到"被教会驱逐、停职调查、被禁止从事神职工作以及其他严厉的处罚、谴责和判决"。

狂热的猎巫人克莱默在历史学家爱德华·彼得斯(Edward Peters)眼中是个"极端厌女者",教皇对他的认可燃起了他的斗志,他立刻着手编纂了一份猎巫指南,内容涵盖了如何识别、折磨和杀掉撒旦的仆从(大多数是女性)。

克莱默书写的《巫术之秘》发表于1487年，第二作者是雅各布·斯普兰格（Jacob Sprenger），里面充斥着"巫术源自女子贪得无厌的性欲"以及女巫"能够让男性器官失灵"等"高见"。

《巫术之秘》赶上了印刷技术突飞猛进的时代，所以迅速成为一本畅销书，也为此后几个世纪的审判官提供了虐杀无辜民众的执法准则和理论依据。饱蘸鲜血的《巫术之秘》每次再版都在前面加上教皇的所谓女巫圣谕（即上文提到的《最高愿望令》）以及他对"最可爱的孩子"克莱默的官方肯定。

12月6日，1741年

废帝的凄惨一生

1741年12月6日，幼小的伊凡六世被人从沙皇的宝座上踢了下去，但是他对此浑然不知，因为当时他只有16个月大。不幸的命运在今后几年里如影随形，常伴这个孩子身边。

小沙皇正在冬宫里熟睡的时候，他的远房表姨姥姥伊丽莎白（全名伊丽莎白·比得洛夫娜）在皇家卫兵的簇拥下，闯了进去直接夺了权。这是一次没有流血的政变，但是婴儿伊凡六世瞬间从沙皇变成了囚犯。伊丽莎白把伊凡抱在胸口对他呢喃道："小宝贝，这不是你的错！"接着她就让伊凡堕入了恐怖的深渊。

新女皇刚掌权的时候对伊凡还算仁慈，恩准他与父母家人在

12月

远离首都的地方一起软禁。但是伊凡4岁的时候突然被迫离开家庭独自隔离,这一去就是生离死别。对伊凡来说尤为残酷的是,在很长一段时间里他和家人其实被关押在同一处,但是他根本不知道,在仅一墙之隔的地方,他的家里新添了两个弟弟,更不知道他的母亲在1746年死于高烧。

又过了两年,小伊凡染上了麻疹和天花,眼看小命不保,但是伊丽莎白女皇禁止医生给他治疗。虽然他奇迹般地活了下来,但他仍被关在暗无天日的牢房里,享受不到任何童年应有的快乐。

完全与世隔绝的禁闭渐渐蚕食了伊凡的心灵,他的精神开始出现问题,特别是15岁以后被转移到条件非常艰苦的什利谢里堡(Shlisselburg)的孤岛监狱之后,他的行为越发古怪。一名监狱的警卫曾经如此汇报他的状态："他说话前言不搭后语，就算是每天都和他见面说话的人都很难听懂……他的思维受创严重，什么都记不住，没有任何想法，感受不到喜悦或悲哀，对什么事情都没有兴趣。"这名警卫在1759年7月特别提到"他的狂躁越发严重了，他对看守们大喊大叫，和他们争吵，企图和他们打架，他扭曲着嘴唇，作势要殴打这里的长官"。鉴于警卫们时常以折磨年轻的伊凡为乐，他当然会做出这种行为了。

伊凡在阴冷潮湿的监狱里度过了三任沙皇的统治期，其中的彼得三世在自己被篡位前（详见8月21日）还特意去探望过他。伊凡最终死在了叶卡捷琳娜大帝的手里。这位女皇明令宣布，只要有人企图让伊凡（又称"无名氏"）重获自由，她就会下令处死伊凡。1764年有一位军官铤而走险去解救伊凡，过程中判断失误，解救行动失败，前沙皇伊凡六世为此被判处死刑。

12月7日，1941年

这是我们的国耻日。

——美国总统罗斯福就日军偷袭珍珠港一事发表的演讲摘抄

12月8日，1941年

重蹈覆辙

所谓历史，就是大局已定的故事，所以今天我们早就知道盟军会在"二战"中打败邪恶势力，道格拉斯·麦克阿瑟将军也会像信守诺言的英雄一样解放菲律宾。然而在战争初期，一切都是未知的。实际上，当时菲律宾的情况非常糟糕，麦克阿瑟又一次遭到了来自日本空军的重创，尽管他在空袭发生几个小时以前就接到了情报，但仍被打了个措手不及。

执行轰炸任务的日军飞行员在飞越位于马尼拉旁边的克拉克空军基地（Clark Field）时，简直不敢相信自己的眼睛，美国空军在远东地区接近一半数量的军用飞机整齐地停在那里，机翼挨着机翼，完全是和平时期的样子。日军仅用几个小时就摧毁了克拉克空军基地，相当于干掉了菲律宾的全部防御力量。一名日本军官后来回忆道："一开始我们的顾虑很大，因为你们（指美军）听说了珍珠港事件之后肯定会把基地上停着的飞机分散开，并对我方在台湾的基地发起攻击。"然而出于某种历史学家们至今也没搞清楚的原因，以上两件事麦克阿瑟都没有做。

为麦克阿瑟作传的威廉·曼彻斯特（William Manchester）认为，将军当时的不作为是"美国军事史上最让人无法理解的事。他是个具有领导才能的人，在那起紧急事件中的失误令人费解。抨击他的人总是用此事证明他并非完人。他们说的对，他确实不是完人"。

12月9日，2002年

越描越黑

2002年12月，参议院多数党领袖特兰特·洛特（Trent Lott）在出席同僚斯特罗姆·瑟尔蒙德（Strom Thurmond）的百岁生日聚会时，和曾经代表南方势力的瑟尔蒙德回忆起往昔岁月，说了非常不恰当的话："斯特罗姆·瑟尔蒙德在竞选总统的时候（1948年），我们都投了他的票。"洛特夸起曾是严格执行种族隔离政策的狄克西民主党（Dixiecrat）* 代表的瑟尔蒙德时语气中充满了敬佩，"我们以他为荣。如果全国上下都跟着他走的话，今天也不会有这么多麻烦事。"原话已经很过分了，但是真正让人尴尬的是，他为了这句明显带有种族歧视色彩的话三番五次词不达意地公开道歉。

洛特第一次道歉是在生日宴会的四天之后，也就是12月9日。道歉之后没过一会儿，他就把那件事归结为自己为了"应景"一时兴起讲的玩笑。光道这一次歉看来是不够了，这位"不慎失足"的参议员在12月11日分别在福克斯新闻台与CNN电视台又各道了一次歉，然而这两次都被他搞砸了。

在自己的老家密西西比州，洛特第四次道了歉，这回连奉行保守主义的政治专栏作家乔治·威尔（George Will）都看不下去了，直接管洛特叫"连环道歉家"。在这次讲话中，洛特说自己

---

* 正式名称为州权民主党（State's Rights Democratic Party），是1948年从民主党分裂出去的一个党派，以绝对种族隔离为宗旨，追随者多为美国南方人，但从未在国会获得议席。同年解散，并重新归入民主党。——译者注

在瑟尔蒙德的生日会上说的话是"即兴发挥",所以听上去全变味了。威尔对此撰文抨击道:"民主党的领袖居然不看稿子就不会说话,不得不让人替贵党捏把汗,况且这位领袖还能恬不知耻地把说错话的原因推到没有事先准备发言稿上。"威尔还在文章中批评了洛特前几次毫无诚意的虚假道歉。

到了12月16日,洛特跑到黑人娱乐电视台上最后努力了一次。这一次他告诉节目主持人,他现在全力支持马丁·路德·金纪念日及其相关庆祝活动。可惜,他说这话的时候,美国50个州早在好几年前就开始庆祝这个节日了,他又晚了一步。洛特做出的各种努力终究没能挽救他的政治生涯,于是他只得在4天以后辞去了党内职务。不论怎样,洛特到底有了与众不同的特征,就像作家阿尔林·索尔金(Arleen Sorkin)和保罗·斯兰斯基(Paul Slansky)在书中写下的那样,洛特是"21世纪的忏悔之王、赎罪界的阿亚图拉[*]、悔过界的罗阇[†]。"

12月10日,1918年、1949年和1997年

诺贝尔奖的低光时刻

伊丽莎白·泰勒曾凭借在《巴特菲尔德八号》(*Butterfield 8*)

---

[*] Ayatollah,伊斯兰教什叶派宗教高级学者的一个等级,意思为真主的象征。——译者注
[†] Rajah,东南亚及印度对国王、土邦君主或酋长的尊称,也译作叻差、拉惹、拉者、拉贾。——译者注

中的表演荣获奥斯卡最佳女主角的奖项,但这部片子烂到连泰勒都觉得它"不堪入目"的地步。巴哈人乐队(Baha Men)的歌曲《谁把狗放出来了》(Who Let the Dogs Out)得过格莱美奖,其中一句歌词向我们提出了深入灵魂的拷问:"谁?谁?谁?谁?谁?"麦当娜在电影《艾薇塔》(Evita)中塑造的阿根廷国母伊娃·庇隆(Eva Perón)夫人的形象,还不如已经去世的庇隆夫人生动,但这并不妨碍她凭"演技"拿下了金球奖。不论这些获奖人与奖项多么不配,也没有人为此受到真正的伤害(除了那些本该得奖的人外)。俗话说得好,这一切"不过是娱乐嘛"。

诺贝尔奖就是另一回事了。每年12月10日颁发的诺贝尔奖旨在奖励人类社会各个领域中取得杰出成就的佼佼者。爱因斯坦、纳尔逊·曼德拉、丘吉尔和居里夫人等对人类进步做出了巨大贡献的人都曾获此殊荣。但是,诺贝尔奖也曾颁给一些和它不太相称的人,违背了该奖设立的初衷,对它高贵的形象造成了一定的影响。以下是几个比较著名的事例:

1918年的诺贝尔化学奖颁给了弗里茨·哈伯(Fritz Haber),获奖项目是用空气中的氮气人工合成氨。哈伯的研究使人们可以量产化肥,从而提高了全球粮食产量,减少了饥荒。这项造福人类的科研活动早在"一战"之前就完成了。在战争期间,他却把旺盛的精力投入其他领域——一个连他的妻子都认为是"违背了科学精神"的领域,是"野蛮的象征,破坏了科学应该让生命更有深度的准则"。哈伯的新成果是毒气,德军把它运用在战场上。*

1949年的诺贝尔生理学或医学奖颁给了葡萄牙精神疾病学家、神经外科医生安东尼奥·埃加斯·莫尼斯(António Egas Moniz),获奖项目是前脑叶白质切除术。这种一刀切的手术不光让包括肯尼迪总统的妹妹罗丝玛丽†在内的众多病人变成了僵尸一般麻木的废人,而且在颅骨上凿洞、人为切断脑前叶与其他脑组织之间联系的方法毫无新意,这种手段至少可以追溯到中世纪。相比之下,人工心脏绝对是新鲜事物,但是它的发明者罗伯特·贾维克(Robert Jarvik)却没有受到诺贝尔奖评审委员会的

---

* 1915年4月22日,德军在第二次伊珀尔(Ypres)战役中,首次运用了哈伯研制的化学武器,在战场上施放了6000多桶总计168吨的氯气。根据一位目击者的证言,氯气像"一堵黄色的矮墙"那样朝着隐蔽在法军战壕中的一万多名战士飘了过去。弥散开之后,一半以上的战士在几分钟内窒息死亡。代理中士埃尔默·科顿(Elmer Cotton)是这场化学战的幸存者之一,回忆起当时的情形,他依然觉得恐怖,他说那种死法"就像在陆地上溺亡。吸入氯气之后,首先是剧烈的头疼,然后是强烈的口渴感(但是只要喝水就会立刻死亡),肺里好像刀绞一般疼痛,从胃里和肺里咳出黄绿色的泡沫,整个人渐渐失去五感,然后就死了。他们的皮肤随之变成黑绿色和黄色……死不瞑目。真是太可怕了"。

† 罗丝玛丽·肯尼迪(Rosemary Kennedy)长大以后虽然性情变得有点儿反复无常、难以管束,但智力一点儿问题都没有,和她的家庭宣称的正相反。她本人书写的日记非常详细,足以证明她和常人并无差别。尽管如此,刚当上大使的约瑟夫·肯尼迪觉得23岁的女儿罗丝玛丽过于叛逆,于是在1941年秋天把她送上了前脑叶白质切除术的手术台。手术的结果可想而知,是极其失败的,曾经活泼快乐的罗丝玛丽变成了木头人。肯尼迪家族从此把罗丝玛丽拒之门外,让她在威斯康星州的一所特殊学校度过余生。

垂青。到了 1950 年，就连苏联都以"反人类"为理由，禁止在国内施行前脑叶白质切除术。由此我们可以看出这个手术多么不该出现在医疗领域。

1997 年诺贝尔经济学奖颁给了迈伦·舒尔兹（Myron Sholes）和罗伯特·莫顿（Robert Merton）。按照颁奖词的说明，他们获奖的原因是发明了"计算金融衍生工具价值的新方法"，然而他们获奖还不到一年，二人亲手栽培的长期资本管理公司所经营的对冲基金项目在六周之内损失了 40 亿美元。

12 月 11 日，1951 年

失败乃成功之母

1951 年 12 月 11 日，牛津大学卡文迪许研究室的弗朗西斯·克里克（Francis Crick）和詹姆斯·沃森（James D. Watson）以为他们终于发现了 DNA 的结构，于是对此做了一场学术报告。可是他们的报告做得很差，研究室的负责人劳伦斯·布拉格（Lawrence Bragg）爵士命令他们停止在该方向的研究。

"我们没有对研究室的决定提起申诉。"沃森后来用一如既往的讽刺语气回忆道，"如果把此事声张出去，别人就能看出来我们的教授连 DNA 代表什么都不知道。他对我们研究课题的重视程度还不及对金属结构重视程度的百分之一，对于后者他可是整天乐此不疲地摆弄着肥皂泡模型。劳伦斯爵士最大的乐趣就是给

大家播放他拍摄的肥皂泡互相碰撞的影片。"

沃森表明,他和搭档克里克之所以没有积极为自己的课题争取继续研究的机会不是为了保住劳伦斯爵士的脸面,而是为了自保。"我们当时低头做人是明智的选择,因为我们的实验建模的核心是磷酸糖结构,而且当时陷入困境。不论从什么角度去看,情况都很差。"

又过了几年,沃森和克里克在 DNA 领域再次开始探索,这一次他们得出了结论,解开了生命之谜。他们的研究成果被誉为 20 世纪生物学领域最重要的发现之一。

12 月 12 日,1937 年

电台犯错,明星背锅

1937 年 12 月 12 日,美国性感巨星梅·惠斯特(Mae West)前往广播电台,应邀在周日晚间综艺节目《切斯和桑伯恩一小时》(*Chase & Sanborn Hour*)中像以往一样说一些惹火的话,讲一些暧昧的双关段子。在节目的一个片段中,惠斯特的角色是诱人的伊芙,与腹语表演者埃德加·伯根(Edgar Bergen)的搭档木偶查理·麦卡锡(Charlie McCarthy)调情;在另一个片段中,惠斯特把天生的狐媚之气发挥得淋漓尽致,超过了预期效果。比如木偶想要亲她,她提醒木偶,刚才在自己的公寓里已经亲过了。"你看,这儿还有印子呢。"惠斯特说道,"还有这里的木头刺儿。"

梅·惠斯特对木偶的魅惑行为惹恼了 NBC 的高层领导

NBC 广播电台给这个剧本开了绿灯，但是节目播出以后，美国道德审查会（Legion of Decency）和其他风纪纠察组织联合提出了抗议，于是电台方面立刻与惠斯特解约，宣布她"不适合出席广播节目"。一点儿担当都没有的电台负责人进一步指责惠斯特把他们批准的台词用不恰当的方式进行了演绎。到了后来，梅·惠斯特的名字甚至在 NBC 变成了禁忌，提都不能提。好在还是有明眼人的，比如《芝加哥日报》（Chicago Daily News）就在社论中狠狠地挖苦了 NBC 电台的懦夫行径：

> NBC 和他们的商业合作伙伴深知梅·惠斯特的特点，知道惠斯特的专长，他们又不是从没听过她说话，没见过她的模样，而且在彩排中还亲自指导过她。但是抗议的声

音传来之后,他们装出一副假天真的样子,仿佛本来想请玛丽·毕克馥(Mary Pickford)或者秀兰·邓波儿(Shirley Temple),结果一不小心请来了梅·惠斯特。

12月13日,1974年

有眼无珠的评论家

对艺术的看法是见仁见智的事情,不过许多所谓的评论家在艺术鉴赏方面显然患有严重的散光和其他感觉失调症,而这些人又有不少在《纽约时报》上表达过高见。(《纽约时报》在对历史频道的《法国大革命》节目的评论中曾提到本书作者,说他"故作天真",算了,这事先不说了……)对于甲壳虫乐队的大作《艾比路》(Abby Road),该报的看法是"彻底的败笔",《佩珀中士的孤心俱乐部乐队》(Sgt. Pepper's Lonely Hearts Club Band)则"毫无美感可言,听上去很假,不值得为之思虑"。在他们看来纳博科夫(Nabocov)的经典名著《洛丽塔》(Lolita)"枯燥乏味、矫揉造作、弄巧成拙"。塞林格(Salinger)的《麦田守望者》(The Catcher in the Rye)"缺乏起伏,而且作者应该砍去大部分描写那些讨厌鬼和那所破学校的篇幅。那些东西让人看了心情抑郁"。

1974年12月13日,评论家文森特·坎比(Vincent Canby)在《纽约时报》上发表了《教父2》的影评。尽管观众们对它好评如潮,认为它是最了不起的电影之一,坎比却对它进行了吹毛求疵式的批评，使他的文章成了影评史上的一大笑话。

"弗朗西斯·福特·科波拉（Francis Ford Coppola）导演的《教父2》，最大的优点就是不断地让我们想起前作有多么优秀。"坎比毫不留情地下笔了，"这部续集就像是弗兰肯斯坦博士用下脚料拼起来的怪物一样。它能说话，能抽搐着活动，但是没有思想……前作已经把该讲的都讲到了，但是《教父2》就像没话找话的人一样唠叨个不停……就算《教父2》拍得再紧凑一点、再大胆一点、再火爆一点，恐怕也只能沦为目前这个成品的恶搞翻拍。《教父2》看上去烧了不少钱，却缺乏精神层面的深度，它具有冗长而浮夸的滑稽剧特征。一言以蔽之：不足为道，乏善可陈。"

他说什么就是什么吧，反正他也只是天真地在《纽约时报》上扯两句。

12月14日，1861年

此恨绵绵无绝期

1861年12月14日，英国女王维多利亚的丈夫阿尔伯特亲王（Prince Albert）与世长辞，痛不欲生的女王陛下为此服丧数十载。亲王的离世对子女们也是一个不小的打击，因为他们的亲妈会持续地对他们进行打击。首先，女王把丈夫的死怪罪到身为王位继承人的长子身上。长子威尔士亲王在不久前和一名女演员产生了绯闻，惊动了老古板阿尔伯特亲王，没过多久亲王就感染伤寒去世了。维多利亚女王一口咬定亲王的死因不是疾病,而是儿子的不检点行为,而且公开声明以后她只要见到长子就会气得"浑身发抖"。女王这一抖就抖了将近40年。

为了让别人对自己的哀痛感动伸手,维多利亚女王在女儿爱丽丝(Alice)公主的婚礼上一会儿抹眼泪一会儿抽泣,破坏了婚礼该有的喜气。爱丽丝公主的婚礼举行在阿尔伯特亲王去世的7个月之后,规模很小,而且只邀请了至亲。女王认为这个仪式"不像婚礼倒像葬礼",当然了,毕竟那悲悲戚戚的气氛是她一手营造出来的。在婚礼上,女王独自坐在远离家庭成员的角落,并让家里排行最大的4个儿子守在周围护驾。

"好在主持婚礼的约克主教没有把仪式拖得太久,对新郎和新娘来说这是一种莫大的关照,因为在场来宾的注意力都被众人环绕下一袭黑衣的女王吸引过去了。"传记作家斯坦利·韦恩特罗布(Stanley Weintraub)在书中写道。婚礼结束以后,爱丽丝和新郎踏上了蜜月之旅,维多利亚女王在日记里是这么写的:"我一点儿都不想她,甚至没觉得她不在身边,因为我仍然沉浸在丧夫之痛中不可自拔。"

12月15日,2013年

妹妹先走一步啦!

奥丽维娅·德哈维兰(Olivia de Havilland)和琼·芳登

（Joan Fontaine）是同时活跃在好莱坞的一对姐妹花，但是她们的关系非常差，因为两位重量级女星从孩提时代就开始互相明争暗斗。芳登对姊妹间旷日持久的竞争是这样说的："我比奥丽维娅先结婚，也比她先拿了奥斯卡奖，如果我死在她前面的话她肯定会气炸的，因为我又捷足先登啦！"2013年12月15日，芳登去世了，享年96岁，她果然比德哈维兰抢先一步进了坟墓。

12月16日，1997年

《精灵宝可梦》事件

家长们常说的那句"看电视毁脑子"在1997年突然变成了现实，有六百多名日本儿童在观看了动画片《精灵宝可梦》（Pokémon，曾译《口袋妖怪》，港台地区的译名包括《宠物小精灵》和《神奇宝贝》等）之后感到头晕恶心，有的孩子甚至抽搐了起来。日本全国各地的医院里都出现了前来就诊的儿童，甚至还有一些家长，主要症状都是呕吐和癫痫，当时的场面和某些日本科幻恐怖片差不多。

岩崎由纪子（Yukiko Iwasaki）的女儿8岁，看电视的时候突然开始抽搐。"我的女儿一下子就昏厥了，把我吓了一跳。我用力拍了拍她的后背她才恢复了正常呼吸。"

那次大规模的异状发作是在《精灵宝可梦》第38集《电脑勇士多边兽》（Computer Warrior Porigon，曾译为3D龙）播出了

20分钟左右时开始的。12月16日晚上播出的这集动画片和本系列其他剧集一样，带有典型的日本动画风格，讲究视觉冲击效果。剧情中出现了一次爆炸场景，然后是红蓝两色的强光像频闪灯一样在屏幕上闪耀，据查这就是让专心致志看电视的儿童发病的诱因。东京电视台节目部部长森浩成（Hironari Mori）对那集的感受是："作为一个成年人，那个情节都让我忍不住眨眼，对儿童来说影响肯定更大。"

事件发生以后，日本当局响应民众的抗议，责令电视台暂停播放《精灵宝可梦》，并就事件成因展开调查，却没有得出定论。从那以后，该片第38集被雪藏，再也没有公开播出。

12月17日，1862年

格兰特将军的复古之路

在美国南北双方陷入内战的时候，棉花仍然是农产品之王。南方的农业经济依靠棉花运转，北方的制造业离开了棉花也活不下去。虽然在战争期间美国政府允许一定程度的棉花交易，而且财政部和军队都出力对交易进行管控与保护，但是倒卖棉花的黑市仍然蓬勃发展了起来。从事非法棉花交易的人不用问，肯定是放在哪里都合适的替罪羊——贪婪的犹太人，至少尤利西斯·格兰特将军就是这么认为的。

格兰特在1862年11月下达了这样的命令："通知铁路上的

检票员,禁止犹太人从任何地区乘火车南下。他们可以北上,最好待在那边不要动,他们的存在让别人感到强烈不适,州政府应该把他们轰出去。"

过了一个月,在12月17日那天,格兰特加强了对"以色列人"的管控,效法古代欧洲"仁慈"的君王*颁布了《第11号将军令》,里面规定:"犹太人违反了财政部制定的所有贸易规定,因此州政府(指当时受格兰特直接管辖的田纳西州政府)在接到此令24小时之内必须驱逐所有犹太人。"

好在格兰特手下负责州政府事务的人比他更懂得公平执法,因此在一个月以后,《第11号将军令》被正式废除。

12月18日,1912年

掀起你的头盖骨:"皮尔当人"骗局

1912年12月18日,业余人类学家查尔斯·道森(Charles Dawson)站在伦敦地理学会的讲台上面对满满一屋子与会者宣布了自己的重大发现:人们寻找已久的连接人类和猿猴之间"缺失的一环"——皮尔当人(Piltdown Man)[†]。道森的发现在科学界

---

* 举个例子:1290年英格兰国王爱德华一世下令驱逐英格兰境内的所有犹太人。再举一个例子:1492年共同统治西班牙的费尔南多五世和伊莎贝拉一世颁布了驱逐犹太人的《阿罕布拉法令》(Alhambra Decree)。
[†] 皮尔当是英格兰南部化石出土土地附近的村庄名。

引起了一场狂欢，动物学家雷伊·兰克斯特（Ray Lankester）在他1919年撰写的《博物学家的转向》（*Diversions of a Naturalist*）一书中盛赞道森发现了"有史以来出土的最重要的骨骼化石"，而且是在英国出土的，这就更让人感到满足。这位"道氏曙人"（*Eoanthropus dawsoni*）现在是名正言顺的英国人了。

科学家纷纷发表和皮尔当人相关的论文，更有不少人亲自跑到发掘地址朝圣。在这场热潮中，还是有些人对它持怀疑态度，华盛顿史密森尼学会的研究员格里特·米勒（Gerrit S. Miller）就是其中之一。米勒注意到了皮尔当人的头盖骨和具有猿猴特征的下颌骨之间的不协调性。他认为这样的组合是自然界中从来没有出现过的怪物。米勒的看法为他招致了来自各方面的攻击。

把质疑声压下去的还是道森本人，他再次出面，展示了更多和皮尔当人具有相同特征的骨头碎片，声称新化石是在离原始发掘地点大约3公里的地方出土的。第二个"缺失的一环"的化石肯定能证明第一个是真的，所以在今后的几十年里，科学界对此没有其他看法，直到牛津大学生物人类学教授约瑟夫·维纳（Joseph Weiner）开始进行考证工作。

道森的发现中有几个方面让维纳感到迷惑，所以他对所有标本进行了细致的检查，最终揭开了"有史以来工程最浩大、准备最充分的骗局"，道森做出的前期准备"恣意妄为到让人费解的地步……在人类的发展史上称得上空前绝后"。

经过一番调查，维纳很快就发现了皮尔当人的牙齿上存在后期研磨的痕迹，使它们更符合人类的咀嚼习惯，而且还被人用刷

房涂料进行过做旧处理。所谓在发掘地点出土的大象和犀牛的牙齿化石、旧石器时代的工具等很显然是有人故意埋进去的。和牙齿一样经过染色处理的头盖骨大约来自500年前,下颌骨则属于一只红毛猩猩。作家约翰·伊万杰利斯特·沃尔什(John Evangelist Walsh)对此的评论是"一度被称为史前文明遗珠的皮尔当人,实际上是某个中世纪英格兰人与远东地区一只猿猴被人为整合在一起的产物"。

这可不是一笑了之的闹剧。一位学者认为它给人类起源史的研究造成了"最大的困扰"。它的出现让科研工作倒退了一大截,损害了学者们的名声,更让神创论者有了嘲笑科学的理由。沃尔什尖锐地指出,皮尔当人骗局"性质极其恶劣,完全是一个心理扭曲的人对毫不怀疑的科学家们为所欲为的玩弄"。

12月19日,公元211年

同室操戈

罗马皇帝塞普蒂米乌斯·塞维鲁(Septimius Severus)的皇

后尤利娅·多姆娜（Julia Domna）注定是个操心的母亲。她的两个儿子安东尼努斯（Antininus，人们一般都以他的外号"卡拉卡拉"称呼他）和盖塔（Geta）生性顽劣。兄弟俩到处欺男霸女，无恶不作，贪污起公款来从不手软，身边总是簇拥着各路地痞流氓。他们还相互憎恨，经常闹得家宅不宁。在古罗马执政官兼史学家卡西乌斯·狄奥（Cassius Dio）的笔下，皇族兄弟俩"针锋相对，如果其中一人加入了某个帮派，另一个肯定要加入与之对立的一边"。二人在父皇死后将联合统治罗马，于是塞普蒂米乌斯·塞维鲁去世前曾请求两个儿子"握手言和"。但是他们的妈妈对他们的脾性恐怕更了解一些。

卡拉卡拉和盖塔联合执政还不到一年，就已经摩擦不断，纠纷升级，卡拉卡拉决定把弟弟除掉以绝后患，还利用母亲尤利娅·多姆娜协助他行凶。卡拉卡拉命令母亲把盖塔叫到她的寝宫去，理由是要解开他们兄弟俩之间的疙瘩，让他们和平相处。公元211年12月19日，盖塔遵从母亲的召唤，手无寸铁地来到了她的住所。卡拉卡拉早就安排了一群百夫长（centurion）躲在屋里等着伏击他。盖塔进屋以后看见了那群面露凶光的武士，连忙奔向母亲的怀抱寻求庇护。穷凶极恶的杀手们才不会被尤利娅妨碍，他们冲上去完成了任务。以下是卡西乌斯·狄奥对事件的记录：

> 她被欺骗，眼看着儿子被人以如此忤逆神明的方式杀死在怀里，并把他的灵魂重新纳入曾经孕育过他生命的子宫。她的身上浸满鲜血，浑然不顾自己手上的伤口。虽然她的儿

子这么年轻就遭到如此凶残的戕害（他死的时候只有22岁零9个月），但是她被明令禁止哀悼或哭泣。她必须把这当成天大的好事强颜欢笑，一言一行、一举一动都在密切的监视之下。虽贵为皇帝的妻子，也是皇帝们的母亲，她在私下都不能伤心落泪。

12月20日，2007年

剧毒的圣诞礼物

"CSI：犯罪现场调查指纹识别工具组"是2007年圣诞季卖得最好的玩具之一，然而它出厂自带一个不起眼却很严重的问题——指纹显印粉中混入了石棉。这套玩具是为了让孩子们模仿CBS电视台的流行剧《CSI：犯罪现场调查》中的调查员们而设计的，虽然美国石棉病预防组织（Asbestos Disease Awareness Organization）早就在产品中检测到了微量石棉，但是CBS电视台磨蹭了快一个月才迫于压力，在12月20日悄无声息地召回了产品。到此时，这套玩具已经摆在了成千上万个家庭的圣诞树下，等着未来的小调查员们拆开。可惜玩具组套里并不包含防化服。圣诞快乐！礼物是癌！

12月21日，1994年

一年一度的圣诞毒舌

凯西·李·吉佛（Kathie Lee Gifford）是日间访谈节目的主持人兼流行歌手，节目现场的她风趣幽默，敢于自嘲。1994年凯西·李首次录制的圣诞节特别节目被《华盛顿邮报》电视节目评论员汤姆·谢尔斯（Tom Shales）贬损得一文不值。文章发表于当年12月21日，题目是《凯西·李的圣诞节前忧郁》（Kathie Lee's Blight Before Christmas），谢尔斯在文中说该节目"既难看又劣质，为了配合节日气氛强行作秀，像噩梦一样挥之不去"。接着他对节目的核心人物凯西·李进行了如下评价："在节目中，她自然而然地唱个没完，其实她的声音一点都不自然，一如既往地单调刺耳。"

如果只有这么一次，凯西·李也不至于太难过，顶多认为那年谢尔斯和偷走圣诞节的怪物格林奇（Grinch）一样心情不好。但让她没想到的是，获得过普利策奖的金牌评论家谢尔斯在以后的每个圣诞节都会盯着她的节目评头品足，以此为乐。以下是一些节选：

· 1995年：《凯西·李：皮笑肉不笑地偷走圣诞节》

如果你给她足够的圣诞拉花，她能用它们上吊。今年她的表现就是这样的。

凯西·李·吉佛在CBS电视台的第二次圣诞特别节目比第

一次还要差,整个节目过于甜腻浮夸,节目的标题不如改成《来呀,让我们好好宠你》。

· 1996年:《凯西·李的圣诞节:失之毫厘,谬以千里》

在节目中的一段独白里,凯西·李对圣诞节进行了一番诠释,并说这是一年中我们最该思考"应该心怀多少感激才算够"的时候。感恩节的程度够了吗?啊,当然,在感恩节的时候我们应该为凯西·李没有搞出感恩节特别节目而心怀感激。

人们常说没有了平·克罗斯比的圣诞节就不算圣诞节了。很难想象没有了凯西·李的圣诞节会是什么样子。

· 1997年:《凯西·李·吉佛的"小小圣诞":换汤不换药》

凯西·李·吉佛唱歌的样子好像她对歌曲心怀怨恨。那些歌曲不知怎么招惹她了。也许她小的时候被某首歌吓到了。也许她也被圣诞节吓着过,因为每年她都要在电视上公开报仇。

· 1998年《凯西·李?饶了我们吧》

问:得一天流感和看凯西·李·吉佛的圣诞特别节目最大的差别是什么?答:时间长度上的23个小时。

这档圣诞特别节目散发的诡异气氛比人们在节日期间脸上洋溢的喜气还要足,而且和以往几年的水准一样低。换言之,它的题目完全可以是《我看见你去年在圣诞节干了什么》,还有前年。

估计有人已经做出过这样的祈祷了:"求求你们了,不要再拍了。"

12月22日，1995年

一部波澜壮阔、石破天惊的……烂片

导演雷尼·哈林（Renny Harlin）在拍摄《割喉岛》（*Cutthroat Island*）的时候，理念非常清晰。在留给制片厂的备忘录中，哈林写道："不论预算有多紧张，不论拍摄时会遇到什么困难，我们必须让观众看到全新的动作片，影片要达到里程碑的高度。我们的想象力和创新力不该被枯燥的现实所困。"

意犹未尽的哈林继续写了下去："我不要大制作，我要超级大制作。我不要出人意料，我要吓人一跳。我不要普通的快，我要爆炸性。我不要事故，我要灾难。我不要暴风雨，我要龙卷风。我不要小山包，我要整个山脉。我不要一小撮人，我要一大群人。我不要他们害怕，我要他们恐慌。我不要悬疑，我要恐惧。我不要小打小闹，我要大干一场。我不要普通美丽，我要让人赞叹。我不要幽默，我要人笑到失控。我不要一般的马，我要千里马。我不要小舟，我要大船。我不要事件，我要行动。我不要普通的好，我要伟大。我不要一般的有趣，我要引人入胜。还有，我不要爱，我要激情。"

《割喉岛》在1995年12月22日首映，哈林收获的不是一般的失败，而是好莱坞历史上成本最高、规模最大的失败。影片中出演女主角的吉娜·戴维斯（Gina Davis）的演艺生涯不只为此受到了负面影响，而且再也没有缓过来。制片厂不光为此赔光了钱，而且负债累累，破产了。

12月23日，1883年

约翰·威尔克斯·布斯的其他受害者

林肯遇刺事件在美国人民心中留下了难以磨灭的伤痕，对于陪同林肯总统那晚在福特剧院看戏的亨利·拉斯伯恩（Henry Rathbone）少校及其未婚妻克拉拉·哈里斯（Clara Harris）而言，他们受到的心理创伤导致了悲惨的后果。

在《我们的美国表亲》（Our American Cousin）上演的时候，刺客约翰·威尔克斯·布斯潜入总统包厢，拉斯伯恩并没有察觉。布斯向林肯开枪之后，为了压制拉斯伯恩，用刀在他的胳膊上深深地划了一下。趁着血流如注的拉斯伯恩无法应对，布斯跳到了舞台上，然后顺利逃出了剧院。参加过南北战争的拉斯伯恩一生都没有忘记那个可怕的时刻。

拉斯伯恩和别人一起把林肯总统抬回剧院对面的总统府，由于失血过多一阵阵地陷入昏迷，未婚妻克拉拉让他把头靠在自己的大腿上躺着休息。事后证明，布斯割断了他胳膊上的一条动脉。拉斯伯恩后来逐渐恢复了健康，起码身体再无大碍，还和克拉拉结了婚。

1882年，拉斯伯恩被派往德国汉诺威出任美国领事，夫妇二人带着三个孩子居家迁到德国。虽然远离美国，但是林肯遇刺造成的心灵创伤如影随形地跟着他们，拉斯伯恩深陷其中，苦不堪言。克拉拉在写给朋友的信中提到："我能理解他的不安。我们每次入住不同的旅馆，只要人们注意到我们的存在，我们就觉得他们在议论我们……我们在外面吃饭的时候感觉自己就是动物园里被人参观的动物。亨利……认为别人的窃窃私语都是针对我们的恶言恶语。"

1883年12月23日晚上,拉斯伯恩一直以来紧绷的精神终于崩溃了,忽然朝孩子们的卧室里冲去,克拉拉见状感觉情况不妙,连忙上去阻拦。在二人拉扯的过程中,拉斯伯恩向她开了枪,然后又用刀刺了她好几下,最后把刀捅进了自己的身体里。克拉拉不幸身亡,拉斯伯恩被救了过来,被送进德国一家关押精神病罪犯的机构里度过了余下27年的残生。

12月24日,1865年

邪恶的圣诞前夜

那是圣诞节前的夜晚,
在南方的一个小镇,
一群前邦联分子,
聚在一起讨论。
黑人们自由了,
他们忿忿不平,
他们直抒心中的憎恶,
要让恐怖在天下横行。
他们焚烧十字架,

头上戴着尖尖的白色头罩，
把仇恨、恐惧和战栗
传播到天涯海角。

没错，1865年12月24日，在圣诞节的欢乐气氛中，三K党在田纳西州的普拉斯基镇（Pulaski）正式成立。

12月25日，2002年

福兮祸所伏

1个麻烦×3.15亿美元＝杰克·威塔克（Jack Whittaker）2002年收到的圣诞大礼。*我们已经听到过太多中了彩票一夜暴富的人厄运不断的传说，比如人际关系破裂、挥霍无度、迅速破产等，而威塔克在赢了这么一大笔钱之后经历的一系列关于亲属死亡和自我毁灭的事情，让人不禁猜想，当年那张彩票怕不是魔鬼亲手递给他的。

事情的开局还是很好的，威塔克作为史上中彩金额最高的人，曾说过这样的豪言壮语："我想成为大家的榜样。我要用赢来的钱让人们为我感到骄傲。我要做善事，也要帮助别人。"

---

* 按照彩票的领奖规则，中头彩的人可以选择一次性领取1亿多美元或者每年领一部分彩金，直到领满3.15亿美元为止。威塔克按照第一种方案得到了1.7亿美元的彩金。——译者注

时年55岁的威塔克是土生土长的西弗吉尼亚人,他的崇高理想从任何角度看都没有问题。在中彩票之前,他已经事业有成了,他经营的建筑公司为他积攒了一定的财富。威塔克刚中奖的时候,带着妻子茱儿(Jewell)、女儿金洁(Ginger)和他最疼爱的外孙女——15岁的布兰迪(Brandi)出席过许多早间电视节目,一切看上去都很正常。威塔克在分配彩金的时候,不忘自己的基督教信仰,几乎毫无意外地会成为被世人称颂的传奇人物。

"我们向三个教会上缴了什一税,"威塔克对NBC电视台《今日》节目主持人马特·劳尔(Matt Lauer)介绍道,"然后我们要用这钱的十分之一回馈那些教区。"威塔克又拨出一部分钱用于自己设立的慈善机构。

原本好好的事情发展到此,突然急转直下。威塔克不知从什么时候开始频繁光顾一家名叫"粉红小马"(Pink Pony)的脱衣舞店,每次都在里面疯狂地撒钱,而且对脱衣舞娘们放肆地动手动脚,在店里成了人见人厌的祸害。他那副德行仿佛在说有钱真的可以为所欲为。

"看上去就好像金钱把他优秀的品质腐蚀掉了一样。""粉红小马"的一名工作人员对《华盛顿邮报》记者说道,"他让我想起了《指环王》里面的那个小不点,叫什么来着?是不是咕噜?反正就是像那个家伙和他的'宝贝戒指'一样。财富会反过来消费你,你变成了钱,从此失去了人格。"

威塔克接二连三地因为酒驾被逮捕,也引发了几次车祸,但是他一点儿歉意都没有。与此同时,金钱的负面影响也缠上了他:数不清的陌生人向他求助,一连串的官司与纠纷,好几次被

人抢劫。有一次他的车子就停在"粉红小马"的门口,车里的50万美元被人偷了。最后他和茱儿40年的婚姻也破裂了。"我真不知道生活是否还能回到正轨。"威塔克曾对查尔斯顿第13频道的记者说。

邪气从源头不断地渗透下去,让分享了威塔克彩金的那些人受到了更大的毒害。金钱的副作用在威塔克的外孙女布兰迪身上尤为明显。布兰迪在母亲金洁与淋巴癌做斗争的时候经常去"亲爱的外公"家小住。威塔克眼中的布兰迪是这样的:"她是我生命中耀眼的明星,是我生命意义的所在。从她出生那天起我们就竭尽所能地爱护她、抚养她,给她提供一切物质条件。"威塔克中彩之后当然会给布兰迪源源不断地提供金钱和豪车。

布兰迪曾经是个眼神清澈的金发姑娘,她最大的愿望不过是拥有一辆三菱日蚀跑车和亲自见到说唱歌星奈利(Nelly),结果乍富之后,她很快就堕落成了精神恍惚的瘾君子,身边聚集着各色损友。"他们看重的是她的钱,而不是她的人品。"威塔克在中奖一年后对美联社发起了牢骚,"她现在是我见过的脾气最坏的

16 岁孩子。"

威塔克中奖两年多以后，布兰迪死于吸毒过量。外孙女的死让威塔克失去了生命中最后一丝欢乐。回顾往昔，他心灰意冷地说过："当时我要是把彩票撕了该多好。"

12月26日，1919年

自毁前程

有人说这是"贝比的诅咒"，有人说这是巧合，无论大家怎么看，波士顿红袜队的老板哈里·弗拉齐（Harry Frazee）在1919年12月26日把超级击球手贝比·鲁斯卖给纽约洋基队之后，红袜队就开始走下坡路，这两件事之间看来真的具有千丝万缕的联系。鲁斯转会之后的90多年里，红袜队在美国职业棒球大联盟里的运气可以说低到了尘埃，而曾经苟延残喘的洋基队和鲁斯一起走向了辉煌。

至于弗拉齐为何一手交钱一手交人地卖掉了自家最有价值的球员，个中原因十分复杂。弗拉齐喊出的高价当然可以让他去发展自己真正的爱好——制作百老汇音乐剧（鲁斯转会的价格是当时普通球员转会费的两倍），但是他对红袜队的球迷们宣称他会用那笔钱打造一支更优秀的球队。不过其中还有别的原因，那就是弗拉齐对明星球员鲁斯怀有的强烈敌意。弗拉齐和洋基队谈妥了转会事宜之后，曾公开说鲁斯在赛场上只会"唱独角戏"。

1919年身穿波士顿红袜队队服的贝比·鲁斯,那是他为该队效力的最后一个赛季

"鲁斯的确是最棒的击球手,"弗拉齐声称,"但他也是棒球界最自私、最不会为别人着想的球员。如果他态度端正,并且和其他队友一样能够服从命令,为了球队的荣誉并肩作战的话,你借我个胆子我也不敢把他卖掉。"

后来被人尊称为"击球苏丹"的鲁斯立刻对弗拉齐的言论做出了反击,对媒体澄清道:"如果没有弗拉齐,我很乐意一辈子留在红袜队打球。弗拉齐卖掉我的真正原因是他不愿意按照我应得的薪资水平给我发工资。为了在球迷面前找借口,他把问题都推到了我身上。"

弗拉齐企图自证清白的拙劣演技没有骗过任何人。愤怒的新英格兰地区球迷把他出卖鲁斯的行为比作"第二次波士顿大屠杀"*,《波士顿邮报》在文章中称之为"对忠实球迷的精准打击"。

备受批评的弗拉齐曾说洋基队花那么高的价钱买下鲁斯,是下了很大的赌注的冒险行为。然而人家的冒险是值得的,鲁斯在洋基队效力的14年中带领队伍7次取得参加世界大赛总冠军赛的资格,并4次拿下了总冠军。红袜队呢?在接下去的11个赛季里,有9季他们都是垫底儿的。

12月27日,1933年

狗仗人势

美国前总统安德鲁·杰克逊的鹦鹉"泼儿"(Poll)曾经见人就骂,"出口成脏",然而它并不是唯一让人头疼的总统伴侣。实际上,不少入主白宫的动物都野性十足,特别是富兰克林·罗斯福总统养过的一只叫麦吉(Meggie)的狗。如今,在华盛顿特区的罗斯福总统塑像的脚边,有一尊他生前钟爱的苏格兰狼犬法拉(Fala)的塑像,仿佛在向世人讲述他们之间深厚的情谊。法拉的前任麦吉同为苏格兰狼,但麦吉是个十足的小恶魔,而且很快就被赶出了白宫,并被历史所遗忘。

---

* 1770年3月5日,英军一名军官在波士顿一家假发店和店员发生矛盾,后来冲突升级,英军向平民开枪,造成5死6伤的结果,这次惨案是美国独立战争的导火索之一。——译者注

麦吉在 1933 年随着罗斯福一家刚刚搬进白宫就引起了美国首都各界人士的关注。合众国际社（United Press International）在报道中说麦吉"浑身是胆、骁勇善战"，也就是委婉地说它是一条张牙舞爪的恶犬。其实他们不如用"混"字来夸它，因为那个字足够形容麦吉凶狠的脾性，毕竟所有人走进它能咬到的范围里都得捏一把汗。

不论麦吉有多混，第一夫人埃莉诺·罗斯福（Eleanor Roosevelt）仍对它倾注了所有的爱。罗斯福夫人在给朋友的信中说麦吉变得"有点任性了"，它"大吵大嚷地把路过白宫的一位女士和她带着的男孩追出了好远"。字里行间透露出某些宠物主人那种明显的护犊子心态。在第一夫人的眼中，麦吉不分场合的乱吠与咬人的行为简直太可爱了，在她的骄纵之下，麦吉终于在 1933 年 12 月 27 日闯下大祸，把美联社记者贝丝·福尔曼（Bess Furman）的脸咬掉了一块。

罗斯福夫人被该事件的严重性吓得够呛*，她陪着福尔曼赶去医院，并且在医生缝合她鼻子上的伤口时一直陪在她的身边，甚至承诺要亲自就此事给美联社写一份快讯。不过美联社的一位编

---

* 埃莉诺·罗斯福并不是白宫中头一位遇到宠物问题的罗斯福家族成员，所以她应该感到些许欣慰。她的伯父西奥多·罗斯福（埃莉诺与丈夫富兰克林·罗斯福分别属于罗斯福家族的两大分支，西奥多·罗斯福既是她的大伯也是富兰克林·罗斯福的远房堂伯父）的爱犬牛头㹴皮特（Pete）在坏脾气方面可以算是麦吉的前辈了。根据《华盛顿邮报》1907 年的报道，"皮特的特点是不苟言笑，而且眼中除了主人之外再无旁人。"被皮特藐视的旁人就包括法国驻美大使，那位先生曾被皮特追赶，情急之下爬上了树。《华盛顿邮报》对此写道："大使先生身着华美的法兰绒套装被困在树上，赶去现场的数名身强力壮的警察费了好大力气才把他救了下来。"

辑婉言谢绝了她的好意（现在回头看看他真是蠢得可以）。泼辣的麦吉这下被人评估为精神极其不稳定的猛兽，并在几天之内被带离了白宫。回忆起不得不挥别麦吉的那天，罗斯福夫人说道："那一天我的心都碎了。后来好长一段时间里，周围的人都知趣地没有和我提起关于狗的话题。"

12月28日，1984年

真的假不了

ABC电视台的记者约翰·斯托索尔（John Stossel）在为本台新闻杂志点评节目《20/20》取材的时候，前去探访职业摔跤领域的秘密，并乐在其中。他采访外号为"D博士"（Dr. D）的摔跤手戴夫·舒尔茨（Dave Schultz）的时候，一不小心挖得太深，身高1.98米、体重122公斤的舒尔茨给他好好上了一课，让他耳鸣了好久。

"我问你个常规问题吧，"斯托索尔大胆地问道，"你懂的，'我觉得你们是假打。'"

"你觉得这是假打？"舒尔茨回答的同时一拳打在斯托索尔的右耳上，把他打翻在地。"那是什么？是假打吗？哈？你他妈是有病吗？这是赏你的一耳光。你觉得这是假打？看我怎么假打你！"斯托索尔晃晃悠悠地刚站起来，舒尔茨照着他的左耳又来了一下子，再次把他打趴下了。挨够了毒打的斯托索尔在逃离现场的时候舒尔茨追了出去,在他的身后继续吓唬他:"哈?你刚才是什么意思?你说谁假打?"

12月29日,1977年

卡特总统对波兰的"爱"

吉米·卡特担任美国总统的那几年风波不断,这一点和包括詹姆斯·布坎南在内的几位19世纪的前总统十分相似。居高不下的通货膨胀率、人为造成的能源短缺和伊朗人质危机等一系列麻烦,让卡特总统应接不暇。与此同时,他的弟弟比利(Billy)还在不停地拖后腿,比利不光像动画片里典型的乡巴佬一样经常做傻事,而且还接受了被国际社会放逐的利比亚政府"贷给"他的20万美元。

外界的一切好像都在和卡特总统作对,不过自身的某些特点也让他很容易成为众矢之的,虽然他并没有恶意。比如说他经常在不该笑的时候龇牙咧嘴地讪笑,还有众多令人尴尬的逸闻,这些都让他的个人魅力锐减。首先是他在老家佐治亚州普莱恩斯城附近的池塘钓鱼时被"杀手"兔子袭击了*,然后是他在和某节目现场观众辩论时认真地说出的这番话:"我来这儿之前的某一天

---

* 1974年4月20日,卡特总统在老家划船钓鱼的时候声称有一只兔子从水中向他的船游了过去,并企图攻击他。虽然大多数人都觉得此事不太可能发生,但是当时在场的一名白宫工作人员拍下了兔子游泳的影像资料。——译者注

和我的女儿艾米（Amy）展开过讨论，我问她最重要的问题是什么。艾米说她认为最重要的是核武器及其管控权。"艾米那时才13岁，真是少年老成。接下去，他在1976年接受《花花公子》（*Playboy*）杂志采访时吐露的真言也是不可多得的笑料："我以前用色眯眯的眼神审视过不少女人。我已经精神出轨好多次了。万一我以后真的出轨了，希望上帝原谅我。"

卡特荡漾的春心在1979年12月29日出访波兰的时候以一种离奇的方式暴露在公众面前。总统先生在波兰的讲话全靠翻译传达，但是那次他们选中的翻译水平欠佳，结果为我们呈现了有史以来美国总统做出的最糟糕的外交发言。卡特："今天早上我离开了美国。"翻译："我抛弃了美国。"后面还有更可怕的。卡特："我了解了各位的看法并理解了你们对未来的渴望。"翻译："我对波兰人产生了性欲。"难怪观众们听了开始窃窃私语。

12月30日，2013年

外行领导内行

2013年12月30日，华盛顿红人队以50年来最差的成绩打完了那一年的赛季，因为他们队的教练迈克·沙纳翰（Mike Shanahan）被老板丹尼尔·斯奈德（Daniel Snyder）给炒了，这是红人队在过去的14年半里换掉的第七任教练了，也是年少轻狂的百万富翁斯奈德自从1999年收购了红人队之后干的又一件缺德事。斯奈德像个独裁者一样不断地消费着球迷们的忠诚度，从收取高额的球场停车费到贩卖劣质的零食花生等，最过分的事就是把红人队当作私有物品随意摆弄。斯奈德命令别人必须尊称自己为"斯奈德先生"，他的所作所为使他成了美国国家橄榄球联盟（NFL）里最招人恨的球队老板，并在讽刺漫画专栏《坦克·麦克纳马拉》（*Tank McNamara*）里被描绘成"年度体育混蛋"。《华盛顿邮报》体育专栏作家托马斯·博斯维尔（Thomas Boswell）在他炒掉沙纳翰教练之后在文章中写道："华盛顿红人队所忍受的超过14年的丹尼尔·斯奈德统治期相当于一个极不人道的实验，目的是试探橄榄球爱好者的忍耐底线。"*

12月31日，1926年

合法毒药

到了1926年，美国的禁酒令已经颁布了7年，但是人们违规喝下的酒一点儿也没减少。气急败坏的美国政府下定决心要停止这场全民大派对，甚至不惜在酒里下毒。

1919年生效的《沃尔斯泰德法案》（Volstead Act）确保了工

---

* 斯奈德小时候崇拜的橄榄球英雄——前红人队跑卫约翰·里金斯（John Riggins）对他的批评恐怕是最刺耳的。2009年，里金斯在Showtime电视网的《走进NFL》（*Inside the NFL*）里直言不讳地说过："球队的现任老板是个坏蛋。这事也没什么好遮掩的，他就是个坏蛋。"主持人让里金斯说得详细一点，他说："这么说吧……那人的心黑透了。"

业用酒精制品的持续生产，前提是此类产品"不适合用于生产可以令人喝醉的饮料"。为此，生产商在相关产品中添加了各种各样的有毒物质，比如煤油、马钱子碱（与番木鳖碱非常接近的一种剧毒植物碱）、汽油、苯、镉、碘、锌、汞化合物、尼古丁、乙醚、福尔马林、三氯甲烷、樟脑、羧酸、奎宁、丙酮……这个举措看似从根源上解决了问题，但是私下酿酒的贩子们早就雇了一批化学家专门从酒精中去除政府强制添加的毒物。不论政府往酒精里加什么料，不法分子总能见招拆招。然而魔高一尺，道高一丈。政府的手中掌握着终极武器：甲醇。甲醇又称木醇，即工业酒精，只要摄入极少量就可能致人失明、谵妄、瘫痪，甚至死亡。

1926年12月31日，政府禁酒执法部门宣布他们将把酒精制品中已经达到危险级别的甲醇含量提高一倍，如果这还不够，他们就再次翻倍。禁酒时期终于走到了道德战这一步，未来的总统赫伯特·胡佛（Herbert Hoover）说这是"出于崇高目的的一场实验"。

政府发出公告的时候，美国各大城市的医院已经挤满了年底狂欢的醉汉，其中很多人因为摄入甲醇而失明，或者险些丧命。毕竟那些造假酒的贩子才不会因为提纯不够而停止卖酒。纽约的首席法医查尔斯·诺里斯（Charles Norris）对政府强制污染酒精造成的伤亡事件感到震怒，尤其是许多受害者是对内情毫不知晓的穷人。

诺里斯在12月26日的新闻发布会上直抒胸臆："政府往酒精里投毒，并没有让人停止喝酒。他们深知假酒贩子的勾当，却

继续往酒精里投毒,根本不顾那些坚持喝酒的人每天都在摄入毒物。"接着,诺里斯补充道:"市面上已经没有纯粹的威士忌可买了。我的看法是……根本就没有什么禁酒时期。那些在禁酒令颁布之前喝酒的人只要命还在,就没停过嘴。"

诺里斯随后发表了政府在酒精中添加毒物以来因为饮酒而死亡的人数,并且预测了政府提高甲醇含量以后可能造成的死亡人数。这份报告引起了社会各界的强烈反响。纽约的《世界》杂志专栏作家海伍德·布朗恩在文章中称:"第18号修正令(即上文提到的《沃尔斯泰德法案》)是唯一自带死刑条例的修正令。"

"这是谋杀!"哥伦比亚大学校长尼古拉斯·莫雷·巴特勒(Nicholas Murray Butler)大声疾呼,"纯粹的谋杀!那些因为喝了用有毒的酒精制造的酒而死掉的人,就是被咱们伟大的政府一手杀掉的!"

国会的议员们也做出了类似的反应。密苏里州的参议员詹姆斯·里德（James Reed）对《圣路易斯邮报》（*St. Louis Post-Dispatch*）表示："只有心狠如野兽一样的人才希望把喝酒的人弄瞎或者害死，哪怕那人的酒是违反禁酒令买来的。"

然而还是有一些人觉得因为喝酒而死伤的美国人活该如此。《奥马哈蜜蜂报》（*Omaha Bee*）社论指出："山姆大叔凭什么要保证非饮用酒精的安全性呢？"美国反酒馆联盟（Anti-Saloon League）的领导人韦恩·维勒（Wayne Wheeler）曾经为了推行禁酒令四处奔走，他对反对声音的回应是："在宪法禁止饮酒的时候，政府并没有为民众提供酒精饮料的义务。喝工业酒精的行为等于自杀。"

虽然维勒和他支持的禁酒运动因其言论失去了一些民心，但那个时候离禁酒令被完全废止还有漫长的7年，美国人直到1933年才能再次在新年前夜开怀畅饮，为彼此的健康干杯。

参考资料

1月

Ambrose, Stephen E. *Eisenhower: Soldier and President*. New York: Simon & Schuster, 1990.
Carter, Bill. *Desperate Networks*. New York: Doubleday, 2006.
Durant, Will. *The Story of Civilization: The Reformation*. New York: Simon & Schuster, 1957.
Hastings, Max. *Armageddon: The Battle for Germany, 1944–1945*. New York: Knopf, 2004.
McCullough, David. *The Great Bridge: The Epic Story of the Building of the Brooklyn Bridge*. New York: Simon & Schuster, 1972.
Pry, Peter Vincent. *War Scare: Russia and America on the Nuclear Brink*. Westport, Conn.: Praeger, 1999.
Stumbo, Bella. "Barry: He Keeps D.C. Guessing." Editorial. *Los Angeles Times,* January 7, 1990.
Tuchman, Barbara. *A Distant Mirror: The Calamitous 14th Century*. New York: Knopf, 1978.

2月

Cohen, Jon. *Almost Chimpanzees: Redrawing the Lines That Separate Us From Them*. New York: Henry Holt and Company, 2010.
Goodrich, Lloyd. *Thomas Eakins*. Cambridge, Mass.: Harvard University Press, 1982.
Harrison, George. *I, Me, Mine*. New York: Simon & Schuster, 1981.
Macaulay, Thomas Babington. *The History of England From the Accession of James II*. Philadelphia: Porter & Coates, 2000.
Pepys, Samuel. *The Diary of Samuel Pepys: A New and Complete Transcription*. Berkeley: University of California, 1970.
Wise, David. *Spy: The Inside Story of How the FBI's Robert Hanssen Betrayed America*. New York: Random House, 2002.

3月

Dundes, Alan, ed. *The Blood Libel Legend: A Casebook in Anti-Semitic Folklore*. Madison: University of Wisconsin, 1991.
Offit, Paul A. *The Cutter Incident: How America's First Polio Vaccine Led to the Growing Vaccine Crisis*. New Haven, Conn: Yale University Press, 2005.
Onoda, Hiroo. *No Surrender: My Thirty-Year War*. Annapolis, Md.: Naval Institute, 1999.
Park, Robert L. *Voodoo Science: The Road From Foolishness to Fraud*. New York: Oxford University Press, 2000.
Roberts, Sam. *The Brother: The Untold Story of Atomic Spy David Greenglass and How He Sent His Sister, Ethel Rosenberg, to the Electric Chair*. New York: Random House, 2001.
Updike, John. *Endpoint and Other Poems*. New York: Knopf, 2009.

4月

Matovina, Dan. *Without You: The Tragic Story of Badfinger*. San Mateo, Calif.: Frances Glover, 1997.
Munn, Michael. *John Wayne: The Man Behind the Myth*. New York: Penguin, 2003.

Prawy, Marcel. *The Vienna Opera*. New York: Praeger, 1970.
Rivera, Geraldo, and Daniel Paisner. *Exposing Myself*. New York: Bantam, 1991.
Wilde, Oscar. *De Profundis*. New York: Vintage, 1964.

5月

Churchill, Winston. *Their Finest Hour: The Second World War*. Boston: Houghton Mifflin, 1949.
Harris, Robert. *Selling Hitler: The Story of the Hitler Diaries*. London: Arrow, 1986.
Moran, Mark, and Mark Sceurman. *Weird N.J., Vol. 2: Your Travel Guide to New Jersey's Local Legends and Best Kept Secrets*. New York: Sterling, 2006.
Rivera, Diego. *My Art, My Life: An Autobiography*. New York: Dover, 1991.

6月

Dash, Mike. *Batavia's Graveyard: The True Story of the Mad Heretic Who Led History's Bloodiest Mutiny*. New York: Crown, 2002.
Davies, Peter J. *Mozart in Person: His Character and Health*. Westport, Conn.: Greenwood Press, 1989.
Dickey, Colin. *Cranioklepty: Grave Robbing and the Search for Genius*. Denver: Unbridled Books, 2009.
Dinwiddie, James. *Biographical Memoir of J. Dinwiddie*. Liverpool, England: Edward Howell, 1868.
Evelyn, John. *Diary and Correspondence of John Evelyn*. London: H. Colburn, 1854.
Gibbon, Edward. *The Decline and Fall of the Roman Empire, Volume 3*. New York: Knopf, 1993.

7月

Connors, Jimmy. *The Outsider: A Memoir*. New York: Harper, 2013.
McCullough, David. *John Adams*. New York: Simon & Schuster, 2001.
Powers, Richard Gid. *Broken: The Troubled Past and Uncertain Future of the FBI*. New York: Free Press, 2004.
Purvis, Alston, and Alex Tresniowski. *The Vendetta: Special Agent Melvin Purvis, John Dillinger, and Hoover's FBI in the Age of Gangsters*. Philadelphia: Perseus, 2005.
Wyman, Bill, and Ray Coleman. *Stone Alone: The Story of a Rock 'n' Roll Band*. New York: Viking, 1990.

8月

Baden-Powell, Robert. *Scouting for Boys: A Handbook for Instruction in Good Citizenship*. Oxford: Oxford University Press, 2004.
Blake, John. *Children of the Movement*. Chicago Review Press, 2004.
Blumenson, Martin. *The Patton Papers: 1940–1945*. Boston: Houghton Mifflin, 1974.
Coleman, Ray. *The Man Who Made the Beatles: An Intimate Biography of Brian Epstein*. New York: McGraw-Hill, 1989.
Froissart, Jean. *Froissart's Chronicles*. Ed. John Jolliffe. New York: Penguin, 2001.
Warhol, Andy. *The Andy Warhol Diaries*. Ed. Pat Hackett. New York: Warner, 1989.
Wolf, Leonard. *Bluebeard: The Life and Crimes of Gilles de Rais*. New York: Crown, 1980.

9月

Bogdanovich, Peter. *Who the Hell's in It: Conversations With Hollywood's Legendary Actors*. New York: Knopf, 2004.
Bonner, Kit. "The Ill-Fated USS *William D. Porter*." *Retired Officer Magazine*, March 1994.
Hawley, Samuel. *The Imjin War: Japan's Sixteenth-Century Invasion of Korea and Attempt to Conquer China*. Seoul: Royal Asiatic Society, Korea Branch, 2005.
Hochschild, Adam. *King Leopold's Ghost: A Story of Greed, Terror, and Heroism in Colonial Africa*. New York: Houghton Mifflin Harcourt, 1999.

10月

Andress, David. *The Terror: The Merciless War for Freedom in Revolutionary France*. New York: Farrar, Straus, and Giroux, 2006.

Asinof, Eliot. *Eight Men Out: The Black Sox and the 1919 World Series*. New York: Ace, 1963.
Berg, A. Scott. *Lindbergh*. New York: Putnam, 1998.
Bryson, Bill. *A Short History of Nearly Everything*. New York: Broadway, 2003.
Cooper, Edward S. *William Worth Belknap: An American Disgrace*. Madison, N.J.: Fairleigh Dickinson University Press, 2003.
Lindbergh, Charles A. *Autobiography of Values*. New York: Harcourt Brace Jovanovich, 1992.
Maris, Roger and Jim Ogle. *Roger Maris at Bat*. New York: Duell, Sloan, and Pearce, 1962.
Theroux, Paul. *Ghost Train to the Eastern Star: On the Tracks of the Great Railway Bazaar*. Boston: Houghton Mifflin, 2008.
Walters, Barbara. *Audition: A Memoir*. New York: Knopf, 2008.

11月

Clary, Jack. *30 Years of Pro Football's Greatest Moments*. New York: Rutledge, 1976.
Fischer, David Hackett. *Liberty and Freedom: A Visual History of America's Founding Ideas*. New York: Oxford University Press, 2005.
Kennedy, Edward M. *True Compass: A Memoir*. New York: Twelve, 2009.
Richie, Alexandra. *Faust's Metropolis: A History of Berlin*. New York: Carroll & Graf, 1998.
Steakley, James D. *The Homosexual Emancipation Movement in Germany*. New York: Arno, 1993.

12月

Cassius, Dio. *Roman History, Volume IX, Books 71–80*. Trans. Earnest Cary. Cambridge, Mass.: Harvard University Press, 1927.
Manchester, William. *American Caesar: Douglas MacArthur, 1880–1964*. Boston: Little, Brown, 1978.
Peters, Edward. *Inquisition*. New York: Free Press, 1988.
Slansky, Paul, and Arleen Sorkin. *My Bad: The Apology Anthology*. New York: Bloomsbury, 2006.
Walsh, John Evangelist. *Unraveling Piltdown: The Science Fraud of the Century and Its Solution*. New York: Random House, 1996.
Watson, James D. *The Double Helix: A Personal Account of the Discovery of the Structure of DNA*. New York: Atheneum, 1968.
Weintraub, Stanley. *Victoria: An Intimate Biography*. New York: Dutton, 1987.

致　谢

莉莎·托马斯（Lisa Thomas）女士带着本书的策划找到我的那天真是我的幸运日。在本书的写作过程中托马斯女士不遗余力地引导着我的创作方向，她非凡的气度与幽默感令我受益匪浅。同时我还要向玛格丽特·康利（Marguerite Conley）和帕特·迈尔斯（Pat Myers）两位风趣的女士对本书做出的贡献表示由衷的感谢。

许多人都对本书提出了建设性意见和建议，在此我向以下各位诚挚地致谢：汤姆·多德（Tom Dodd）、李·道伊尔（Lee Doyle）、玛丽·法夸尔（Mary Farquhar）、比利·福特（Billy Foote）、约翰尼·福特（Johnny Foote）、安妮·玛丽·林奇（Anne Marie Lynch）、保罗·马洛尼（Paul Maloney）、纳尔逊·拉普（Nelson Rupp）、凯文·蒂尔尼（Kevin Tierney）、伊凡·威尔森（Evan Wilson）。

国家地理出版社负责本书的团队也功不可没，他们包括：艾米·布里格斯（Amy Briggs）、安妮·史密斯（Anne Smyth）、梅丽莎·法里斯（Melissa Farris）、凯蒂·奥尔森（Katie Olsen）、苏珊·布莱尔（Susan Blair）、扎克里·加拉西（Zachary Galasi）、艾林·格林豪尔（Erin Greenhaulgh）、苏珊·阮（Susan Nguyen）以及为本书绘制了精美插图的吉乌莉亚·吉吉尼（Giulia Ghigini）。

最后我想说的是，能拥有莎拉·亨内西（Sarah Hennessey）这样的挚友真是三生有幸。她在与疾病做斗争的同时对我的创作给予了大力支持。谢谢你，我的主心骨。